北京师范大学历史学院学科建设发展出版资助

京师史学文库

出土文献与中古史探研

凌文超　著

中国社会科学出版社

图书在版编目(CIP)数据

出土文献与中古史探研/凌文超著. —北京：中国社会科学出版社，
2024.5

(京师史学文库)

ISBN 978 - 7 - 5227 - 3401 - 9

Ⅰ.①出… Ⅱ.①凌… Ⅲ.①出土文物—文献—研究—中国②中国历史—中古史—研究 Ⅳ.①K877.04②K240.7

中国国家版本馆 CIP 数据核字(2024)第 073636 号

出 版 人	赵剑英
责任编辑	张　涵　胡安然
责任校对	姜志菊
责任印制	李寡寡

出　　版	中国社会科学出版社
社　　址	北京鼓楼西大街甲 158 号
邮　　编	100720
网　　址	http://www.csspw.cn
发 行 部	010 - 84083685
门 市 部	010 - 84029450
经　　销	新华书店及其他书店

印　　刷	北京明恒达印务有限公司
装　　订	廊坊市广阳区广增装订厂
版　　次	2024 年 5 月第 1 版
印　　次	2024 年 5 月第 1 次印刷

开　　本	710 × 1000　1/16
印　　张	27
插　　页	2
字　　数	418 千字
定　　价	156.00 元

总　序

　　北京师范大学历史学科是北京师范大学最早形成的系科之一，由1902年创立的京师大学堂"第二类"分科演变而来。1912年称北京高师史地部；1928年单独设系；1952年院系调整，辅仁大学历史系并入；1980年成立史学研究所；2006年历史系与史学研究所合并，组建北京师范大学历史学院；2018年古籍与传统文化研究院等部分师资并入历史学院。

　　北京师范大学历史学院是国内历史学人才培养和科学研究的重镇，学科门类齐全，体系完备，积淀厚重，特色显著，名家辈出，师资雄厚。现有考古学、中国史和世界史三个一级学科，是国内同类学科中最早获得一级学科博士学位授予权及博士后流动站资格的单位之一。其中，中国史为"双一流"建设学科，在全国第四轮、第五轮学科评估中位居A$^+$学科前列；拥有中国古代史、史学理论与史学史两个国家重点学科，教育部人文社科重点研究基地"史学理论与史学史研究中心"、教育部与国家文物局"国家革命文物协同研究中心"、教育部等四部委"铸牢中华民族共同体意识研究培育基地"等研究平台；中国古代史、史学理论与史学史、中国近代文化史、中西历史及文明比较等研究享誉学界。

　　在北京师范大学百廿年的历程中，经过以陈垣、白寿彝和刘家和等为代表的多代学人辛勤耕耘，历史学科在学术研究方面取得了突出成就。《中国通史》《何兹全文集》《古代中国与世界》《南明史》《清代理学史》《1927—1950年中英两国关于西藏问题的较量与争论》等一大批优秀成果获得国家级或省部级等奖励，产生了极大的学术和社会反响。

　　为推动文化繁荣，推进文化自信自强，推动中华优秀传统文化创造性转化、创新性发展，繁荣历史学研究，提升学科建设和研究水平，历史学院特组织"京师史学文库"学术文丛，集中展示北京师范大学历史学科的最新学术研究成果，以飨学林。"京师史学文库"分为考古学、中国史和世界史三个子系列。

　　本文丛取名"京师史学文库"。按：《尔雅》中注："京：大也"；"师，众也"。在先秦典籍中，"京师"又用来指周天子居住的都城。《春秋·桓公九年》："纪季姜归于京师。"《春秋公羊传》的解释是："京师者何？天子之居也……天子之居，必以众大之辞言之。"北京师范大学源于京师大学堂，位于中华人民共和国的首都，肩负着国家教育事业和学术研究之重任。取名京师，既是简称，也希望学科同人齐心协力，弘学术之大道，惠社会之大众，成京师之大者。

北京师范大学历史学院"京师史学文库"编委会

2023 年 8 月 8 日

目　　录

秦汉王朝对乡里族姓的规划与管理

引　言

关于秦汉时期县下"乡里"族居的一般形态,[①] 学界存在不同的意见。一种观点是"聚族里居"。持这种观点的学者认为,从新石器时代开始,以血缘关系为主的群体维持着聚族而居的生活,并具有十分强烈的延续性。即使春秋战国以来实行日趋严密的户籍制和乡里制,因乡里制与旧聚落叠合在一起,并没有破坏原有的血缘性联系,宗族聚居的习惯也并未改变。秦汉出土文献中有不少以姓氏命名的里,是过去血缘性聚落的遗留。汉侍廷里父老僤于姓约占40%,这对宗族聚居一里做了十分有力的证明。[②]

---

① 秦汉三国文献中的"乡里",或指县下辖乡属里,这是从地方行政单元而言的;或指本郡(国),因郡与州、县的密切关系,时而又指同县、同州。参见刘增贵《汉魏士人同乡关系考论》,载邢义田、林丽月主编《台湾学者中国史研究论丛5·社会变迁》,中国大百科全书出版社2005年版,第129—131页。随着秦汉政治文化和社会习俗的变迁,两个"乡里"的族居形态前后都发生了变化。尤其是郡县层面的"乡里",西汉后期已降,豪族兴起,地方宗部发展迅速,强宗豪右成为这一时期宗族发展的主流形态。正如冯尔康所指出的,汉代宗族重建主要在上层社会进行。参见冯尔康《古代宗族与社会结构史》,天津人民出版社2019年版,第1—27页。州郡县中豪强大族的发展不可避免会影响县下乡里的族居形态,但本文的讨论聚焦在县下辖乡属里,而且主要从文书、制度也就是王朝统治的视角考察秦汉帝国对编户民族姓的规划与管理。

② 邢义田:《汉代的父老、僤与聚族里居——汉侍廷里父老僤买田约束石券读记》《从战国至西汉的族居、族葬、世业论中国古代宗族社会的延续》,并收入其著《天下一家:皇帝、官僚与社会》,中华书局2011年版,第396—466页。持相近意见的如马新:《论两汉乡村社会中的宗族》,《文史哲》2000年第4期;马新:《汉唐间乡村宗族存在形态考论——兼论中古乡村社会的非宗族化问题》,《山东大学学报》(哲学社会科学版)2013年第1期。

另一种观点是"里中多姓杂居"。相关学者认为，战国秦汉以来的乡里，作为地域性行政组织，不断瓦解和消除原来的血缘亲族关系对集权政治的抵制力，新的非亲缘性社会关系得以强化。里内大小的同姓宗族与没有宗族背景的单姓家族并存。秦汉碑简文献中，无论是里耶秦简"南阳里户籍简"、居延汉简"吏卒名籍"，还是"汉侍廷里父老僤买田约束石券""四川郫县犀浦出土东汉残碑"，其中记录的姓氏，均表明一里之中多姓杂居。①

这两种观点的分歧主要有二。一是对里与聚落的关系有不同的认识。前者认为里大多数情况下可能只是在原有聚落之上加上的新编组，里中仍然维持着原有的血缘联系。后者将战国秦汉时期的里视作最基层的行政地理区域与居民行政组织，不断打破原聚落中的血缘亲族组织，里中居民成分混杂，异姓杂处，逐渐失去了血缘集团的特性。

二是对里中族姓家户在定性、定量上有不同的分析。② 前者关注大姓在里中所占比重，以一姓户数的多寡来衡量族居形态。后者重视里中姓氏的数量，以多个姓氏的共存来否定聚族里居的形态，对里中大姓的存在却有所忽视。

由此看来，分析、论证秦汉时期的族居形态，不仅要厘清里与自然聚

① 参见朱凤瀚《商周家族形态研究（增订本）》，天津古籍出版社2004年版，第561—566页；赵沛《两汉宗族研究》第三章《两汉宗族的里居形态》，山东大学出版社2002年版，第133—156页；陈絜《里耶"户籍简"与战国末期的基层社会》，《历史研究》2009年第5期。

② 战国秦汉时期姓氏逐渐混而为一，庶民逐渐普及姓氏。参见徐复观《中国姓氏的演变与社会形式的形成》，载徐复观《两汉思想史（一）》，九州出版社2014年版，第281—291页。本文不再对这一时期的"姓"与"氏"作严格区分。"同姓"是判断同一族姓的必要条件，但同姓不一定同一家族（亲族）。例如，《汉书·扬雄传上》云："自季至雄，五世而传一子，故雄亡它扬于蜀。"颜师古注："蜀诸姓扬者皆非雄族，故言雄无它扬。"（中华书局1962年版，第3513—3514页）蜀地虽有其他扬姓，但因与扬雄没有亲近的血缘关系，所以"皆非雄族"。然而，汉代逐渐形成"同姓"即"同族"的意识。如汉高祖称"天下同姓一家"（《汉书》卷1下《高帝纪下》，第76页）；又如董卓（凉州陇西临洮人）自认为与董太后（冀州河间人）"同族"（《后汉书》卷72《董卓列传》，中华书局1965年版，第2323页）。据此，本文所称的"族""族姓"并非指狭义的亲族，而是包括亲族和疏族在内的广义上的"宗族"，即将"同姓"视作广义上的"同族"。通过姓氏异同探讨乡里的族姓构成，所反映的是包括父系血缘关系和宗族认同及意识在内的乡里族居形态。

落的关系，也要制定聚族里居的标准。只是，从目前的秦汉史料来看，里与自然聚落的关系，仍缺乏明确而有力的直接例证。① 至于聚族里居的标准，当然不能仅以姓氏的个数作为衡量标准，大姓户数占里总户数的比重，显然是更为重要的定性标准。既然学界常以东汉侍廷里父老僤于姓家户占比 40% 来衡量聚族而居的形态，本文就暂且以此作为聚族而居的基准，即一里之中，如果大姓户数占比 40% 以上，就庶几可以反映大姓聚族里居的形态。

近年来，秦汉简牍文献大量出土并陆续公布，其中有不少乡里户籍类文书及基层组织人名簿，为探讨这一时期乡里族居形态提供了直接材料。本文尝试利用这些材料，分析秦汉里中族姓的构成及其基本形态，并探讨其成因，揭示官方在规划乡里族姓方面起到的作用。

一　秦汉基层的族居形态

里耶古城北护城壕出土的迁陵县南阳里户籍简牍，经整理拼复缀合，得整简 10 枚，残简 14 枚（段），其中有 10 枚可释读户人姓氏，② 共计 8 个姓氏：黄姓 3 户，其他 7 个姓氏均只有 1 户。秦代一里户数约 30 户，③ 可释读姓氏的南阳里户籍简牍遗存约 1/3，这对里中族姓的统计会有影响。一般而言，户数保留越少，族姓户数占比相对偏高。即使如此，该里首姓黄姓也仅占可释读姓氏户数的 30%（实际占比应低一些）。由此约略可窥知，秦代迁陵县南阳里应当是多个族姓杂居，④ 且大姓家户不占绝对多数。

江陵凤凰山 10 号西汉墓二号木牍"记钱人名簿"和东汉"侍廷里父老僤约束石券"为考察汉代里中的族居形态提供了线索。凤凰山汉简"记钱人名簿"记录了 18 个姓名，包括 16 位出钱者和 2 位"不予者"。

---

① 参见［日］池田雄一《中国古代的聚落与地方行政》之"聚落篇"第四章《汉代的里与自然村》，郑威译，复旦大学出版社 2017 年版，第 117—140 页。

② 湖南省文物考古研究所编：《里耶发掘报告》，岳麓书社 2007 年版，第 203—208 页。

③ 参见符奎《秦汉闾里户数初探》，《中国农史》2016 年第 1 期；符奎《秦简所见里的拆并、吏员设置及相关问题——以〈岳麓书院藏秦简（肆）〉为中心》，《安徽史学》2017 年第 2 期。

④ 陈絜：《里耶"户籍简"与战国末期的基层社会》，第 30—32 页。

　　载翁仲七十，庄伯五十，应小伯五十，阎（？）[1] 翁仲五十，陶仲五十，王它（？）五十，王翁季五十，胡兄五十，袁兄五十，氾氏五十，姚季五十，张母（？）卌，张苍卌，杨公子卌，靳悍卌，张父卌（二正）

　　不予者：陈黑，宋则齐（二背）[2]

　　记录"不予者"，表明该牍应当悉数记录了某个群体。学界目前倾向于该牍的性质为"赙赠名籍"，[3] 记录了墓主张偃所在的平里的全部家户（包括张偃共计 19 户）。[4] 同墓所出"郑里廪簿"记录的 25 户，可能就是郑里的户数，[5] 两里的户数相差不多，或可大致印证。

　　不过，根据岳麓秦简"识劫婉案"的记录"里人不幸死者出单赋"，[6] 凤凰山汉简"记钱人名簿"的性质应与此类似。如果墓主张偃所在的平里有"单"的存在，甚至设置可能与生死有关的"万岁单""长寿单"，[7] 该牍所记的 18 个姓名有可能是这类"单"中其他家户的全记录。[8]

　　无论如何，凤凰山汉简"记钱人名簿"所记之姓名能反映西汉文景之际江陵县下"里"或"单"的族居形态。按学界的主流意见，平里当时 19 户，张姓 4 户（含张偃），王姓 2 户，其他姓氏仅 1 户。首姓张姓约占平里总户数的 21.1%，远不足聚族而居的基准 40%。由此看来，西汉

----

① "阎"，原阙释，据摹本字形补。

② 湖北省文物考古研究所编：《江陵凤凰山西汉简牍》，中华书局 2012 年版，第 92—94 页。

③ 汪桂海：《谈汉代碑刻、简牍中的赙赠名籍》，载卜宪群、杨振红主编《简帛研究二〇〇五》，广西师范大学出版社 2008 年版，第 238—243 页。

④ 王爱清：《关于秦汉里与里吏的几个问题》，《社会科学辑刊》2006 年第 4 期；马新：《汉唐间乡村宗族存在形态考论——兼论中古乡村社会的非宗族化问题》，第 46—47 页。

⑤ 郑里的总户数即使超过二十五户，也只能是超过不多的几户。湖北省文物考古研究所编：《江陵凤凰山西汉简牍》，第 106—112、141 页。

⑥ 朱汉民、陈松长主编：《岳麓书院藏秦简（叁）》，上海辞书出版社 2013 年版，第 153—162 页。

⑦ 汉代各种形式的"单""僤""弹"，可参见俞伟超《中国古代公社组织的考察——论先秦两汉的单—僤—弹》，文物出版社 1988 年版，第 71—93 页。

⑧ 详见本书《秦汉时期的"里""单"与"宗人"——从岳麓秦简"识劫婉案"说起》一文。

前期江陵平里应为"多姓均势杂居"形态。①

东汉建初二年（77）"侍廷里父老僤约束石券"具体铭刻了结"僤"的25人姓名：

单侯、单子阳、尹伯通、锜中都、周平、周兰、丘屯、周伟、于中山、于中程、于季、于孝卿、于程、于伯先、于孝、左巨、单力、于稚、锜初卿、左中文、于王思、锜季卿、尹太孙、于伯和、尹中功。②

25户（券文中明确提到"得传后代户者一人"）中于姓10户，单、尹、锜、周姓各3户，左姓2户，丘姓1户，首姓于姓户数约占侍廷里父老僤家户的40%。

不过，这还难以直接作为东汉聚族里居的证据。据券文"即僤中皆訾下不中父老，季、巨等共假赁田"，侍廷里父老不一定由这些结僤之人出任，说明这25户只是侍廷里中的部分民户。按《续汉书·百官五》刘昭注引《风俗通》："里有司，司五十家。"本注则称："里魁掌一里百家。"③长沙尚德街东汉简亦记录："诏书：百户置一正，贫富不得容奸诈。"④东汉制度上规定一里的户数基准为50户或100户。据此，侍廷里父老僤严格说来，难以全面反映侍廷里的族姓形态。

汉代的"单"多种多样，如"酒单""奉礼单""孝子单""宗亲单""正卫弹"，顾名思义，它们分别是因生产贩卖、馈赠、丧葬、宗族、服役等目的而组织起来的团体。⑤"父老僤"与"父老"息息相关，侍廷里组织父老僤买田的目的就是为了资助"僤中其有訾次当给为里父老者"。

---

① 本文所谓乡里"多姓均势杂居"之"均势"，并非指乡里之中的族姓势力绝对均等，而是指乡里之中个别族姓相对其他族姓并不占据绝对的优势，而是若干族姓和单家并存，大致呈现平衡共存的态势。与"编户齐民"之"齐"的用法相似。

② 释文校订请参见本书《东汉侍廷里父老僤约束石券人名校订》一文。

③ 《续汉书·百官五》，《后汉书》，第3625页。

④ 杨小亮：《长沙尚德街084号东汉"诏书"木牍补征》，《文物》2021年第3期。

⑤ 参见宁可《关于〈汉侍廷里父老僤买田约束石券〉》，《文物》1982年第12期；邢义田《天下一家：皇帝、官僚与社会》，第443—447页；俞伟超《中国古代公社组织的考察——论先秦两汉的单—僤—弹》，第71—93页。

"父老"称谓，比拟家族父兄关系，未必皆有血缘关系，指的是那些应该父事或兄事的长辈。① 文献中，常见"父老（兄）"与"子弟"对举，例如，《史记·高祖本纪》载：

> 刘季乃书帛射城上，谓沛父老曰："天下苦秦久矣。今父老虽为沛令守，诸侯并起，今屠沛。沛今共诛令，择子弟可立者立之，以应诸侯，则家室完。不然，父子俱屠，无为也。"父老乃率子弟共杀沛令，开城门迎刘季，欲以为沛令。刘季曰："天下方扰，诸侯并起，今置将不善，一败涂地。吾非敢自爱，恐能薄，不能完父兄子弟。此大事，愿更相推择可者。"②

刘邦一并提到的"父老""子弟""父兄子弟"等，虽然不必狭隘地理解为血亲关系，但是，这类拟血缘关系的称谓反映出家族伦常在基层社会秩序中发挥着重要的作用。

汉代"父老僤"与"宗亲单"并存，后者应为同宗亲属的结单，"父老僤"中血缘关系似乎也不应低估。③ 如《后汉纪·灵帝纪》建宁二年（169）载：

> （孟敏）其宗人犯法，恐至大辟，父老令至县请之。叔达曰："犯法当死，不应死自活，此明理也，何请之有？"有父老董敦之曰："觉其死者，此大事也。奈何以宜适而不受邪？"叔达不得已，乃行见杨氏令，不言而退。④

又如《三国志·魏书·陈群传》载：

① ［日］守屋美都雄：《中国古代的家族与国家》第六章《父老》，钱杭、杨晓芬译，上海古籍出版社 2010 年版，第 142—159 页。

② 《史记》卷 8《高祖本纪》，中华书局 1982 年版，第 350 页。

③ 赵沛先生认为："父老就是地方社会宗族势力的代表。"参见其著《两汉宗族研究》，第 137—140 页。

④ （东晋）袁宏撰，周天游校注：《后汉纪校注》，天津古籍出版社 1987 年版，第 648 页。

群为儿时，寔常奇异之，谓宗人父老曰："此儿必兴吾宗。"①

在这些故事中，"宗人"与"父老"并举，反映出宗族与父老关系之密切。侍廷里父老僤于姓占40%，大抵也可以反映这一点。

由此看来，侍廷里于姓宗人有可能多数甚至全部属于此僤。② 按东汉时期一里50户或100户，于姓户数在里中的占比将大幅度下降。假设侍廷里于姓皆属此父老僤，那么，于姓户数应为侍廷里的20%或10%左右，与西汉江陵平里占比相近，也呈现"多姓均势杂居"的形态。

里耶秦简"迁陵县南阳里户籍简牍"、凤凰山汉简"记钱人名簿"、东汉"侍廷里父老僤约束石券"和走马楼吴简户口簿籍所透露的乡里族居形态，③ 呈现出秦汉三国乡里平民"多姓均势杂居"的延续性。这些史料的来源地域分布广泛，反映这一里居形态应当具有普遍性。

二　姓氏成为管理平民的手段与平民族姓观念

秦汉三国碑简文献显示，乡里编户民"多姓均势杂居"。这一族居形态，不同于以往学界所认识的"聚族里居"或"里中多姓杂居"。不仅如此，秦汉官文书中普遍书写编户民的姓氏，与西周以降很长时期内姓氏乃政治权力的符号，为统治集团所有而不为平民所得，也是不可同年而论的。秦汉乡里编户民"多姓均势杂居"与姓氏的演变、王朝权力的规划应当有着密切的关系，兹予以申论。

西周利用本为血缘符号的姓氏为政治统治服务，将姓氏与宗法制度相结合，并用来酬庸报功，以达到巩固统一的目的。《左传》隐公八年（前715）载：

---

① 《三国志》卷22《魏书·陈群传》，中华书局1982年第2版，第633页。

② 侯旭东先生认为汉魏六朝时期的"宗族"可能"尚处在由多系'亲属群'转为'父系继嗣群体'的初始阶段，'父系意识'初步形成"。参见侯旭东《北朝村民的生活世界——朝廷、州县与村里》，商务印书馆2005年版，第60—107页。东汉侍廷里父老僤或有可能由于姓及其"亲属群"构成。

③ 凌文超：《孙吴临湘侯国乡里的族居形态》，载凌文超主编《中国中古史研究（吴简专号）》第9卷，中西书局2021年版，第213—250页。

　　无骇卒。羽父请谥与族。公问族于众仲。众仲对曰："天子建德，因生以赐姓，胙之土而命之氏。诸侯以字为谥，因以为族。官有世功，则有官族，邑亦如之。"公命以字为展氏。①

周代姓氏来源于天子的"赐""命"以及诸侯的"字"，象征着政治权力的分封与宗法的继承。至于世代功勋卓著者，则以官名、邑名为氏（族）。春秋战国时期，礼崩乐坏，宗法等级制度日益崩坏，下陵上替，姓氏不再为统治集团所独有，平民逐渐普及姓氏。氏、族也从为宗法制度服务的政治符号逐渐演变为社会性符号，向血缘组织的标识重新回归。②

　　事实上，平民得姓不仅是政治权力、社会结构和制度发生巨变的结果，也有王朝权力的推动。在秦王政十八年（前229）"识劫𡟰案"中，所涉及的吏民皆只记"名"而不记"姓"，而且"宗人"的作证并不具有完全的法律效力。③ 这似乎表明，此时秦的基层统治尚未全面利用族姓管控编户民，也未全面利用宗族作为治民的有效手段。

　　秦统一六国后，通过"书同文字"等改革措施，④ 以"族""氏"作为统治手段管理民众。里耶秦简"更名方"（8-461）云"曰产曰族"，⑤ 可能是将与生育相关的内容并入"族"中，"族"的血缘意义更加浓厚。⑥ 这一文字改革对"族"的强调，应当与秦王朝试图运用"族"规划和管制民众密切相关。

---

① （西晋）杜预：《春秋经传集解》卷1，（东汉）郑玄等注《十三经古注》第6册，中华书局2014年版，第1174页。

② 参见徐复观《中国姓氏的演变与社会形式的形成》，载徐复观《两汉思想史（一）》，第264—313页；陈絜《商周姓氏制度研究》，商务印书馆2007年版，第225—231页。

③ 参见朱汉民、陈松长主编《岳麓书院藏秦简（叁）》，第153—162页；以及本书《秦汉时期的"里""单"与"宗人"——从岳麓秦简"识劫𡟰案"说起》一文。

④ 《史记》卷6《秦始皇本纪》，中华书局1982年第2版，第239页。

⑤ 本书所引里耶秦简均出自湖南省文物考古研究所编《里耶秦简》（壹）（贰），文物出版社2012、2017年版；陈伟主编《里耶秦简牍校释》第1、2卷，武汉大学出版社2012、2018年版，以下引文仅标简号。

⑥ 张世超先生认为，"曰产"是以"产"代替"生"。参见张世超《北京大学藏西汉竹书的文字学启示》，《古代文明》2014年第4期。"曰族"与"曰产"并提，说明"族"与"产（生）"关系密切。

　　岳麓秦简中所见的秦律令规定："·诸治从人者，具书未得者名、族、年、长、物色、疵瑕。""·制曰：后令箸其族。"① 在文书中强调"族"的登记，意味着秦王朝逐渐注重以"族"控人。所谓"箸（著）其族"，即注明其"氏"，如里耶秦简"年卅七岁，族王氏"（8－1555）、"☑□年卅一年岁，族黄【氏】☑"（9—1257），这些都是秦以"氏"名"族"的例证。"氏""族"与庶民人身开始紧紧相连，成为官方登记平民身份的标记。

　　秦汉王朝依靠姓氏管理平民宗族乃至个人人身，使得姓氏登记随之具有行政行为的法律效力。汉代有妻冠夫姓、妻从夫姓的习惯。② 里耶秦代户籍简中，仅记录户人姓氏，妻子不记姓氏，应当也是妻从夫姓的反映。③ 当姓氏成为官方管控编户民的手段，那么，户籍以及相关官文书中姓氏的登记就开始具有法律效力。例如，张家山汉简《奏谳书》案例三中，卷宗记载阑的陈述：一云"南，齐国族田氏"，一云"阑送行，取（娶）为妻"。然而，官方认为"阑非当得取（娶）南为妻"，④ 阑与南因身份限制而被禁止结婚，两人之间非但法律婚姻，连事实婚姻也不会被许可。因此，卷宗登记的内容，南之"族""氏"是不可能从夫姓的。该案最后的判决也是以奸（无婚姻关系的男女私合）及匿罪判处阑黥为城旦。⑤ 质言之，该案卷宗对南之族、氏的记载，实际上隐含了官方对阑、南非婚关系的判定。

　　由此可见，秦汉官文书中姓氏的记载渗透着国家权力，不能简单地以

---

　　① 陈松长主编：《岳麓书院藏秦简（伍）》，第 45 页；陈松长主编：《岳麓书院藏秦简（陆）》，上海辞书出版社 2020 年版，第 76 页。

　　② ［日］森鹿三：『东洋学研究：居延汉简篇』，同朋舍 1975 年版，第 71—72 页；刘增贵：《汉代妇女的名字》，载李贞德、梁其姿主编《台湾学者中国史研究论丛9·妇女与社会》，中国大百科全书出版社 2005 年版，第 50—51 页；张俊民：《新、旧居延汉简校读二例》，《考古与文物》2009 年第 2 期。

　　③ 孙兆华、王子今：《里耶秦简牍户籍文书妻从夫姓蠡测》，《中国人民大学学报》2018 年第 3 期。

　　④ 张家山二四七号汉墓竹简整理小组：《张家山汉墓竹简〔二四七号墓〕（释文修订本）》，文物出版社 2006 年版，第 93 页。

　　⑤ 关于该案涉及的婚姻与奸罪的具体分析，参见刘欣宁《秦汉律令中的婚姻与奸》，《"中央研究院"历史语言研究所集刊》第 90 本第 2 分，2019 年，第 199—251 页。

社会性符号或血缘组织标识视之。姓氏如同二十等爵制一样，秦汉王朝将原本属于贵族的姓氏、爵位在国民中普遍推广，有助于在最大限度上控制民众和征调人力资源。战国以来庶民普遍得姓的背后，是国家试图利用姓氏实现对平民个人乃至宗族的控制。换言之，官文书姓名的登录建立起了官方与个人、宗族的联系。这也是周秦承革的具体反映。

与此同时，姓氏作为血缘组织标识的意义也逐渐重要起来。"同姓"是判断同一（父系或拟制父系血缘）家族、宗族的必要条件，也是敬宗收族的前提，如《礼记·大传》云："同姓从宗，合族属"。① 汉代逐渐形成"同姓"即"同族"的意识。例如，汉高祖刘邦对刘濞说："天下同姓一家"。②《后汉书·董卓列传》云："卓以（陈留）王为贤，且为董太后所养，卓自以与太后同族，有废立意。"③ 董太后是冀州河间人，而董卓是凉州陇西临洮人，董卓与董太后地理悬隔，两人之间应当没有血缘关系，只是因为"同姓"而称为"同族"。但是，族姓观念是否很快普及到广大平民，是颇有疑问的。

对于编户齐民，秦汉推行分异令，④ 社会上也因此逐渐形成"礼有分异之义，家有别居之道"的观念。⑤ 编户民多为核心家庭，兄弟通常分居，家庭规模一般比较小，平均每户约五口人。⑥ 底层民众的贫困也容易导致分家析产，甚至卖儿鬻女，通过离析为小家庭才能寻找出路。⑦ 编户民宗族的发育程度也很低。例如，刘邦统一天下，却因为"骨肉同姓少"，不得不"广强庶孽，以镇抚四海"。⑧ 又如，萧何原为沛主吏掾，

---

① （东汉）郑玄注：《礼记》卷10《大传》，（东汉）郑玄等注《十三经古注》第5册，中华书局2014年版，第1005页。

② 《汉书》卷1下《高帝纪下》，第76页。

③ 《后汉书》卷72《董卓列传》，第2323页。

④ 直至曹魏才正式"除异子之科，使父子无异财也"。《晋书》卷30《刑法志》，中华书局1974年版，第925页。

⑤ 《后汉书》卷76《循吏列传·许荆》，第2471页。

⑥ 参见杜正胜《传统家族试论》，载黄宽重、刘增贵主编《台湾学者中国史论丛8·家族与社会》，中国大百科全书出版社2005年版，第12—28页。

⑦ ［日］鹫尾祐子：《长沙走马楼吴简中的"限佃"名籍》，刘峰译，载邬文玲主编《简帛研究二〇一七（秋冬卷）》，广西师范大学出版社2018年版，第328—330页。

⑧ 《史记》卷17《汉兴以来诸侯王年表》，第802页。

"举宗"追随刘邦起事也不过"数十人"。① 种种迹象均显示，秦汉编户民的宗族势力是比较轻微的。秦汉时期平民即使营建宗族，其宗族范围也比较狭窄，大抵指三族，即父母、妻子、同产，此外便疏远了。②

在这种背景下，直至东汉时期，乡里编户民的姓氏观念与宗族、血统意识也是比较淡漠的。《三国志·吴书·是仪传》载：

> 是仪字子羽，北海营陵人也。本姓氏，初为县吏，后仕郡，郡相孔融嘲仪，言"氏"字"民"无上，可改为"是"，乃遂改焉。③

"是仪"本姓"氏"，竟因孔融一句谐谑之语就易姓，名士孔融对此也不以为意。可见至东汉末年，平民姓氏的浮游性仍然很大，族姓观念仍未稳固下来。④

秦汉编户民宗族的发展相当有限。受经济条件等的制约，宗法并未扩展至秦汉庶民社会。《礼记·曲礼上》云："礼不下庶人。"郑玄注："为其遽于事，且不能备物。"孔颖达疏："庶人贫，无物为礼，又分地是务，不暇燕饮，故此礼不下与庶人行也。"⑤ 秦汉时期，庶民终年劳作以取衣食犹且不易，⑥ 少有余财，又不暇燕饮，遑论敬宗收族，宗法对于编户民而言意义不大。⑦ 秦汉编户齐民的宗族社会远未形成，这与碑简文献反映的基层"多姓均势杂居"形态相一致。

三 乡里制离散自然聚落与编造"多姓均势杂居"

一般而言，自然聚落如果没有受到外界的干扰，随着人口的繁衍，在安土重迁的习俗和儒家思想观念的影响下，聚落中的民户将逐渐发展为族

① 《史记》卷53《萧相国世家》，第 2015 页。

② 杜正胜：《传统家族试论》，第 59—66 页。

③ 《三国志》卷62《吴书·是仪传》，第 1411 页。

④ 这一时期更多改姓的例子，参见侯旭东《北朝村民的生活世界——朝廷、州县与村里》，第 88—93 页。

⑤ （唐）孔颖达疏：《礼记正义》卷 3《曲礼上》，（清）阮元校刻《十三经注疏》，中华书局 1980 年版，第 1249 页。

⑥ 参见（西汉）晁错《论贵粟疏》，《汉书》卷 24 上《食货志上》，第 1132 页。

⑦ 林鹄：《宗法、丧服与庙制——儒家早期经典与宋儒的宗族理论》，《社会》2015 年第 1 期。

姓聚居。① 然而，秦汉乡里出现编户民"多姓均势杂居"，其族姓观念和宗族意识也很淡薄，这应当是国家权力介入、强制离散自然聚落的结果。在此过程中，乡里制发挥着重要作用。

秦汉乡里制是官方管控编户民和基层社会的行政工具，对基层社会有着至关重要的"形塑"作用。② 削弱地缘和血缘关系，摧折民间的自治权力，实现官方对编户民直接控制和加强集权是其重要的功能。

秦汉"乡""里"的组织原则和依据主要是户口数量，③ 并随着户口的增减而不断进行调整。秦律规定：

> 诸故同里里门而别为数里者，皆复同以为一里。一里过百而可隔垣益为门者，分以为二里。④

"诸故同里里门而别为数里者"意味着秦曾析分里，可能是在原来自然聚落色彩仍然浓厚的旧里的基础上编制新里。此新律则规定，原来析分之里又重新整合为一里。这并非全然对里的地缘关系的重新认可。据"一里过百而可隔垣益为门者，分以为二里"，独立的户口众多的里依然要被拆分，将里的户数限制在百户以下。户数成为秦反复拆并里和聚邑的基准。

汉代延续了秦拆并里的做法。马王堆三号汉墓"箭道封域图"的标注明确显示，⑤ 箭道西部和西南部区域的里，其编户曾被系统拆并和迁移，如"波里，十七户，今毋人""舁里，并波里""㻛里，并波里"

---

① 《汉书》卷90《酷吏传·严延年》载："时郡比得不能太守，涿人毕野白等由是废乱。大姓西高氏、东高氏，自郡吏以下皆畏避之，莫敢与牾。"（第3668页）西汉中期，因历任涿郡太守抑制豪强不力，导致大姓两高氏得势放纵。两高氏后来遭到涿郡太守严延年的劲治。汉代地方豪族势力的发展与刺史、郡太守等的治理密切相关。

② 鲁西奇：《中国古代乡里制度研究》，北京大学出版社2021年版，第1—22页。

③ 王毓铨：《汉代"亭"与"乡""里"不同性质不同行政系统说——"十里一亭……十里一乡"辨正》，《历史研究》1954年第2期。

④ 陈松长主编：《岳麓书院藏秦简（肆）》，上海辞书出版社2015年版，第192页。

⑤ 该地图的定名，参见邢义田《论马王堆汉墓"驻军图"应正名为"箭道封域图"》，《湖南大学学报》（社会科学版）2007年第5期，修订收入其著《治国安邦：法制、行政与军事》，第341—355页。

"石里，到乘五十里，并石，到廷六十里".① 这类标注具体反映了汉初自然聚落的改制和里的拆并。

松柏汉简中有江陵西乡的"户口簿"与"正里簿".② "正里簿"的具体内容尚未公布，结合"户口簿"的记录，其内容应当是根据户口的耗息按一定的标准对里进行调整、设置相应数量的里正，所反映的是西汉中期里和里正的调整情况。

里的编制情况，在走马楼吴简中有更为清晰的呈现。一里的户数比较整齐，皆为 50 户左右.③ 这类高度整齐划一的"里"，显然是经常制度性调整的结果，是秦汉乡里制度的延续。

在秦汉乡里制的推行和制度性调整过程中，官方强制离散长期以来形成的血缘、地缘等关系。除了里耶秦简 16—9 中所见的启陵乡渚里迁移至都乡，以及马王堆汉墓"箭道封域图"标注的里邑拆并、迁移外，④ 还可以举出若干证据。

第一，秦汉里伍制的推行，摧颓了聚邑共同体和睦、友爱、自治之精神.⑤ 秦推行里伍之制，同时规定：

> 令民为什伍，而相牧司连坐。不告奸者腰斩，告奸者与斩敌首同赏，匿奸者与降敌同罚。民有二男以上不分异者，倍其赋.⑥

该制大致为西汉所继承，张家山汉简《二年律令·户律》规定："自五大夫以下，比地为伍，以辨 券 为信，居处相察，出入相司".⑦ 秦汉里伍制

---

① 裘锡圭主编：《长沙马王堆汉墓简帛集成》，释文及摹图见第 6 册，中华书局 2014 年版，第 109—122 页，整理图版见第 2、7 册，第 152—167、264—265 页。

② 荆州博物馆：《湖北荆州纪南松柏汉墓发掘简报》，《文物》2008 年第 4 期。

③ ［日］鹫尾祐子：《长沙走马楼吴简连记式名籍简的探讨——关于家族的记录》，第 83 页；连先用：《吴简所见里的规模与吴初临湘侯国的户籍整顿》，《中国农史》2019 年第 1 期。

④ 详见本书《马王堆汉墓"箭道封域图"与秦里的制度性调整》一文。

⑤ 杜正胜：《编户齐民——传统政治社会结构之形成》，联经出版事业股份有限公司 1990 年版，第 131—139 页。

⑥ 《史记》卷 68《商君列传》，第 2230 页。

⑦ 张家山二四七号汉墓竹简整理小组：《张家山汉墓竹简〔二四七号墓〕（释文修订本）》，文物出版社 2006 年版，第 51 页。

的"牧司连坐",极大地改变了古代自然聚落因聚族而居、长期共处而形成的温情脉脉的伦理关系。古代自然聚落那种出入相友、守望相助、患难与共、仁爱和亲的关系,① 随着里伍制的推行,因相互检举揭发、自我防备而日益疏远。

分异令则导致亲族关系也逐渐乖散。《汉书·贾谊传》载:

> 故秦人家富子壮则出分,家贫子壮则出赘。借父耰鉏,虑有德色;母取箕帚,立而谇语。抱哺其子,与公并倨;妇姑不相说,则反唇而相稽。其慈子耆利,不同禽兽者亡几耳。②

贾谊的说法可能带有夸张的成分,但是,分异令削弱父子之间的礼义仁恩是无疑的。父子之间尚且如此,亲族、宗人之间的宗法关系和交往礼节亦将松弛。里伍制、分异令等的推行,导致长期以来结成的血缘、地缘等关系逐渐被消解。

第二,秦代里正的选任,并未优先考虑邑里的血缘关系和社会秩序。秦《尉卒律》规定:

> 置典、老,必里相谁(推),以其里公卒、士五年长而毋(无)害者为典、老;毋(无)长者令它里年长者。为它里典、老,毋以公士及毋敢以丁者,丁者为典、老,赀尉、尉史、士吏主者各一甲,丞、令、令史各一盾。毋(无)爵者不足,以公士,县毋(无)命为典、老者,以不更以下,先以下爵,其或复未当事戍,不复而不能自给者,令不更以下无复不复,更为典、老。③

秦除授里典、老的要求主要有二:④ 一为年长而毋害,二为无爵或不更以

---

① (西汉)韩婴撰,许维遹校释:《韩诗外传集释》卷4第13章,中华书局1980年版,第143—144页。

② 《汉书》卷48《贾谊传》,第2244页。

③ 陈松长主编:《岳麓书院藏秦简(肆)》,第115—116页。

④ 卜宪群先生指出,里正、里典必须经过正式的任命程序,在职数和相关人名程序上都有"律令"可据。参见卜宪群《秦汉之际乡里吏员杂考——以里耶秦简为中心的探讨》,《南都学坛》2006年第1期。

下的低爵。对财产没有要求，即使"不能自给者"也在选任之列（汉代的情况不同，据前引"侍廷里父老僤约束石券"，为里父老有户訾要求）。要求"年长"，即将丁壮男子排除在外，以保证赋役的征派；"无害"即要求处事清廉公平，能够"率黔首为善"，强调对官府的顺从；[1] 以无爵或下爵担任，既是对有爵者尤其是高爵者的优待，使他们免于承担烦琐的里伍事务，又避免高爵者拥有行政权力、控制乡里。

秦代里典、老的选任，一开始就将那些在乡里血缘、地缘关系网络中居于核心位置、在民间秩序中拥有广泛权力且不与官府合作的"长老"（这类长老通过耕、战往往能获取高爵）排除在外，而是通过将典、老纳入官吏体系，选任缺乏权势且顺服"无害"的"长老"充当律令推行和行政运作的工具，从而如臂使指，实现对里伍的直接掌控。

然而，在乡里熟人社会之中，血缘、地缘等关系自始至终在祭祀、结单、通饮食等活动中发挥着重要作用，秦王朝压抑甚至普遍排斥民间秩序中拥有广泛社会权力的"长老"，[2] 实际上是有意识地对传统的血缘、地缘等关系加以摧抑，试图凭借国家的绝对权力强行以新的国家秩序改造旧的社会秩序。

然而，秦末政治败坏、地方控制力削弱，引发六国故地旧势力的强烈反弹。那些受秦王朝压制的有名望、有号召力的民间领袖"父老"迅速崛起，驱逐和诛杀秦廷的代理人，成为反秦斗争中的主导力量之一。如前引，沛县父老率子弟共杀沛令，开城门迎接刘邦。面对社会上依旧强大的传统力量，汉王朝建立后，即使"汉承秦制"，在里吏的选任问题上，也不再完全遵循秦制，一方面对民间领袖有所让步，同时将爵制秩序贯彻到

---

① 秦令规定："居邑里长老率黔首为善，有如此者，牒书。"［陈松长主编：《岳麓书院藏秦简（伍）》，第134页］，这类"率黔首为善"的居邑里长老（符合爵位要求）应当就是秦代典、老的主要候选人。"里吏"也从属于职官体系，因此，这里的"无害"，应理解为"公平吏"（参见《史记》卷53《萧相国世家》，《集解》注引《汉书音义》，第2013页）。秦《置吏律》规定："官啬夫节（即）不存，令君子毋（无）害者若令史守官。"（睡虎地秦墓竹简整理小组：《睡虎地秦墓竹简》，文物出版社1990年版，第56页）。

② ［日］守屋美都雄先生认为，秦朝对像里父老这种位于国家与民众之间的权力者，以家长的方式控制里内子弟，恐怕不会认可。参见其著《中国古代的家族与国家》第六章《父老》，第155页。

乡里，里正、父老开始可以由地方权势者"长老"和高爵者担任，如前举父老僤中的于氏，以及担任里正的"五大夫"张偃。这实际是通过赋予乡里"长老"职事，换取基层权势者的支持。汉王朝虽然有限度地拉拢部分基层"长老"，但是，从整体而言，对待地方强宗大姓和传统血缘、地缘关系，仍然以摧折为主。①

第三，抑制地方豪强是秦汉长期坚持的政策，制造乡里"多姓均势杂居"与这一政策精神相吻合。自春秋战国以来，打破自然聚落的血缘、地缘关系成为设立基层行政体制的基本目的之一。《左传》宣公十一年（前598）云：楚"乃复封陈，乡取一人焉以归，谓之夏州。"杜预注："州，乡属，示讨夏氏所获也。"② 楚伐陈，每乡取一人，设置夏州以处之。在新设的夏州，原来乡里的血缘、地缘关系不复存在。战国秦汉乡里制的普遍推行，无论是将大的自然聚落分析为乡里，还是将小的自然聚落合并为乡里，都会不同程度地离散或稀释原来的血缘、地缘关系。《庄子·则阳》所谓"丘里者，合十姓百名而以为风俗也"，③ 即其体现。

秦汉王朝长期贯彻打压六国贵族之后和地方豪强的政策。秦始皇统一天下，"徙天下豪富于咸阳十二万户"。④ 西汉建立后，高帝五年（前202）五月"兵皆罢归家"，一度允许"诸侯子"返回旧地，但后九月又"徙诸侯子关中"。⑤ 汉高帝九年，接受刘敬的建议"徙齐诸田，楚昭、屈、景，燕、赵、韩、魏后，及豪桀名家，且实关中。无事，可以备胡；诸侯有变，亦足率以东伐。此强本弱末之术也"。⑥ 将六国强族十余万口迁徙到关中，削弱关东地方势力。这一做法不久发展成为制度性的"徙陵"政策。正如《汉书·地理志下》所云：

---

① 陈侃理先生对秦汉时期里吏在国家控制基层社会中的作用有系统分析，参见其作《秦汉里吏与基层统治》，《历史研究》2022年第1期。

② （西晋）杜预：《春秋经传集解》卷10《宣公上》，（东汉）郑玄等注《十三经古注》第6册，第1287—1288页。

③ 王先谦：《庄子集解》卷7《则阳》，中华书局1987年版，第233页。

④ 《史记》卷6《秦始皇本纪》，第239页。

⑤ 《汉书》卷1下《高帝纪下》，第54、58页。

⑥ 《汉书》卷43《刘敬传》，第2123页。

汉兴，立都长安，徙齐诸田，楚昭、屈、景及诸功臣家于长陵。后世世徙吏二千石、高訾富人及豪桀并兼之家于诸陵。盖亦以强干弱支，非独为奉山园也。①

通过"徙陵"政策，西汉中前期反复迁徙东方的世家大族至关中，建立陵邑，加强控制。从而削弱地方势力，加强中央集权，避免出现尾大不掉的局面。②

汉武帝时期，抑制豪强的政策进一步加强。元封五年（前104）置部刺史，以六条问事。其中，"一条，强宗豪右田宅逾制，以强凌弱，以众暴寡"，"六条，二千〔石〕违公下比，阿附豪强，通行货赂，割损正令也"，③ 即监察强宗豪右的专门条款。汉武帝还将"徙陵"的对象扩大至"天下豪桀兼并之家，乱众民"，④ 控制的对象不再仅仅是旧贵族和郡国大姓，连"兼并之家"和"奸猾"之徒也包括在内。在迁徙强宗大姓时，还规定"不得族居"。⑤ 这样就从上而下进一步摧残了郡县乃至乡里的宗族血缘关系。

东汉时期，这类政策继续推行。据《后汉书·酷吏列传》记载：李章任阳平令，手刃豪右大姓赵纲，击破其屯聚坞壁；周紏"征拜洛阳令。下车，先问大姓主名，吏数闾里豪强以对"；黄昌任宛令、蜀郡太守，"大姓战惧""宿恶大奸，皆奔走它境"；司隶校尉阳求，主张"且先去大猾，当次案豪右"。⑥

汉代抑制豪强，在很长时期内应当收到了较好的效果，所谓"邑里无营利之家，野泽无兼并之民，万里之统，海内赖安"，⑦ 虽然有些夸张的成

①　《汉书》卷28下《地理志下》，第1642页。

②　秦汉王朝在迁徙地方豪强的同时，还鼓励徙民垦荒、实边，实现强干弱枝、社会救助、经济开发等目的。参见邢义田《从安土重迁论秦汉时代的徙民与迁徙刑》，《治国安邦：法制、行政与军事》，第62—100页。国家强制迁徙平民，甚至营建新的乡里，与迁移、抑制豪强一样，应当也带有破散血缘、地缘关系的用意，从而制造没有自治权力的"编户齐民"，方便治理。

③　《汉书》卷19上《百官公卿表上》颜师古注引《汉官典职仪》，第742页。

④　《汉书》卷64上《主父偃传上》，第2802页。

⑤　《后汉书》卷33《郑弘列传》注引《谢承书》曰："其曾祖父本齐国临淄人，官至蜀郡属国都尉。武帝时徙强宗大姓，不得族居，将三子移居山阴，因遂家焉。"第1155页。

⑥　《后汉书》卷77《酷吏列传》，第2492、2494、2496—2497、2500页。

⑦　《续汉书·五行三》刘昭注引《东观书》，《后汉书》，第3307页。

分，但反映了官方塑造邑里秩序的理想形态。这就需要在地方行政过程中不断摧折、离散郡县乡里因血缘、地缘等结成的权益关系。从碑简文献的记录来看，秦汉三国正是通过乡里制分割或整合邑聚，从而剖散族姓，实现乡里编户民"多姓均势杂居"。如秦迁陵县启陵乡渚里和"箭道封域图"中波里等的拆分、迁移与整合，导致原来的血缘关系被稀释，地缘关系被离散。

结　语

秦汉时期乡里平民"多姓均势杂居"的延续性和普遍性，与这一时期爵制、分异令、乡里制等的长期坚持密不可分。秦汉以来，爵制先后规定五大夫或公乘以下的吏民比地为伍，县下之乡里只是庶民群体的编伍，庶民宗族发育程度很低，难以发展成为大姓冠族。乡里制在离散自然聚落的血缘、地缘等关系方面发挥了重要的作用，乡和里的制度性反复拆并，不断离散长期以来维系自然聚落的血缘、地缘纽带，在摧折乡里大姓的同时，努力营造乡里"多姓均势杂居"的形态。

不过，诸如秦迁陵县启陵乡渚里、西汉长沙国箭道波里那样，割裂和迁移丘落或乡里中的居民，在其他地域营造新的乡里或与他里合并，这类做法并不利于基层的稳定。从吴简展现的情形来看，里可能主要作为形式上甚或是虚拟的分割单元，① 仅在文书层面将丘落邑聚中的吏民分散地登记在不同的乡里户籍之上，事实上却存在族姓聚居在丘落邑聚的状态。② 东汉以后，乡里制离散聚落和族姓越来越形式化，以豪强为代表的宗族势力迅速发展，成为地方社会的主导力量。这时官方不得不转而招抚和利用地方宗族势力，或者将权势者及其组织纳入地方行政系统，或从思想层面主导宗族观念的建设。如何利用宗族维系基层统治开始成为政治统治的新课题。

（原刊《中国人民大学学报》2021 年第 6 期）

---

① 郭浩：《从汉"里"谈长沙走马楼吴简中的"里"和"丘"》，《史学月刊》2008 年第6 期。

② 黎明钊：《聚族而居与聚族里居：三国吴简〈嘉禾吏民田家莂〉探讨》，《中国文化研究所学报》2002 年第 11 期，收入其著《辐辏与秩序：汉帝国地方社会研究》，香港中文大学出版社 2013 年版，第 296—356 页。

秦汉时期的"里""单"与"宗人"

——从岳麓秦简"识劫婏案"说起

自东汉侍廷里父老僤约束石券公布以来，学界围绕"僤"（又称"单""弹"）的性质、"僤"与"里"的关系以及基层的族居形态展开了讨论，提出诸多不同的意见。[①] 随着岳麓书院藏秦简"识劫婏案"的刊布，该案所涉的"宗人""里人""里单赋"及相关事宜，为上述议题的进一步研究提供了新材料。[②] 本文尝试从岳麓秦简"识劫婏案"出

---

① 参见黄士斌《河南偃师县发现汉代买田约束石券》，《文物》1982 年第 12 期；宁可《关于汉侍廷里父老僤买田约束石券》，《文物》1982 年第 12 期；俞伟超《中国古代公社组织的考察——论先秦两汉的单—僤—弹》，文物出版社 1988 年版，第 114—127 页；邢义田《汉代的父老、僤与聚族里居——汉侍廷里父老僤买田约束石券读记》，《汉学研究》1983 年第 2 期；邢义田《汉侍廷里父老僤买田约束石券再议》，《"中央研究院"历史语言研究所集刊》第 61 本第 4 分，1990 年，并修订收入其著《天下一家：皇帝、官僚与社会》，中华书局 2011 年版，第 436—488 页；杜正胜《汉"单"结社说》（原题《"单"是公社还是社祀？——与俞伟超先生商榷》，《新史学》创刊号，1990 年），收入其著《古代社会与国家》，允晨文化实业股份有限公司 1992 年版，第 953—970 页；林甘泉《"侍廷里父老僤"与古代公社组织残余问题》，《文物》1991 年第 7 期；张金光《有关东汉侍廷里父老僤的几个问题》，《史学月刊》2003 年第 10 期；南玉泉《东汉侍廷里僤约束石券的发现与研究》，载李雪梅主编《法律文化研究·古代法律碑刻专题》第 10 辑，社会科学文献出版社 2017 年版，第 26—35 页；［日］籾山明《汉代结僤习俗考》，赵晶译，修订载李雪梅主编《法律文化研究·古代法律碑刻专题》第 10 辑，第 3—25 页。全面而系统的学术史梳理与述评参见李力《"汉侍廷里父老僤买田约束石券"及其文本之再研究（上、下）》，载周东平、朱腾主编《法律史译评》第 8、9 卷，中西书局 2020、2021 年版，第 94—141、83—135 页。

② 参见王彦辉《从秦汉"单"的性质看国家与社会权力结构的失衡》，《中国史研究》2015 年第 1 期；王彦辉《秦简"识劫婏案"发微》，《古代文明》2015 年第 1 期；［日］下仓涉《一位女性的告发：岳麓书院藏秦简"识劫婏案"所见奴隶及"舍人""里单"》，载周东（转下页）

发，对秦汉时期的"里""单"关系及其宗族的基本形态再作探讨。

一　"宗人""里人"作证与婉为沛妻身份的认定

"单"究竟是公社或公社残余，还是私人结社，学界一开始存在较大的分歧。随着讨论的深入，大多数学者倾向于"单"是民间以互助为目的的社会组织形式。[①] 岳麓秦简"识劫婉案"对婉与沛的事实婚姻及其法律效力的认定情况，为进一步辨析"单"的性质及其与"宗""里"的关系提供了新史料。兹将该案内容移录如下（稍改标点）：

【敢瀛（谳）】之：十八年八月丙戌，大女子婉自告曰："七月为小走马蒙占家訾。蒙当责大夫建、公卒昌、士五穨、喜、遗钱六万八千三百，有券。婉匿不占吏为訾。婉有布市肆一，客舍室一。公士识劫婉曰：'以肆、室鼠（予）识。不鼠（予）识，识且告婉匿訾。'婉恐，即以肆、室鼠（予）识。为建等折弃券，弗责。先自告，告识劫婉。"

婉曰："与蒙同居，故大夫沛妾，沛御婉，婉产蒙、女姝。沛妻危以十岁时死，沛不取（娶）妻。居可二岁，沛免婉为庶人，妻婉。婉有（又）产男必，女若。居二岁，沛告宗人、里人大夫快、臣、走马拳、上造嘉、颉曰：'沛有子婉所四人，不取（娶）妻矣。欲令婉入宗，出里单赋，与里人通饮食。'快等曰：'可。'婉即入宗，里人不幸死者出单赋，如它人妻。居六岁，沛死。蒙代为户、爵后，有肆、宅。识故为沛隶，同居。沛以三岁时为识取（娶）妻，居一岁，为识买室，贾（价）五千钱，分马一匹、稻田廿亩，异识。识从军，沛死来归，谓婉曰：'沛未死时言以肆、舍客室鼠（予）识，识欲

（接上页）平、朱腾主编《法律史译评》第 5 卷，陈鸣译，中西书局 2017 年版，第 38—63 页；南玉泉《从岳麓秦简识劫婉案看秦国的匿訾罪及其乡里状况》，载徐世虹主编《中国古代法律文献研究》第 12 辑，社会科学文献出版社 2018 年版，第 204—226 页；刘欣宁《秦汉律令中的婚姻与奸》，《"中央研究院"历史语言研究所集刊》第 90 本第 2 分，2019 年，第 208—210 页。

① 关于"单（僤）"性质的学术史梳理，参见王彦辉《秦简"识劫婉案"发微》，第 81—82 页。

得。'婉谓:'沛死时不令鼠(予)识,识弗当得。'识曰:'婉匿訾,不鼠(予)识,识且告婉。'婉以匿訾故,即鼠(予)识肆、室。沛未死,弗欲以肆、舍客室鼠(予)识。不告婉,不智(知)户籍不为妻、为免妾故。它如前。"

·识曰:"自小为沛隶。沛令上造狗求上造羽子女黔为识妻,令狗告羽曰:'且以布肆、舍客室鼠(予)识。'羽乃许沛。沛已为识取(娶)黔,即为识买室,分识马、田,异识,而不以肆、舍客室鼠(予)识。识亦(?)弗(?)求(?),识已(?)受它。军归,沛已死。识以沛未死言谓婉,婉不以肆、室鼠(予)识,识且告婉匿訾。婉乃鼠(予)识,识即弗告。识以沛言求肆、室,非劫婉。不智(知)婉曰劫之故。它如婉。"

·建、昌、積、喜、遗曰:"故为沛舍人。【沛】织(贷)建等钱,以市贩,共分赢。市折,建负七百,昌三万三千,積六千六百,喜二万二千,遗六千。券责建等,建等未赏(偿),识欲告婉,婉即折券,不责建。它如婉。"

·娭、快、臣、拳、嘉、颉言如婉。

·狗、羽、黔言如识。

·萧、若小,不讯;必,死。

·卿(乡)唐、佐更曰:"沛免婉为庶人,即书户籍曰'免妾'。沛后妻婉,不告唐、更。今籍为免妾。不智(知)它。"

·诘识:"沛未死虽告狗、羽且以肆、舍客室鼠(予)识,而后不鼠(予)识,识弗求,已为识更买室,分识田、马,异识,沛死时有(又)不令。萧已代为户后,有肆、宅,识弗当得。何故尚求肆、室曰'不鼠(予)识,识且告婉匿訾?'婉即以其故鼠(予)识,是劫婉,而云非劫,何解?"

识曰:"□欲得肆、室,婉不鼠(予)识,识诚恐谓'且告婉',婉乃鼠(予)识。识实弗当得。上以识为劫婉,皐(罪)识,识毋以避。毋它解。皐(罪)。它如前。

·问:匿訾税及室、肆,臧(赃)直(值)各过六百六十钱。它如辞。

　　·鞫之：媞为大夫沛妾。沛御媞，媞产薠、㛥。沛妻危死，沛免媞为庶人，以为妻，有（又）产必、若，籍为免妾。沛死，薠代为户后，有肆、宅。媞匿訾税直（值）过六百六十钱，先自告，告识劫。识为沛隶，沛为取（娶）妻，欲以肆、舍客室鼠（予）识。后弗鼠（予），为买室，分马一匹，田廿亩，异识。沛死，识后求肆、室，媞弗鼠（予）。识恐谓媞"且告媞匿訾"，媞以故鼠（予）肆、室。肆、室直（值）过六百六十钱。得。皆审。疑媞为大夫妻、为庶人及识罪（罪）。毄（系）。它县论。敢谳（谳）之。

　　·吏议："'媞为大夫□妻，赀识二甲'；或曰'媞为庶人，完识为城旦'：絜（緤）足输蜀。"①

　　在该案中，识劫媞的事实清楚，证据充分。只是，媞的身份能否确定为大夫沛法律意义上的妻子存在疑问。在"吏议"的环节，也因此提出两种不同的判罚。

　　媞的身份之所以存在疑问，据乡啬夫唐和乡佐更的介绍，是因为大夫沛免媞为庶人时，在户籍上将媞的身份变更为"免妾"，然而，秦王政十二年（前235），沛娶媞为妻，并未将更改身份的要求报告乡吏，以致媞的注籍身份仍然是"免妾"（庶人）。由此看来，当时编户民的法定身份，主要通过"自占"，由乡吏在户籍上进行登记或更改，从而获得官方的认定。户籍是确定编户民法定婚姻身份的基本依据之一。②

　　此后，秦对婚嫁的备案提出了新要求。岳麓秦简"廷卒令"规定：

　　·十三年三月辛丑以来，取（娶）妇嫁女必参辨券└。不券而

---

① 朱汉民、陈松长主编：《岳麓书院藏秦简（叁）》，上海辞书出版社2013年版，第153—162页。

② 张韶光：《秦汉时期户籍中婚姻信息登记研究——以出土简牍为中心》，载邓章应主编《学行堂语言文字论丛》第6辑，科学出版社2018年版，第134—153页；刘鸣：《论秦汉时期婚姻成立的要件——从〈岳麓书院藏秦简（叁）〉"识劫媞案"说起》，《咸阳师范学院学报》2020年第1期。

讼，乃勿听，如廷律∟。前此令不券讼者，治之如内史律。·谨布令，令黔首明智（知）。·廷卒□①

秦王政十三年（前234）三月以后，娶妇嫁女时要求制作参辨券，其中一份提交官方备案。如果未在官府登记、备案，一旦发生婚姻争讼，官方不认可其成婚的法律效力。这类婚嫁券书也成为判决法定婚姻身份的依据之一。另外，睡虎地秦简《法律答问》云：

> 女子甲为人妻，去亡，得及自出，小未盈六尺，当论不当？已官，当论；未官，不当论。②

女子"小未盈六尺"，事实上已婚，如果在官方登记，其身份为"大"，就要受到处罚；如果未在官方登记，其已婚身份不被认可，身份依然为"小"，就将免于刑罚。③ 女子婚否的判定，根本依据在于是否官方登记。婚姻信息在官方登记的方式应当有多种，或户籍，或券书，或其他官文书的认定形式。

在识劫姽案的"鞫之"（审讯、听证后确认事实）环节，官方虽然认可了"沛免姽为庶人，以为妻"的事实，但是，无论是"鞫之"，还是"吏议"，均对姽的身份持不同的意见：姽或为沛妻，或为庶人。质言之，官方认可沛以姽为妻的事实婚姻，却对姽为沛妻的法律身份存在犹豫。这说明事实婚姻并不能作为法律婚姻身份认定的充分条件。

官方认定姽与沛的事实婚姻（认可姽为沛妻之事实身份），根据的是姽的陈述和"宗人""里人"的作证。同时，这也是裁判姽为沛妻之法律身份的依据。虽然这并不足以证明她是沛在法律意义上的妻子，但是，值得进一步辨析的是，哪些证据有助于官方从法理层面作出姽为沛妻（法律身份）的裁决？

具体而言，姽与沛的夫妻关系主要体现在"入宗，出里单赋，与里

---

① 陈松长主编：《岳麓书院藏秦简（伍）》，上海辞书出版社2017年版，第130—131页。

② 睡虎地秦墓竹简整理小组：《睡虎地秦墓竹简》，文物出版社1990年版，第132页。

③ 参见凌文超《秦汉时期两类"小""大"身份说》，《社会科学战线》2019年第12期。

人通饮食"和"入宗，里人不幸死者出单赋，如它人妻"一类"宗人"和"里单"的社会活动之中。即由"宗人"证实婰"入宗"；由"里人"证实婰"出里单赋，与里人通饮食"等活动。这两类人的证讯，究竟有多大的法律效力能证明婰为沛的法定妻子？

首先来看"宗人"作证和婰入宗。姓氏是判断同一（父系或拟制父系血缘）家族、宗族的必要条件，① 也是敬宗收族的前提，如《礼记·大传》云："同姓从宗。合族属。"② 然而，在该案中，未见姓氏的记录。这似乎表明，在秦王政十八年（前229）之前，秦的基层统治尚未全面利用族姓管控编户民，也未全面利用宗族作为治民的有效手段。在这种情形之下，游离于国家机构组织之外的宗人及宗族活动，自然缺乏行政行为效力。因此，婰入宗和"宗人"作证虽然能够证明婰与沛的事实婚姻，但不能证明婰为沛法律意义上的妻子。

秦统一六国后，通过"书同文字"、文书制度等改革措施，③ 以"族""氏"作为统治手段管理民众。如里耶秦简"更名方"（8－461）云"曰产曰族"，这一文字改革对"族"的强调，应当与秦王朝试图运用"族"规划和管制民众密切相关。秦律令还规定文书应重视对"族"的登记，如"·诸治从人者，具书未得者名、族、年、长、物色、疵瑕。""·制曰：后令箸其族。"④ 这意味着秦王朝逐渐注重以"族"控人。秦文书中也常见"箸（著）其族（氏）"的记录，如里耶秦简"冗佐上造临汉都里曰援……年卅七，族王氏"（8－1555）、"☐□年卅一年岁，族黄【氏】☑"（9—1257）。"族""氏"与庶民人身开始紧紧相连，成为官方登记平民身份的标记。

秦汉王朝依靠姓氏管理平民宗族乃至个人人身，使得姓氏登记随之具

---

① 战国秦汉时期姓氏逐渐混而为一，庶民逐渐普及姓氏。参见徐复观《中国姓氏的演变与社会形式的形成》，载徐复观《两汉思想史（一）》，九州出版社2014年版，第281—291页。本文不再对这一时期的"姓"与"氏"作严格区分。

② （东汉）郑玄注：《礼记》卷10《大传》，（东汉）郑玄等注《十三经古注》第5册，中华书局2014年版，第1005页。

③ 《史记》卷6《秦始皇本纪》，中华书局1982年第2版，第239页。

④ 陈松长主编：《岳麓书院藏秦简（伍）》，第45页；陈松长主编：《岳麓书院藏秦简（陆）》，上海辞书出版社2020年版，第76页。

有行政行为的法律效力。汉代有妻冠夫姓、妻从夫姓的习惯，① 西北汉简
官文书名籍中普遍存在妻从夫姓的简例，如：

> 永光四年正月己酉橐佗延寿燧长孙时符：妻大女昭武万岁里孙第
> 卿年廿一，子小女王女年三岁，弟小女耳年九岁，皆黑色。(29.1)②
> 橐他通道亭长宋捐之永始四年家属符尽十二月：妻大女𫘫得常乐里
> 宋待君年廿二，子小男自当年九，子小女廉年六。(73EJT37：1059)③

这类西北汉简家属出入关符中，夫妻同姓书写。在里耶秦代户籍简中，仅
记录户人姓氏，而阙记户内成员的姓氏；妻子不记姓氏，应当也是妻从夫
姓的反映，如：

> 南阳户人荆不更黄得，妻曰嗛，子小上造台，子小上造□，子小
> 上造定，子小女𡥉，子小女移，子小女平，五长。(K1/25/50)④
> 南阳户人荆不更宋午，弟不更熊，弟不更卫，熊妻曰□□，卫妻
> 曰□，子小上造传，子小上造逐，□子小上造□，熊子小上造□，
> 卫子小女子□，臣曰襦。(K2/23)

当姓氏成为官方管控编户民的手段，那么，户籍以及相关官文书中姓氏的
登记就开始具有法律效力。例如，张家山汉简《奏谳书》案例三中，卷
宗记载临菑（淄）狱史阑的陈述：一云"南，齐国族田氏，徙处长安"，
一云"阑送行，取（娶）为妻"。然而，根据"律所以禁从诸侯来诱者，

---

① 参见［日］森鹿三『东洋学研究：居延汉简篇』，同朋舍 1975 年版，第 71—72 页；刘
增贵《汉代妇女的名字》，载李贞德、梁其姿主编《台湾学者中国史研究论丛 9·妇女与社会》，
中国大百科全书出版社 2005 年版，第 50—51 页；张俊民《新、旧居延汉简校读二例》，《考古与
文物》2009 年第 2 期；孙兆华、王子今《里耶秦简牍户籍文书妻从夫姓蠡测》，《中国人民大学
学报》2018 年第 3 期。

② 谢桂华、李均明、朱国炤：《居延汉简释文合校》，文物出版社 1987 年版。

③ 甘肃简牍保护研究中心等编：《肩水金关汉简（肆）》，中西书局 2015 年版。

④ 湖南省考古研究所编著：《里耶发掘报告》，岳麓书社 2007 年版，第 203—208 页。

令它国毋得取（娶）它国人也"，官方认为"阑非当得取（娶）南为
妻"，① 阑与南因身份限制而被禁止结婚。阑与南之间非但法律婚姻，连
事实婚姻也不会被许可。因此，卷宗登记南之"族""氏"是不可能从夫
姓的，也可以说卷宗对南之族、氏的记载，隐含了官方对阑、南非婚关系
的判定。该案最后也是以奸（无婚姻关系的男女私合）及匿罪判处阑黥
为城旦。②

考虑到秦汉时期奴婢基本上无姓，③ 秦始皇二十六年（前221）后，
"族""氏"作为治民手段逐渐注入文书，并逐步形成妻从夫姓的习惯，
"妾"经放免而得姓，女子因婚嫁而从夫姓，这类姓氏的变更一旦进入官
文书成为行政行为，就应当具有相应的法律效力，可以用来证明女子的法
定身份。只是，在识劫婏案发生之时，相关条件尚不具备。

再来看"里人"作证的法律效力。"里人"在传世文献中，既指同里
之人，又指里中的主事者。如《国语·鲁语上》："唯里人所命次。"韦昭
注："里人，里宰也。"④ 不过，在迄今所见的秦律令及法律文书中，"里
人"皆指同里之人，未见指里宰的明确记载。睡虎地秦简《封诊式》载：

> 疠　爰书：某里典甲诣里人士五丙；告曰："疑疠，来诣。"
> 经死　爰书：某里典甲曰："里人士五丙经死其室，不智（知）
> 故，来告。"⑤

在这两类爰书中，"里典"与"里人"同时出现，此"里人"显然指同
里的人。识劫婏案还提到"与里人通饮食""里人不幸死者出单赋"，这
两处"里人"也指同里之人。律令文书强调身份用词的准确性。从这些

---

① 张家山二四七号汉墓竹简整理小组：《张家山汉墓竹简〔二四七号墓〕（释文修订本）》，
文物出版社2006年版，第93页。

② 关于该案涉及的婚姻与奸罪的具体分析，参见刘欣宁《亲汉律令中的婚姻与奸》，《"中
央研究院"历史语言研究所集刊》第90本第2分，2019年，第199—251页。

③ ［日］尾形勇：《中国古代的"家"与国家》，张鹤泉译，中华书局2010年版，第73—
82页。

④ 《国语》卷4《鲁语上》，上海古籍出版社1998年版，第171—172页。

⑤ 睡虎地秦墓竹简整理小组：《睡虎地秦墓竹简》，第156、158页。

例子看来，秦律令及法律文书中的"里人"应当皆指同里之人，而非里典、里正。

里人的担保、作证具有相应的法律效力。秦推行里伍之制，"令民为什伍，而相牧司连坐"。① "里人"特别是"伍人"之间负有连带责任。婏的陈述提到，沛以婏为妻，告知了"宗人、里人大夫快、臣、走马拳、上造嘉、颉"五人。这五人之中，很可能一人为"宗人"，另外四人为"四邻"，亦即"伍人"。② 秦律令中常见里人犯法，里典、老、伍人的连带受罚，如睡虎地秦简《秦律十八种·傅律》规定：

> ·百姓不当老，至老时不用请，敢为酢（诈）伪者，赀二甲；典、老弗告，赀各一甲；伍人，户一盾，皆罢（迁）之。·傅律。③

里人诈老，如果不揭发，不但里典、老罚一甲；而且伍人每户也要罚一盾，并且都要被流放。又如，睡虎地秦简《法律答问》云：

> 贼入甲室，贼伤甲，甲号寇，其四邻、典、老皆出不存，不闻号寇，问当论不当？审不存，不当论；典、老虽不存，当论。④

里人家中遭遇贼寇，伍人如果在家，就有救助的义务，否则将被论处。由此看来，秦代伍人不仅有连坐的责任，也有"五家相保"的义务。⑤ 张家山汉简《二年律令·置后律》规定：

> 诸当拜爵后者，令典若正、伍·里人毋下五人任占。⑥

---

① 《史记》卷68《商君列传》，第2230页。
② 睡虎地秦简《法律答问》云："可（何）谓'四邻'？'四邻'即伍人谓殹（也）。"睡虎地秦墓竹简整理小组：《睡虎地秦墓竹简》，第116页。
③ 睡虎地秦墓竹简整理小组：《睡虎地秦墓竹简》，第87页。
④ 睡虎地秦墓竹简整理小组：《睡虎地秦墓竹简》，第116页。
⑤ 《史记》卷68《商君列传》载："令民为什伍。"《索隐》引刘氏云："五家为保。"第2230页。
⑥ 张家山二四七号汉墓竹简整理小组：《张家山汉墓竹简〔二四七号墓〕（释文修订本）》，第61页。

西汉初年，爵位的继承，需要里典或里正、伍人、里人至少五人做担保。在本案中，婉亦以宗人、里人"快、臣、拳、嘉、頡"五人为保任。① 这应当不是巧合，而是秦汉之际的法律规定，里伍之中的相关事务至少需要五个人作保。鉴于"伍人"之间有"相牧司连坐"和"相保"的责任与义务，婉以"宗人"（也应为"里人"）、"里人"（实际上应为"四邻""伍人"）为她作证，他们的担保无疑是具有法律效力的。这应当是秦官方有限地承认婉为沛妻身份并且可能具有法律效力的主要原因。

总之，婉的陈述、"宗人""里人"的作证，能够证明婉为沛妻之事实身份，但尚不足以证明婉为沛妻之法律身份。官方只是考虑到，与婉"相牧司连坐"的里伍之人为她作证、担保，从而对婉为沛妻之法律身份的认定颇为犹豫。婉身份的最终认定，可以反映秦代法律规范对社会习俗的考量情况和接受程度。

二　"里""宗""单"的关系与"单"的性质及规模

关于识劫婉案中提到的"宗人""里人""里单赋"等，涉及"宗""里""单"三者的关系。一种意见认为，该"单"，明确称为"里单"，是以宗族血缘（宗）为基础，以里为单位组织起来的一种民间组织。② 这里有两个问题值得进一步辨析。

其一，"入宗"与"出里单赋"的关系。在婉"入宗"（成为宗族成员）之前，沛一户应已入"单"。婉虽然与沛生子，但其身份是"妾"（女奴），因奴婢身份的限制而不具备成为"宗""单""里"正式成员的资格。后来，沛妻危去世，沛免婉为庶人，又愿意以婉为妻，并告知宗人、里人，婉以事实婚姻的关系获得沛妻之事实身份，才得以"入宗，出里单赋"，成为"宗""单""里"的正式成员，并履行相应的社会义务。婉也以此为据来证明她与沛的婚姻关系。由此看来，"宗"与"单"

① 参见 ［日］下仓涉《一位女性的告发：岳麓书院藏秦简"识劫婉案"所见奴隶及"舍人""里单"》，陈鸣译，第 60 页。

② 王彦辉：《秦简"识劫婉案"发微》，第 81—83 页；王彦辉：《从秦汉"单"的性质看国家与社会权力结构的失衡》，第 15—16 页。

是否存在必然的关系并不明确，也难以据此证明"单"以"宗"（宗族血缘）为基础。

其二，"单"与"里"的关系。娩的陈述一云"出里单赋，与里人通饮食"，一云"里人不幸死者出单赋"。"里单赋"与"单赋"之所指，可能存在差异。按睡虎地秦简《封诊式》：

> 毒言 爰书：某里公士甲等廿人诣里人士五丙，皆告曰："丙有宁毒言，甲等难饮食焉，来告之。"即疏书甲等名事关谍（牒）北（背）。·讯丙，辞曰："外大母同里丁坐有宁毒言，以卅余岁时罷（迁）。丙家节（即）有祠，召甲等，甲等不肯来，亦未尝召丙饮。里节（即）有祠，丙与里人及甲等会饮食，皆莫肯与丙共栖（杯）器。甲等及里人弟兄及它人智（知）丙者，皆难与丙饮食。丙而不把毒，毋（无）它坐。"①

所谓"里即有祠，丙与里人及甲等会饮食"，这类里中举行的祭祀，全里民户皆应参加，一起饮食，所出助祭之钱即为"里赋"。某里多数里人担心丙的口舌有毒，不愿与丙共餐用食，并试图通过诉讼，将丙排除在里祠"会饮食"之外。秦官府就此进行了审讯，表明这类里祠活动应已在官方的规划之下，丙有参加里祠的权利。如果要将特定的里人排除在里祠活动之外，就需要得到官方的裁定。据《史记·封禅书》记载：

> 高祖十年春，有司请令县常以春二月及腊祠社稷以羊豕，民里社各自财以祠。制曰："可"。②

汉高祖十年（前197）制诏许可"民里社各自财以祠"，应当是秦代以来里祠活动的进一步规范化。

在里祠（具有公家属性）之外，还有私自的家祠，如"丙家即有祠，

---

① 睡虎地秦墓竹简整理小组：《睡虎地秦墓竹简》，第162—163页。
② 《史记》卷28《封禅书》，第1380页。

召甲等，甲等不肯来，亦未尝召丙饮"。这类民间的、私人的祠祀活动，不受官方的直接制约，可以径直将特定的里人排除在外。相比里祠，其规模一般要小一些。① 这类家祠当然也可以结单，单内成员通饮食。婕提到的"里人不幸死者出单赋"当即属于民间私人之间的助葬之钱。

由此看来，婕陈述中提到的"里单赋"应当指"里赋"和"单赋"。② "里赋"应当具有公的属性，"单赋"则相反，反映的是民间私人之间的互助往来。同时，"里"为行政组织，而"单"为民间组织，两者之间官方（公）、民间（私）的属性分明，亦可反映"里赋"与"单赋"之差异。

据"出里单赋，与里人通饮食"，婕出"里赋"，与全里之人会饮食；出"单赋"，则与单内里人通饮食。这既可以证实婕的里人身份，也说明结单之人为里人。而"里人不幸死者出单赋"同样既可以证明她为单内成员，也可以说明"出单赋"的丧葬对象为里人。综合看来，里中结单的首要条件是成为该里的里人。

至于单是不是"以里为单位组织起来的"，自俞伟超主张"单"与"里""社"规模相当以来，③ 学界多持相近的看法，也有持不同意见者，④ 但随着识劫婕案中所谓"里单"的出现，还需要作进一步的论证。笔者不排除当时存在"里""单"合一的情况，但一般情况下，"单"应为"里"等行政组织之下的社会组织。兹尝试予以申论。

据婕的陈述"里人不幸死者出单赋"，出单赋助葬的对象是"里人"

---

① 官社、私社也是如此，私社的规模一般要小于官社。如《汉书》卷27中之下《五行志中之下》载："（元帝）建昭五年（前34），兖州刺史浩赏禁民私所自立社。"颜师古注引臣瓒曰："旧制二十五家为一社，而民或十家、五家共为田社，是私社。"中华书局1962年版，第1413页。秦汉时期里社分为官社与私社，系统分析参见杨华《战国秦汉时期的里社与私社》，《天津师范大学学报》（社会科学版）2006年第1期。

② "里单赋"似乎也可以理解为定中结构，指里中之单赋。

③ 俞伟超：《中国古代公社组织的考察——论先秦两汉的单—僤—弹》，第71—85页。

④ 邢义田先生指出："里和僤之间没有必然的关系。有些僤固然可以一里为单位，而成里僤，显然并非都如此。侍廷里父老僤就不是以全体里民，而只以里中够格为父老者为成员。"邢义田：《天下一家：皇帝、官僚与社会》，第481页。杜正胜先生指出：汉代的单"是里中一部分人的结社"。杜正胜：《古代社会与国家》，第970页。

（同里之人）。这似乎可以说明，该单的规模并未超出婉所在之里。

　　江陵凤凰山 10 号西汉墓二号木牍"记钱人名簿"（牍二），可能与"里人不幸死者出单赋"相关。该牍记录了 18 个姓名，包括 16 位出钱者和 2 位"不予者"：

　　　　载翁仲七十，庄伯五十，应小伯五十，阎（？）① 翁仲五十，陶仲五十，王它（？）五十，王翁季五十，胡兄五十，袁兄五十，氾氏五十，姚季五十，张母（？）五十，张苍卅，杨公子卅，靳悍卅，张父卅（二正）
　　　　不予者：陈黑乚，宋则齐（二背）②

记录"不予者"，表明该牍应当悉数记录了某个群体。联系识劫婉案中提到的"里人不幸死者出单赋"，凤凰山汉简"记钱人名簿"可能就是单赋的记录。具体而言，当即结单里人的赙赠人名簿。秦和西汉前期，"单"是否为里中普遍设置的社会组织，还有待进一步探讨。如果墓主张偃所在的平里有"单"的存在，甚至设置可能与生死有关的"孝子单""万岁单""长寿单"，③ 该牍所记的 18 个姓名有可能就是这类"单"中其他家户的全记录。

　　这类"单"是否可以超越于"里"之上，由若干里的民众联结而成，并约束诸里编户民呢？这种可能性很小。江陵凤凰山 10 号西汉墓墓主张偃为平里里人，生前可能担任西乡啬夫，④ 或平里里正，同时负责征收市阳、郑里的算钱；⑤ 也有可能兼任平里、市阳、郑里等数里里正

---

　　① "阎"，原阙释，据摹本字形补。

　　② 湖北省文物考古研究所编：《江陵凤凰山西汉简牍》，中华书局 2012 年版，第 92—94 页。以下仅标牍号。

　　③ 汉代各种形式的"单""僤""弹"，可参见俞伟超《中国古代公社组织的考察——论先秦两汉的单—僤—弹》，第 71—93 页。

　　④ 裘锡圭先生推测墓主张偃大概就是江陵西乡的有秩或啬夫。裘锡圭：《湖北江陵凤凰山十号汉墓出土简牍考释》，《文物》1974 年第 7 期。

　　⑤ 永田英正先生推测墓主张偃是平里里正，同时负责征收市阳、郑里的算钱。［日］永田英正：《居延汉简研究（下）》，张学锋译，广西师范大学出版社 2007 年版，第 484—487 页。

（牍四）。① 他无疑与西乡及其属里的编户民交往密切。同墓所出"郑里禀
（廪）簿"记录的 25 户，可能就是郑里的户数，② 而市阳里约 38 户、当
利里 39 户，③ 西乡（下辖平里、市阳、郑里等里）与张偃有交情的民户，
其户数势必不止 18 户。张偃爵位为五大夫（牍一背），担任过乡官里吏，
从墓葬形制和随葬物品（牍一正）来看，其社会经济地位在当地是比较
高的。他的去世，赙赠者的人数应远过 18 人。由此看来，"记钱人名簿"
记录的 18 个姓名，可能并非赙赠者的全记录，而应当只是平里（当时江
陵西乡一里二三十户上下）之中结单助葬之人的全记录。结单具有一定
的约束力，所以"不予者"亦加以记录。

综合识劫婉案提到的"出里单赋，与里人通饮食""里人不幸死者出
单赋"，凤凰山汉简"记钱人名簿"（可能为助葬"单赋"的簿记），以
及"侍廷里父老僤约束石券"提到的"侍廷里父老僤祭尊于季、主疏左
巨等廿五人，共为约束石券里治中"来看，④ 这类"单"应当是里中的社
会组织。"里单"的规模，可以与"里"相当，也可以小于"里"（有如
"私社"往往小于"官社"），但一般不会超出一里之外。

作为社会组织的"单"，为了方便管理，官方有意识地将其限定在
一定的行政区划之内。既有"里单"局限于里之中，也有"郡单""县
单"局限于郡县之内。例如，东汉后期张俭等人相与作"冠衣礼弹"
（又作"衣冠糺（纠）弹"），⑤ 即为"郡弹（单）"。《世说新语·品藻》
云："元礼居八俊之上。"刘孝标注引《英雄记》曰："先是张俭等相与作

---

① 重近启树先生则认为，张偃很可能是平里、市阳里、郑里与当利里等数里的里正。这些
里都是自然村，将这些自然村（里）组成行政村（里），张偃是该行政村的里正。［日］重近启
树：「秦汉の国家と农民」，『历史学研究别册特集　世界史における地域と民众』，绩文堂 1979
年版，第 40—51 页。水间大辅先生不同意此意见。他认为张偃一人兼任这些里（行政村）的里
正。参见［日］水间大辅《秦汉时期里之编制与里正、里典、父老——以岳麓书院藏秦简〈秦
律令〉为线索》，载周东平、朱腾主编《法律史译评》第 7 卷，中西书局 2019 年版，第 16—20 页。

② 郑里的总户数即使超过二十五户，也只能是超过不多的几户。裘锡圭：《湖北江陵凤凰
山十号汉墓出土简牍考释》，第 57 页。

③ ［日］永田英正：《居延汉简研究（下）》，张学锋译，第 482 页。

④ 该石券比较清晰的拓片图版参见彭作飙《汉〈侍廷里父老僤买田约束石券〉赏读》，《东
方艺术》2011 年第 20 期。释文参见邢义田《天下一家：皇帝、官僚与社会》，第 437—438 页。

⑤ 余嘉锡笺疏：《世说新语笺疏》卷中之下《品藻》，中华书局 2007 年版，第 591 页。

冠衣礼弹,弹中人相调,言:'我弹中诚有八俊、八乂,犹古之八元、八凯也。'"① 这在《后汉书·党锢列传》中有具体的记载:

> 又张俭乡人朱并,承望中常侍侯览意旨,上书告俭与同乡二十四人别相署号,共为部党,图危社稷。以俭及檀彬、褚凤、张肃、薛兰、冯禧、魏玄、徐乾为"八俊",田林、张隐、刘表、薛郁、王访、刘祇、宣靖、公绪恭为"八顾",朱楷、田盘、疏耽、薛敦、宋布、唐龙、嬴咨、宣褒为"八及",刻石立墠,共为部党,而俭为之魁。②

所谓张俭与同乡二十四人为"八俊""八顾""八及","刻石立墠,共为部党",即张俭与同郡士大夫相与作"冠衣礼弹"(衣冠纠弹)。张璠《汉纪》称:"(刘)表与同郡人张隐等人为八交,或谓之八顾",③《后汉书·刘表列传》云:刘表"与同郡张俭等俱被讪议,号为'八顾'"。④所谓"同乡"指"同郡",⑤"刻石立墠"之"墠"当即"衣冠纠弹"之"弹"。⑥ 张俭知名天下,望门投止,但与他共为部党,相与作弹的士大夫仍然局限在山阳郡内。可见,这类名士之"弹"同"里单"一样,也被限定在特定的行政区划之内。

又如,东汉末年各地建立的"正卫弹",多由县长吏主导,报郡府备案而成立。如《昆阳正卫弹碑》云,县令"结单言府,斑董科例"。《鲁阳正卫弹碑》云:"府文于侧,纪弹之利。"并且附刻县长吏及乡啬夫之题名。《桑枣令刘熊碑》则称赞刘熊"为作正弹,造设门更"。⑦ 这类

---

① (南朝宋)刘义庆撰,(南朝梁)刘孝标注:《世说新语》中卷《品藻》,中华书局1999年影印宋本,第316页。

② 《后汉书》卷67《党锢列传》,中华书局1965年版,第2188页。

③ 《三国志》卷6《魏书·刘表传》注引张璠《汉纪》,中华书局1982年第2版,第211页。

④ 《后汉书》卷74下《刘表列传》,第2419页。

⑤ 秦汉三国文献中的"乡里",多指同郡,又因郡与州、县的密切关系,时而又指同县、同州。参见刘增贵《汉魏士人同乡关系考论》,载邢义田、林丽月主编《台湾学者中国史研究论丛5·社会变迁》,中国大百科全书出版社2005年版,第129—131页。

⑥ 邢义田:《天下一家:皇帝、官僚与社会》,第444—445页。

⑦ 三碑的著录情况及释文,参见俞伟超《中国古代公社组织的考察——论先秦两汉的单—僤—弹》第四章《汉末黄巾起义后由县廷重建的"正卫弹"》,第131—156页;南玉泉《再论东汉正卫弹的性质》,《扬州大学学报》(人文社会科学版)2018年第6期。

"正卫弹"也被限定在特定的县域之内，并且接受郡府的管制。

总之，上述"里单（如与丧葬有关的单、父老僤）""县单（如正卫弹）""郡单（如冠衣礼弹）"，其结单成员应当限定为同里、同县或同郡之人。由此看来，"单（弹）"这类社会组织可能被严格限定在一个行政区划之内（不能凌驾于郡县乡里之上），并且逐步被纳入行政的直接管理之下，这从侍廷里父老僤"共为约束石券里治中"和正卫弹由县长吏主导并在郡府备案可见一斑。识劫婠案涉及的"里""宗""单"的规模比较小，里人、宗人、结单之人有很大的重叠，因而容易造成"里""宗""单"三者重合的假象，实际情况应当是：里≥单、宗。

结　语

本文从岳麓秦简"识劫婠案"出发，分析了秦汉时期"宗人""里人"身份在国家基层治理中所处的位置及其角色作用，并且讨论了行政组织末梢"里"与社会组织单元"宗""单"的关系。

秦代婚姻关系的法律效力主要通过官方登记实现，这也是判定夫妻法定身份的根本依据。在"识劫婠案"中，婠是否为沛的法律意义上的妻子，其"宗人""里人"的作证，虽然能够证明婠为沛妻之事实身份，但尚不足以证明婠为沛妻之法律身份。在秦王政十八年（前229）之前，秦的基层统治尚未全面利用族姓、宗族作为治民的有效手段，"宗人"及宗族活动缺乏行政行为的效力。然而，里伍之人与婠有"相牧司连坐"和"相保"的责任与义务，他们的担保具有相应的法律效力。这应当是秦官方有限地承认婠为沛妻并且可能具有法律效力的主要原因。

"识劫婠案"提到的"入宗"与"出里单赋"并无直接的关系，难以据此证明"单"以"宗"（宗族血缘）为基础。所谓"里单赋"应当指"里赋"和"单赋"。"里赋"具有公的属性，"单赋"反映的是民间私人之间的互助往来。作为社会组织的"单"，官方有意识地将其限定在一定的行政区划之内，以方便管理。秦汉时期，既有局限于里之中的"单"（如里中与丧葬有关的单、"父老僤"），也有局限于郡、县之内的"单"（如郡"冠衣礼弹"、县"正卫弹"），结单者分别限定为同里、同郡、同县之人。识劫婠案涉及的"里""宗""单"的规模比较小，里人、宗人、结单之人有很大的重叠，容易造成"里""宗""单"三者重合的假象，实际情况应当是：里≥单、宗（单与里、宗重合应当是罕见的）。

从里耶秦简"迁陵县南阳里户籍简牍"、凤凰山汉简"记钱人名簿"和东汉"侍廷里父老僤约束石券"所透露的秦汉时期里、单之中的族居形态来看，里中编户民大抵"多姓均势杂居"，[①] 同姓之"宗"在"里"中的比重可能比较低，里中的父系血缘关系比较薄弱，因助葬联结而成的"单"，其成员多姓均势并存大致也可以反映出这一点；而"单"因组成的目的不同，其中成员姓氏构成比重不一，比拟家族父兄关系结成的"父老僤"，大姓占比相对高一些，约略反映出血缘关系的强化。随着宗族的不断滋育，由宗人为主体组建的诸如父老僤之类的"单"，应当会越来越常见，血缘关系作为联结民众的纽带，其作用也将日益增强。

（原刊《동서인문（东西人文）》第 17 号，2021 年）

---

① 详见本书《秦汉王朝对乡里族姓的规划与管理》一文。

马王堆汉墓"箭道封域图"
与秦汉里的制度性调整

长沙马王堆三号汉墓"箭道封域图"标注的"〇里并〇里",[①] 学界常理解为前里并入后里,笔者认为应理解为前里合并后里,是汉初自然聚落改制和里户拆并的具体反映。近年来刊布的不少出土文献显示,秦汉律令规定按户数定里、设吏,体现出秦汉时期里的制度性调整经常进行。里的拆并有助于国家离散、破除自然聚落中的血缘、地缘关系,从而实现皇权对乡里基层社会的改造和控制。本文尝试就这些问题进行申论。

一 "箭道封域图"中所见的里户合并

马王堆三号汉墓出土的"箭道封域图"的标注明确显示,箭道西部和西南部区域的里及其编户曾被系统拆并和迁移(参见图一),相关内容如下:

（一）路里,卅三户,今毋人。
　　　胡里,并路里。
（二）乘阳里,十七户,今毋人。
　　　□里,并【乘】阳【里】
（三）虑里,卅五户,今毋人。

① 该地图的定名,参见邢义田《论马王堆汉墓"驻军图"应正名为"箭道封域图"》,《湖南大学学报》(社会科学版) 2007 年第 5 期,收入其著《治国安邦:法制、行政与军事》,中华书局 2011 年版,第 341—355 页。

　　　　兼里，并虒里。

（四）波里，十七户，今毋人。

　　　　弇里，并波里。

　　　　�里，并波里。

（五）石里，到乘五十里，并石，到廷六十里。①

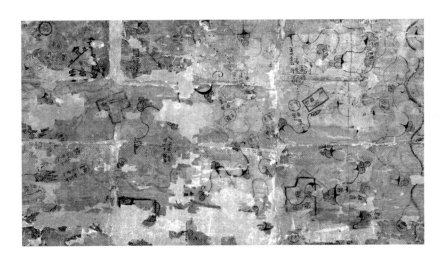

图一　箭道封域图（局部）②

　　关于"〇里，并〇里"，学界普遍理解为，前里并入、并到后里，例（四）即弇、㓚二里编户并入波里。③事实上，将"并"理解为"并入""并到"，有些问题不好解释。例如，合并户数后，后里的户数本应增多，然而，后里如路里、乘阳里、虒里、波里皆标注为"今毋人"。例（五）中的"石里，并石"，两者同名，亦颇为费解。

　　①　裘锡圭主编：《长沙马王堆汉墓简帛集成》，中华书局 2014 年版，释文及摹图见第 6 册，第 109—122 页。

　　②　裘锡圭主编：《长沙马王堆汉墓简帛集成》，整理图版见第 2 册，第 159—167 页；第 7 册，第 265 页。

　　③　参见朱桂昌《关于帛书〈驻军图〉的几个问题》，《考古》1979 年第 6 期；鲁西奇《汉宋间长江中游地区的乡村聚落形态及其演变》，载邹逸麟、周振鹤主编《历史地理》第 23 辑，上海人民出版社 2008 年版，第 130—131 页。

秦汉史籍中，前者"并入""并到"后者，多用"并于"表示。例如，《史记·李将军列传》云："令（李）广并于右将军军"。[①]《史记·太史公自序》曰："楚并于秦。"[②] 前者合并后者，则直接用"并"。如《史记·项羽本纪》载："项梁已并秦嘉军""楚兵已破于定陶，怀王恐，从盱台之彭城，并项羽、吕臣军自将之"。[③] "〇里，并〇里"与此为同类表达，也应为前里合并后里。[④]

在例（一）至（四）中，路里、乘阳里、虑里、波里编户被迁移、并入他里，故标注为"今毋人"。这些合并的二三里均为相邻之里，看来地理位置临近是这次拆并里的基本原则。其中，波里17户被拆分，一部分并入弇里，另一部分并入堉里。虽然三里地理位置靠近，但是，波里与堉里之间并无虚线（道路）相连，此二里在行政系统上可能并不密切。波里在绘制时间更早、地域更广的"地形图"上也有标示，[⑤] 应是一个长期存在且比较重要的据点。[⑥] 波里被拆分和迁移，可能有离散该里长期以来形成的盘根错节关系的用意。

在例（五）中，与"石里"合并的"石"，以往学界多认为是"石里"之省。两个同名里合并的可能性比较小。在"箭道封域图"中，除了"石"，还有"上蛇"未称里。"石""上蛇"应当并非"石里""上蛇里"之省，而是未推行里制的自然聚落之名。"上蛇"，可能与"地形图"中的"蛇君"有关。两者地理位置稍有出入，但大方向一致。"蛇君"，

---

① 《史记》卷109《李将军列传》，中华书局1982年第2版，第2874页。

② 《史记》卷130《太史公自序》，第3309页。

③ 《史记》卷7《项羽本纪》，第299、304页。

④ 张继海先生即持此看法。他认为，并里是政府对越人居住形态实行的人为汉化。越人原来的一个里住户很少，只有十几户到三四十户，非常分散。现在几个里并为一里，形成一个更大的聚落，更便于统治和管理，也符合了中原的传统。参见其著《汉代城市社会》，社会科学文献出版社2006年版，第82—83页。不过，越人编户里居应当意味着他们业已华夏化。而且"今毋人"之里，有的原户数多达五六十户，甚至八十余户，户数并不少。里的拆并应当只是制度性调整和户数整齐化。

⑤ "地形图"具体信息参见裘锡圭主编《长沙马王堆汉墓简帛集成》，第2册，第152页；第7册，第264页，下同。

⑥ 一般认为"地形图"绘制时间要早于"箭道封域图"，参见邢义田《从出土资料看秦汉聚落形态和乡里行政》，《治国安邦：法制、行政与军事》，第264—268页。

与"地形图"中的"不于君""垒君""雷（？）君"同类。正如整理者所言："君应是小君长，作为地名，指土著的少数民族部落酋长之所在。"[1] 这类土著部落日益华夏化，后来逐渐被纳入里制，如"地形图"中的"深君里"，应当就是深君聚邑接受编户化而形成的里。

不过，这一过程比较复杂。结合"地形图"与"箭道封域图"来看，"蛇君"聚邑在华夏化过程中，一部分民众编户化而形成"蛇下里"（参见"箭道封域图"），另一部分则维持土著部落的形态，称之为"上蛇"。同理，"石里"与"石"，可能也是从类似于"石君"的聚邑分化而来的。"石里"由华夏化的编户民组成，而"石"仍然是土著的自然聚落。"石里"合并"石"，实质上是聚邑"石"的华夏化、编户化，演进为"石里"。

马王堆汉墓出土的"地形图""箭道封域图"，标注的基层行政组织及其调整，是汉初自然聚落改制和里户拆并的具体反映。[2] 这类里户的拆并并非偶尔为之，而是制度性调整，在秦律和汉代文献都有相应的证据。

二　秦代按户数定里、设典的确立

岳麓书院藏秦简中所见的秦律有这样的规定：

> 诸故同里里门而别为数里者，皆复同以为一里。一里过百而可隔垣益为门者，分以为二里。[3]

"诸故同里里门而别为数里者"意味着秦曾经将一里拆分为数里，可能是在户数众多且自然聚落色彩仍然浓厚的旧里的基础上编制若干新里。此新律则规定"皆复同为一里"，即将原来析分的数里重新整合为一里。只

---

[1]　裘锡圭主编：《长沙马王堆汉墓简帛集成》第6册，第111页。曹学群先生认为，它应是汉代在少数民族地区设置的、带有民族自治性质的相当于里（或乡）级区划的名称。参见曹学群《关于马王堆古地图及其相关的几个问题》，《考古》1994年第4期。

[2]　这也反映了江南深险之地华夏化的曲折进程。关于这一个过程的概述，参见罗新《王化与山险——中古早期南方诸蛮历史命运之概观》，《历史研究》2009年第2期，收入其著《王化与山险：中古边裔论集》，北京大学出版社2019年版，第3—28页。

[3]　陈松长主编：《岳麓书院藏秦简（肆）》，上海辞书出版社2015年版，第192页。

是，据"一里过百而可隔垣益为门者，分以为二里"，独立的户数众多（超过百户）的里依然要被拆分，从而将里的户数限制在百户以下。秦在反复拆并里和聚邑的过程中，其基本依据并非地缘关系，而是以户数作为拆分的基准。

秦代里典、老的设置，亦与户数挂钩。秦《尉卒律》规定：

> 里自卅户以上置典、老各一人。不盈卅户以下，便利，令与其旁里共典、老；其不便者，予之典而勿予老。①

典、老并设以一里 30 户为基准；30 户以下的里常与旁里共典、老，或只设典而不置老。为了保证基层组织的完整性，里的户数时而被调整，以达到并设典、老的户数要求（30 户）。里耶秦简中常见 30 户左右的里应与此相关：

> 今见一邑二里：大夫七户，大夫寡二户，大夫子三户，不更五户，□□四户，上造十二户，公士二户，从廿六户☒（8 - 1236 + 8 - 1791）

"一邑二里"共计 61 户，平均每里约 30 户。② 若是，则每里皆可置典、老。

不足 30 户则只能设典一人。例如，秦始皇三十二年（前 215）启陵乡成里只有 27 户（8 - 157），迁陵县丞只许成里设一典：

> 卅二年正月戊寅朔甲午，启陵乡夫敢言之：成里典∠、启陵邮人缺，除士五成里匄∠、成。成为典，匄为邮人，谒令尉以从事。敢言之。（8 - 157 正）
>
> 正月戊寅朔丁酉，迁陵丞昌却之：启陵廿七户已有一典，今有（又）除成为典，何律令應（应）？尉已除成∠、匄为启陵邮人，其以律令。/气手。/正月戊戌日中，守府快行。

---

① 陈松长主编：《岳麓书院藏秦简（肆）》，第 115 页。

② 符奎：《秦简所见里的拆并、吏员设置及相关问题——以〈岳麓书院藏秦简（肆）〉为中心》，《安徽史学》2017 年第 2 期。

正月丁酉旦食时，隶妾玞以来。/欣发。壬手。（8－157 背）①

该文书令人费解之处是，启陵乡啬夫夫报告称成里典出缺，而迁陵县丞昌却不认同启陵乡啬夫的说法，批示"启陵（乡成里）廿七户已有一典"，认为成里已有一典。两者的说法表面上看来是相互矛盾的。如果丞昌的批示属实，啬夫夫的报告就涉嫌欺谩。然而，文书丝毫不见县丞昌对啬夫夫的斥责或处罚，只是将原拟担任成里典的成改任为启陵乡邮人。或有可能乡啬夫夫的报告也是事实。

据里耶秦简的记录，秦始皇二十六年（前 221），启陵乡的属里有过调整：

> 廿六年五月辛巳朔庚子，启陵乡庳敢言之。都乡守嘉言：渚里
> 不□劾等十七户徙都乡，皆不移年籍乚。令曰：移言。·今问之劾等
> 徙□书，告都乡曰：启陵乡未有枼，毋以智（知）劾等初产至今年
> 数，□皆自占，谒令都乡自问劾等年数，敢言之。□（16－9 正）

启陵乡原来至少设有二里：成里和渚里。渚里在里耶秦简中，迄今凡此一见，渚里应该被裁撤，属户并入他里。② 为了基层组织的完整性，渚里编户民可能一分为二：其中 17 户迁移并入都乡，满足充实县城的需要；另一部分则并入成里，凑足 30 户，满足典、老并设的基本要求。六年后，启陵乡成里典出缺（启陵乡啬夫夫的陈述），但是，此时成里已不足 30户，只有 27 户，达不到并设典、老的律令要求。在这种情况下，成里事务应当由仍然在任的"老"来承担，"老"成为事实上的"典"。这或许就是迁陵县丞昌所谓的"启陵廿七户已有一典"的依据。

---

① 关于该简的分析，参见邢义田《湖南龙山里耶 J1（8）157 和 J1（9）1—12 号秦牍的文书构成、笔迹和原档存放形式》，载陈伟主编《简帛》第 1 辑，上海古籍出版社 2006 年版，第275—280 页。

② 晏昌贵、郭涛：《里耶简牍所见秦迁陵县乡里考》，载陈伟主编《简帛》第 10 辑，上海古籍出版社 2015 年版，第 154 页。

秦代根据户数合并或析置里，大抵将里的编户限制在百户以下。里并设典、老，要求其编户数在 30 户以上。这些都导致里的编户时而被调整。

三　汉代里、户制度性调整的延续

马王堆汉墓"箭道封域图"中所见的里、户合并，应是秦代按户数定里、设典的延续。"箭道封域图"中标注"今毋人"的里，其户数多少不一：溜里 13 户，波里、乘阳里 17 户，子里 30 户，虑里、沛里 35 户，沙里、路里 43 户，牁里 53 户，智里 68 户，垣里 81 户。[①] 这些里与那些有着齐整户数编制的理想状态的里，大为不同。一种意见认为，当时城邑之里户数整齐规划，而乡野自然村落里聚户数参差不等，两者反映了理论制度与实际分划状况的差异。[②] 然而，从秦律规定里吏的设置与户数挂钩且迁陵县启陵乡成里约 30 户看来，乡野之里应当很早就被纳入户数规划，只是相对城邑之里，执行可能不那么经常也不那么严格而已。

"箭道封域图"中，有的"里"未注户数，有的"里"既注户数，又注"今毋人"，而且户数差异很大。对于这两类不同的"里"，可以有很多不同的理解。综合上述分析，笔者倾向于认为，标注户数和"今毋人"的里，应当就是在某次按制度整顿和规划里户数编制过程中被调整的里。

事实上，汉代里制在推行过程中，同秦代一样，不仅里的拆并有户数基准，里吏的设置也有户数要求。汉文帝时期募民徙塞下，晁错建议："营邑立城，制里割宅"，具体而言，即"使五家为伍，伍有长；十长一里，里有假士"。[③] 新营造的城邑可能按 50 户的规模编制里和设置吏。[④] 东汉则按 50 户或 100 户基准设置里魁或里正。[⑤] 如《续汉书·百官五》

---

①　裴锡圭主编：《长沙马王堆汉墓简帛集成》第 6 册，第 117 页。

②　张金光：《秦乡官制度及乡、亭、里关系》，《历史研究》1997 年第 6 期，收入其著《秦制研究》，上海古籍出版社 2004 年版，第 597—602 页。

③　《汉书》卷 49《晁错传》，中华书局 1962 年版，第 2288—2289 页。

④　关于秦汉时期聚落和城邑之里的形态，参见邢义田《从出土资料看秦汉聚落形态和乡里行政》，第 271—294 页。

⑤　《晋书·职官志》载"县率百户置里吏一人，其土广人稀，听随宜置里吏，限不得减五十户"，中华书局 1974 年版，第 746—747 页，当时即使可以因地制宜设置里吏，也有户数的基本要求。这与秦汉时期的律令精神大抵一致。

刘昭注引《风俗通》云:"里有司,司五十家。"本注的说法不同:"里魁掌一里百家。"① 长沙尚德街东汉简则记录"诏书:百户置一正,贫富不得容奸诈。"② 东汉一里户数的规定,前后可能存在过调整。

汉代按户数设置里正,在松柏汉简中也有所透露。据整理者介绍,松柏汉简中有江陵西乡的"户口簿"与"正里簿"。③ 西乡"正里簿"的具体内容尚未刊布,不过,结合"西乡户口簿"的记录来看,其内容应当是根据户口的耗息按一定的户数标准对里进行调整、设置相应数量的里正。"二年西乡户口簿"的内容如下:

> ·二年西乡户口簿:户千一百九十六,息户七十,耗户卅五,相除定息卅五户,大男九百九十一人,小男千卅五人,大女千六百九十五人,小女六百卅二人,息口八十六人,耗口卅三人,相除定息口卅三,·凡口四千三百七十三人。(48)④

与汉代户口集计(如天长汉简"户口簿"、"乐浪郡初元四年(前43)县别户口多少集簿"、尹湾汉简"集簿")一般用"多前""少前"表示户口增减不同,⑤ "二年西乡户口簿"不仅具体统计了"息户""息口",而且统计了"耗户""耗口",还结计了"相除定息"的户口。这就为"里"的调整和"里正"的设置提供了基本依据。松柏汉简"二年西乡户口簿"和"正里簿"大抵反映了西汉中期里和里正的调整情况。

---

① 《续汉书·百官五》,《后汉书》,中华书局1965年版,第3625页。

② 杨小亮:《长沙尚德街084号东汉"诏书"木牍补征》,《文物》2021年第3期。

③ 荆州博物馆:《湖北荆州纪南松柏汉墓发掘简报》,《文物》2008年第4期。

④ 朱江松:《罕见的松柏汉代木牍》,载荆州博物馆编著《荆州重要考古发现》,文物出版社2009年版,第209—212页,是文仅公布图版而未作释文。相关释文参见彭浩《读松柏出土的四枚西汉木牍》,载陈伟主编《简帛》第4辑,上海古籍出版社2009年版,第333—343页。

⑤ 这三种户口(集)簿的图版和释文,参见天长市文物管理所、天长市博物馆《安徽天长西汉墓发掘简报》,《文物》2006年第11期;杨振红、[韩]尹在硕《韩半岛出土简牍与韩国庆州、扶余木简释文补正》,载卜宪群、杨振红主编《简帛研究二〇〇七》,广西师范大学出版社2010年版,第281—288页;郑威《汉帝国空间边缘的伸缩:以乐浪郡的变迁为例》,《社会科学》2016年第11期;连云港市博物馆等编《尹湾汉墓简牍》,中华书局1997年版,第75—76页。

里的编制情况，在长沙走马楼三国吴简中有更为明确地呈现。一里的户数相当齐整，约为 50 户。① 这类高度一致的"里"，也应是经常制度性调整的结果，是秦汉里制的延续。

结　语

秦汉里制是官方管控编户民和基层社会的重要行政工具，对基层社会有着至关重要的"形塑"作用。② 乡里制形塑基层社会的手段多种多样，其中最为重要的就是按照户数拆并里以及设置里吏。户口因而成为秦汉里制的组织原则。③

按户数定里、设吏，不但可以将户口众多的自然聚落析分为若干里，也可以将户口寡少的自然聚落整合为若干里，从而有助于国家离散、破除原自然聚落中的血缘、地缘关系，摧折民间的自治权力，有利于皇权贯彻到县下乡里的基层社会，去有效改造旧秩序，直接控制编户民。④

（原刊《中国古文书学研究》第 1 辑，广西师范大学出版社 2023 年版）

---

① 关于孙吴临湘侯国属里多为 50 户上下的分析，参见［日］鹫尾祐子《长沙走马楼吴简连记式名籍简的探讨——关于家族的记录》，载罗新、宋少华主编《吴简研究》第 3 辑，中华书局 2011 年版，第 83 页；连先用《吴简所见里的规模与吴初临湘侯国的户籍整顿》，《中国农史》2019 年第 1 期。

② 鲁西奇：《中国古代乡里制度研究》，北京大学出版社 2021 年版，第 1—22 页。

③ 王毓铨：《汉代"亭"与"乡""里"不同性质不同行政系统说——"十里一亭……十里一乡"辨正》，《历史研究》1954 年第 2 期。

④ 详见本书《秦汉王朝对乡里族姓的规划与管理》一文。

江陵凤凰山 9 号汉墓三文书考证

  1973 年 9 月至 11 月，长江流域第二期文物考古工作人员训练班学员在湖北江陵楚故都纪南城东南隅凤凰山发掘了九座西汉墓。其中 9 号墓头厢东南角随木车明器零件出土了三块木牍。次年，发掘简报对其形制、内容作了简要介绍。① 因木牍在制作车器零件时被削去一截，文句有残缺。黄盛璋先生最先释补牍文，并对其内容、价值进行了阐发。② 陈振裕先生对个别释文有改订。③ 2002 年，木牍正面图版刊布。④ 后来，李家浩先生在前人研究的基础上，对 9 号墓简牍进行了全面整理和注解，2012 年，其释文、注训，连同木牍正、背面图版，以及早期摹本、手写释文全部出版。⑤ 这为学界进行相关研究提供了便利。9 号墓木牍为安陆县三件官文书，先行整理、研究在其释文、内容分析、文书行政的理解方面存在二三分歧和问题，下面尝试着加以补证，并对相关问题展开研究。

一　释文订补

  李家浩先生所做的释文如下（早期不同释文，出注说明）：

---

  ① 长江流域第二期文物考古工作人员训练班：《湖北江陵凤凰山西汉墓发掘简报》，《文物》1974 年第 6 期。

  ② 黄盛璋：《江陵凤凰山汉墓简牍及其在历史地理研究上的价值》，《文物》1974 年第 6 期。

  ③ 李均明、何双全：《散见简牍合辑》，文物出版社 1990 年版，第 64 页。

  ④ 彭浩主编：《凤凰山汉墓简牍》，湖北美术出版社 2002 年版，第 1—3 页。牍 2、3 正面图版又由日本二玄社刊出，并重新录文。[日] 西林昭一编：『简牍名迹选 5·湖北篇三·凤凰山前汉简』，二玄社 2009 年版，第 50—51 页。

  ⑤ 湖北文物考古研究所编：《江陵凤凰山西汉简牍》，中华书局 2012 年版，第 61—87 页。

牍1正：【后九】月戊申朔壬戌，安陆守丞

　　　　【绾敢言之，】谨上十六年付县中短

　　　　【牧□牒，敢】言之。

　　　　【□】逮毂①丞行为郡买马。

　　　背：　　　　　　　　　　　　　郢②人手

牍2正：【后九月】戊申朔壬戌，安陆守丞绾敢言

　　　　【之，谨上十】六年受③郡中长牧④二牒，敢

　　　　【言之。】

　　　背：　　　　　　　　　　　　寄手

牍3正：【后九月】戊申朔壬戌，安陆守丞

　　　　【绾敢言之，】谨上十六年受县中长

　　　　【牧□牒，敢言】之。

　　　背：　　　　　　　　　　　　寄手

　　这三块木牍，皆长16.5厘米，牍1宽4.9厘米，牍2、3宽3.8厘米，相比秦汉木牍长约一尺（23.1厘米），残缺约6.6厘米，应是在制作车器零件时，将旧牍削去一截。⑤考虑到木牍底端平整，顶端留存加工的痕迹，尤其是牍2、3右上方缺口形状与8号墓车器木片零件缺口很相似，加工的主要是旧木牍的上部。木牍削去的部分约为残牍长度的2/5，按残牍首行现存9—12字，其上约阙4—5字。

　　三件文书的格式相同，内容相关，整理者据之尝试着补全牍文，⑥但

------

　　①　"逮毂"，黄盛璋《江陵凤凰山汉墓简牍及其在历史地理研究上的价值》释作"建毂"，第73页。

　　②　"郢"，手写释文作"邮"。

　　③　"受"，陈振裕先生释作"发"，参见李均明、何双全《散见简牍合辑》，第64页。

　　④　"牧"，［日］西林昭一编『简牍名迹选5・湖北篇三・凤凰山前汉简』释作"校"，第51页。

　　⑤　参见长江流域第二期文物考古工作人员训练班《湖北江陵凤凰山西汉墓发掘简报》；湖北文物考古研究所编《江陵凤凰山西汉简牍》，第81页。

　　⑥　黄盛璋：《江陵凤凰山汉墓简牍及其在历史地理研究上的价值》最先释补牍文，第73页。李家浩先生在此基础上进行了补改，参见湖北文物考古研究所编《江陵凤凰山西汉简牍》，第81—87页。

仍存在若干问题。其一，文书起始处补"后九（月）"，相比削去的牍长，字数明显过少。按 10、168 号墓告地策首书"四年后九月辛亥""十三年五月庚辰"，以及秦汉官文书以年月日起始的固定格式，文书开头月份之上还应补全年份信息。①

据牍 1、3 所记录的"十六年"，文书的书写时间应在该年或之后不久。联系 10 号墓来看，两墓皆未出土五铢钱，10 号墓告地策、郑里廪籍简 10 所记录的"四年""二年"皆未冠以年号，其年代应在西汉武帝太初以前。② 裘锡圭先生根据 10 号墓告地策及竹简所记录的历日信息，确定该墓的绝对年代在景帝四年（前 153）。③ 9 号墓棺椁形制与器物组合与 10 号墓相近，其年代当相去不远。在景帝四年前后，无年号、纪年达到十六年的有秦王政和汉文帝。据《颛顼历》，秦王政十六年（前 231）七月和汉文帝十六年（前 164）后九月朔日为"戊申"，而其后数年皆无"戊申朔"。④

秦昭襄王二十九年（前 278），大良造白起攻楚，取郢为南郡。⑤ 南郡属县安陆被纳入秦的统治。9 号墓随葬的铜镜，三弦纽，圆座，卷边，羽状地纹，主纹为变形四螭，与长沙纸园冲 86 号战国晚期墓所出铜镜如出一模。⑥ 由此看来，秦牍附葬其中也是有可能的。不过，从字体来看，这三件文书同为早期隶书而犹有篆书之意，与睡虎地、里耶秦简字体保留着浓厚的篆书风格有明显的不同（参后文"牧"字字形表），而与 10、168 号墓景帝四年、文帝十三年告地策字体几乎完全相同。据此，笔者认为，这三件文书的书写日期当在汉文帝"十六年后九月戊申朔壬戌"。

---

① 云梦睡虎地 4 号秦墓出土的 11 号木牍首书"二月辛巳"，参见本书编写组《云梦睡虎地秦墓》，文物出版社 1981 年版，第 26 页，图版 167。只是，该木牍并非公文书，而是私家信件，与这三件公文书类比的意义不大。

② 参见辛德勇《重谈中国古代以年号纪年的启用时间》，《文史》2009 年第 1 辑。

③ 裘锡圭：《湖北江陵凤凰山十号汉墓出土简牍考释》，《文物》1974 年第 7 期。

④ 张培瑜：《根据新出历日简牍试论秦和汉初的历法》，《中原文物》2007 年第 5 期；朱桂昌编：《颛顼日历表》，中华书局 2012 年版，第 274、408 页。

⑤ 《史记》卷 6《秦本纪》，中华书局 1982 年第 2 版，第 213 页。

⑥ 长江流域第二期文物考古工作人员训练班：《湖北江陵凤凰山西汉墓发掘简报》。

据此，文书起始处应补入"十六年后九（月）"。然而，据木牍残缺长度推算前约阙4—5字，这里补入的文字似乎多了一个。其实不然。参考10、168号墓告地策的写法，其"九月""五月"，或合文，或书写紧凑，只占一字空格。因此，前补"十六年后九（月）"，仍与后文的书写疏密一致。

其二，牍1正面行4提行书写，按秦汉文书格式（参见里耶秦简8 –1516和江陵高台18号汉墓告地策），① 应顶格书写。因该行残存文字接近残牍顶端，前当阙3个字左右，并非1个字。而"逮毂"，黄盛璋、陈振裕先生均释作"建毂"。据彭浩先生提供的图版，"逮毂"二字笔迹清晰可辨，可从。

其三，牍1背面"郢人手"上残存字痕，摹本亦描出，原释文未移录，疑作"东"字。"郢"，手写释文作"邮"，核对图版及摹本，该字左上角从"口"而不从"丿"，释作"郢"无误。

其四，牍2正面"受"，或释作"发"。然而，该字字形与牍3"受"字相同，释文"发"，今不从。

其五，牍2正面"牧"，《简牍名迹选》释作"校"。该字直接涉及牍文含义的理解，不可不辨。秦、西汉简牍中，"牧"从牛从攴，"牜"与"扌"、"攴"与"夊"常相混；而"校"从木从交，"交"与"文"常相混，虽然后来"木""扌"亦相混，但在秦汉早期，这一现象尚不明显。此时期"牧"与"校"的字形差异较大，尤其是偏旁"牛""木"的写法。秦、西汉时期"牧""校"相对清晰的字形见表一。

表一   秦、西汉简牍"牧""校"字形

牧	出处	校	出处
	睡虎地秦简《秦律十八种·金布律》简84		睡虎地秦简《效律》简56

---

① 湖南省文物考古研究所编：《里耶秦简〔壹〕》，文物出版社2012年版，第9页；张万高：《江陵高台18号墓发掘简报》，《文物》1993年第8期。

牧	出处	校	出处
	睡虎地秦简《为吏之道》简17 肆		睡虎地秦简《封诊式·群盗》简 25
	龙岗秦简简 114		睡虎地秦简《封诊式·奸》简 95
	里耶秦简 8－444		里耶秦简 8－1565
	张家山汉简《二年律令·贼律》简 38		张家山汉简《二年律令·秩律》简 471
	张家山汉简《二年律令·金布律》简 433		张家山汉简《奏谳书》简 188
	江陵凤凰山 9 号西汉墓牍 2		居延汉简 303.32
	南越国宫署遗址西汉木简简 97		尹湾汉简 YM6D4
	居延汉简 12.1B		

　　牍 2 "牧"的写法与同一时期南越国宫署遗址 J264 木简 97 所记录的"牧"字完全一样。且其" "旁写法与 10 号墓"服约木牍"中的

"▨"（物）偏旁一致，而与其中"▨"字以及凤凰山汉墓遣策中常见"枚"字（如"▨"M167 简 20）"木"旁写法的区别是很明显的。牍 2 中该字释作"牧"应当是没有问题的。

最后，牍 3 行 2 有"·"记符号，应移录。

兹将释文订补、重新标点如下：

牍 1 正：【十六年后九】月戊申朔壬戌，安陆守丞

【绾敢言之:】谨上十六年付县中短

【牧□牒，敢】言之。

【□□□，】逮载，丞行为郡买马。

背：⬜东（?）郢人手

牍 2 正：【十六年后九月】戊申朔壬戌，安陆守丞绾敢言

【之:谨上十】六年受郡中长牧二牒，敢

【言之。】

背：寄手

牍 3 正：【十六年后九月】戊申朔壬戌，安陆守丞

【绾敢言之:】·谨上十六年受县中长

【牧□牒，敢言】之。

背：寄手

二 牍文考释

牍 1—3 是安陆县三件上行文书。"守丞"，里耶秦简中常见，引起了学界热烈的讨论，且存在极大的争议。目前，关于"守丞"的理解主要有四：一为代理县丞，[①] 二为试守县丞，[②] 三为郡守丞，[③] 四为县一级长

---

① 李学勤：《初读里耶秦简》，《文物》2003 年第 1 期；陈治国：《里耶秦简"守"和"守丞"释义及其他》，《中国历史文物》2006 年第 3 期；孙闻博：《里耶秦简"守"、"守丞"新考》，载卜宪群、杨振红主编《简帛研究二〇一〇》，广西师范大学出版社 2012 年版，第 66—75 页。

② 湖南省文物考古研究所：《里耶考古发掘报告》，岳麓书社 2007 年版，第 182 页。

③ 范毓周：《关于湖南龙山里耶出土秦代简牍邮书检的几个问题》，简帛研究网，http: //www. jianbo. org/wssf/2002/fanyuzhou//htm，2002 年 8 月 15 日。

官，无县令长之名，而行县令长之实。① 牍 1 为理解"守丞"的具体含义提供了直接简例。

牍 1 行 4 提行记录了"【□□□，】逮毄（系）。丞行为郡买马"，这显然是补充说明性文字。"逮毄"，逮捕、拘囚，《汉书·刑法志》载："（文帝）即位十三年，齐太仓令淳于公有罪当刑，诏狱逮系长安"。②"丞行为郡买马"，"行"，当为去、离开之意。《国语·晋语二》："将行，以其族适晋，"韦昭注："行，去也。"③ 安陆县丞因为郡买马一事而离开了官署。整理者认为，"为郡买马"之语，或说"牒"文"牧"的内容可能跟畜牧有关。④ 倘若如此，那么，前一句"【□□□，】逮毄"也应与畜牧有关，但它们之间看不出有什么联系。对此，笔者的意见是："【□□□，】逮毄。丞行为郡买马"是用以说明，为何由安陆守丞，而不是安陆县令或丞发出该文书。"逮毄"所指代的应为安陆县令长，前阙令长遭拘囚的原因，比如"令有劾"之类的文字。因为令遭逮系，丞不在官署，故设置代理县丞"守丞"，临时代行县丞之职，主持安陆县政。

据牍 2 的记录，此时安陆守丞为绾，牍 1、3 可据补。"敢言之"为秦汉时期下属对上言事时的敬语，与文末"敢言之"相呼应，为上行文书套语。前后"敢言之"之间为安陆守丞绾的言事内容。牍 2 记录的内容"【谨上十】六年受郡中长牧二牒"较为完整。牍 1、3 的内容则稍有不同：牍 1 为"谨上十六年付县中短"，牍 3 为"·谨上十六年受县中长"。其中，"付"（牍 1）与"受"（牍 2、3）相对，"付"为"交付"，而"受"为"接受"，为秦汉官文书中的常用词。根据牍 2"受郡中长牧"的记录，牍 1 交付的应是"县中短牧"，牍 3 接受的应是"县中长牧"。

关于"长牧二牒""短【牧□牒】""长【牧□牒】"的含义，整理者的注解如下：

　　　"长""短"当指"牒"的长、短。《文心雕龙·书记》"牒者，

---

① 杨宗兵：《里耶秦简县"守"、"丞"、"守丞"同义说》，《北方论丛》2004 年第 6 期。
② 《汉书》卷 23《刑法志》，中华书局 1962 年版，第 1097 页。
③ 《国语·晋语二》，上海古籍出版社 1998 年版，第 296—297 页。
④ 湖北文物考古研究所编：《江陵凤凰山西汉简牍》，第 87 页。

叶也。短简编牒，如叶在枝……议政未定，故短牒咨谋"。《后汉书·孝安帝纪》"民讹言惊，弃捐旧居，老弱相携，穷困道路。其各敕所部长吏，躬亲晓喻。若欲归本郡，在所为长檄"，李贤注："封，谓印封之也。长檄，犹今长牒也。欲归者，皆给以长牒为验。""牧"似指"牒"的内容，"二"当指"牒"的数量。秦汉简文或以"牧"为"谋"。例如睡虎地秦简《法律答问》七六号"臣妾牧（谋）杀主"，张家山汉简《二年律令》三五号"子牧（谋）杀父母"。颇疑牍文"牧"读为上引《文心雕龙·书记》"短牒咨谋"的"谋"。一号牍文尾有"为郡买马"之语，或说"牒"文"牧"的内容可能跟畜牧有关。①

上述研究可备一说，但笔者仍有二三疑问。其一，以"长""短"形容词修饰"牒"，似乎不应在它们之间插入动词或名词"牧"以及数词"二"。这里，"长""短"应为"牧"的修饰语。"郡县长、短牧"为"付"与"受"的对象。其二，将"牧"训作"短牒咨谋"的"谋"，将以此义置入"长牧二牒"，不太好解释；或联系牍1"为郡买马"，将"牧"理解为"畜牧"，但"牧"与"为郡买马"似无必然的联系。

　　关于"牧"的理解，我们不妨参考一下里耶秦简的相关记录。其"作徒簿"中记录了"一人牧雁，豫"（8 - 444），②即以一个名叫豫的徒隶来牧养鹅。里耶秦简"仓课志"中有"徒隶行徭课""畜雁死亡课、畜雁产子课"（8 - 495），徒隶牧养畜雁的情况是仓曹考课的重要内容。另外，还有不少徒隶交付畜官的记录，如"一人付畜官，琐"（8 - 2089）、"其三人付畜官☐"（8 - 2097）。这些徒隶用来从事畜牧劳作。

　　秦汉时期，"牧"也用来指称从事畜牧的人员。如睡虎地秦简《秦律

---

① 湖北文物考古研究所编：《江陵凤凰山西汉简牍》，第87页。

② "牧"，《里耶秦简牍校释（第1卷）》释作"收"，武汉大学出版社2012年版，第151页。核对图版，该字左侧残存的"牜"，与简8 - 454"收"之"扌"不同，应作"牧"。释文及拼合均参见湖南省文物考古研究所编《里耶秦简〔壹〕》；陈伟主编《里耶秦简牍校释（第1卷）》。以下征引里耶秦简仅标简号。

十八种·金布律》"牧将公畜生而杀、亡之",牧指负责放牧的官吏。①
《诗·小雅·无羊》:"尔牧来思,何蓑何笠,或负其餱。"郑玄笺:牧,
牧人。②《说文·支部》:"牧,养牛人也,从支从牛,《诗》曰:牧人乃
梦。"③牍 1—3 中的"牧"当指放牧者。根据牍 2 的记录,登记"长牧"
的用简数为 2 枚("二牒"),其人数当不少,且这些短、长牧在郡、县之
内交接。由此看来,"牧"应当是徒隶、服役者,而不太可能是官吏。

徒隶在诸乡与诸官之间的交付、接受情况,在里耶秦简"作徒簿"
等官文书中有清晰的记录,兹例举如下:

牍 4:　　　二人付都乡:它、章　　　隶妾居赀□□☑
☑央臧　　　二人付库:□、缓　　　受仓隶妾□☑
　　　　　　一人治□阳　　　　　　·凡八十五人☑
　　　　　　□人□□□督　　　　其二人付畜□☑　(8 – 1641)

牍 5:卅年十二月乙卯,畜□□□(官守丙)作徒簿☑

受司空居赀一人　　　　　　　凡☑

受仓隶妾三人　　　　　　　一人☑(正)

十二月乙卯,畜官守丙敢言之:上。敢言☑

十二月乙卯水十一刻 = 下一,佐贰以来☑(背)(8 – 199 + 688)

牍 6:卅二年五月丙子朔庚子,库武作徒簿:受司空城旦九人、
鬼薪一人、舂三人;受仓隶臣二人·凡十五人

其十二人为冀:奖、庆忌、魃、魃、船、何、冣、交、颉、徐、
娃、聚;

一人试:窜;

二人捕羽:亥、罗。(正)

卅二年五月丙子朔庚子,库武敢言之:疏书作徒日簿一牒,敢言
之。横手

---

① 睡虎地秦墓竹简整理小组:《睡虎地秦墓竹简》,文物出版社 1990 年版,第 40 页。

② 《毛诗正义》卷 11《小雅·无羊》,(清)阮元校刻《十三经注疏》,中华书局 1980 年
版,第 438 页。

③ (东汉)许慎撰,(北宋)徐铉校定:《说文解字》,中华书局 1963 年版,第 69 页。

五月庚子日中时，佐横以来，圆发。（背）（8－1069＋1434＋
1520）

牍4记录了徒隶在乡、库、畜官之间的付、受情况。牍5是畜官汇报接受
司空、仓徒隶具体情况的上行文书。牍6"作徒日簿"不仅记录了库汇报
接受司空、仓徒隶具体情况，也可能附录了徒隶劳作的时间长短。秦代对
徒隶的交接情况、劳作日期制作了相应的簿书。

汉代服役者在郡内各县之间的交接情况也有明确的记录。松柏汉简
47号木牍记录了南郡属县践更者在各县之间交接情况，兹列举相关内容
如下：

秭归千五十二人，九更，更百一十六人，其十七人助醴阳，余八人

醴阳八十七人，参更，更卌二人，受秭归月十七人，余十二人

孱陵百八人，参更，更百卌六人，不足五十一人，受宜成五十八
人，临沮卅五人

安陆二百七人，参更，更七十一人，不足六人

宜成千六百九十七人，六更，更二百六十一人，其五十八人助孱
陵，余八十九人

临沮八百卅一人，五更，更百六十二人，其卅五人助孱陵，二十
九人便侯，余三十一人

邔侯国二千一百六十九人，七更，更二百八十一人，其卌一人助
便侯，廿九轪

便侯三百七十一人，参更，更百八十六人，受邔侯卌一，临沮廿
九，余廿三人，当减

轪侯四百卌六人，参更，更百七十人，受邔侯廿九人，余廿三
人，当减

所谓"助"，即将本县更人交付给他县以助其役，"受"则是因更人不足
而接受他县交付的更人。"助""受"涉及的是各县之间更人损有余、补
不足。

牍 1—3 中付受郡县中短、长牧，即郡县之内交接放牧者。"长牧""短牧"当与役期有关。牍 6 中的"作徒日簿"应记录了役期。秦汉时期，官方对役作时间长短有明确的规定，如睡虎地秦简《秦律十八种·徭律》："县为恒事及灓有为殹（也），吏程攻（功），赢员及减员自二日以上，为不察。"[1] 县进行经常性的且需要报批的事役，由吏估算用功数，如果用功数超过或不足两日以上，以不察论处。又如《开通褒斜道摩崖石刻》："永平六年（63），汉中郡以诏书受广汉、蜀郡、巴郡徒二千六百九十人，开通褒余道……最凡用功七十六万六千八百余人。"[2] 用功数是按工期计算的结果。

役期甚至作为厩苑考课的奖罚，睡虎地秦简《秦律十八种·厩苑律》规定：

> 以四月、七月、十月、正月肤田牛。卒岁，以正月大课之，最，赐田啬夫壶酉（酒）束脯，为旱〈皂〉者除一更，赐牛长日三旬；殿者，谇田啬夫，罚冗皂者二月。[3]

在正月进行的针对田牛的考课，上等，"为旱〈皂〉者除一更"，免除牧牛者（皂）一次更役；下等，"罚冗皂者二月"，罚长期牧牛者资劳两个月。秦汉时期，"冗"与"更"是表示供役方式的一组相对概念，相当于唐代的"长上"与"番上"，冗指长期供役，更指按期更替供役。[4] 如《秦律十八种·工人程》规定"冗隶妾二人当工一人，更隶妾四人当工【一】人"，[5] 又如里耶秦简中常见的"冗戍"（8-666）与"更戍"（8-850）。唐代则有"长上匠""短番匠"。[6] 从《秦律十八种·厩

---

① 睡虎地秦墓竹简整理小组：《睡虎地秦墓竹简》，第47—48页。
② 高文：《汉碑集释（修订本）》，河南大学出版社1997年版，第6—7页。
③ 睡虎地秦墓竹简整理小组：《睡虎地秦墓竹简》，第22—23页。
④ 参见杨振红《秦汉简中的"冗"、"更"与供役方式——从〈二年律令·史律〉谈起》，载卜宪群、杨振红主编《简帛研究二〇〇六》，广西师范大学出版社2008年版，第81—89页。
⑤ 睡虎地秦墓竹简整理小组：《睡虎地秦墓竹简》，第45页。
⑥ 《新唐书》卷48《百官志三·将作监》，中华书局1975年版，第1273页。

苑律》的规定来看，当时的牧牛者应分为"冗皂"与"更皂"两类。其实，无论"冗"与"更"，还是"长"与"短"，皆与日期长短密切相关。

据此，笔者认为，"长牧"是那些长期放牧者，为经常性劳作者，相当于"冗牧"；而"短牧"则是短期放牧者，为按期更替或临时性的役作者，很多来自"更牧"。

至于为郡县放牧者的身份构成，《秦律十八种·厩苑律》记录有"小隶臣"（简16）、"徒"（简20），①《龙岗秦简》记录有"苑人""黔首"（简6），"徒"（简66）。② "牧"来源于徒隶、服役的平民。

牍背" 东 （？）郢人手""寄手"为文书书写者信息。因写手不同，简1与简2、3的笔迹明显不同。

根据以上的分析，牍1—3的内容简析如下：汉文帝十六年后九月十五日，安陆代理县丞缩将该县全年交接长期、短期放牧者的情况制作成上行文书，呈报给有关部门。

三 相关问题

秦汉县道有时会专门设置管理畜牧的机构，为何关于放牧者的文书不由畜官、厩苑发出，而由守丞发出呢？从年末制作来看，这三件文书很可能与上计有关。张家山汉简《二年律令·徭律》规定："都吏及令、丞时案不如律者论之，而岁上徭员及行徭数二千石官。"③县令、丞在年底需要将本县徭役人员及服役人数、天数等制作成簿书呈报郡府。徭役是上计不可或缺的内容，县由令、丞负责，畜官、厩苑吏无此权。"长牧""短牧"来源于徒隶、服役的平民。征发徒隶放牧也属于徭役。如里耶秦简"仓课志"记录有"徒行徭课"（8－495），睡虎地秦简《秦律十八种·司空律》规定："春城旦出徭者，毋敢之市及留舍阓外"。④ 再考

---

① 睡虎地秦墓竹简整理小组：《睡虎地秦墓竹简》，第24页。

② 中国文物研究所、湖北省文物考古研究所编：《龙岗秦简》，中华书局2001年版，第73、98页。以下仅标简号。

③ 张家山二四七号汉墓竹简整理小组：《张家山汉墓竹简〔二四七号墓〕（释文修订本）》，文物出版社2006年版，第65页。

④ 睡虎地秦墓竹简整理小组：《睡虎地秦墓竹简》，第53页。

虑到文帝十三年（前 167）改革刑罚，将刑徒终身服役改为"有年而免"，① 此后，刑徒群体当有萎缩的趋势，而平民服役更为普遍，汉代碑简文献中，就没有里耶秦简所记录的那样大规模役使徒隶的情况。

总之，牍 1—3 对"长牧""短牧"的年终总结汇报应为徭役上计，本由县令、丞负责。因安陆县令犯事遭拘捕，而丞在外为郡买马，不在官署，于是，公文由守丞发出，并附记了为何由他上计的说明性文字。

牍 1—3 本为安陆县的公文，又为何会出现在江陵县的墓葬中呢？李家浩先生据《汉书·地理志》记载，认为安陆属江夏郡。黄盛璋先生则认为："9 号墓出土三牍皆为安陆守丞缩所上文书，受书者必为南郡长官。"其理由是："牍上明确写有'受郡中长牧'，'受县中长（牧）'，倘此时江夏郡已设立，郡治安陆，（据《水经注》与《元和郡县志》），则安陆守丞和郡同处一地，用不着寄此三牍了。三牍出于江陵，说明安陆时属南郡，'郡'即南郡，'县'即江陵，当时南郡郡治江陵，郡、县同在一处，故三牍有'受县中'，有'受郡中'。"②

此时，安陆究竟属南郡还是江夏郡呢？《汉志》载江夏郡高祖置，王国维对此进行了质疑和详细考证，认为"高帝时不得有江夏郡"。③ 此说得到了简牍文书的印证：据张家山汉简《奏谳书》和《二年律令·秩律》，汉高帝八年（前 199）、吕后二年（前 186），安陆属南郡；④ 又松柏汉简 35 号木牍"南郡免老、新傅、罢癃簿"，汉武帝前期安陆亦属南郡。⑤ 而从属于江夏郡的记载得不到其他证据的支持。王国维、周振鹤先生指出，"汉武帝元狩二年（前 121），南郡割东部数县地合衡山郡西半置江夏郡，"⑥ 应是比较合理的意见。

黄盛璋先生认为"安陆时属南郡"，可从。但是，他认为：8 号墓墓

---

① 《汉书》卷 23《刑法志》，第 1097—1098 页。

② 黄盛璋：《江陵凤凰山汉墓简牍及其在历史地理研究上的价值》，第 75、77 页。

③ 王国维：《汉郡考》，《观堂集林》，中华书局 1961 年版，第 544 页。

④ 张家山二四七号汉墓竹简整理小组：《张家山汉墓竹简〔二四七号墓〕（释文修订本）》，第 73—74、97 页。

⑤ 荆州博物馆：《湖北荆州纪南松柏汉墓发掘简报》，《文物》2008 年第 4 期。

⑥ 周振鹤：《西汉政区地理》，人民出版社 1987 年版，第 135 页。

主"很可能是南郡太守或仅次于太守的高级官吏，即安陆守丞缩所上书的人。三牍后被锯作车器零件，所以出于其妻子墓中。"① 这一说法可能存在疑问。安陆与江陵之间，路途较远，参考里耶秦简牍5、6，两地之间通过邮传正式发出的公文，通常在牍背记录送达的时间、传送者和拆封者，牍1—3缺少这些信息，说明这三件文书很可能并未发出。② 牍1—3正面公文内容与背面书手签署笔迹一致，根据大庭脩先生的意见："文书本身与署名笔迹一致，意味着全文均由书记官书写，可以认为是文书的副本"。③ 况且该公文上并无其他相关的签署和批示文字，大致可以认定这三件文书为副本。④

　　既然这三件文书可能并未发往南郡江陵，那么，为何会出现在江陵县的墓葬中呢？牍1背面"东(?) 郢人手"的签署提供了思考线索。牍1由"东(?) 郢人"书写。东郢很可能是个地理名称。江陵纪南城曾为楚国郢都，⑤ 东郢当在纪南城东部，而凤凰山位于纪南城东南隅，其方位大致相合。"东郢人"显然不会是个人名，而只是一个称号，很有可能就是安陆守丞缩自己。书写文书的杂事，一般而言，不必县丞亲理，但守丞缩可能亲自书写了这件文书，因他本人为江陵县东人氏，故自称"东(?) 郢人"。

　　至于守丞缩亲自书写牍1文书的原因，笔者认为很可能与"短牧"的征发有关。与牍2、3所记录的"长牧"不同，牍1记录的是"短牧"情况。对于"长牧"这类经常性的徭役，应有制度性的规定，通常按行政程序及惯例办事即可。而"短牧"这类具有临时役使性质的徭役

---

① 黄盛璋：《江陵凤凰山汉墓简牍及其在历史地理研究上的价值》。

② 即使三件文书发往南郡，并以副本的形式保存下来，其保管者也不可能是"南郡太守或仅次于太守的高级官吏"。因为，这批凤凰山西汉墓以1688号墓形制最大、等级最高，其墓主爵不过五大夫，一般为六百石官。而形制较小、等级更低的8号墓墓主，不太可能是二千石官。

③ ［日］大庭脩：《汉简研究》，徐世虹译，广西师范大学出版社2001年版，第207页。

④ 关于汉代简牍公文书的正本、副本、签署等问题，请参见邢义田《汉代简牍公文书的正本、副本、草稿和签署问题》，《"中央研究院"历史语言研究所集刊》第82本第4分，2011年，第601—678页。

⑤ 参见尹弘兵《纪南城与楚郢都》，《考古》2010年第9期。

则不同，一旦征发烦重，直接影响到地方的稳定。因此，秦汉王朝对地方临时兴徭的要求十分严格，如前引《秦律十八种·徭律》对估算用功数，以及按工程质量是否计为徭都有细致的规定。擅兴徭役的惩罚是相当严厉的。如元封四年（前 107），长修侯杜相夫因"擅徭不如令"等事而国除。① 汉宣帝元康二年（前 64）夏五月下诏告诫郡县"吏务平法""擅兴徭役""譬犹践薄冰以待百日，岂不殆哉"。② 因此，征发"短牧"对于地方官而言，无疑是一件需要认真对待的大事。虽然我们不清楚"短牧"是否由守丞绾征发，但是，当上计需要汇报"短牧"情况时，不论守丞绾，还是真丞，都需要谨慎对待，以免日后被追责。发送文书前，守丞绾势必与真丞有过商量。因守丞与真丞很多情况下有连带责任，张家山汉简《二年律令·具律》规定：

> 县道官守丞毋得断狱及瀻（谳）。相国、御史及二千石官所置守，叚（假）吏，若丞缺，令一尉为守丞，皆得断狱，瀻（谳）狱。
> 　事当治论者，其令、长、丞或行乡官视它事不存、及病，而非出县道界也，及诸都官令、长、丞行离官有它事，而皆其官之事也、及病，非之官在所县道界也，其守丞及令、长若真丞存者，所独断治论有不当者，令真令、长，丞不存及病者皆共坐之，如身断治论及存者之罪。唯谒属所二千石官者，乃勿令坐。③

县令长、丞外出办事而不在署或疾病，但未离开县界，守丞治事不当，一般情况下，县令长、丞不止有连带责任，还要受同等责处。据此，守丞绾在呈报"短牧"文书时，一定会确保其内容准确，而作为存根或报送真丞的文书副本，想必真丞也一定会核查。正因为如此，守丞绾干脆自己书写了这件文书的副本，而其"东郡人"的名号，共事的真丞等人自然也是知晓的，因而没有署名。这些没有发出的文书副本，应当是绾死后，归

---

① 《史记》卷 18《高祖功臣侯者年表》，第 956—957 页。
② 《汉书》卷 8《宣帝纪》，第 256 页。
③ 张家山二四七号汉墓竹简整理小组：《张家山汉墓竹简〔二四七号墓〕（释文修订本）》，第 23 页。

葬江陵，他带回了生前经手过的文书，而被用来制作附葬的车器。

黄盛璋先生认为牍1、3中的"县，即江陵"，而牍2记录的"郡中"显然已包含了江陵县。笔者对此有不同看法，牍1、3中的"县"应指安陆县。前引里耶秦牍4—6所记录的是县内之间徒隶的交付情况，而松柏汉简47号木牍为县与县之间的更人交接，按理，这里所记录的也应是安陆县与一个相当的机构进行牧人的交付。据龙岗秦简的记录，安陆所在地有"云梦禁中"（简1）、"禁苑"（简6）、"禁苑中"（简7），从"牧县官马、牛、羊"（简100）来看，畜牧应是禁苑的重要职能。据《史记·高祖本纪》记载：高帝六年（前201），"用陈平计，伪游云梦"。① 汉初，云梦禁苑当得以保留。正因为在安陆设有禁苑，畜养马匹，南郡才会差遣安陆县丞去"为郡买马"（牍1）。

云梦禁苑与安陆县的联系密切，龙岗秦简中有以下简例：

> ·禁苑啬夫、吏数循行，垣有坏决兽道出，及见兽出在外，亟告县。（简39）
>
> 入其皮□县道官。（简86）
>
> 没入私马、牛、【羊】、【驹】、犊、羔县道官（简102）
>
> 亡马、牛、驹、犊、【羔】皮及□皆入禁□□（官）□⊿（简112）

联系睡虎地秦简《秦律十八种·徭律》来看，禁苑垣篱是由所在县兴徭修筑的。再联系《秦律十八种·厩苑律》的规定：

> 将牧公马牛，马【牛】死者，亟谒死所县，县亟诊而入之，其入之其弗亟而令败者，令以其未败直（值）赏（偿）之。其小隶臣疾死者，告其□□之；其非疾死者，以其诊书告官论之。其大厩、中厩、宫厩马牛殹（也），以其筋、革、角及其贾（价）钱效，其人诣其官。其乘服公马牛亡马者而死县，县诊而杂卖（卖）其肉，即入其筋、革、角，及索（索）入其贾（价）钱。钱少律者，令其人备

---

① 《史记》卷8《高祖本纪》，第382页。

之而告官，官告马牛县出之。今课县、都官公服牛各一课，卒岁，十牛以上而三分一死；不【盈】十牛以下，及受服牛者卒岁死牛三以上，吏主者、徒食牛者及令、丞皆有罪。内史课县，大（太）仓课都官及受服者。□□。

所在县需要为公马牛提供医治，负责死掉牲畜的出售，走失的官牲畜也应交还厩苑，而私牲畜则交给县道官处理。在对公服牛进行考课时，负责此事的都官、所在县及牧者分别接受内史、太仓的考核。总的看来，秦代安陆县与云梦禁苑联系十分密切，但从其考课来看，仍分属不同的部门。

牍 1、3 所谓"付县中短牧""受县中长牧"，当是安陆县与云梦禁苑之间的徭徒交付。正是因为云梦禁苑的设置，以及禁苑与安陆县之间的密切关系，在当地任职的官吏会极其重视禁苑、厩苑、田律令的摘录，带在身边以备查，同时，在行政过程中，也必然会有大量与牧苑相关的公文书。所以，在云梦出土的秦汉简牍会有很多与畜牧有关，如睡虎地秦简《秦律十八种·厩苑律》，龙岗秦简中有大量与禁苑相关的律令，以及牍 1—3 安陆县关于"长牧""短牧"的官文书。这也是该地出土简牍较具特色之处。

（原刊《简牍学研究》第 5 辑，甘肃人民出版社 2014 年版）

西北汉简中所见的"庸"与"葆"

　　简牍文书学研究是简牍学研究中的重要领域。过去，中外学界在研究以居延汉简为代表的西北边塞简的过程中，运用古文书学研究方法积累了不少的成功经验，逐渐形成了以简册复原、集成为代表的研究模式。① 简册的复原、集成，为深入研究汉代文书行政提供了可靠依据。② 然而，同为西北边塞简的肩水金关汉简，③ 自刊布以来，运用古文书学研究方法对零散简牍进行复原、集成整理的成果并不多见。肩水金关汉简是经科学考古发掘而来的，很多出土信息得以保留，图版的质量也大大提高，综合利用这些条件，对聚集出现于同一探方中的同类简牍加以集成整理是可以实现的。

　　与主要是屯戍文书的新、旧居延汉简不同，肩水金关汉简遗存了大量通关文书。通关文书虽然过去就有刊布，但是，因为极其零散而难以整理为相对完整的简册。肩水金关汉简则为这类简册的整理提供了条件。对出入关简册进行整理，了解其内容构成，很多过去因材料的限制而遗留的相关难题，将由此得到释解。本文试图综合运用探方及简牍遗存信息，对肩

---

　　① 参见［日］大庭脩《汉简研究》，徐世虹译，广西师范大学出版社 2001 年版；［英］迈克尔·鲁惟一《汉代行政记录》，于振波、车今花译，广西师范大学出版社 2005 年版；［日］永田英正《居延汉简研究》，张学锋译，广西师范大学出版社 2007 年版；谢桂华《汉晋简牍论丛》（相关文章），广西师范大学出版社 2014 年版。

　　② 国内对西北汉简等进行系统分类整理的如李天虹：《居延汉简簿籍分类研究》，科学出版社 2003 年版；李均明：《秦汉简牍文书分类辑解》，文物出版社 2009 年版。

　　③ 本文所引肩水金关汉简材料皆出自甘肃简牍博物馆等编：《肩水金关汉简》（壹）（贰）（叁）（肆）（伍），中西书局 2011、2012、2013、2015、2016 年版，以下仅标简号。

水金关汉简 T30 中聚集出现的淮阳郡戍卒名籍简进行初步整理，在簿书的解释框架内，明确以往汉简研究中存在争议的"庸"之身份，进而结合其他出入关人名简，对汉简中常见的且争论颇多的"葆"之身份进行再探讨。

一　罢卒名籍与"庸"之身份

在肩水金关 T30 中有不少戍卒名籍简，其中，淮阳郡戍卒名籍简如下：

1. 戍卒淮阳郡陈宜民里不更苟城年廿四（73EJT30：3）
2. 戍卒淮阳郡苦鲁里不更叶横年卅四（73EJT30：14）
3. 戍卒淮阳郡陈隐丘里不更赵从年卅（73EJT30：118）
4. 戍卒淮阳郡陈安夷里不更郢庐年廿四（73EJT30：262）
5. 戍卒淮阳郡苦平阳里不更金棨（？）① 广年卅二　☒（73EJT30：25）
6. 戍卒淮阳郡苦平川里大夫蔡外年☒（73EJT30：140）
7. 戍卒淮阳郡陈安众里不更舒毕年廿四　庸同里不更夏随②来年廿六（73EJT30：12）
8. 戍卒淮阳郡陈高里不更宋福年廿四　庸张过里不更孙唐得年卅（73EJT30：13）
9. 戍卒淮阳郡陈逢卿里不更许阳年廿七　庸进贤〔里〕不更皮③常年卅三（73EJT30：15）
10. 戍卒淮阳郡陈思孝里不更盖宽年卅八　庸④☒（73EJT30：135）

简 1—10 的出土地、格式及内容相同，且皆为淮阳郡戍卒及庸的人名简。在该探方中有枚结计简：

11. ■右第五十二车十人（73EJT30：5）

---

① "棨（？）"，原阙释，据图版补。
② "随"，原释作"归"，据图版改。
③ "皮"，原阙释，据图版补。
④ "庸"，原释作"长"，据图版及文例改。

所记录的人数为十人。西北汉简中每车跟随戍卒十人较为常见，[①] 在肩水金关汉简中也多有简例：

> 12. ■右第十一车十人（73EJT3：94）
> 13. ·右第十车十人　☑（73EJT26：185）
> 14. ·右第十五车十人　☑（73EJT28：24）
> 15. ·右第九车十人　☑（73EJT37：435）
> 16. ■右第六车十人　☑（73EJT37：619）
> 17. ·右第二车十人（73EJT37：1090）
> 18. ☑右第五车蒲反亭长乐贺　主，十人　亅　☑（73EJT37：1516）

简1—6仅记录戍卒，而简7—10戍卒与庸连记。对于简文中连记的"戍卒 A"与"庸 B"的关系，学界针对居延简中的同类简例作出了不同的理解。高敏先生认为 A 和 B 都是戍边者。A 是雇工，B 是雇主，A 与 B "同在一起服役。由此可见，戍卒之间彼此有雇佣关系存在"。[②] 谢桂华先生认为，庸应指取庸代戍，即被雇者代雇主戍边。A 是雇主，B 是被雇者，A 与 B "分居两地。雇主应居原籍，而被雇者则应在边陲"。[③] 薛英群先生在 A、B 雇佣身份的问题上与高敏先生的意见相同，但薛先生

---

① 参见李均明《"车父"简考辨》，载西北师范大学文学院历史系、甘肃省文物考古研究所编《简牍学研究》第 2 辑，甘肃人民出版社 1998 年版，第 98—102 页。值得注意的是，也有少数简例记录的人数并非十人，如"■右第廿六车九人"（73EJT3：93），"■右第二车九☑"（73EJT24：393），"■右第十三车九人"（73EJT37：954）；"■右安邑第一车廿☑"（73EJT7：107A）、"·右第一车廿人☑"（73EJT7：107B），"·右第卅五车　廿人　正月辛巳"（73EJT24：33），"■右第廿八车廿一人　☑"（73EJT28：25），"■右第卅五车廿人"（73EJT33：43），"☑□第卅六车廿人"（73EJT37：299）。由此看来，汉代西北边塞简牍中记录的车似乎大致分为十人上下一车、廿人上下一车两类。以十人之车最为常见。

② 高敏：《简牍研究入门》，广西人民出版社 1989 年版，第 115—116 页。

③ 谢桂华：《汉简和汉代取庸代戍制度》，载甘肃省文物考古研究所编《秦汉简牍论文集》，甘肃人民出版社 1989 年版，收入其著《汉晋简牍论丛》，第 157 页。朱绍侯先生的意见与此相同。他指出：汉简上所记"某某人庸某某人"，并不是在敦煌或居延服现役的某戍卒雇用某人为他劳动，而是应服役的某某人，在家乡雇用某某人替他服役。参见朱绍侯《对居延敦煌汉简中庸的性质浅议》，《中国史研究》1990 年第 2 期。

认为前往边隆戍边的只有雇工 A。黎明钊、马增荣先生亦认为，A 是佣作者，B 是雇主。他们的理由是：A 冠以"戍卒"的职称，反映他已被编制入边塞系统；A 一般较 B 年轻，戍边之事极为艰辛，年龄关系到应役者的身体素质，较年轻的 A 是收取佣钱，代替较年长的 B 戍边的佣作者。①

肩水金关汉简相关简文为解决这一疑难问题提供了比较直接的证据：

19．·右第十车十人　四人身　　　☐（73EJT26：51）
　　　　　　　　　　　六庸

20．☐☐六人庸　　☐（73EJT37：584）
　　　人身

21．☐人身　☐②（119.37）③
　　　人庸

简 19 同简 11 一样，为同类名籍的结计简。简 19 在结计一车人数的同时，还按"身""庸"分别结计人数。仅记录戍卒的即所谓的"身"，"身"指本人充任戍卒者；而连记戍卒与庸的则只按"庸"结计，"庸"为代役之人。本应戍边的戍卒出钱假人自代后，其本人留在本籍，"庸"则实际前往戍边。B 为代役者、受雇者，还有名籍简本身的证据，例如：

22．田卒淮阳郡新平景里上造高千秋年廿六　取宁平驷里上造胡部年廿四为庸　〕（73EJT26：9）

---

① 黎明钊、马增荣：《汉简簿籍再探：以"卒佣作名籍"为例》，《中国文化研究所学报》第 53 卷，中国文化研究所 2011 年版，第 53—54 页。

② "身"，原阙释，据图版补。居延汉简图版参见中国社会科学院考古研究所编《居延汉简甲乙编》，中华书局 1980 年版，下同。

③ 该简的出土地亦在 A32 金关。居延汉简释文及出土地点参见谢桂华、李均明、朱国炤《居延汉简释文合校》，文物出版社 1987 年版，第 194、737 页；中国社会科学院考古研究所编《居延汉简甲乙编》附录《居延汉简的出土地点与编号》，第 291—297 页。

23. ☑廿四　以①固里公士丁积年廿五为庸自代（508·26, 508·
27）

据简 22，A 取 B 为庸。据简 23，A 以 B 为庸自代，即 A 雇请 B 代替自己
服役。总之，"戍卒 A" 与 "庸 B" 连记的名籍简中，A 是雇主，留在本
籍；B 是受雇者，前往戍边。

简 7—10 虽然连记戍卒与庸，但戍卒与庸并不在一起，随车返乡的只
有 "庸"。据此，简 1—10 随车的戍卒与庸一共只有十人，与简 11 记录
的人数相一致。简 11 可能为简 1—10 的结计简。②

不仅如此，在第 30 探方中还有两枚简可能与简 1—11 有关：

24. 今移名籍如牒书（73EJT30：91）
25. 罢卒名籍移敢言之（73EJT30：87）

从简 11 "第五十二车" 以及简 25 "罢卒名籍" 来看，③ 并参照悬泉汉简
中关于迎罢卒送致原籍的文书：

26. 神爵四年十一月癸未，丞相史李尊，送获（护）神爵六年戍
卒河东、南阳、颍川、上党、东郡、济阴、魏郡、淮阳国诣敦煌郡、
酒泉郡。因迎罢卒送致河东、南阳、颍川、东郡、魏郡、淮阳国并督
死卒传槥。为驾一封轺传。御史大夫望之谓高陵，以次为驾，当舍传
舍，如律令。（Ⅰ0309③∷27）④

简 1—11、24、25 可能是服役期满后随从第五十二车复员返乡的罢卒名籍。
在肩水金关第 30 探方中，除了淮阳籍戍卒名籍简外，还有田卒名籍

---

① "以"，原阙释，据图版补。
② 简 1—10 形制比较齐整，但笔迹并不同一，可能是因为这些淮阳籍戍卒分属于不同的屯
戍组织，其人名简先由各屯戍组织分别制作，然后按籍贯、车次编连在一起。
③ 关于 "罢卒"，参见赵宠亮《居延汉简所见 "罢卒"》，《石家庄学院学报》2010 年第 5 期。
④ 胡平生、张德芳编撰：《敦煌悬泉汉简释粹》，上海古籍出版社 2001 年版，第 45 页。

简，如：

> 27. 田卒淮阳长平东阳里不更郑则年卅八（73EJT30：8）
>
> 28. 田卒淮阳郡长平北亲里不更费毕年卅五　庸西阳里不更庄登年卅八（73EJT30：263）
>
> 29. 田卒淮阳郡长平高间里不更李范年廿六　庸南垣不更费充年廿五（73EJT30：267）

其简文格式与简1—10戍卒名籍简完全相同，可能同为淮阳郡复员返乡的罢卒名籍简。肩水金关汉简涉及罢戍卒、田卒的文书简不少，例如：

> 30. 阳朔五年三月甲申朔己亥，句阳长立移过所县邑☐
> 为国迎四年罢戍卒，当舍传舍、邮亭，从者　　☐（73EJT7：23）
>
> 31. 罢戍卒颖川郡郏邑东☐（73EJT10：196）
>
> 32. ☐之，谨移罢田卒名籍一编敢言之（73EJT37：1）

还有簿记人数众多的居延罢卒的文书，如：

> 33. 日勒守尉道人将居延罢卒三百一十二人☐
> 屋兰右尉千秋将居延罢卒三百一十人☐
> 觻得守丞忠将居延罢卒三百一十二人，八月丁酉☐
> 昭武左尉广将居延罢卒二百八十七人，八月☐
> 删丹右尉长安将居延罢卒三百一十一人☐
> 删丹守尉贤将居延罢卒三百六十九人，八月庚☐
> 昭武守丞安上将①居延罢卒三百一十八人，八月庚☐☐（73EJT22：111A）

据简26，送迎戍卒应为全国性的行动，由丞相史之类的中央官吏专门负

---

① "安上将"，本卷下册释文作"世安上"，误。

责。具体承担这项任务是各县，如简 30 句阳县为定陶国迎回阳朔四年罢卒（经常性的做法可能是郡国安排一个属县接送戍卒）。从简 33 来看，每年罢卒的人数不少，并且得到边县长吏的重视，丞、尉亲自为罢卒送行。"将"，当即送行，如《诗·邶风·燕燕》："之子于归，远于将之"，郑玄笺："将亦送也"。①《淮南子·览冥训》："不将不迎。"② 内县与边县在互相迎送过程中，当移交了"罢戍卒""罢田卒"（简 32）等名籍、文书。为了方便通关，津关过所当收到相应的簿籍。因此，肩水金关会出土大量的戍卒、田卒名籍简。

肩水金关汉简戍卒、田卒名籍简本身，对于新卒与罢卒似乎并未作明显的区分，从中没有发现明确记为罢卒的名籍简（简 31 疑似）。但是，这些戍卒、田卒名籍简显然应分属于新卒名籍和罢卒名籍，这是今后值得进一步探讨的课题。

前引罢戍卒、田卒所记之"庸"，多为同县甚至同里的雇请者。取庸代役在当时可能还有其他方式，如：

34. 钱入其县，边以见钱取庸。往者奸黠民受钱为庸，去署亡、犯法不已，事渐不可长。诸庸卒不已事（73EJT37：1164）

从简 34 来看，应该是内县将代役钱输送边县，边县再用以雇佣代役者，从而省去迎送戍卒的烦务。然而，有奸黠民拿到钱，却离开岗位逃亡，或经常做违反法令之事，致使这种做法逐渐难以为继。由此看来，汉代屯戍方面的取庸代役应当是以内地雇佣辖内的代役者输送边塞为主，反映在肩水金关汉简中，就是不少戍卒名籍简为"戍卒"与"庸"连记的形式。

综合上述分析，笔者初步整理了肩水金关汉简中可能同属一车的淮阳郡罢戍卒名籍简，在此基础上，确认了"戍卒 A"与"庸 B"连记的名籍简中，A 是雇主，留在本籍，B 是受雇者，前往戍边，"庸"是代役制下的身份称谓。

---

① （东汉）郑玄笺：《毛诗》卷 2《国风·邶风·燕燕》，（东汉）郑玄等注《十三经古注》第 2 册，中华书局 2014 年版，第 178 页。

② 何宁撰：《淮南子集释》卷 6《览冥训》，中华书局 1998 年版，第 463 页。

二　汉简中所见"葆"的研究史回顾

肩水金关汉简中，还能见到与"庸"身份连用的"葆"，如：

　　35. 橐佗候官与肩水金关为吏妻子葆庸出入符，齿十从一至百，左居官，右移金关，符合以从事　☑（右齿）（73EJT22：99）

　　36. 橐佗①候官与肩水金关为吏妻子葆庸出入符，齿十从第一至百，左居官，右移金关，葆〈符〉②合以从事　第卅一（左齿）（73EJT24：19）

"葆"，有时又写作"保"，如：

　　37. 保河内曲阳里孙明③年七十，长七尺五寸　☑（73EJT23：867）

　　38. 充保魏郡阴安仓正里士五张武年卅□□☑（73EJT37：1394）

　　39. 要害隧长张顺保　妻请年卅五　牛车一两　用牛三头（73EJF3：89）

"葆庸"，当即保庸、庸保。《史记·司马相如列传》载："相如身自着犊鼻裈，与保庸杂作，涤器于市中。""保庸"，《汉书·司马相如传》作"庸保"。颜师古注："庸，即谓赁作者。保，谓庸之可信任者也。"④庸保，即受雇充任杂役的人，保（葆）相比庸更可信任。然而，关于西北汉简中所记"葆"的理解，学界争议极大，至今仍未有定论。

　　早期研究对于"葆"的解释大致可分为如下七种：一，保举、保释，这是陈直先生前期的观点；⑤　二，保护区，鲁惟一先生认为，"葆"是地

―――――――

　　①　"佗"，原释作"他"，据专名统一作"佗"。

　　②　"葆"，核对图版，释文无误，当为"符"之讹误。

　　③　"明"，原释作"朋"，据图版改。

　　④　《史记》卷117《司马相如列传》，中华书局1982年第2版，第3000页；《汉书》卷57上《司马相如传》，中华书局1962年版，第2531页。

　　⑤　陈直：《西汉屯戍研究》，载陈直《两汉经济史料论丛》，陕西人民出版社1958年版，第44页。

理学概念，当即"葆护区"，受杨联陞外、内部人质及"葆宫"研究的影响，①他认为"葆"的观念与汉人对人质的习惯做法有关，作为过渡地带的"葆"既保护汉人官吏、士卒，又安置外族人质；② 三，庸保之"保"，裘锡圭先生根据一则新出居延简，首次断定"葆"是一种身份，是为他人所"葆"的一种人，应该读为庸保之"保"，解释为吏所收养保护的人；③ 四，葆（保）质，张政烺先生利用《墨子》《三国志》及居延汉简，对睡虎地秦简中的"葆子"展开了研究，他认为"葆子""葆"都是国家保护的人，即传世文献中记载的"葆（保）质"；④ 五，保宫之省称，陈直先生后来对"葆"的理解有所改变，他认为"葆"为保宫之省称，知汉代戍所吏卒，亦用质保制度，而非指庸保之事；⑤ 六，出入关担保，李均明先生注意到与"葆"有关的人员是流动的，他认为"葆"不可能是在押人质，而是担保、保证，指出入关担保而言；⑥ 七，具有依附身份的自由民，吴礽骧先生认为，马圈湾汉简中的"私从者"与"葆"当为同一身份，即具有依附身份的自由民。⑦ 其中，第三、四、七种意见明确指出"葆"是一种身份。

先行研究之所以对"葆"存在不同的理解，主要在于汉简所记之"葆"存在多种用法。例如，西北汉简中常见"葆塞""葆（塞）天田"：

---

① ［美］杨联陞：《中国历史上的人质》，彭刚、程钢译，载杨联陞《中国制度史研究》，江苏人民出版社 1998 年版，第 39—51 页。

② Michael Loewe, *Records of Han Administration*, Cambridge University Press, 1967.

③ 裘锡圭：《新发现的居延汉简的几个问题》，《中国史研究》1979 年第 4 期，收入《裘锡圭学术文集·简牍帛书卷》，复旦大学出版社 2012 年版，第 34—36 页。

④ 张政烺：《秦律"葆子"释义》，载中华书局编辑部编《文史》第 9 辑，中华书局 1980 年版，收入《张政烺文集·文史丛考》，中华书局 2012 年版，第 45—52 页。

⑤ 陈直：《西汉屯戍研究》，载陈直《两汉经济史料论丛》，陕西人民出版社 1980 年版，第 41 页；陈直：《居延汉简综论·葆宫与直符制度》，载陈直《居延汉简研究》，天津古籍出版社 1986 年版，第 59—60 页。

⑥ 李均明：《汉代屯戍遗简"葆"解》，载中华书局编辑部编《文史》第 38 辑，中华书局 1994 年版，第 54 页。

⑦ 《敦煌马圈湾汉代烽燧遗址发掘报告》，载甘肃省文物考古研究所编《敦煌汉简》，中华书局 1991 年版，第 87 页。

40. 其一人葆塞（2000ES9SF4：10）①

41. 赍候长候史治名、葆塞延衮道里（175. 19B）②

42. □十五步，凡葆天田四里八十七步半步□（E. P. T51：532）③

43. □葆塞天田延衮三里七十□□（99ES17SH1：12）

44. ●葆天田四里百五十步（2000ES9SF4：47）

"葆塞"，即保塞，居边守塞。"葆塞"之"葆"虽然与身份性名词"葆"无关，但影响了第二、五种意见的理解。④

随着居延新简、敦煌汉简、肩水金关汉简等的陆续公布，记录"葆"的人名简日益增多，学界越来越肯定"葆"是汉代西北边塞一种常见的身份。只是，对于"葆"之具体身份，究竟是上述意见中的哪一种，则仍然存在分歧。

王爱清、贾丽英先生在第三、七种解释的基础上做了进一步的阐释。王先生认为，汉代出入关塞简中"葆"的身份不是秦代"葆子"的延续，他们虽然与"庸"身份相近，但还是有所区别，"葆"是一个身份受到较强限制的依附阶层。⑤贾先生认为，"葆"为雇佣劳动者，与"庸"不同的是，这种雇佣关系带有长期性，"葆"多从事杂务劳作，带有私人随从性质。⑥

薛英群、何双全、李永良先生倾向于第四种意见，他们认为，居延新简"吏所葆"之"葆"指当时生活在居延、肩水地区并受官府保护或质押相保的一种有特殊身份的人。⑦

---

① 释文参见孙家洲主编《额济纳汉简释文校本》，文物出版社 2007 年版，下同。

② 释文参见谢桂华、李均明、朱国炤《居延汉简释文合校》，下同。

③ 释文参见甘肃省文物考古研究所等编《居延新简》，文物出版社 1990 年版。

④ 还有学者具体就"葆部""葆宫"进行了论证，如林永强《汉代"葆部"的社会治安功能考论》，《青海民族研究》2009 年第 1 期；林永强《"葆塞蛮夷"相关问题考论——以"葆为行政机构说"等问题的探讨为中心》，《西北民族大学学报》（哲学社会科学版）2009 年第 1 期；李欣《汉简所见"葆"宫考释》，载梁安和、徐卫民主编《秦汉研究》第 4 辑，陕西人民出版社 2010 年版，第 255—259 页。

⑤ 王爱清：《汉代"葆"身份补正》，《南都学坛》2007 年第 6 期。

⑥ 贾丽英：《西北汉简"葆"及其身份释论》，《鲁东大学学报》（哲学社会科学版）2014年第 5 期。

⑦ 薛英群、何双全、李永良注：《居延新简释粹》，兰州大学出版社 1988 年版，第 71—72 页。

　　马智全先生受第六种意见的影响，将"葆"视为一种为通关而进行的担保以及由此产生的身份特征。① 沈刚先生同样认为"葆"为担保之意；同时，受第七种意见的启发，沈先生进而指出，"葆"和"私从者"皆标示汉代在边塞地区为出入关隘或其他目的而对相关人员确定连带责任的身份名词。②

　　毫无疑问，同一历史时期官文书中的身份名词必然是指代明确的用词，汉简中"葆"的身份也应如此。肩水金关汉简出入关人名简中记录的"葆"，以及罢卒名籍中"庸"身份的确认，为"葆"之身份具体内涵的确定提供了新材料、新参照。

三　出入关名籍中所见的"葆""庸"及其身份之别

　　随着肩水金关汉简的陆续刊布，越来越多的出入关人名简中记录了"葆"。值得一提的是，《居延汉简》中所记"葆"的人名简如 15.5、51.5、62.26、62.43、119.67、334.29 等亦出土于金关。③ 可以说，西北汉简中所记"葆"之身份主要存在于出入关人名简中，这是我们在分析"葆"身份时需要注意的地方。

　　与罢卒名籍性质相同的出入关名籍中，有一些格式与简 7－10 大致相同的人名简记录了"葆"，如：

　　45. ▢成汉里公乘章严年十九·葆姑臧休神里任昌年卅五、字幼▢（73EJT2：10A）

　　46. ▢里公乘孙宣年七十　葆鰥得当富里公乘任赏年卅

轺车二
　　　▢（73EJT24：374）
用马三

---

　　① 马智全：《肩水金关汉简中的"葆"探论》，《西北师大学报》（社会科学版）2013 年第1 期。

　　② 沈刚：《西北汉简中的"葆"》，载卜宪群、杨振红主编《简帛研究二〇一一》，广西师范大学出版社 2013 年版，第 124—133 页。

　　③ 参见谢桂华、李均明、朱国炤《居延汉简释文合校》附《原简编号、出土地点、图版页码一览表》，第 679—838 页。

47. 居延延掾卫丰年册

葆居延平明里刘弘年十九

辂车一乘，用马一匹，骝，牡，齿五岁，高五尺八寸

十月癸未北啬

夫丰出 (73EJT37：1584)

48. ☐年廿五　　　葆西乡成汉里公乘张望年卅　　车三两

葆同县敬老里公乘侯歆年五十　　牛☐头

(73EJT37：69)

简45—48记录"葆"的位置，与简7—10记录"庸"的位置基本相同。不过，与"庸"（不与雇主在一起）不同的是，"葆"常随从其主家出入关。这在肩水金关汉简中有诸多例证：

49. 永光二年五月辛卯朔己未，都乡啬夫禹敢言之：始乐里女子惠青辟自言："为家私使之居延，与小奴同、葆同县里公乘徐毋方偕"。谨案：青辟、毋方更赋给，毋官狱事。当得取传，敢言之。五月己未，删丹长贺、守丞禁移过所写移，毋苛留止如律令/兼掾嘉、令史广汉。(73EJT33：40A)

50. ☐凤四年四月辛丑朔甲寅，南乡啬夫☐敢言之：☐石里女子苏夫自言："夫延寿为肩水仓丞，愿以令取☐☐ 过 所 ①，☐☐☐与子男☐、葆延寿里段延年☐☐所占用马一匹，辂车一乘。"·谨案户籍在乡，☐夫☐延年皆毋官狱征事。当以令取传，敢言之……移过所如律令　/佐定 (73EJT23：772A)

51. 地节二年八月辛卯朔壬辰，西乡有秩安敢告尉史：温夕阿里上造桃禹与葆同里龚县自言："取传为家私市张掖郡中"。案毋官狱征事。当为传谒移过所县邑侯国，以律令从事，敢告尉史。/有秩安。八月壬辰尉史弘敢言之。(73EJT25：7A)

52. ☑☐寅朔己酉，都乡啬夫武敢言之：龙起里房则自言："愿以令取传，为居延仓令史徐谭葆，俱迎钱上河农。"·谨案户籍臧乡

① "过 所"，原释作"居延"，据红外图版改。

者，则爵上造，年廿岁，毋它官狱征事。当得以令取传，与谭俱谒移过所县道河津关，毋苛留止如律令，敢言之。九月庚戌，居延令强、守丞宫写移过所如律令。/兼掾临、守令史襄。（73EJT37：1491）

53. 万岁里公乘藉忠年卌八，为姑臧尉徐严葆，与严俱之官。正月庚午入。╯（73EJT6：52）

54. 居摄二年三月甲申朔癸卯，居延库守丞仁移卅井县索、肩水金关，都尉史曹解掾葆与官大奴杜同俱移簿大守府，名如牒，书到，出入如律令。（73EJT8：51A）

55. 建平元年九月庚寅朔丁未，掾音敢言之：官大奴杜胜自言："与都尉五官掾石博葆俱移簿大守府。"愿已令取传谒移过所县道河津关，毋苛留如律令，敢言之。（73EJT37：780）

56. 建平元年十二月己未朔辛酉，橐他塞尉立移肩水金关，候长宋敞自言："与葆之觻得，"名县里年姓如牒，书到，出入如律令。（73EJT37：1061A）

57. 鸿嘉四年二月丁卯朔辛未，肩水守候长谓关啬夫，吏督蓬史张卿、葆从者名县爵里年姓各如牒，书到，出入如律令。（73EJC：2A）

58. ▨鸿嘉五年吏妻子及葆出入关名籍（73EJT21：35A）
　　▨鸿嘉五年五月吏妻子出入关及葆名籍（73EJT21：35B）

简49—52记录了吏民因公、私之事，取传谒移过所，"葆"与吏民同行。简53—59记录了官吏之葆与官吏、官大奴在各地各部门的迁移。简58是吏及其妻、子、葆出入关名籍的签牌。主家还经常差遣葆去办理公、私事宜，如：

59. 永光三年十一月壬午朔丁未，酒泉北部千人禹移过所河津关，遣葆平陵宜利里韩则年卅五、杜陵华阳里公乘吕义年廿九，乘轺车一乘、牡马一匹之居延收责，毋苛留如律令。（73EJT37：525）

60. 永光五年正月乙巳朔壬申，肩水城尉奉世行☑成宣等自言，遣葆□□之官，如牒，书到，出入如☑（73EJT3：109）

61. 建平元年四月癸亥朔□□□□☑水守城尉赏移肩水金关、居延

县索关，史①自言："遣所葆为家私使居延，"名县☐里年姓如牒书，出入如律令。（73EJT37：640A＋707A）

62. ☐朔乙卯，肩水城尉毕移肩水金关，千人令史李忠等自言：遣葆（73EJF2：45A）

63. 建始四年十一月癸卯朔癸丑，广地候仁移肩水金关，遣葆为家私市酒泉郡中，书到，出入如律令，皆十二月癸未出。（73EJD：43A）

从这些简例来看，"葆"与其本主的关系紧密，常随从出入，又常为吏民所任使、差遣。

出入关名籍中，"葆"与"庸"身份的区别主要体现在与雇主的关系上。"葆"常随从主家，供其驱使；而"庸"代替雇主服役，雇主出钱而不必亲自戍边。"庸"与"葆"身份的这种差异，在出入关名籍记录的格式、内容上也有所反映。

从格式来看，由于庸所替代的戍卒，实际上并未戍边，为了方便管理"取庸代役"，戍卒及其庸的籍贯、爵位、人名、年纪一般都会在同一枚简上完整记录（如简7—9），从而明确庸与戍卒的对应关系。当"庸"携家人赴役时，在出入关名籍中，不仅要记录庸，也要记录应役者，如：

64. 闻憙邑高里傅定　　男弟二人　　☐☐☐☐☐
　　庸同县鱼庐里郅羌　弟妇二人　　同里传孙☐任　☐
　　　　　　　　　　　☐八　　　　同里传☐☐　　☐
　　　　　　　　　　　　　　　　　同里阎☐任　　☐（73EJT24：321）

应役者"闻憙邑高里傅定"与"庸同县鱼庐里郅羌"并列大书，且无主次之分。傅定并不赴役，郅羌为主要责任人。

---

① "史"，原释作"吏"，据图版改。

而葆与主家在一起居处在当地，吏民及其葆的关系是比较明确的。因此，当"葆"单独外出时，其主家可以简记，甚至不记，或写在不同的简上，如：

65. 居 延①丞葆同里大夫王威年廿七岁，黑色☑（73EJT10：245）

66. 肩水都尉属令狐赏葆屋兰大昌里孙圣年廿八，长七尺五寸，黑色（73EJT14：3）

67. 居延令史薛宣　葆居延当遂里男子张武　十月☑（73EJT37：32）
辂车一乘，马一匹

68. 居延守令史董并　葆居延始至里男子徐严　十月壬午北啬夫丰出（73EJT37：1588）
辂车一乘，马一匹

69. 居延都尉书佐陈严丿　葆鞮汙里徐襃年囗　（73EJT37：837）
辂车一乘，马一匹，駹☑

70. 都仓置佐程谭　葆屋兰大昌里赵勤年卌八　十二月癸亥北啬夫丰出，已入（73EJT37：129）

71. 广利隧长鲁武葆　鬶得当富里成彭年卌三　大车一两（73EJF3：373）
用牛二头

72. 广利隧长鲁武葆　鬶得悉意里丁业年六十丿（73EJF3：376）

73. 五凤四年六月戊申　亭长阎得葆昭武破胡里公
橐他故驳亭长符　葆鬶得承明里大夫王贤年十五囗☑
葆昭武破胡里大女秋年十八岁（73EJT37：1376）

---

① "居 延"，原阙释，据图版补。

74. 觻得始乐里公大夫封贤年五十长七尺二寸黑色　十月壬辰出
为平利里侯毕成葆　十月庚子入（73EJT37：745）

75. 广地　士吏护葆觻得都里公乘张徙年卅五岁　（73EJT37：759）
长七尺五寸黑色

76. 广地　毋患隧长安世葆居延中宿里公乘徐孺　（73EJT37：1057A）
年七十岁，长七尺一寸黑色

77. 充汉葆屋兰千秋里苏仁年十五☐（73EJT37：225）

78. 安葆同里公乘冯未央年十九　长七尺二寸黑色　丿　卩（73EJT37：802）

79. 千秋葆京兆新丰西宫里官大夫被长寿年廿一，长七尺三寸，
黑色　六月乙亥出　丿（73EJT37：1002）

80. 充保魏郡阴安仓正里士五张武年卅☐☐☐（73EJT37：1394）

81. 葆淮阳国阳夏北阳里公乘张不武年廿三，长七尺二寸，黑色
☐（73EJT10：118A）

82. 葆觻得安国里大夫韩禹年廿　☐（73EJT10：288）

83. 葆河内曲阳里孙明年七十，长七尺五寸　☐（73EJT23：867）

84. 葆觻得富里陈圣公乘年卅六　☐（73EJT26：133）

85. 葆茂陵万延里陈广汉年卅二，长七尺六寸　☐（73EJT37：669）

86. 葆扶风槐里东回里李可年卅（73EJT37：741）

87. 葆东郡茌平邑始里公乘吕寿王年廿，长六尺七寸　☐☐（73EJT37：844）

88. 葆梁乐成里蔡临年廿丿☐（73EJT37：1566）

89. 葆同县长息里上造张恽年卅，长七尺寸，黑色（73EJF3：137）

即使"葆"与主人连记，也有主次之分，一般记载在主人之后（参简
65—80）。

另外，因为取庸代役必须符合兵役制的规定，"庸"的年龄一般不能
小于傅籍年龄，也不能大于皖老的年龄（迄今所见西北汉简中尚未发现
反例）。而"葆"多为私人之间的雇请关系，国家并未对葆的年龄有所限

制，雇主只需从劳役强度来考虑雇请劳力的大小。① 因此，在汉简中，我们既能见到傅籍年龄乃至十五岁以下、免老年龄以上的"葆"，又能见到女性为"葆"（简73），如：

90. 葆鸾鸟息众里上造颜收年十二，长六尺，黑色——皆六月丁巳出　不（15.5）

91. 置佐孙宏葆　　奉明故广里公乘王尚年三十五　　□☑②
　　　　　　　　从者鑶得富昌里公士张悍年十二

（73EJF3：511＋306＋291）

92. 保河内曲阳里孙明年七十，长七尺五寸　　☑（73EJT23：867）

93. 广地　　毋患隧长安世葆，居延中宿里公乘徐孺
　　　　　　年七十岁，长七尺一寸，黑色　　　　（73EJT37：1057A）

从上述简例来看，西北汉简出入关名籍中所记录的"庸""葆"身份存在明显的差异。"庸"为代役之人，代替戍卒前往戍边，其雇主则留在本籍。"葆"为本主的随从，供其任使、差遣，与其主家的关系紧密。

四　葆"私使"与葆"家属"

与上述单记"葆"身份的简例不同，肩水金关汉简中还有"葆从者"与"葆作者"的记录，如：

94. 橐他守尉延陵循　葆从者居延☑西道里贾良年十四　三月戊辰南啬夫丰入（73EJT37：135＋73EJT37：133）

---

① 肩水金关汉简中有这样一枚简："☑□之弟为葆也少，须我报候及令史福具言，候、福曰，得即封☑"（73EJT23：978），简文的意思大致是，某人的弟弟年少，是否可以为葆，须报请候及令史福，征求他们的同意。

② "奉明"，原释作"幸朋"，据黄浩波意见改。参见黄浩波《〈肩水金关汉简（伍）〉释地五则》，载陈伟主编《简帛》第15辑，上海古籍出版社2017年版，第181—183页。

95. 置佐孙宏葆 　奉明故广里公乘王尚年三十五
　　　　　　 从者轢得富昌里公士张恽年十二　　□□

(773EJF3：511＋306＋291)

96. □张掖城司马印　葆从者龙起里赵彭年二十　十月二十五日
南嗇夫昌内　□ (73EJF3：109)

97. 前遂大夫史鲁阳尚里庞道葆

　　　　　　　　从者尚里王伟年三十　　八月丁未北嗇夫昌出
乐官丞印　　轺车一乘，用马一匹，骝，牝，齿五岁，高六尺

(73EJF3：344)

98. 鸿嘉四年二月丁卯朔辛未，肩水守候长谓关嗇夫，吏督蓬史张
卿、葆从者名县爵里年姓各如牒，书到，出入如律令。(73EJC：2A)

99. 轢得宜安里不更郝尊年卅　　　葆作者同县乐就里公
　　　　　　　　　　　　　　 车二两，牛四头　　□

(73EJT37：1036)

100. □已出　葆作者步利里李就年卅字子威　已出 (73EJT37：1192)

101. 并山隧长毛诩葆　作者轢得广穿里公乘庄循年卅 (73EJF3：95)

同"庸""葆"身份一样，"从者""私从者""作者"也是西北汉简中常
见的身份，其人名简记录的格式亦大致相同，如：

102. 橐候长李定昌私从者□□□ (73EJT24：896A)

103. 安世从者始至里公大夫张延年年十五，长六尺□ (73EJT30：
185)

104. 从者居延广地里史昌年十一　□ (73EJT10：263)

105. 肩水广地候长李胜之与金关　　从者绥弥县常利里胜延年
　　为出入符，牛车二两，符第百　　从者绥弥县敬老里苗强
　　(73EJT26：27)

106. 隗卿致以十二月庚寅入
　　　子使女□□年十四　刘莫且年廿五
　　　子使男谊年八　从者卫庆年廿四
　　　子使女圣年四　凡六人 (73EJT37：532)

107. 从者天水安世里下造张崇年三十丿 （73EJF3：354）

108. 从者大奴王安世年十六 （73EJC：608）

109. 广地候平陵获福里五大夫任晏年卌四　诣府　从者☒ （73EJC：652）

110. 昭武高昌里张寿廿三丿　车二两，牛三　正月丁丑出　作者犪得定安里庞宣年廿　皆二月甲午入　～ （73EJT37：952）

111. 雒阳宜岁里张放年三十五字高　狱丞印　作者乐得广昌里韩况☒　牛车一两，用牛二头　☒ （73EJT24：248）

112. 犪得豪上里公士贾武年五十五 不入　子男放年十五不入　作者同里公乘朱音年廿八　十月壬子入 （73EJT37：1585A）
丞印 （73EJT37：1585B）

113. 河南阳武乐成里纪岑年三十八　乐得　丞印　作者酒泉平牛里任匡年二十　十一月壬戌北啬夫出　十二月三日南　大车一两，用牛二头，黑劳，犗，八岁。其一黄，齿十一　卩 （73EJF3：178A）

114. 错田表是常安善居里李钦年三十　表是宰之印　作者乐得广昌里张钦年三十　大车一两　用牛二头　十二月庚子入 （73EJF1：30＋28）

115. 傲人填戎乐里下造王尚年三十三丿　作者同县下造杜歆年二十丿　大车一两　丿用牛二头丿 （73EJF3：139）

116. 茂县敬老里唐悻年十八　作者同县里王同年二十一　大车一两　用牛二头　二月甲申南啬夫诩入 （73EJF3：370）

"从者"顾名思义即随从人员或仆从。不过，通关文书记录的"从者"身份不至于如此宽泛，而应当是指代比较具体的一类人。学界过去对西北汉简中的"从者"身份有所讨论。例如，吴礽襄先生认为，"私从者"与"葆"当为同一身份，即具有依附身份的自由民。① 沈刚先生认为，从边塞管理角度，"私从者"和"葆"一样，皆表示汉代边塞地区对出入关隘或其他目的而对相关人员确定连带责任的身份名词。二者可以理解为两种不同形式的被担保人。"葆"的身份与"私从者"的身份相对比，私从者更偏重于奴婢这些私有属性，葆虽然也有妻、婢这类私有关系，但更多的被葆者看不出和葆者之间关系，显示出它更偏重公的一面。② 侯宗辉先生则认为："从者"是吏士等私人所雇佣的随从；多以青少年为主，是国家的编户民；以协助雇主完成公私事务为职事。在边塞屯守系统中，"从者"被视为戍吏的家属成员，由政府统一配给廪食。③

以"奴婢"为仆从，是秦汉时期常见的现象，如《史记·刺客列传》中"从者以告其主，曰：'彼庸乃知音，窃言是非。'"④ 然而，在西北汉简通关文书中，尚未见明确以"奴婢"为从者的简例。⑤ 同时，"葆""从者"连用也促使我们从另外的角度来理解"从者"的具体身份。笔者注意到，肩水金关汉简中，官吏通过关津使用传舍时，其"从者"应"如律令"：

117. 元延元年九月乙丑朔丙戌，肩水千人宗移过所，遣从史赵放为私市居延，当舍传舍，从者如律令（73EJT37：528）

118. 元延二年正月癸亥朔丙子，居延珍北候邑移过所县道河津关，遣尉史李凤市席杯器䍥得，当舍传舍，从者如律令。/掾临、令

---

① 甘肃省文物考古研究所编：《敦煌汉简·敦煌马圈湾汉代烽燧遗址发掘报告》，第87页。
② 沈刚：《西北汉简中的"葆"》，载卜宪群、杨振红主编《简帛研究二〇一一》，第130页。
③ 侯宗辉：《肩水金关汉简所见"从者"探析》，《敦煌研究》2014年第2期。
④ 《史记》卷86《刺客列传》，第2537页。
⑤ 《敦煌马圈湾汉代烽燧遗址发掘报告》据"大奴莘"（简T6：66）与"中舍舍从者吉，即莘"（T6：68）、"私属吉"（T5：291）的同名关系，认为"从者"中，至少有一部分为奴婢。甘肃省文物考古研究所编：《敦煌汉简》，第87页。"大奴莘"与"中舍舍从者吉，即莘""私属吉"虽然同名，但是否为同一人，则存有疑问。目前，尚不能确定通关人名简记录的"从者"的身份含有奴婢。

史丰　正月廿二日入（73EJT37：778）

119. 建平三年八月己卯朔乙巳，居延城仓长护移过所县道津关，遣从史周武归武威取衣用，当舍传舍，从者如律令。啬夫长、佐□（73EJT37：749A）

120. 建始二年闰月己丑朔丙辰，犁阳守丞望移过所，遣都乡佐阳成武为郡送戍卒张掖郡居延，县邑侯国门亭河津毋苛留，当舍传舍，从者如律令。／守令史常（73EJF3：181）

按睡虎地秦简及张家山汉简《传食律》：

> 御史卒人使者，食䄷米半斗，酱驷（四）分升一，采（菜）羹，给之韭葱。其有爵者，自官士大夫以上，爵食之。使者之从者，食糒（粝）米半斗；仆，少半斗。（睡虎地秦简《秦律十八种·传食律》）[1]

> 丞相、御史及诸二千石官使人，若遣吏、新为官及属尉、佐以上征若迁徙者，及军吏、县道有尤急言变事，皆得为传食。车大夫粺米半斗，参食，从者糲米，皆给草具。车大夫酱四分升一，盐及从者人各廿二分升一。食马如律，禾之比乘传者马。使者非有事，其县道界中也，皆毋过再食。其有事焉，留过十日者，禀米令自炊。以诏使及乘置传，不用此律。县各署食尽日，前县以谁（推）续食。食从者，二千石毋过十人，千石到六百石毋过五人，五百石以下到二百石毋过二人，二百石以下一人。使非吏，食从者，卿以上比千石，五大夫以下到官大夫比五百石，大夫以下比二百石；吏皆以实从者食之。诸吏乘车以上及宦皇帝者，归休若罢官而有传者，县舍食人、马如令。（张家山汉简《二年律令·传食律》）[2]

秦汉《传食律》对官吏"从者"使用传舍时享用食物种类、数量，以及不同爵秩等级官吏的"从者"人数都有明确的规定。西北汉简中常见的

---

① 睡虎地秦墓竹简整理小组：《睡虎地秦墓竹简》，文物出版社1990年版，第60页。

② 张家山二四七号汉墓竹简整理小组：《张家山汉墓竹简〔二四七号墓〕（释文修订本）》，文物出版社2006年版，第40页。

"当舍传舍，从者如律令"，即要求"从者"遵守汉代传食等律令的相关规定。这类"从者"是制度上规定的官吏随从人员。

由此看来，秦汉时期，官吏因公出差时跟随的"从者"，在法律、制度上有相关的规定。这类"从者"或由官府配给，或由官吏雇请（当即"私从者"）。而吏民平时因私外出的"从者"，或为奴仆，或者为庸保，或为家属，即一般意义上的私人随从人员。这类私人随从的身份又可以用"奴婢""葆""家属"身份来替代。因此，在不少简例中，"从者"与"奴""葆""家属"并见，如：

121. 曹子元　　凡八人二月乙亥入

段中宗

崔子玉　　居延令印

夫人一

从者三人

奴一人　　二月乙亥曹子元以来☒ （73EJT34：1B）

122. □□□□郡中，当舍传舍、从者如律令·葆三泉里上造同为□☒ （73EJT24：180）

123. 卒史兴妻大女桂、从者同里王得愿俱往遗衣用，乘所占用马一匹。·谨案延寿等毋官狱征事，当得取传，里父老更生等皆任。延寿等谒言延移过所县邑门亭河津马界关，毋苛留止，如律令，敢言之。（73EJC：529A）

　　　　　　　　　　子使女□□年十四

124. 隗卿致以十二月庚寅入　　子使男谊年八

　　　　　　　　　　子使女圣年四

刘莫且年廿五

从者卫庆年廿四

凡六人 （73EJT37：532）

据此，笔者认为，西北汉简通关文书人名简记录的"从者"（狭义），既不是"奴婢"一类的仆从，也不是"家属"随从，而是法律、制度上规定的，按官吏爵秩级别、职事需要进行配额的随从人员。在官方配备"从者"之外，还有雇佣而来的"（私）从者"（简102）。雇请的"从者"即"葆从者"。体现在简122中，"从者"与"葆"并见，指代的对象当相同，但"从者"是从传食律令而言的，"葆"则是从雇佣关系而言的。

同理，"作者"也不应宽泛地理解为劳作者。笔者注意到，简111—114还记录了"狱丞印""丞印""乐得丞印""表是宰之印"。这说明，这些通关的人员事前得到了"狱丞""丞""乐得丞""表是宰"等官吏的许可。其中，简111所记的"狱丞"尤为特殊。笔者认为，"张放""韩况"外出之所以要得到"狱丞"的许可，可能是因为韩况的"作者"身份。由此看来，韩况应当不是一般的劳作者，而可能是与监狱有关的劳作者。受处罚而劳作者，秦汉以来有多种身份，例如"徒作""居作""罚作""复作"等，不过，从简112来看，作者朱音有民爵"公乘"，表明他并非罪徒，而是编户民。由此看来，西北汉简中记录的"作者"有可能是"复作"，即通过国家赦免，免去刑徒身份，只需为官府劳作的一类人。① 简99—101记录的"葆作者"，即雇请的"作者"。这里的"作者"可能是受官府限制的"复作"身份，而"葆"则反映了作者与主家的雇请关系。

另外，还有比较特殊的"葆家属"，其简例如下：

后起隧长逢尊、妻居延广地里逢廉年卅五

125. 广地　　子小女君曼年十一岁　　　　大车一两

葆辇居延龙起里王都年廿二　　用马二匹

用牛二　（73EJT6：

41A）

126. 觻得广穷里公乘虞良年卅

葆兄子嘉年十五　　三月辛未北啬夫丰出

方箱车一，乘马一匹，骓，牝，齿十岁，高六尺二寸

---

① 关于"徒作""居作""罚作""复作"等身份，请参见张建国《汉代的罚作、复作与弛刑》，《中外法学》2006年第5期。

（73EJT30：20）

127. 平乐隧长毛武　葆子男鰈得敬老里公乘毛良年廿三丿　出入
三月癸丑北出　（73EJT37：83）
三月癸酉南入

128. 建平四年正月家属符出入尽十二月　男□年二
葆弟昭武宜春里辛昌年廿四岁

（73EJT37：177）

129. 驳马亭长封并　葆孙昭武久长里小男封明年八岁丿三月甲子入
明弟乃始年四　（73EJT37：787）
葆妻鰈得长寿里赵吴年廿七

130. 橐他野马隧长赵何　子小女佳年十三
子小男章年十一　（73EJT37：846）

131. 橐他隧长吾惠葆　妻屋兰宜春里大女吾阿年卅　□　☑
阿父昭武万岁里大男胡良年六十九

（73EJT37：1463）

132. 要害隧长张顺保　妻请年卅五　牛车一两　（73EJF3：89）
用牛三头

133. 右大尉书吏耿昌葆　妻昭武久长里耿经年二十　八月十六
日北嗇夫博出　（73EJF3：245＋479）

134. 葆子男鞮汗里上造郑并年十三　☑（73EJF3：255）

135. 广利隧长鲁武葆　从弟昭武便处里鲁丰年卅丿　☑（73EJF3：278）

136. ·右大尉属韩况葆　母廉年三十五丿普弟玄年十二丿用牛二　昭武便处里公乘韩放年五十丿大车一两　二月一日卒李
头　牛二入丿谭入
况弟普年十五丿羊二入丿（73EJF3：326）

一些吏民的母亲、妻子、子女、孙子、（从）兄弟、岳父、女婿等亲属也称为"葆"，尤其是边地吏家属称"葆"最为常见，肩水金关汉简中有相关的文书简，如：

137.☐辰朔癸巳，广地候钦移居延卅井县索、肩水金关部吏所葆家属为……（73EJT23：15A）

这些"家属葆"随从吏民前往边地或出入边关，与保质、担保的关系不大。

在有的通关文书中明确将"葆"区分为"葆家属"与"葆私使"两类人，如：

138.始建国元年二月癸卯朔乙巳，橐他守候孝移肩水金关、居延卅井县索关吏所葆家属、私使名县爵里年始〈如〉牒，书到，出入尽十二月，令史顺。（73EJF3：117A）

139.☐建国元年正月癸酉朔戊寅，橐他守候孝移肩水金关、居延卅井县索关吏葆家属、私☐县爵里年姓如牒，书到，出入尽十二月，如律令。（73EJF3：120A）

所谓"吏所葆家属、私使名县爵里年如牒"，即吏所保（葆）养的家属、私使者出入县邑关津时，需要将其姓名、籍贯、爵位、年龄条列为牒书送达。"所"为指示代词，与动词"葆"连用，组成一个名词性的词组"所葆"，"所"指代的对象为"葆"后之"家属""私使"。"吏所葆家属、私使"可以简省为"所葆"，如：

140.始建国三年五月庚寅朔壬辰，肩水守城尉萌移肩水金关吏所葆名如牒，书到，出入如律令。（73EJF3：155A）

141.……井县索关吏所葆名县爵里年姓名如牒，书到，出入如律令。（73EJF3：322A）

142.始建国二年八月甲午朔丙辰，肩水库有秩良以小官印行☐城尉文书事，移肩水金关、居延三十井县索关吏所葆名县☐（73EJF3：327）

143.津关吏所葆名县爵里年姓如牒，书到，出入如律令。（73EJF3：341A）

144.建武三年五月丙戌朔壬子，都乡啬夫官敢言之：金城里任安自言："与肩水候长苏长俱之官。"谨案安县里年姓所葆持如牒，毋官狱征事，得以令取传，谒移过所，毋苛留如律令，敢言之。（73EJF1：25）

　　145. 建平元年四月癸亥朔□□□☒水守城尉赏移肩水金关、居延县索关，史自言："遣所葆为家私使居延，"名县☒里年姓如牒书，出入如律令。（73EJT37：640A＋707A）

　　146. ☒□令史成故自言：遣所葆为☒（73EJT37：197）

简145、146所记的"遣所葆为（家私使居延）"之"遣所葆"，在有的简例中，直接记作"遣葆"，如：

　　147. 建始四年十一月癸卯朔癸丑，广地候仁移肩水金关，遣葆为家私市酒泉郡中，书到，出入如律令。皆十二月癸未出。（73EJD：43A）

　　148. 永光三年十一月壬午朔丁未，酒泉北部千人禹移过所河津关，遣葆平陵宜利里韩则年卅五、杜陵华阳里公乘吕义年廿九，乘轺车一乘、牡马一匹之居延收责，毋苛留如律令。（73EJT37：525）

由此看来，通关文书记录的"所葆家属、私使""所葆"实际上就是"葆"。具有"葆"身份的人可以分为两类，一类是家属，另一类是私使。

　　然而，肩水金关汉简签牌、出入符却有意识地将"葆"与"妻、子"有所区分，如简35、36、58。不仅如此，在一些通关文书中，也将"葆"与家庭成员"子男"及户下"奴"分别书写，如简49、50。这主要是因为，亲属关系、户下奴婢与户主的关系是确定的，直接记作"妻、子""奴、婢"等身份，比身份性名词"葆"更为明确。

　　总之，西北汉简所记的身份名词"葆"，主要包括"葆家属"和"葆私使"。按《说文·人部》："保，养也。"① 《广雅·释诂》："养、保、庸，使也。"② "葆家属"反映的是户主与家内成员的养育、抚养关

---

① （东汉）许慎撰，（北宋）徐铉校定：《说文解字》，中华书局1963年版，第161页。

② （清）王念孙：《广雅疏证》卷1下《释诂》，中华书局2004年版，第40页。

系。"葆私使"反映的则是主家与佣工之间的雇请、任使关系。雇主与佣工之间以劳力计酬，由主家供给佣工的生活所需，相当于养人。"葆家属""葆私使"之"葆"并非从保质、担保、依附关系，而是从保养（养育、供养）的角度而言，葆家属与葆私使存在共同性，因而统称为"葆"。由于"葆家属"有特定的亲属称谓，西北汉简中，狭义的"葆"，一般指雇请者，广义的"葆"则还包括家属，只是"葆（家属）"常使用家属称谓。

五　余论

汉代国家行政过程中常见"庸保"以及"借人自代"现象。如汉代的更役制：

《盐铁论·禁耕》："郡中卒践更者，多不勘（堪），责取庸代。"①
《汉书·吴王濞传》："卒践更，辄予平贾。"服虔曰："以当为更卒，出钱三百，谓之过更。自行为卒，谓之践更。吴王欲得民心，为卒者顾其庸，随时月与平贾也。"晋灼曰："谓借人自代为卒者，官为出钱，顾其时庸平贾也。"②

从服虔、晋灼的注解来看，汉代允许更卒"雇其庸""借人自代"。按如淳曰："贫者欲得顾更钱者，次直者出钱顾之，月二千，是谓践更也。"③ 其雇请的对象多为"贫者"。肩水金关汉简以西汉中晚期简牍为主，此时，更役先为一般性劳役，汉昭帝以后则改为更赋，以缴纳更钱取代更役，官府再雇佣他人替代服役。④ 这类雇佣活动需要得到官方的认定。而作为"一岁屯戍"的戍卒，兵役显然更为汉廷所重视，西北边塞汉简中所记的"戍卒"与"庸"，无疑也需要得到官方的认可。在

---

① 王利器校注：《盐铁论校注（定本）》卷1《禁耕》，中华书局1992年版，第68页。
② 《汉书》卷35《吴王濞传》，第1905页。
③ 《汉书》卷7《昭帝纪》注引如淳曰，第229页。
④ ［日］渡边信一郎：「汉代の更卒制度の再検讨——服虔浜口说批判」，载［日］渡边信一郎『中国古代の财政と国家』，汲古书院2010年版。

"代役雇佣的制度化"的发展过程中，① 结合汉简中"庸"与"葆"区别使用的情形来看，官方规定的"借人自代"，其雇请之人的制度性身份称谓为"庸"。

与此同时，我们也注意到，秦汉时期社会生活中也普遍存在"庸保"，"庸"在民间一般的雇佣活动中也在使用。庸保亦多由贫困、脱籍者充当：

> 《汉书·栾布传》："栾布，梁人也。彭越为家人时，尝与布游，穷困，卖庸于齐，为酒家保。"孟康曰："酒家作保。保，庸也。可保信，故谓之保。"师古曰："谓庸作受顾也。为保，谓保可任使。"②
>
> 《潜夫论·赞学》："倪宽卖力于都巷〈养〉，匡衡自鬻于保徒者，身贫也。"③
>
> 《汉书·王子侯表上》："元鼎五年，（胡孰）侯圣嗣，坐知人脱亡名数，以为保，杀人，免。"④
>
> 《汉书·高惠高后文功臣表》："诏令有司求其子孙，咸出庸保之中。"师古曰："庸，〔卖〕功庸也；保，可安信也：皆赁作者也。"⑤
>
> 《汉书·司马相如传》："与庸保杂作。"师古曰："庸即谓赁作者。保谓庸之可信任者也。"⑥

从上述记载和注解来看，庸、保皆因身贫难以自存，故受雇为人劳作。虽然庸、保皆为赁作者，但是，"保谓庸之可信任者"。因"保"可确保守信，又可任使，故与主家的私人关系要紧密一些。史籍中又有"保役"的记载：

---

① 参见石洋《两汉三国时期"佣"群体的历史演变——以民间雇佣为中心》，《中国史研究》2014 年第 3 期。

② 《汉书》卷 37《栾布传》，第 1980 页。

③ （东汉）王符著，（清）汪继培笺，彭铎校正：《潜夫论校正》卷 1《赞学》，中华书局 1985 年版，第 7 页。

④ 《汉书》卷 15《王子侯表》，第 437—438 页。

⑤ 《汉书》卷 16《高惠高后文功臣表》，第 528—529 页。

⑥ 《汉书》卷 57 上《司马相如传上》，第 2531—2532 页。

《后汉书·桓谭传》："今富商大贾，多放钱货，中家子弟，为之保役，趋走与臣仆等勤，收税与封君比入。"李贤注："保役，可保信也。"又引《东观记》曰"中家子为之保役，受计上疏，趋走俯伏，譬若臣仆，坐而分利"也。①

"保役"乃为富商大贾所信任的使役者，在"趋走与臣仆等勤""趋走俯伏，譬若臣仆"的同时，他们还通过参与商业活动，"坐而分利"。从本质上说，他们就是可信任的赁作者"保"。因与主家关系密切，又常受主家的私使，由主家供养，"保"常被视作被收养者。从肩水金关汉简的记录来看，这些佣工、被收养者甚至与户主养育、扶养的家属一起都被称为"葆（保）"。

根据以上分析，传世文献中所记载的汉代国家行政与社会生活中广泛存在的庸保，尤其是那些为主家所信任、使役的赁作者"保"，与汉简中所见的"葆"（狭义）之身份是相同的。与"庸"同时作为官方制度性的规范称谓不同，"葆（保）"所体现的主要是本主与赁作者之间私人保养的关系。具体就肩水金关汉简出入关名籍而言，"庸"是代役制下的身份称谓，体现了公的一面，而"葆"则是随从本主服役的雇请者以及亲属的身份名词，反映了私的属性。

（原刊《出土文献与物质文化——第五届出土文献青年学者论坛论文集》，香港中华书局 2017 年版）

---

① 《后汉书》卷 28 上《桓谭传》，中华书局 1965 年版，第 958—959 页。

汉西安平方位考

汉代辽东郡西安平县的方位，《汉书·地理志下》有明确的记载："马訾水西北入盐难水，西南至西安平入海"。① 马訾水，今鸭绿江；盐难水，今浑江。据此，汉代西安平位于马訾水入海处，今丹东市附近。这还有其他佐证。其一，据《三国志·魏书·高句丽传》记载，汉魏之际，位于辽东、玄菟郡以东的高句丽虽然不断西犯，但并未越过玄菟、辽东，双方主要交战于玄菟、辽东郡东部地区的沸流水、西安平等地，② 位于今浑江、鸭绿江流域。这与汉志所载西安平的地理位置相一致。其二，1961年8月，辽宁省文化厅主办的文物工作干部训练班在丹东进行文物普查时，在叆河与鸭绿江交汇处的三角洲上（今振安区九连城镇上尖村），发现一座古城遗址（尖古城），并清理出不少汉代灰绳纹陶片、瓦片和五铢钱。③ 叆河在该城址的西北往南流，这与《三国志·魏书·高句丽传》中"西安平县北有小水，南流入海"的记载相符合。④ 综合这些证据，将叆河尖古城定为汉西安平县遗址应当是可取的。

然而，1976年10月带有铭文"安平乐未央"的汉瓦当在当地出土后，有学者对史籍中"西安平"的记载产生了怀疑。如曹汛先生认为，

---

① 《汉书》卷28下《地理志下》，中华书局1962年版，第1626页。

② 《三国志》卷30《魏书·高句丽传》，中华书局1982年第2版，第843—846页。毌丘俭讨伐高句骊，详见《三国志》卷28《魏书·毌丘俭传》，第762页。《梁书》卷54《高句骊传》，中华书局1973年版，第802—803页。

③ 曹汛：《叆河尖古城和汉安平瓦当》，《考古》1980年第6期。

④ 《三国志》卷30《魏书·高句丽传》，第844页。

瑷河尖古城是汉安平县，而不是西安平县。安平为汉代东北辽东郡最东一县，冠一西字，无法解释。虽然文献记载中有西安平与安平，但更应该肯定瓦文自铭这一有力的实物证据。尤其是《三国志·吴书·吴主传》引《吴书》作"安平口"，①《通典·边防二·高句丽》作"安平城"，②都可以为县名"安平"提供依据。因此，他怀疑诸史西安平的西字属衍误。③而且1981年出土的大型陶器口沿上刻有"安平城"（现藏丹东市博物馆）似乎进一步对该说提供了佐证。

　　如果瑷河尖古城是汉安平县城所在地，那么，是否另有西安平，又究竟在何处呢？刘国友先生根据《辽史·地理志》的记载，"壕（豪）州，国舅宰相南征，俘掠汉民，居辽东西安平县故地"，④认为辽代豪州古城遗址所在地阜新市彰武县四堡子乡小南洼一带才是汉代西安平故地，⑤这一说法在当地引起了不少争议。⑥然而，据辽志记载，不仅是豪州、上京临潢府、龙化州、兴国军、原州、福州，也在汉西（北）安平县故地（王莽改"西安平"为"北安平"），豪州、原州、福州距上京七八百里，⑦汉代一县辖有如此广袤的地域是难以想象的。辽志的记载当有误。

　　清代李慎儒对《辽史·地理志》做过详细的考证，发现《辽志》"引古舛误者十之五六"。并指出辽志所叙以上诸府、州本汉西（北）安平县地皆误。⑧1949年后，学界综合文献记载和考古发现，大致确定了这些辽

---

　　①　《三国志》卷47《吴书·吴主传》引《吴书》，第1140页。

　　②　《通典》卷186《边防二·高句丽》，中华书局1988年版，第5015页。

　　③　曹汛：《瑷河尖古城和汉安平瓦当》，第566—567页。

　　④　《辽史》卷37《地理志一》，中华书局1974年版，第449页。

　　⑤　刘国友：《西安平考》，《辽宁工程技术大学学报》（社会科学版）2006年第2期。

　　⑥　于晓丹：《是汉代的安平城还是西安平县——九连城瑷河尖古城遗址探究》，《鸭绿江晚报》2012年8月6日第7版；王海、姜晓杰《上尖村汉代古城址就是西安平县旧地》，《鸭绿江晚报》2012年8月22日第6版。两文就汉西安平县方位的不少问题展开了争论，在当地引起热议。

　　⑦　《辽史》卷37《地理志一》，第438、447、449页。

　　⑧　（清）李慎儒：《辽史地理志考》，《二十五史补编》第6册，开明书店1936年版，第8095、8097、8102、8103页。陈汉章亦有相同看法，参见《辽史索隐》，《二十五史三编》第8册，岳麓书社2004年版，第193、197、198页。

代府、州的地理位置。辽上京临潢府城址位于今内蒙古巴林左旗林东镇南，① 龙化州城址即今内蒙古奈曼旗平安地镇孟家段古城，② 豪州城址即今辽宁省彰武县四堡子乡小南洼古城，原州、福州城址即今辽宁省法库县包家屯乡南土城子、三合城古城，③ 这些城址大致位于秦汉辽西、辽东郡的北部地区、长城沿线。

这一带究竟是汉代何县呢？顾祖禹《读史方舆纪要·直隶九》废原州条载，"志云：汉辽东郡新安平县地。契丹始置州，金废"。④ 查中华本辽志原州条，应作"本辽东北安平县地"，⑤ 又新安平汉属辽西郡，顾氏所引不知依据何本。不过，在顾祖禹看来，辽原州并非汉西安平县故地，而是新安平县故地。不仅顾氏这么认为，沈钦韩也指出："晋志有安平，复有西安平，《辽史》龙化州、兴国军本汉北安平县地，当即晋志之安平。然前志辽西郡本有新安平县，或是故新安平"。⑥ 今中华本《晋书·地理志》辽东国下有西安平，而无安平。⑦ 不知沈氏所云晋志两安平有何依据。然而，沈钦韩亦不认可辽志的相关记载，怀疑龙化州、兴国军在汉新安平故地。近年来，有学者认为汉新安平城址即内蒙古奈曼旗土城子镇土城子古城，⑧ 该城址与辽龙化州所在地奈曼旗平安地镇孟家段古城相距不远。可见，顾祖禹、沈钦韩的相关推测有相当的合理性。倘若汉新安平城址所在地判断不误，那么，该县大致位于汉辽西郡北部，可能还与辽东郡北部交界，而学界所推定的辽上京临潢府、龙化州、兴国军、豪州、原州、福州城址就分布在这一区域及其周边不远的地方。由此看来，辽志所

---

① 内蒙古文物考古研究所：《辽上京城址勘查报告》，载内蒙古文物考古研究所编《内蒙古文物考古文集》第 1 辑，中国大百科全书出版社 1994 年版，第 510—536 页。

② 郝维彬：《辽代龙化州调查记》，《内蒙古文物考古》1991 年第 1 期。冯永谦先生认为在库伦旗扣河子镇句子村古城址，参见冯永谦《辽代部分州县今地考》，《北方文物》1994 年第 4 期。

③ 冯永谦：《辽志十六头下州地理考》，载孙进己等主编《中国考古集成东北卷（辽）》，北京出版社 1997 年版，第 21—24 页。

④ （清）顾祖禹：《读史方舆纪要》卷 18《直隶九》，中华书局 2005 年版，第 852 页。

⑤ 《辽史》卷 37《地理志一》，第 449 页。

⑥ （清）沈钦韩：《后汉书疏证》，上海古籍出版社 2006 年版，第 638 页。

⑦ 《晋书》卷 14《地理志》，中华书局 1974 年版，第 427 页。

⑧ 李殿福：《西汉辽西郡水道、郡县治所初探——兼论奈曼沙巴营子古城为西汉文成县》，《辽宁大学学报》（哲学社会科学版）1982 年第 2 期。

载"西（北）安平"或为"新安平"之讹，具有相当的可能性，是一种值得重视的观点。

还有一种观点值得一提。陈永志先生认为，辽志关于龙化州的记载无误。他认为，辽有前、后龙化州，前龙化州在汉西安平县故地，是齐首可汗的故壤，而后龙化州在潢河岸边永州附近，为辽太祖阿保机建元之地。① 诚然，契丹王朝是一个农业社会与游牧社会的复合体，其统治集团始终保持着车马为家的游牧生活方式，因而被称为行朝。正是因为契丹族经常迁徙，变动不居，在其发展壮大的过程中，地方行政建制州县的设置相当随意而混乱，尤其是龙化州、豪州、原州、福州这类具有私城性质的头下军州，至今也说不清究竟存在多少个，② 对于其所在地更是难以考订。这种状态仅凭《辽史·地理志》是难以记载清晰的。正因为如此，对待辽志，一方面，我们应深入发掘辽志记载可以采信的部分，结合辽代地方建制的实际情况，将辽志静态的记载作动态的理解，如前、后龙化州的观点就颇具代表性和启发性；另一方面，则不能轻易以辽志否定前志的相关记载。

既然辽志的相关记载并不能作为否定汉西安平方位的依据，至此，仍存在的疑问就是，"安平"与"西安平"并存，两者为同一地名，还是分指两地，如果为同一地名，又为何在安平之前加"西"字。"安平"是具有吉祥蕴意的地名，据《汉书·地理志》的记载，汉代以"安平"命名的县有：辽东郡西安平县、辽西郡新安平县、涿郡安平（都尉治）、甾川国东安平县、豫章郡安平侯国，东汉顺帝时还改清河郡信乡侯国为安平侯国。③ 同名县的大量存在，无论对于行政运作，还是史书记载，均有颇多不便。为了避免这类麻烦，应对方法主要有二，一种办法是，在同名县之前冠以"东""西""新"等字以示区别。④ 王鸣盛早已注意到这一点，汉代"郡国县邑名同者，则加东、西、南、北、上、下或新字以别之"，⑤ 他还具

① 陈永志：《契丹史若干问题研究》，博士学位论文，内蒙古大学，2004 年。

② 参见刘浦江《辽朝的头下制度与头下军州》，《中国史研究》2000 年第 3 期。

③ 《汉书》卷 28《地理志》，第 1577、1578、1593、1625、1626、1634 页。

④ 参见华林甫《中国历代更改重复地名及其现实意义》，《历史研究》2000 年第 4 期。

⑤ （清）王鸣盛：《十七史商榷》卷 17 "县名相同" 条，上海书店出版社 2005 年版，第 121—122 页。

体对安平同名县进行了解说：

> 前汉《地理志》涿郡属县有安平，辽东郡属县有西安平，甾川国属县有东安平。案辽东地大约在涿郡之北耳，未必在其西，是以王莽改名北安平。而师古于东安平下引阚骃云，博陵有安平，故此加东。博陵安平，即涿郡安平也。盖涿郡安平不言方向，是最在前，余两安平，则以东西分列之。但汉志实无所谓博陵郡，阚骃特借后名以言前事耳。①

根据王氏的说法，汉代涿郡属县已有安平，于是在甾川国、辽东郡属县安平前分别冠以"东"与"西"，以示区别。由于辽东郡大约在涿郡以北，于是王莽改"西安平"为"北安平"。而辽西郡新安平我们也可以理解为因后设而前加"新"字。由此看来，在同名县前加"东""西""新"等字主要体现了各县之间相对地理位置和先后关系。王莽很可能注意到辽西安平在涿郡安平的东北方，名不副实，又因已有东安平，于是改名为北安平。值得留意的是，相对地理位置和先后关系虽然是决定同名县之前加何字的主要因素，但不是唯一因素，如汉涿郡南深泽在中山国深泽东部偏南 25 里，相距极近，按理，称"东深泽"最为合适，而以南深泽为名，可能与该县位于滹沱河南岸有关。② 又如汉常山郡南行唐，汉代未见另以行唐为县名者，之所以加"南"字，可能也与其在㴲水之南有关。同理，"西安平"之所以冠以"西"字，可能是叆河尖古城位于马訾水（今鸭绿江）以西的缘故。另一种办法是，干脆改名，如汉豫章郡安平不久更名为平都；③ 汉广川国东汉明帝更名乐安，安帝延光中，改曰安平，晋武帝太康五年，又改为长乐。④

　　据上述分析，汉西安平之所以前加"西"字，其用意主要在于区分同名县。从东安平县的命名来看，该县六国时以"安平"为名，曾为齐

---

① （清）王鸣盛：《十七史商榷》卷 33 "博陵郡"条，第 236 页。

② （清）赵一清：《水经注释》卷 11《易水》，光绪六年会稽章氏重刊本。

③ 《续汉志》卷 22《郡国四》，《后汉书》，中华书局 1965 年版，第 3489 页。

④ 《宋书》卷 36《州郡志二》，中华书局 1974 年版，第 1098 页。

安平君田单的封邑,① 至汉代则加"东"字,至南朝宋时又回改为"安平"。② 又从出土的两例陶瓦铭文"安平"来看,汉西安平县原来很可能也是以"安平"为名,只是为了避免同名县混淆,才冠以"西"字。正因为如此,文献中"安平"与"东安平"、"安平"与"西安平"皆存在两见的情况。退一步说,即使"西安平"是历来的县名,如前所述没有同名县的"南行唐",在汉晋史籍中,也是"南行唐"与"行唐"两见,《汉书·地理志上》《续汉志·郡国二》和《晋书·地理志》皆作"南行唐",③ 而《三国志·魏书·邢颙传》《晋书·慕容垂载记》等作"行唐",④ 晋以后就直接改称"行唐"了。总之,在同县名之前加"东""西""南"等字,其用意在于以示区分,或表示地理位置,并非衍误,省略这些加字,也是史籍中比较常见的现象。

最后,还值得一提的是瓦当铭文"安平乐未央"。因汉瓦当常见"长乐未央",此瓦当铭文的严整形式应是"西安平长乐未央"。这里不但省略了"西",而且省略了"长"字。如前所论,省略"西"字比较好理解,为何还要省略"长"字呢?这类省写可能与汉代"数用五"有关。贾谊根据五德终始说,以汉为土德,提出"色上黄,数用五,为官名悉更"。⑤ 至汉武帝太初改制时被采纳,"官名更印章以五字"。⑥ 这在汉印中得到了较好的体现,如"鲁相之印章",增加了"之"字,又如"右北太守章",削去了"平"字,⑦ 这都是为了满足印章"数用五"。该瓦当铭文省略"西"和"长"字,可能也是为了适应"数用五"的需要。

(原刊《东北史地》2015 年第 3 期)

---

① 《史记》卷46《齐敬仲完世家》,中华书局 1982 年第 2 版,第 1901 页。

② 《宋书》卷 36《州郡志二》,第 1090 页。

③ 《汉书》卷 28 上《地理志上》,第 1576 页;《续汉志》卷 20《郡国二》,《后汉书》,第 3433 页;《晋书》卷 14《地理志》,第 425 页。

④ 《三国志》卷 12《魏书·邢颙传》,第 383 页;《晋书》卷 123《慕容垂载记》,第 3086 页。

⑤ 《汉书》卷 48《贾谊传》,第 2222 页。

⑥ 《汉书》卷 6《武帝纪》,第 199 页;《史记》卷 28《封禅书》,第 1402 页。

⑦ 孙慰祖主编:《古封泥集成》,上海书店出版社 1994 年版,第 37、118 页。

东汉侍廷里父老僤约束石券人名校订

东汉"侍廷里父老僤约束石券"是研究汉代民间结社"僤"（又称"单""弹"）的性质，以及基层族居形态的核心史料，自刊布以来，引起学界的广泛关注和持续讨论。① 该石券铭文按内容大致可分为文书和人名两部分。其文书部分字迹保存较好，随着研究的持续推进，释文问题基本解决。② 但是，人名部分因若干字迹漫漶，加上以往影印拓片效果不佳，诸家释文存在一些分歧和疑义。

侍廷里父老僤约束石券附刻的姓名，是研究东汉基层族姓分布状态的直接史料，姓名释读准确与否，直接关系到族姓聚居状态的认定。因此，附刻姓名的判定，历来是学界研究该石券过程中特别重视和努力尝试解决

---

① 参见黄士斌《河南偃师县发现汉代买田约束石券》，《文物》1982 年第 12 期；宁可《关于汉侍廷里父老僤买田约束石券》《文物》1982 年第 12 期；俞伟超《中国古代公社组织的考察——论先秦两汉的单—僤—弹》，文物出版社 1988 年版，第 114—127 页；邢义田《汉代的父老、僤与聚族里居——汉侍廷里父老僤买田约束石券读记》，《汉学研究》第 1 卷第 2 期，1983 年；邢义田《汉侍廷里父老僤买田约束石券再议》，《"中央研究院"历史语言研究所集刊》第 61 本第 4 分，1990 年，并修订收入其著《天下一家：皇帝、官僚与社会》，中华书局 2011 年版；高文《汉碑集释》，河南大学出版社 1985 年版，第 11—14 页；［日］永田英正编『汉代石刻集成［图版·释文篇］』，同朋舍 1994 年版，第 24—25 页；张金光《有关东汉侍廷里父老僤的几个问题》，《史学月刊》2003 年第 10 期；林兴龙《东汉〈侍廷里父老僤约束石券〉相关问题研究》，《云南师范大学学报》（哲学社会科学版）2007 年第 4 期；［日］籾山明《汉代结僤习俗考》，赵晶译，载李雪梅主编《法律文化研究·古代法律碑刻专题》第 10 辑，社会科学文献出版社 2017 年版，第 3—25 页。上述论著，本文以"作者＋初刊年份或作者所说明的改释年份"进行标识。

② 文书部分释文的修订与考证，参见邢义田《天下一家：皇帝、官僚与社会》，第 437—440、468—477 页。

的难题之一。得益于清晰的影印拓片的公布,[①] 借助原石照片,[②] 本文尝试着对该石券的姓名释文进行订补。

先将东汉"侍廷里父老僤约束石券"释文试加标点,移写如下(以"/"标示原石行末,以下划线标示订补的姓名):

> 建初二年正月十五日,侍廷里父老僤祭尊/于季、主疏左巨等廿五人,共为约束石券里治中。/乃以永平十五年六月中造起僤,敛钱共有六万/一千五百,买田八十二亩。僤中其有訾次/当给为里父老者,共以容田借与,得收田/上毛物谷实自给,即訾下不中,还田/转与当为父老者,传后子孙以为常。/其有物故,得传后代户者一人。即僤/中皆訾下不中父老,季、巨等共假赁/田,它如约束。单侯、单子阳、尹伯通、锜中都、周平、周兰、/丘屯、周伟、于中山、于中程、于季、于孝卿、于程、于伯先、于孝、/左巨、单力、于稚、锜初卿、左中文、于王思、锜季卿、尹太孙、于伯和、尹中功。/

石券文书提到"侍廷里父老僤祭尊于季、主疏左巨等廿五人,共为约束石券里治中",相应地,附刻的应当是 25 人之姓名。由于倒数第 2 行行首、倒数第 1 行行中以及末尾等处分别有一二字漫漶,且存在一些干扰痕迹,学界对其中 5 人的姓名(下划线标示)存在不同释读和判定,请参见表一。

表一　　　　　　　　　　姓名释读、判定的不同意见

论著 \ 姓名释读	丘屯、周伟	于稚	左中文、于王思	尹中功
(1) 黄士斌 1982	〔父〕〔老〕周伟	于稚	左伯、□□、王思	尹明功
(2) 宁可 1982	〔父?〕〔老?〕周伟	于稚	左中、〔文〕□、王思	尹明功
(3) 高文 1985	〔父?〕〔老?〕周伟	于雅	左中、文□□、王思	尹明功
(4) 俞伟超 1988	□□、周伟	于稚	左中文(?)、于思	尹明功

---

① 比较清晰的影印拓片参见彭作飙《汉〈侍廷里父老僤买田约束石券〉赏读》,《东方艺术》2011 年第 20 期。

② 原石照片由故宫博物院器物部金石组熊长云博士拍摄、提供。

续表

论著 \ 姓名释读	丘屯、周伟	于稚	左中文、于王思	尹中功
（5）邢义田 1992	［父］? ［老］? 周伟	于稚	左中、［文］? □、于思	尹明功
（6）永田英正 1994	□□周伟	于维	左中、文□、王思	尹明功
（7）张金光 2003	□□、周伟	于稚	左□□、于思	尹明功
（8）林兴龙 2007	□□、周伟	于稚	左中孝、尹思	尹明功
（9）彭作飚 2011	□□、周伟	于稚	左中、□□、王思	尹明功
（10）籾山明 2015	父老周伟	于稚	左中、文于、于思	尹中功

关于这 5 个姓名的释读，以往学者之间存在一些分歧，尤其是倒数第 2 行前二字的释读历来存在很大的疑问，并且关涉倒数第 1 行行中姓名的释读和个数的判定。在上述 10 种观点中，有五位学者怀疑此二字为"父老"，视作"周伟"等人的身份（永田英正先生虽然未释，但也将其视作"周伟"之身份），相应地将倒数第 1 行行中的"左……思"释读为 3 个姓名，以满足 25 人之数。另外 4 位学者则认为此二字为人名，于是将"左……思"释读为 2 个姓名。

具体而言，俞伟超、张金光、林兴龙先生将"左……思"释读为 5 个字、2 个人名；其他人则认为是 6 个字、3 个人名，而且姓名的具体释读存在较大的分歧。

另外，关于"于稚""尹中功"的释读，学者之间或多或少存在不同的意见。兹将此五个姓名校订如下。

（1）"丘屯"，原阙释，或释作" 父 老 "（大多存疑）。邢义田先生特别指出：

> 从影本看来，这两字的确不易辨识。从第 10 行"它如约束"以后到第 12 行券末是一连串的人名，为何中间插入"父老"两字，不好解释。父老二字周边其他的字迹都很清楚，唯独此二字漫漶，且此二字之石面较为凹下，我怀疑是误刻而被有意削去。①

---

① 邢义田：《天下一家：皇帝、官僚与社会》，第 438 页。

邢先生的怀疑是有道理的，在人名之间突然插入"父老"身份，非常突兀。不过，从影印拓片和原石照片来看，此二字字迹并无明显缺失，只是存在干扰痕迹影响释读（第一字右上、第二字字左下位置有干扰痕迹，相关字形请参见表二）。笔者认为，此二字应释作"丘屯"，作人名解。

石券人名部分刊刻的"丘屯"，与文书部分四次刊刻的"父老"（这四处"父老"字形一致）相比，字形差异较大。例如，"丘"末笔为横，"屯"并无撇画以及最后的两点，与本券"父老"的写法截然不同。

与此"丘""屯"类似的写法，在东汉石刻资料中常见。例如，《孟孝琚碑》"归于电丘"、《礼器碑》和《孔宙碑》"瑕丘"、《景君碑》"台丘迁字孟坚"、《华山庙碑》"丘虚（墟）"、《衡方碑》"即丘侯相"、《史晨碑》"玄丘制命帝卯行"、《鲁峻碑》"东郡顿丘令"之"丘"；[①] 以及《乙瑛碑》"上党屯留人"、《武荣碑》"屯守玄武"、《鲁峻碑》"陈留诚屯"、《曹全碑》"曹屯"、《沈府君神道东阙》"北屯司马"之"屯"（参见表二）。[②] 只是，相比之下，高等级汉碑文字更加工整而美观。

"丘屯"同前后姓名一样，亦为人名。东汉"丘"姓的历史人物，如云中人"丘季智"，因郭林宗的赏识而成名。[③] 该石券附刻人名的姓氏并无整齐的规律，单、尹、锜、周、于、左姓皆未集中排列。由此看来，"丘屯"夹在周姓人氏之间并无特殊之处。

表二　　　　　　　　汉碑"丘屯"与"父老"字形示例

释文	图版及出处
丘	（拓片）　　（原石）　　（孟孝琚碑） （礼器碑）

---

① 图版参见徐玉立《汉碑全集》，河南美术出版社 2006 年版，第 3 册第 834、778、1002 页，第 2 册第 506 页，第 4 册第 1104、1193、1229 页，第 5 册第 1494 页。

② 图版参见徐玉立《汉碑全集》，第 2 册第 678 页，第 4 册第 1145 页，第 5 册第 1494、1804 页，第 6 册第 2039 页。

③ 《后汉书》卷68《郭太列传》，以及（唐）李贤注引《谢承书》，中华书局 1965 年版，第 2231 页。

续表

释文	图版及出处

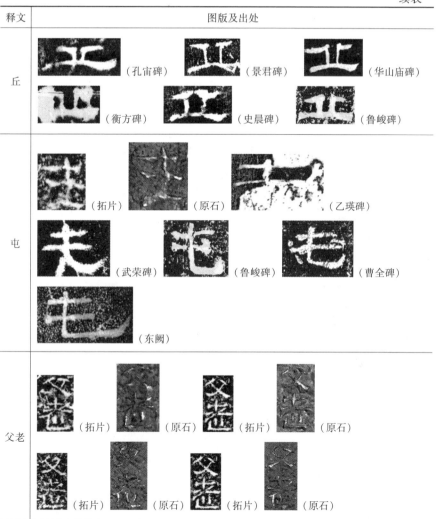

（2）"于稚"，高文先生释作"于雅"，永田英正先生释作"于维"。然而，从影印拓片和原始照片来看（参见表三），其名从"禾"，释作"稚"字可从。从汉碑字形来看，《石门颂》"王升字稚纪"、《白石神君碑》"祭酒郭稚子碧"之"稚"，① 与《石门颂》"贞雅以方"、《郑固碑》

---

① 图版参见徐玉立《汉碑全集》，第 2 册第 571 页；［日］永田英正编『汉代石刻集成［图版・释文篇］』，第 241 页。

"将从雅意"、《史晨碑》"雅歌吹笙"、《张迁碑》"披览诗雅"之"雅",①
以及《祀三公山碑》"遍雨四维"、《衡方碑》"维明维允"、《熹平石经》
"乃工维序"之"维"相比,② 其构件"禾""牙""糸"的写法存在明
显的差异。"于雅""于维"的释读当误。

表三   汉碑"稚"与"雅""维"字形示例

释文	图版及出处
稚	（拓片） （原石） （石门颂） （白石神君碑）
雅	（石门颂） （郑固碑） （史晨碑） （张迁碑）
维	（祀三公山碑） （衡方碑） （熹平石經）

（3）"左中文、于王思",按姓名"丘屯"的确认,此处应为两个人
名,以往释读为 3 个人名的意见不可取。由于"文""于""王"三字笔

———————

① 图版参见徐玉立《汉碑全集》,第 2 册第 571 页,第 3 册第 866 页,第 4 册第 1252 页,
第 5 册第 1818 页。

② 图版参见徐玉立《汉碑全集》,第 1 册第 289 页,第 4 册第 1193 页;［日］永田英正编
『汉代石刻集成［图版・释文篇］』,第 219 页。

迹稍有漫漶，以往的释读意见存在一些分歧，如张金光先生释读为"左□□、于思"，林兴龙先生则释读为"左中孝、尹思"。从影印拓片和原石图版来看，原来释作"左中文"的意见是可取的，人名"王思"的释读意见亦可取（并非"于思"），不过前面应补释"于"姓。

至于"左中孝、尹思"的意见，实际上"文""于"二字存在明显的间距，即使将此二字合文，其字形也与本券以及其他汉碑中常见的"孝"字（如《景君碑》"遵考孝谒"、《乙瑛碑》"事亲至孝"之"孝"）有明显的区别（参见表四）；[①] 而"尹"明显是"王"字的误释，在该券中"王"与"尹"的字形明显不同。"左中孝、尹思"的释读意见，今不取。

表四　　　　　　　汉碑"孝""尹"等字形示例

释文	图版及出处		
左中文	（拓片）	（原石）	
于王思	（拓片）	（原石）	
文于	（拓片）	（原石）	
孝	（于孝卿）（乙瑛碑）	（于孝）	（景君碑）

① 图版参见徐玉立《汉碑全集》，第 2 册第 483、678 页。

续表

释文	图版及出处					
尹		(尹伯通)		(尹太孙)		(尹中功)

（4）"尹中功"，原来一般释作"尹明功"。籽山明先生通过调查原石，改释为"尹中功"，可从。"尹中功"之"中"与本券其他姓名中所见的"中"，字形一致，末笔竖画上下出头皆较短。汉碑中并见的"中"（如《景君碑》"字中理"、《石门颂》"汉中太守"、《华山庙碑》"事举其中"、《鲜于璜碑》"入领治中"之"中"）与"明"（如《景君碑》"明府三之"、《石门颂》"谠而益明"、《华山庙碑》"肃恭明神"、《鲜于璜碑》"艾用照明"之"明"）二字，① 前者为独体字，后者为左右结构，字形迥异（参见表五）。"尹""功"之间为独体字"中"。

表五　　　　　　　　　　　汉碑"中""明"等字形示例

释文	图版及出处					
尹中功		(拓片)		(原石)		
中		(锜中都)		(于中山)		(于中程)
		(左中文)		(景君碑)		(石门颂)
		(华山庙碑)		(鲜于璜碑)		

① 图版参见徐玉立《汉碑全集》，第 2 册第 483、571 页，第 4 册第 1104 页，第 3 册第 1084 页。

续表

释文	图版及出处
明	

综上所论，侍廷里父老僤约束石券完整地附刻了结僤的 25 人之姓名，以往释读存在分歧的五个姓名应订补为：丘屯、于稚、左中文、于王思、尹中功。据此，侍廷里父老僤由 7 个姓氏组成（并无"王"姓，但有"丘"姓）。其中，丘姓仅 1 户，左姓 2 户，单、尹、锜、周姓分别有 3 户，而于姓多达 10 户，占该僤户数的 40%。从于姓的占比来看，与"父老"关系密切的僤，血缘关系可能比较浓厚。

（原刊《中国文字研究》第 33 辑，华东师范大学出版社 2021 年版）

出土文献与东汉史研究

东汉不但是秦汉时代的终章，也是魏晋时代的序曲，在汉晋社会转型的大背景下东汉史研究尤其值得关注，如以往探讨"魏晋封建论""门阀政治"等重要课题都是从东汉深挖其源头，但是，长期以来相比活跃的秦史、西汉史研究，东汉史研究则显得比较冷清。导致这一状况的原因当然有很多，但究其根本主要有二。其一，秦汉史研究的偏向性。相比秦和西汉政局、政制乃至统治思想的激烈变动，东汉政局整体上要平稳很多，其政制、统治思想大体上延续了西汉后期以来的发展态势并日趋成熟，引起全国上下产生急剧变化的历史事件在很长时期内较少发生。历史研究向来关注和重视大转折、大变革的探讨，相对平稳的东汉史受到的关注自然要比前两者少得多。

其二，东汉史籍的局限性。相比秦和西汉史籍，东汉史籍的数量并不少，不仅远比秦史丰富，也不比西汉史少，以《后汉书》《后汉纪》为代表的史书比较详细而系统地记载了东汉历史及其典制。但是，这类东汉史籍存在一些不利于研究的因素，即皆源于东汉官修国史《汉记》（即《东观汉记》），又经过反复删削改写，在东汉王朝意志和魏晋已降史家裁剪、注解的共同作用下，很多"问题"在历史书写、史书纂注的过程中逐渐被消灭，以致后来的研究者在这些史籍中，很难像比较《史记》与《汉书》以及三《国志》（《魏书》《蜀书》《吴书》）那样找出很多的课题来。

为了突破研究现状，近年来不少学者运用"史料批判"研究方法取得了很多令人瞩目的成果。① 然而，在传世史籍难以有效增加且"史料论"的一些观点虚实难审的情况下，出土文献的不断刊布似乎打开了更多审视东汉史的窗口，于是学界越来越多地将研究目光投向了这些材料。出土文献对于东汉史研究的价值何在，能否推动东汉史研究全面发展并形成一些整体性认识，是否也存在局限性？笔者尝试结合当前的研究动态围绕这些问题谈谈粗浅的看法。

第一，出土文献研究现状与新趋向。如何更好地发掘出土文献的研究价值，是学界长年思考的问题，也是东汉史研究的一个重要命题。长期以来，汉碑、画像石、简牍研究是东汉史研究的重要发展方向，相关研究成果日益丰富，研究方法和取径也日益分化。具体而言，现今已有研究大体可分为两类：一类偏重文本、图像，注重从图文中提炼出所需的信息去证史、补史，出土文献处于传世文献的从属地位；另一类则强调出土文献的文物属性，重视其物质形态的探讨，研究内容却多局限于出土文献本身，且越来越专门化、细化。虽然这两类研究都能提供不少新发现，但是，毋庸讳言，多为孤立的或局部的认识，具有全面性、系统性的创见还比较少见，甚至缺乏对"碎片化"研究进行系统整合的研究成果。故目前的研究很难说推动了东汉史研究的全面发展。学界也逐渐认识到单纯的出土文献研究有其局限性，为充分挖掘出土文献的研究价值还需要在其他方面多做尝试。

首先，应当意识到出土文献是考古遗址的有机组成部分。在整体把握出土资料的基础上，找准图文资料在东汉文物考古资料中的位置，将汉碑、画像石、简牍等与同一考古单元的考古资料结合起来开展研究，是不容忽视的探索路径。随着考古的长足发展，东汉文物考古资料所展现的历史图景日益多姿多彩，这就需要群策群力，努力从点到面、跨界融合，形成多层次、多维度、网络化、全方位研究格局，从而利用包括出土文献在内的文物考古资料收获有关东汉史的整体性认识。

其次，增加对非图文考古资料以及一般寻常考古资料的研究。当前历

---

① 具体介绍参见孙正军等《笔谈："历史书写"的回顾与展望》，《中国史研究动态》2016年第4期。

史学研究特别重视图文资料。然而，出土文献只是文物考古资料中很小的一部分。随着考古学稳步发展，东汉文物考古资料无论是种类还是数量都与日俱增，为历史研究提供了大量新材料。学界在研究过程中往往集中探讨重要考古收获，而且偏重出土文献研究，对一般城邑乡村、吏民墓葬以及寻常文物的研究相对滞后。随着考古学与历史学的融合发展，很多非图文资料也提供了重要的历史信息，形成了一些令人关注的学术增长点。例如东汉洛阳城遗址的考古发掘推动了"洛阳学"形成以及宫殿、中央政枢机构布局研究的发展，有助于学界更好地理解东汉政治中枢的运转。又如，皇帝、王侯、吏民及刑徒陵墓的考古发掘，为了解东汉社会诸层面的实况提供了直观依据。具体就刑徒墓而言，与西汉刑徒缺乏棺具和铭文砖不同，东汉时期刑徒多有墓圹、薄木棺材，并常放置刻写身份、姓名的铭文砖，体现了刑徒处境的改善。利用非图文考古资料以及一般寻常考古资料研究东汉史有着广阔的发展空间。

　　第二，出土文献与传世文献的结合度问题。利用出土文献研究东汉史，另一个难以回避的问题是如何看待传世文献与传统认知。随着有关东汉史的出土文献不断增多，出土文献展现出日益繁复的东汉历史图景，它们与传世文献描绘的东汉历史形象之间的关系通常不是简单地叠加，有时像是一幅拼图，在共同配合下逐渐显露出更为全面的图画；有时则是不同角度的视觉图，换个视角看到的是不一样的景象；有时则是经过不同处理的图像，形状、明暗、虚实、色彩存在或多或少的差异。虽然出土文献与传世文献呈现出越来越复杂的关系，但是，学界长期以来沉迷于"拼图游戏"，汲汲于从新材料中发现新知，去填补传世文献记载的空白，补上传统认识的缺环；或者是迷信"第一手材料"的可信度，进而怀疑传世文献记载的失真、失实。这类研究往往一开始就预设了参照，并且总是试图找到两类文献之间可以直接比对的地方开展研究。

　　然而，出土文献与传世文献终究是性质不同的两类史料。史家在书写史籍时奉行"录大略小""常事不书"的法则，所记载的都是颇具影响力的历史人物、事件以及展现史家意图的典型事例。汉碑、画像石、简牍等出土文献则不同，其制作者的身份大都层级较低，且多为地域性材料，影响力相对有限。这就决定了在出土文献与传世文献中寻找对照之处存在不小的困难。同时，无论是传世文献，还是出土文献，都是人们有意识选择的记录，都会存在这样或那样的问题。不仅传世文献要考镜源流，出土文献也要考察其图文生成史。近年来，学界虽然日益重视"古文书学"研究，但是，对于原始图文的生成过程仍然涉及较少。倘若忽视这方面的研究，将难以探究出土文献所展现历史图景的失真之处，其研究结论就有可能偏离史实。

史实是历史研究的基础，也是历史研究最根本的追求。在追寻历史真相的路上，将出土文献与传世文献相互参证开展研究当然是非常必要的。但是，一开始似乎还是应当将不同性质的史料区别对待，先分别通过出土文献、传世文献建构历史图典，再比较两者的异同，求同存异，随着研究的推进不断接近历史事实，从而为历史解释提供更加可靠的依据。当前学界在利用出土文献研究东汉史的过程中，往往从传世文献的记载出发，或确证两者相同点，或辨析其分歧之处，出土文献被视为补正传世文献的新史料。事实上，随着东汉出土文献日益丰富，单纯凭借汉碑、简牍、壁画、画像石就可以构建起某些方面的历史景象，甚至一些物质文化、思想观念、社会风貌更多地体现在文物考古资料之中。在这种情况下，有意识地强调出土文献的独立性，从其原始生成、考古学整理、历史学研究循序渐进展开探讨，发掘其蕴含的历史景象，特别是一些整体性认识，之后再与传世文献的相关记载进行比较，这类"二重证据分合法"研究或许有助于更好地呈现历史事实，从而为更准确地认识东汉史提供更多更可靠的证据。

第三，出土文献与东汉史研究前景。从已有研究成果来看，我们在出土文献中还是难以发现不同于传世文献的"异端思想"以及不合法度的"异政"，虽然从整体上看来，很多研究成果带来了一些新看法，增强了历史画面的层次感和纵深感，但期待通过出土文献来"改写历史"的愿望却很难实现。究其原因，盖因从西汉后期到东汉，政治制度、统治思想经过不断调整日趋成熟，在全国范围内长期系统地推行儒家"教化"，使"汉道"深入人心。即使与传世文献存在明显层级差异的出土文献，其记录的内容也往往与当时的意识形态要求具有高度的一致性，出土文献与传世文献均深深渗透着东汉王朝的意志。在这种情形之下，我们应当审慎地期待出土文献与东汉史研究的前景。

汉碑、壁画与画像石砖、简牍因蕴含历史信息丰富，历来是东汉史研究最为重视的出土文献。以汉碑为代表的金石铭文，自金石学兴起以来就受到学界的重视，经过长期的收集、著录与研究，在文献整理与碑文考释方面积淀了丰厚的成果，在证经、补史方面发挥了重要作用。但是，系统利用汉碑进行综合研究并形成整体性认识的成果依然寥寥。如何"走出金石学"经史考据的传统，仍然是今天需要认真思考的问题。目前汉碑研究虽然从拓片"文本"考据走向了博物馆"器物"考古，但是，碑绝不仅是文本与器物的结合，无论是墓碑、庙碑，还是纪事碑、文书碑，甚至是石经，它们原来都被树立在特定场所，用以公开表彰功德、展示言事、传承经典。这就要求我们在研究过程中，一方面应将汉碑与所处的场景有机结合起来，尽可能地在场景中考察汉碑的表达，即使今天汉碑大都被搬进了博物馆，也应利用各种条件对其历史场景尽可能进行复原；另一方面则应注意汉碑的"公开性"，以及为了"宣示"而进行的"选择性"或"模式化"书写，其中不乏虚构与增饰之辞；此外，也应注意到汉碑有相当多的使用者和参与者，他们赋予了汉碑诸多其他功能。然而，当前汉碑研究的主流依然是单篇碑文的"题跋"式考证，往往聚焦碑文的独特性去考校经史。这虽然能够得出不少结构性的新认知，但是，系统性的整体看法并不多见。围绕汉碑反复制造的类型化景观、碑文选择性或模式化书写以及各种社会关系等，在东汉"美教化、移风俗"方面发挥了重要作用，真切反映了东汉王朝引导社会思想观念、塑造社会秩序的概貌，是我们获取东汉史整体性认识的重要途径，理应引起重视和系统研究。

壁画与画像石砖盛行于东汉时期，当时广泛存在于很多场所，但今天所见的主要是墓室、祠堂的遗存，其描绘、雕刻的内容以神仙信仰、生活场景、历史故事为主。如何准确解读图像寓意并从中提取贴近历史真实的信息是值得探索的重要课题。壁画与画像石砖属于艺术创作，有强烈的视觉追求，其雕绘的内容源于历史但又与历史存在一些距离，因此我们不能直接将它们视为当时实况的反映。图像的形成一般比较复杂，既受到艺术传统和工匠创意的直接影响，又与其主人的喜好密切相关。艺术传统决定图像的基本模式，工匠创意影响图像的具体风格，主人则按喜好选择、组合图像的整体样貌。这就要求我们在对图像体系进行复原、比较和识读时，需要将这些因素联系起来，结合其榜题以及传世文献的相关记载，通过系统考察图像及其整体演变，揭示东汉社会风俗习惯、思想观念、历史认知的普遍状况。现存壁画、画像石砖多从墓葬中出土，与汉碑不同，它们大多不是为他人观赏而制作的，多少具有一些"私密性"，所体现的是时人对主流思想的选择与接受。寻找汉碑（有些刻有图像）与汉画像石（有些刻有榜题）的交集之处加以综合研究，或许能更好地探讨东汉治国理念、道德训诫的推广和吏民对此的接受状况。

简牍文献对于秦汉史研究的重要性日益凸显。然而，与东汉石刻资料远多于秦、西汉不同，长期以来，东汉简无论是数量还是影响均不及秦简、西汉简。过去，少量东汉简在西北汉简中与西汉、新莽及魏晋简相夹杂，所发挥的作用比较有限。随着墓葬、井窖出土的东汉简日益增多，特别是湖南长沙、益阳等地出土了若干批次县政文书简，为研究东汉地方行政运作提供了重要史料，其中尤为重要的长沙五一广场、益阳兔子山东汉简在持续整理、刊布中。可以预见在不久的将来综合利用这类井窖简可以形成远比传世文献记载翔实的东汉县政"样本"。东汉文书简不仅可以与传世文献的相关记载对读，还可以与文书碑互相参证，运用"二重证据分合法""碑简互证法"展开研究，不但可以实现东汉史书、碑刻、简牍的"三重奏"，也可以消除长期以来学界关于出土文献研究的一些困惑和疑虑。比如，很多学者因出土文献的地域性而强调其内容的特殊性，认为不能放之四海而皆准。这种意识当然很好，但是，随着出土文献日益增多，散见于各地的文书简与文书碑多能相互印证，如四川昭觉"邛都安斯乡石表"与湖南长沙五一广场东汉简"君教简"在内容、格式上高度一致，再如南阳周世雅买地券与长沙五一广场简都记有亭辖丘。这类只见于出土文书而不见于传世史籍的记载，大都并非一时一地的个别情况，而是史书阙载、逐渐被人遗忘的历史寻常，也反映出东汉文书行政在全国范围内有效推行，《论衡·别通》所谓"汉所以能制九州者，文书之力也"并非虚言。同时，文书简也透露出东汉行政贯彻与治理效果常发生偏离。例如，根据《后汉书》的记载，光武帝有意识地恢复西汉旧制，但是，东汉文书简中依然延续了新莽量制改"石"为"斛"等做法。又如，东汉里语曰"州郡记，如霹历，得诏书，但挂壁"（崔寔《政论》），而长沙五一广场简详细记录了诏书在县、乡的传递以及相应的处理，尚德街东汉简中发现了光和四年（181）制作的用于"大告民"的系列诏书汇抄。文书简的这类记载都促使我们重新审视以往根据史籍记载形成的一些定论。随着东汉简的不断出土和刊布，有望形成以简牍为中心联系史籍、汉碑、壁画与画像石砖的研究格局，也有望使东汉史的一些模糊失真的影像逐渐明晰真切起来。

总之，以出土文献为代表的东汉文物考古资料在持续增强东汉史的复杂性。作为即时材料，出土文献不仅能够增进学界对东汉史特别是东汉社会治理思想与实践的实情、实效的认识，也有助于考察史籍等历时材料所蕴含史学意识的变迁，这是出土文献对于东汉史研究的重要价值之所在。已有的出土文献与东汉史研究以多元化的微观考据为主流，积累了丰富的研究成果，为开展体系化的宏观研究和从整体把握东汉史奠定了较好的基础。当前，面对着层出不穷的出土文献及其研究成果，如何在已有研究的基础上，汇集各类史料、改进研究方法、融合相邻学科，推进东汉史的全面发展；如何将出土文献研究成果的效应发挥到最大，将之转变为学界普遍接受的"新常识"，形成有关东汉史的"新印象"，为后来的研究者铺垫道路、指明方向等，都将是今后很长一段时间里出土文献与东汉史研究需要直面和解决的问题。

（原刊《中国史研究动态》2022 年第 4 期）

走马楼吴简"隐核波田簿"的析分与缀连

——再论陂塘形制和陂田兴复

　　走马楼吴简采集简第 37 盆中聚集出现较多的"隐核波田简"（少量散见于采集简第 36 盆），并且遗存了成坨竹简（参见附录一：揭剥位置示意图叁·图 8①），具有集成整理"隐核波田簿"的条件。传世文献中关于早期中国江南水利建设的记载很少，在这种情况下，作为记录孙吴临湘侯国陂塘田亩情况第一手材料的吴简"隐核波田簿"就愈发显得珍贵。因此，这批材料甫一刊布，就引起学界的关注和讨论。

　　随着走马楼吴简发掘简的陆续出版，未再发现新增简例。目前能够讨论的仍然是采集简第 36、37 盆中的那些简。虽然笔者曾利用揭剥位置示意图对该簿书进行了初步复原、整理，并就内容进行了简要解析（以下简称"前文"），② 但是，当时考虑到数量更多的发掘竹简尚未公布，整理结果只是将簿书的内容构成进行集成和分类，并未就简牍进行细致的缀连，也未对套连在一起的簿书进行必要的析分。为了提高这批简的使用价值，本文尝试在前文的基础上，结合简牍遗存信息（如形制、字迹、内

---

　　① "叁·图 8"指走马楼吴简整理组编著《长沙走马楼三国吴简·竹简〔叁〕》下册附录一"竹简揭剥位置示意图·图八"，文物出版社 2008 年版，第 914 页。以下以卷次和图号标示揭剥图。

　　② 凌文超：《走马楼吴简"隐核波田簿"复原整理与研究》，《中华文史论丛》2012 年第 1 期，收入其著《走马楼吴简采集簿书整理与研究》，广西师范大学出版社 2015 年版，第 424—454 页。先行研究综述亦请参见该文。此后又有专门的研究成果，参见张固也《走马楼吴简"枯兼波簿"新探》，《吉林师范大学学报》（人文社会科学版）2013 年第 1 期；沈国光《再论走马楼吴简"隐核波田簿"所见东吴的波池兴修与管理》，载邬文玲、戴卫红主编《简帛研究二〇一九（秋冬卷）》，广西师范大学出版社 2020 年版，第 294—316 页。

容）和考古学整理信息，对"隐核波田簿"中套连在一起的各个簿书进行必要的析分和组合，以深入了解吴简簿书的编制形态，同时就陂塘形制和陂田兴复问题再作申论。

一 隐核波田簿Ⅰ类（南乡分簿）

在所有的隐核波田简中，只有 2 枚简双行书写，如下：

1. 南（?）乡谨列波唐顷亩簿①

□□□一所②长一百丈，沃田卅九顷，溏儿民吴金、王署等岁自垦食（叁·7216·20/37）③

2. 京□塘一所　　长一百五十丈，沃田廿④顷，溏儿民陈散、李□等岁自垦食

长存⑤一百一十八丈，沃田六⑥十九顷（叁·7205·9/37）

这两枚简的揭剥位置参见附录一，形制相同，大约长 24 厘米、宽 2 厘米、编痕内侧间距 7.5 厘米，⑦ 比其他隐核波田简要宽大一些。从内容来看，簿籍的基本要素（标题、正文和乡计）完整。而且沃田亩数前后吻合，

---

① "南（?）乡谨列波唐顷亩簿"，原释作"□□□□□溏儿民□……"，据图版改、补。为避免烦琐，释文校订仅首处出注。

② "一所"，原阙释，据图版补。

③ 简牍编号依次为卷次、出版号、揭剥图编号和盆号。本书所引吴简均出自走马楼吴简整理组编著《长沙走马楼三国吴简·嘉禾吏民田家莂》和《竹简〔壹〕》《竹简〔贰〕》《竹简〔叁〕》《竹简〔肆〕》《竹简〔伍〕》《竹简〔陆〕》《竹简〔柒〕》《竹简〔捌〕》《竹简〔玖〕》，文物出版社1999、2003、2007、2008、2011、2018、2017、2013、2015、2019年版。

④ "廿"，原释作"十"，据图版改。

⑤ "存"，原阙释，据图版补。笔迹漫漶，或作"有"。

⑥ "六"，原阙释，据图版补。

⑦ 简牍测量数据，长度取简牍最长处，宽度取上或下编痕处（未开裂），编痕内侧间距取上、下编痕最内侧之间的长度。

但陂堤长度集计数少。考虑到其他隐核波田简同时记录陂堤的完全长度和毁败长度，"长存一百一十八丈"应当是现存长度，还有"一百三十二丈"已毁败。从整体上看来，简1、2与其他隐核波田简登记的必备项（陂塘、田亩）大体上是一致的。

簿籍标题字迹漫漶，特别是乡名难以辨识。不过，所记录的溏儿民王署、陈散，为判别簿籍的属乡提供了条件。根据其他记录王署、陈散的简例：

3. 义成里户人公乘王①署年卅一　·（贰·12）

4. 入南乡布一匹三丈一尺〼嘉禾元年⑨月廿六日大男王署付库吏殷连受（陆·5611）

5. 入南②乡山田丘大男王署入……〼……付库吏殷连受（陆·5653）

6. ☑六日断坏丘魁李力、大男陈散关邸阁郎中李嵩、监仓掾黄讳、史潘虑受（捌·3864）

王署为南乡义成里户人，③当居住在南乡山田丘。④陈散居住在断坏丘，断坏丘亦为南乡属丘。⑤由此看来，该簿籍应为南乡隐核波田簿。

二　隐核波田簿Ⅱ类（临湘侯国合簿）与呈文Ⅰ类

第二类较易区分的是隶书风格特征突出的隐核波田简。这类简大约长23—23.3厘米、宽1.3—1.6厘米，编绳处留空，编痕内侧间距长约7厘

---

①　"王"，原释作"壬"，王、壬字形相近，统改为"王"。

②　"南"，原阙释，据图版补。

③　义成里为南乡属里，参见凌文超《孙吴户籍之确认——以嘉禾四年南乡户籍为中心》，载卜宪群、杨振红主编《简帛研究二〇一四》，广西师范大学出版社2014年版，收入其著《走马楼吴简采集簿书整理与研究》，第22—87页。

④　记录南乡山田丘的简例还有简贰·6412。

⑤　记录南乡断坏丘的简例有简贰·2719、伍·1887。不过，三简对于"坏"的释读各不相同，或描摹字形，或释作"坃"，统一释作"坏"。

米。其形制是单行书写的隐核波田简中最大的。同时，陂塘深度以小字书写在简牍右侧，是另一个容易判别的特征。这些因素为集成此类隐核波田简提供了依据。

前文指出，隶书风格的隐核波田简（以隶书字体标示）与其他各类书写风格的隐核波田简均存在对应的简例。而且隶书风格的隐核波田简在揭剥图中位置临近、聚集出现于靠近揭剥图中心的位置。从这些情形看来，这份隶书风格的隐核波田集簿应当是根据诸乡隐核波田簿由专人抄录而成的。

简文记录的内容，为判别隐核波田简所属之乡提供了依据。例如：

7. 逢唐波一所，　长三百丈，沃田四顷①，溏儿民〔长〕沙郡刘张、＝冯汉等岁自垦食（叁·7221·25＝7222·26/37）②

8. 逢唐③一所，长三百丈，沃田四④顷，溏儿民□□长沙郡刘张、冯汉等岁自（叁·7236·40/37）

9. ☑□十一日劝农掾区光白（叁·7067/37）

简7与简8的内容对应，但是，两简在揭剥图中位置分隔，各类特征差别明显（简7字体隶书，编痕间距约7厘米；简8字体行楷，以楷书字体标示，编痕间距约6厘米），由不同书吏制作。简7、8记录的溏儿民冯汉又见嘉禾五年逢唐丘大木简：

10. 〿逢唐丘男子冯汉，佃田六町，凡廿九亩，皆二年常限……（5·590）

逢唐丘是广成乡的属丘（参简壹·1378、6927、8202）。区光一度为广成

---

① "四顷"，核对图版，难以辨识。

② "＋"标示残简的缀合，"＝"标示前后简的缀连。

③ "逢唐"，原释作"□波"，据图版及对应简例改。

④ "四"，原释作"十五"，据图版及对应简例改。

乡劝农掾（J22－2543、柒·2629），且简9字迹与简8一致。从这些迹象看来，简7—9应为广成乡隐核波田简。其中，简7属于临湘隐核波田合簿，简8属于广成乡隐核波田分簿，简9或为广成乡隐核波田分簿末尾的呈文。

人名对应关系，也是判别乡属的依据。例如：

11. ☑……☑①六十五丈，沃田一百一十顷，男子聂礼、张（叁·7202·6/37）

聂礼是高迁里户人（参见壹·7857、② 陆·290、柒·3706），高迁里为小武陵乡属里。③ 据此，简11为小武陵乡隐核波田简，据其隶书字体特征，可归入临湘隐核波田合簿。

根据乡丘、姓名对应关系，临湘隐核波田合簿中其他可以判别乡属的隶书隐核波田简还有：

12. 大田波一所，深二丈，长廿④五丈，败廿⑤丈，沃田十四顷，枯芜☑（叁·7220·24/37）

13. 东薄波一所，深☑（叁·6935/37）

"大田丘"为东乡属丘（参叁·2787、伍·3045、陆·1851）。⑥ "东薄

---

① "☑"，原释作"败"，核对图版，笔迹磨灭不可辨识，据图版及简文格式改。

② 壹·7587"高迁里"，原释作"唐迁里"，据图版及对应简例改。

③ 参见凌文超《走马楼吴简采集簿书整理与研究》第三章《户籍簿及其类型与功能》，第104页。简柒·3706所在的成坨简（对应揭剥图柒·图32），为小武陵乡户籍簿，参见连先用《走马楼简所见吏民簿的复原、整理与研究——以发掘简为中心》第四章《"小武陵乡吏民簿" I—IV的整理与研究》，博士学位论文，吉林大学，2018年。

④ "廿"，原释作"十"，据图版改。

⑤ "廿"，原释作"卅"，据图版改。

⑥ 简叁·3787记录西乡"大田丘"，丘名字迹漫漶，难以辨识。简伍·4603"西乡大田丘"、柒·2243"中乡大田丘"均为"东乡大田丘"之误释。

丘"为广成乡属丘（参壹·6854、肆·826、陆·4927）。① 简 12、13 应分别为东乡、广成乡隐核波田简。再有：

14. ☑丈二尺，② 长卅五丈，败廿一丈，沃田十五顷，枯芜二年，可（叁·7198·2/37）

15. ☑一所，深一丈二③尺，长卅五④丈，败廿一丈，沃田☑ 五⑤顷，枯芜二年，可用一万＝☑六千夫，民大男毛布⑥、陈丈、陈建等自垦食（叁·7203·7＝7206·10/37）

简 15 由叁·7203·7 与简叁·7206·10 系连而成（两简内容衔接，在揭剥图中位置临近，字体皆为楷体，书写风格一致）。简 14 与简 15 的部分内容相对应。根据简 15 记录的姓名，毛布、陈建为都乡高迁里户人（参简捌·1142、柒·5321），⑦ 毛布当居处在都乡东溪丘（参简壹·7510、⑧柒·2207），而陈丈（仗）为都乡邑下吏民（参简壹·7533）。⑨ 据此，简 14 应为都乡隐核波田简。

综上所论，隶书风格的隐核波田简应为专人书写的隐核波田簿合集。目前从中至少可以析分出都乡、东乡、广成乡、小武陵乡隐核波田简。其标题简为：

---

① 简壹·7510"都乡东簿里"为"都乡东溪里"之误释。

② "丈二尺"，原阙释，据图版补。

③ "二"，原阙释，据图版补。

④ "五"，原阙释，据图版补。

⑤ "五"，原阙释，核对图版，残存"五"字下半，据补。

⑥ "布"，原释作"市"，据图版改。

⑦ 参见连先用《吴简所见临湘"都乡吏民簿"里计简的初步复原与研究——兼论孙吴初期县辖民户的徭役负担与身份类型》，载邬文玲主编《简帛研究二〇一七（秋冬卷）》，广西师范大学出版社 2018 年版，第 251、260 页。

⑧ "东溪丘"，原释作"东簿丘"，据图版改。

⑨ 吴简中常见偏旁的省写，如孙义（仪）、番有（潘珮）。

16. ☐☐田顷数为簿如牒（叁·7199·3/37）

可能残缺"临湘谨列波唐"一类的内容。临湘隐核波田合簿结尾应为以"集凡"起始的总计简和以"其"起始的分计简，现存两枚分计简：

17. ☐其波十六所，田合六百卅①二顷七十☐（叁·6554/37）

18. 其波九所，田合五……顷，唐兒民自墾☐（叁·6724/37）

此外还有为数不少的隶书风格的隐核波田简，但大多残断，或字迹漫漶而难以辨认丘名、人名等信息（参见附录二）。期待今后能提供清晰的红外线图版，以利于进一步作业。

与隶书隐核波田简一起出现的还有两枚楷体书写的文书简。与之字迹相同，在采集简第37盆中还有两枚散简与隐核波田简一起出现的。② 一并胪列如下：

19. ☐相君③丞叩头死罪敢言之（叁·7068/37）

20. ☐☐枯芜几年，洝④田多少，何⑤人☐⑥☐☐，及新故钱米已入☐（叁·7218·22/37）

21. ☐头死罪敢言之。（叁·7074/37）

22. 二⑦月十二日……☐（叁·7201·5/37）

简20长约23.5厘米，容字23个，书写紧凑；另有书写较为宽松的文书

---

① "卅"，原释作"册"，据图版改。
② 与简叁·7068、7074临近的隐核波田简有叁·7067、7069、7070、7081、7082、7083。
③ "君"，原释作"掾"，据图版改。
④ "洝"，原释作"波"，据图版改。
⑤ "何"，核对图版，疑作"用"。
⑥ 核对图版，疑作"力"或"功"字。
⑦ "二"，原释作"五"，据图版改。

简，仅容字 19±1 个（呈文Ⅱ类）或更少（Ⅲ类）。据此，笔者将书写紧凑的文书简归为"呈文Ⅰ类"。简 19 为文书首简，残长 11.5 厘米，存 10 个字，缺失部分约 12 厘米，阙字当在 10 字以上。考虑到文书一般以日期起始，数字书写所占位置较小，按单简容字 23 个，简首大抵可补"嘉禾〇年〇月〇日〇〇（干支）临湘侯"。① 简 21 残存 7.2 厘米（不足1/3），存 6 字，另有 2 字空白，完简容字 23 个不成问题。总的看来，简 19—22 应从属于一份书写紧凑的文书，为临湘隐核波田合簿的"呈文"。具体而言，即以临湘侯相、丞名义签发的上行文书。据呈文Ⅱ记录的"府记科令"（参见附录二），长沙郡府曾向临湘侯国下达条教（记）和指令，这份临湘隐核波田合簿应当是临湘县廷按要求回复长沙郡府的簿书。

三　隐核波田簿Ⅲ类（都、东、小武陵、平乡分簿）

第三类较易分辨的是简宽 1—1.2 厘米的窄类简（以仿宋体标示）。其中有都乡隐核波田簿的标题简，以及通过丘名、人名推定的该乡隐核波田简，如下：

23. 都乡谨列枯芜波长广②项亩簿（参·7204·8/37）

24. ☑一所，深一丈二尺，长卅五丈，败廿一丈，沃田☑五顷，枯芜二年，可用一万＝☑六千夫，民大男毛布、陈丈、陈建等自垦食（参·7203·7＝7206·10/37）

25. 民大男毛芒、□皮等合□民垦食（参·7200·4/37）

记录姓名"毛长"的户人简柒·4931·225 所在的成坨简（对应揭剥图柒·图41）基本上是都乡户口简，该简也应如此。同时，简 25 字迹与

---

① 完整格式为"嘉禾〇年〇月〇〇（干支）朔〇日〇〇（干支）临湘侯相君丞〇（签署）叩头死罪敢言之"。

② "广"，原释作"深"，据图版改。

简 24 一致，为一人所书。据此，简 25 也应为都乡隐核波田简。上述简属都乡隐核波田分簿。

如上所论，"大田波"应属东乡。窄类简中亦有"大田波"的记录：

26. 大田①波一所，深二丈，长☐（叁·7021/37）

该简应从属于东乡隐核波田分簿。

窄类简中还有小武陵乡隐核波田簿的集计简，以及小武陵乡劝农掾文☐（腾）的呈文简，如下：

27. 右（?）小武陵乡波二所，沃田十四顷九亩，☐☐☐十五年、廿三年☐☐☐（叁·7207·11/37）

28. 正月六日劝农掾文☐白。（叁·7211·15/37）

可见，窄类简中还有小武陵乡隐核波田分簿。

此外，还有两枚将"沃田"记作"浇田"的隐核波田简及其集计简：

29. 亭下波一所，深一丈七尺，长廿丈，败十一丈，浇②田九顷，枯芜十年，可用一万夫（叁·6320/36）

30. 右波二所，浇③田卅五顷，民④……（叁·7209·13/37）

吴简中所见的"亭下丘"一属平乡（参简贰·6241），一属小武陵乡（参简陆·4290）。但是，简 29、30 与小武陵乡集计简简 27 的字迹差异明显，它们应非小武陵乡隐核波田简，而可能从属于平乡隐核波田分簿。

---

① 原注"'大'、'波'间☐左半残缺，右半为'田'"，据图版及对应简叁·7220·24 改。

② "浇"，原释作"沃"，据图版改。"浇"当即"浇"的俗体字。

③ "浇"，原释作"沃"，据图版改。

④ "民"，原阙释，据图版补。

如上所论，目前在窄类简中大致可析分出都乡、东乡、小武陵乡、平乡隐核波田分簿，一些简例与隶书临湘隐核波田合簿存在对应关系。窄类简还有一些字迹漫漶不清的完简和残缺简（参见附录二），字迹之间存在差异（但不太明显），还需要更为清晰的红外图版提供更多的信息，以便进一步析分出其他乡的隐核波田波简。

四　隐核波田簿Ⅳ类（广成乡等分簿）

第四类隐核波田简完简大约长 22.8—23.1 厘米，宽 1.4—1.6 厘米，楷书字体（以楷体标示）。其形制与第二类隐核波田简相近，但字体差别明显；其字体与第三类相近（相对工整美观），但形制要宽一些。第四类隐核波田简另一大特征是编痕间距约 6 厘米，相比第二、三类要短 1 厘米左右。

如前所论，其中可以析分出广成乡隐核波田分簿：

31. 逢唐一所，长三百丈，沃田四顷，溏儿民□□长沙郡刘张、冯汉等岁自（叁·7236·40/37）

32. □唐波一所，长廿五丈，深一丈四尺，败十五丈，沃田□□顷五十①亩，枯芜五年，可用一千（叁·7239·43/37）

33. 右唐②波三所，沃田一百□十□顷六亩，其一百一十八顷□□（叁·7237·41/37）

34. ☑□十一日劝农掾区光白（叁·7067/37）

集计简简 33 记作"唐波"，或与该乡陂塘之名皆有"唐"字有关。考虑到简 31—33 位置临近，字体风格和编绳间距一致，暂时列在一起。

除此之外的第四类隐核波田简还有不少（参见附录二），目前提供的信息还难以作进一步析分，没有疑问的是，应当还有他乡的隐核

---

① "五十"，核对图版，字迹漫漶，难以辨识。

② "唐"，原释作"溏"，据图版改。

波田简。

五　呈文Ⅱ类、批注Ⅲ类

　　除前文所述的临湘隐核波田合簿的"呈文"外，在揭剥图外围及采集简中还有不少与隐核波田相关的文书简，按照单简的容字数，还可以析分为其他两类。一类是单简容字19±1个的文书简（呈文Ⅱ类），笔者作过初步的整理。现在看来，还可对个别文书简作增删和调整。

　　前文指出揭剥图中夹杂了两枚阑入简：

　　　35. 入 广 ……☑　（叁·7233·37/37）

　　　36. 右□家口食六人 其 四人男 二人女 ……☑　（叁·7242·46/37）

简35、36宽约0.9厘米，然而，揭剥图中绘制的两简简端均较宽，如简35比邻简叁·7234·38（宽约1.5厘米）要宽一些，简36与邻简叁·7244·48（宽约1.6厘米）等宽。由此看来，揭剥图中编号为37、46的两枚简应当不是上列残简，而是与文书简形制一致的简，很可能是空白简，疑简35、36是替换空白简补入的。

　　揭剥图最下方有一枚记录数值的简：

　　　37. □□□□九千四百四□……　（叁·7246·50/37）

该简编痕间距长约7.5厘米，比其他文书简（7厘米）要长一些，内容也不相类，应为阑入简（该简在揭剥图中处于最外围），今剔除。

　　采集简第37盆中，还有与简叁·7234文意相连的文书简叁·6825。临湘侯相"呈文Ⅱ"调整后的内容，详见附录二。

　　在"呈文Ⅰ"与"呈文Ⅱ"之外，还有两枚文字疏朗的文书简：

　　　38. ☑□□□波溏长广深败，□顷亩可（叁·7245·49/37）

39. ☑□□ 当 言 ① 右 田 曹 （叁・6993/37）

40. 　　　空白简（叁・7242・46/37）

简39字体为行草，可能是批示，也可能是补充说明的文字，暂称之为"批注"。

　　总的说来，呈文Ⅱ为诸乡隐核波田分簿套连之后的上行文书。簿籍与呈文之间可能编缀有空白简。批注可能是补充说明的文书，指示将整个簿书在"右田曹"归档。最后可能还编缀有空白简。

六　簿书结构与文书行政

　　吴简"隐核波田簿"由多个簿籍和呈文套连而成（详参附录二），具体图示参见图一。

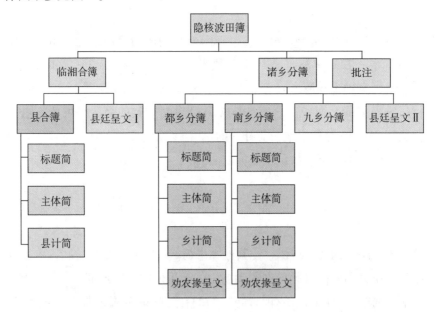

图一　吴简"隐核波田簿"结构

---

①　"当 言"，原阙释，据图版补。

考察"临湘合簿""诸乡分簿""批注"在揭剥图中的分布,"临湘合簿"靠近简册中心,"诸乡分簿"则散布在简册中心和外围,"批注"在最外围。考虑到采集简受到扰乱,以及吴简簿书先"簿籍"后"呈文"的编排方式(参简 J22 - 3 - 2634),① 隐核波田簿简册从内往外应当依次是:临湘合簿→诸乡分簿→批注。

根据呈文Ⅱ、批注和呈文Ⅰ所记内容和前文分析,兹将文书行政流程进一步梳理如下:

①长沙郡府(可能是"右田曹")根据太守的教"记",向临湘侯国下达文书,敕令临湘侯国根据文书存档对属乡陂塘、田亩的情况进行核实,并督促吏民耕种有水利保障的波田。

②临湘侯国接到指令,部署劝农掾隐核各乡陂塘、田亩,并且按照郡府教令鼓励农耕。

③劝农掾根据核查情况,按照要求分别制作各乡隐核波田簿(簿籍＋呈文),具体记录了陂塘、田亩的实际情况,在当月廿日之前带回临湘县廷。

④临湘侯国县廷责任官吏将各乡隐核波田簿套连在一起,同时,可能由主记史起草了回复长沙郡府的上行文书(呈文Ⅱ),系连其后,从而集成"诸乡分簿",呈报临湘侯相和丞审阅。

⑤临湘侯相君、丞或门下吏,审阅了诸乡分簿,并加以批示,或补充相关内容,形成回呈长沙郡府的簿书底本。

⑥主记史依据此簿书底本(诸乡分簿＋呈文Ⅱ＋批注),另外抄制"临湘合簿"(县合簿＋呈文Ⅰ)。具体而言,县合簿变更标题简,依次抄录主体简,剔除劝农掾呈文,将乡计简转变成分计简,并制作总计简;根据呈文Ⅱ和批注制作呈文Ⅰ,形成完整而正式的"临湘合簿"。

⑦临湘侯国复制"临湘合簿",由临湘侯相、丞签呈长沙郡府相

---

① 参见侯旭东《西北所出汉代簿籍册书简的排列与复原——从东汉永元兵物簿说起》,《史学集刊》2014 年第 1 期。

关部门（可能是"右田曹"）。再将"临湘合簿"＋"诸乡分簿"＋"批注"套连成一件簿书存档。走马楼吴简中遗存的"隐核波田簿"，当即临湘侯国存档的底本。

七　陂塘形制和陂田兴复

前文以安丰塘（古芍陂）为例，并依据今天南方丘陵地区陂塘的一般形制，提出陂塘基本上是利用山坡地势汇聚水源，在收口处兴修堤防蓄水；为了更形象地说明陂塘的形制，引马王堆汉墓《箭道封域图》（原题《驻军图》）作为佐证，指出"波"被绘作朱色横线，相当于堤坝。隐核波田简记录的"长"即指堤坝的长度。

这一意见受到沈国光先生的质疑。他倾向于认为，吴简的陂池以偏方形为主，文书要求调查"陂溏长广深败"，分别指陂池的长度、宽度（广）、深度和毁败围长，而《箭道封域图》中的"波"指整个围水。①

这类四周修筑堤堰围水的陂塘，工程量繁浩，是极不经济的，因而既不见于当今长沙地区用于农田灌溉的水利工程，也绝不是马王堆汉墓《箭道封域图》中所见的"波"的形态。沈文在分析时利用的是《箭道封域图》墨绘摹本，与原图相比，"波"的描绘省失了一些信息：

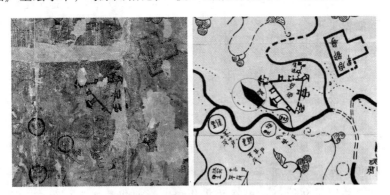

图二　《箭道封域图》原图与墨绘摹本②

----

① 沈国光：《再论走马楼吴简"隐核波田簿"所见东吴的陂池兴修与管理》，第296—299页。
② 《箭道封域图》摹图、说明及原图，参见裘锡圭《长沙马王堆汉墓简帛集成》，中华书局2014年版，第6册，第115—122页；第7册，第265页。

参看《箭道封域图》原图（图二左图），"波"所指的图形由双色构成。朱色直线标绘堤坝，朱笔也用来描绘城垣、道路等；浅田青色图形描绘水面，与该波（陂）通往深水的水道以及其他河流水道的颜色一致。只是，用来绘图的白色缣帛经过浸泡和氧化，变黄发暗，导致用浅田青色绘制的水面、水道因与底色相近而不易辨识。不过，朱笔标绘的陂堤仍然比较醒目。与此不同，用墨笔描绘的摹本（图二右图），无法用不同颜色呈现陂堤与水面的差异。由此引起陂塘四周有堤堰围水的误解。

按沈说，吴简的陂池以偏方形为主，隐核波田简所记之"长"为陂塘一边之长，据简叁·7227 记录的数据"□波一所，深一丈五尺，长十丈，败八丈，沃田七顷"，那么，该陂塘理论上的最大面积为 1 万平方尺（1 丈 = 10 尺），深 15 尺，最大蓄水量为 15 万立方尺，这一蓄水量平均到 604.8 万平方尺（7 顷 = 700 亩，1 亩 = 240 平方步，1 步 = 6 尺）的田亩，仅深约 0.0248 尺（折合约 0.6 厘米）。[①] 很显然，该陂塘无法灌溉或淹没七顷田亩。

按《箭道封域图》绘制的陂塘，其水面远大于以陂堤为长计算的方形陂塘面积。这主要得益于山川形胜的汇水和围水作用。《周礼·考工记·匠人》云："防必因地势。"[②] 即修筑地方一定要顺地势，讲的就是这个道理。

因此，笔者重申，马王堆汉墓《箭道封域图》记录"波"，即陂，指堤防、堤堰，[③] 在图中用朱色直线标绘，浅田青色描绘的水面即陂堤拦截、汇聚水源而形成的陂塘。这也是今天长沙地区常见的陂塘形制。即在地势收口处筑造陂堤一面拦水，利用地势三面围水，从而汇聚水源形成形状大小不一的陂塘。陂塘的形制、大小与地势、堤堰长深都有关。

---

① 按孙吴前期一尺长度约 24.2 厘米，参见高荣墓出土竹尺，以及《隋书·律历志》所记三国魏杜夔律尺，折合 24.1857 厘米。参见丘光明编著《中国历代度量衡考》，科学出版社 1992 年版，第 60 页。

② （东汉）郑玄注：《周礼》卷 42《考工记·匠人》，（东汉）郑玄等注《十三经古注》第 3 册，中华书局 2014 年版，第 618 页。

③ 《汉书》卷 91《货殖传》（中华书局 1962 年版，第 3686—3687 页）："水居千石鱼波。"颜师古注："波读曰陂。"《汉书》卷 1 上《高帝纪上》（第 1 页）："母媪，尝息大泽之陂，梦与神遇。"

与陂塘形制相关的另一个疑难问题是，据"簿籍"标题简和"呈文"内容：

41. 都 乡 谨 列 枯 芜 波长 广 顷亩簿 （叁·7204·8/37）

42. ☑□□□波溏长广深败，□顷亩可 （叁·7245·49/37）

这次调查陂塘田亩情况，需要登记"波（陂）长广""波溏（陂塘）长广深败"。但是，隐核波田简中，仅登记了陂塘"长""深""败"的数据，其不记"广"的原因是什么，学界对此长期以来缺乏合理的解释。

隐核波田简记录的"可用若干夫（作）"，与陂塘"败""枯芜"的情况直接相关。既然"用人工多少"（叁·7194）可以量化，"枯芜"情形以亩积和年数衡量，陂塘毁败的情况也应可以计量。但是，隐核波田简仅登记"长""深""败"（前文指出即陂堤之长度、高度和毁败长度），在不明确"广"（宽度）的情况下，是无法计算出修复陂堤的工程量，按理也就无法推算出用功数。

既然文书明确要求登记陂堤之"广"，隐核波田简登记的数据就应当暗含了宽度。关于堤防的修建，《周礼·考工记·匠人》提供了一种标准或者说是理想的形态：

> 凡为防，广与崇方，其杀参分去一。大防外杀。凡沟防，必一日先深之以为式。里为式，然后可以傅众力。①

按郑玄注："崇，高也。方，等也。"所谓"广与崇方"，即堤防的广（宽度）与高度一致。这类"广与崇方"的堤防，在现实中是存在的。例如《吴郡志·水利》记载：

> 杨㲹中心开河三条，共长九百四十八丈，各阔十丈，水深三赤。

---

① （东汉）郑玄注：《周礼》卷42《考工记·匠人》，（东汉）郑玄等注《十三经古注》第3册，第618页。

> 随河两畔筑岸，高阔六赤……及开陆家港小河，长二百丈，阔四丈，水深三赤，筑岸高阔六赤。[1]

所列举的河堤均"高阔六赤"，即崇（高）与广（阔）相等，皆六尺。[2]

吴简隐核波田简中，以"深"表示高度（崇）。按理想状态修复，既然"广与崇方"，其"深"（高度）的数据与"广"（宽度）相同，就可以省记"广"。换言之，根据陂堤的"深（＝广）""败"长度，就可以按标准计算出修复陂堤的工程量。

《周礼·考工记·匠人》还提到"其絿参分去一"，郑玄注："絿者，薄其上。"[3] 即堤防顶宽为底宽的 2/3。至于"广"究竟指底宽，还是顶宽（抑或中宽），至今尚无定论。有学者指出："以前大多释为堤底之宽与堤高相等，上顶宽为下基宽度的三分之二。这种堤宽过于陡峻，既难施工，又欠稳固。'广'应指堤顶之宽，较为合理。"[4] 至于堤防工程量计算，《九章算术·商功》云：

> 城、垣、堤、沟、堑、渠皆同术。术曰：并上下广而半之，损广补狭。以高若深乘之，又以袤乘之，即积尺。[5]

按上述诸说和隐核波田简记录的各项数据，统计修复毁败陂堤工程量的计算公式可以总结如下：

$$V = \frac{1}{2}\left(深 + \frac{3}{2}深\right) \times 深 \times 败 = \frac{5}{4}深^2 \times 败$$

---

① （南宋）范成大撰，陆振岳校点：《吴郡志》卷 19《水利》，江苏古籍出版社 1986 年版，第 291 页。

② "封者，立石高一丈二赤。"注云："'赤'，郎本、程本、《意林》、《史记·封禅书》正义、《续汉书·祭祀志上》补注、《御览》五三六引作'尺'。"（东汉）应劭撰，王利器校注：《风俗通义校注》卷 2《正失·封泰山禅梁父》，中华书局 2010 年第 2 版，第 68、71 页。

③ （东汉）郑玄注：《周礼》卷 42《考工记·匠人》，（东汉）郑玄等注《十三经古注》第 3 册，第 618 页。

④ 闻人军译注：《考工记译注》，上海古籍出版社 2008 年版，第 124 页。

⑤ 郭书春：《九章算术译注》，上海古籍出版社 2009 年版，第 168 页。

以简 29 为例，据"亭下波一所，深一丈七尺，长廿丈，败十一丈"，亭下波堤防深（高）17 尺，相应地，顶宽 17 尺，底宽 $\frac{3}{2} \times 17$ 尺，败 110 尺，代入公式，修复陂堤的工程量为 39737.5 立方尺。再按《九章算术·商功》所记堤防修筑的例子：

> 今有堤，下广二丈，上广八尺，高四尺，袤一十二丈七尺。问：积几何？荅曰：七千一百一十二尺。冬程人功四百四十四尺。问：用徒几何？荅曰：一十六人一百一十一分人之二。术曰：以积尺为实，程功尺数为法。实如法而一，即用徒人数。①

按"冬程人功四百四十四（立方）尺"，亭下波的修复仅需要 90.3125 人功。由此看来，简 29 所记的"可用一万夫"，其中绝大部分人工应当主要用于"浇田九顷，枯芜十年"这类长期枯芜田亩的重新开垦。吴简中还有一枚与陂田兴复相关的简：

> 43. 乡界立起波溏，合一百卌八人，并有饥穷，茠②除未讫，出杂禾一百卌八斛，给（？）□☒（叁·6/23）

某乡已经"立起波溏"，但是"茠除未讫"。"茠"，《说文解字·艹部》："薅，拔去田艹也。茠，薅，或从休，《诗》曰：'既茠荼蓼。'"③"茠"为薅的异体。此处"茠除"指拔草，当即除去枯芜陂田的杂草，以便重新开发。简 43"立起波溏"和"茠除"为重新垦辟枯芜陂田的两个前提条件：水源、除草。这里陂塘立起而除草未毕，或许反映了薅除枯芜陂田杂草等相比立起陂堤的用功量要大得多而迁延日久。这与前述陂堤修复所需人功数少而复垦枯芜田亩所需人功数多相一致。

---

① 郭书春：《九章算术译注》，第 170 页。

② "茠"，原阙释，据伊藤敏雄先生意见补。参见［日］伊藤敏雄「邸阁·谷物移送关系と水利关系简について」，『长沙吴简研究报告　2008 年度特刊』，2010 年。

③ （东汉）许慎撰，（北宋）徐铉校定：《说文解字》，中华书局 1963 年版，第 27 页。

　　由此看来，简 32 所记的人工数仅"一千"似乎也可以理解。□唐波"深一丈四尺，败十五丈"，修复陂堤用功数约为 83.5 人次。该陂塘沃田亩积难以辨识，枯芜五年，每亩陂田复垦的用工数比亭下波陂田要少一些。因此，兴复陂田所需人工数为一千也不是没有可能，不一定是记录的失误。遗憾的是，隐核波田简记录的数值大多漫漶，仍然期待更为清晰的红外图版，释出更多的完整数据，以印证上述结论。

　　至于隐核波田简上"溏儿民"的记载，让人很容易联想到承担修护陂塘杂役的"塘丁"。不少学者坚持这一看法。笔者一直无意否认这一点。只是，隐核波田簿所记垦食波田之人，不仅称"唐儿民"（叁·6724），也称"民男子"（叁·6868、7082）、"男子"（叁·7202）、"民大男"（叁·7200、7206），看不出他们之间的身份有什么不同。而且吴简人名簿中修筑陂塘的民丁有专门的称谓"作溏民"（玖·4521）。如果呈报郡府的隐核波田簿要登记"塘丁"一类的役民，按理也应登记"作溏民"这种正式的称谓，而不是杂记"溏儿民""民男子""民大男"等。因此，笔者仍然倾向于"溏儿民"或许只是耕种陂塘田亩者的称号。

　　总之，孙吴临湘侯国陂塘一般在地势收口处筑造堤堰一面拦水，利用地势三面围水。陂塘的形制、大小与地势、堤堰长深都有关系。隐核波田简记录的"深"度与"广"度相等，故省记后者。根据"深""败"数据可以从理论上统计修复陂堤的工程量。隐核波田简所记录的用夫数皆为整数（百、千的整数倍），应当只是大略预估修复陂堤和复垦陂田的用功数。南朝齐丹阳尹萧子良建元三年（481）上表兴修京尹旧遏古塘称："堪垦之田，合计荒熟有八千五百五十四顷，修治塘遏，可用十一万八千余夫，一春就功，便可成立。"[1] 这与走马楼吴简"隐核波田簿"记录的用夫数的形式相同，为千的整数倍，都是预计的用夫数。而东晋张闿修筑曲阿新丰塘，"计用二十一万一千四百二十功，以擅兴造免官"，[2] 则是兴建陂塘的实际用功数。

――――――――――

　　① 《南齐书》卷 40《武十七王·竟陵文宣王子良传》，中华书局 1972 年版，第 694 页。相比吴简隐核波田简记录的用人功数，此处记载的夫数偏少。如前所述，修复陂塘、田亩用功数最多的是长年枯芜的田亩。萧子良上表所记田亩，既有荒田，也有熟田，当以熟田为主，因而所需人功数相对少一些。

　　② 《晋书》卷 76《张闿传》，中华书局 1974 年版，第 2018 页。

附录一：揭剥位置示意图（叁·图8）

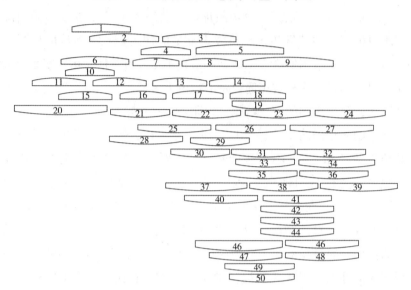

附录二：隐核波田簿整理

临湘合簿

【标题简】

☑□田顷数为簿如牒（叁·7199·3/37）

【主体简】

（都乡）

☑大二尺，长卅五丈，败廿一丈，沃田十五顷，枯芜二年，可（叁·7198·2/37）

（东乡）

大田波一所，深二丈，长卅五丈，败廿丈，沃田十四顷，枯芜☑（叁·7220·24/37）

（广成乡）

逢唐波一所，长三百丈，沃田四顷，溏儿民〔长〕沙郡刘张、=冯汉等岁自垦食（叁·7221·25=叁·7222·26/37）

东薄波一所，深☑（叁·6935/37）

（小武陵乡）

☑……☑六十五大，沃田一百一十顷，男子聂礼、张（叁·7202·6/37）

（不明乡）

☑☑波一所，深……长六十一大，败五十大，沃田八十三顷卅亩（叁·7219·23/37）

☑波一所，深一大五尺，长十大，败八大，沃田七顷，枯芜二①年，可用☑＝千夫作（叁·7227·31＝叁·7223·27/37）

善等自星食（叁·7224·28/37）

仓等岁自星食，其卅顷枯芜廿年，可用一万夫作（叁·7225·29/37）

东卖波一所，深七大二尺，长七十九大，☑败，沃田九十顷，枯☑（叁·7229·33/37）

☑☑波一所，深三②大，长八十五大，沃田一百卅亩③，枯芜十年，可用☑☑＝四万夫作☑（叁·7232·36/37＝叁·6377/36）

☑蒲波一所，深一大五尺，长九④☑大，败六十大，沃田七十九顷，枯芜十☑（叁·6311/36）

枯芜五年☑（叁·6383/36）

☑波一所，深☑☑，⑤长廿五大，败十五大，沃田六顷五十亩☑☑（叁·6726/37）

☑七尺⑥长廿⑦大，败十一大，沃田九顷，枯芜☑☑（叁·6764/37）

☑长十一大，败八大，沃田四☑☑（叁·6774/37）

---

① "二"，核对图版，笔迹残缺，疑作"七"。

② "三"，原阙释，据图版补。

③ "亩"，核对图版，疑为"顷"。

④ "九"，原释作"十"，据图版改；或作"六"。

⑤ "深☑☑"据图版补。

⑥ "七尺"，原阙释，据图版补。

⑦ "廿"，原释作"卅"，据图版改。

☑　长□□丈，败，沃田六十顷，枯芜☑（叁·6867/37）

☑□百廿①二顷，民男子□□②（叁·6868/37）

☑夫作　☑（叁·6870/37）

☑万夫作　☑（叁·6872/37）

顷，枯芜三年，可☑（叁·6916/37）

☑□□丈，沃田廿八顷，枯芜十五年，可用（叁·6948/37）

☑　芜五年，可用③一千二百夫作（叁·7013/37）

☑……败廿一丈，沃田十四顷，枯芜二年☑（叁·7016/37）

☑　长卅丈，败十八丈，沃田□☑（叁·7081/37）

☑沃田一顷，民男④□☑（叁·7082/37）

☑□顷，枯芜二年，可用（叁·7083/37）

☑□□四顷九十亩，枯兼三年（叁·7144/37）

☑……十夫……（叁·7196）

【分计简】

☑其波十六所，田合六百卅二顷七十☑（叁·6554/37）

其波九所，田合五……顷，唐儿民自垦☑（叁·6724/37）

【呈文Ⅰ】

☑相君、丞叩头死罪敢言之（叁·7068/37）

□□枯芜几年，浸田多少，何人□□□，及新故钱米已入□（叁·7218·22/37）

☑头死罪敢言之。（叁·7074/37）

二月十二日……☑（叁·7201·5/37）

---

① “□百廿”，原阙释，据图版补。

② “□□”，原释作“地（?）就（?）”，核对图版，应为人名。

③ “芜”，原释作“与”，“可用”，原释作“佃田”，据图版及简文格式改。

④ “男”，原释作“界”，据图版改。

诸乡分簿

【都乡】

（标题简）

都 乡 谨 列 枯 芜 波长 广 顷亩簿（叁·7204·8/37）

（主体简）

☑ 一 所，深一丈二尺，长 卅 五 丈，败廿一丈，沃 田 □ 五 顷，枯芜二年，可用一万 = ☑六千夫，民大男毛 布 、陈丈、陈建等自垦食（叁·7203·7 = 叁·7206·10/37）

民大男毛芟、□皮等合□民垦食（叁·7200·4/37）

【南乡】

（标题简 + 主体简 + 乡计简）

南 （?） 乡 谨 列 波 唐 顷 亩 簿

□□□ 一 所　长一百丈，沃田卅九顷，溏儿民吴金、王署等岁自 垦 食 （叁·7216·20/37）

京□塘一所　长一百五十丈，沃田廿顷，溏儿民陈散、李□等岁自 垦 食

　　　　　长存 一 百一十八丈，沃田六 十 九顷（叁·7205·9/37）

【东乡】

（主体简）

大田波一所，深二丈，长 ☑（叁·7021/37）

【小武陵乡】

（乡计简）

右 （?）小武陵乡波二所，沃田十四顷九亩，□□□十五年、廿三年□□□（叁·7207·11/37）

（乡呈文）

　　　　　正月六日劝农掾文□ 白 。（叁·7211·15/37）

【平乡？】

（主体简）

亭下波一所，深一丈七尺，长廿丈，败十一丈，浇田九顷，枯芜十年，可用一万夫（叁·6320/36）

（乡计简）

右波二所，浇田卅五顷，民……（叁·7209·13/37）

【广成乡】

（主体简）

逢唐一所，长三百丈，沃田四顷，溏儿民□□长沙郡刘张、冯汉等岁自（叁·7236·40/37）

□唐波一所，长廿五丈，深一丈四尺，败十五丈，沃田□□顷五十亩，枯芜五年，可用一千（叁·7239·43/37）

（乡计简）

右唐波三所，沃田一百□十□顷六亩，其一百一十八顷□□（叁·7237·41/37）

（乡呈文）

　　　　　　　　☑□十一日劝农掾区光白（叁·7067/37）

（Ⅲ类，不明乡）

（主体简）

黄唐波一所，深七尺，……丈，沃田廿顷，枯芜☑+☑年，可用三万夫（叁·6325＋叁·6589/36）

□汉波一所，深二丈五尺，长十二丈，败十丈，沃田……枯芜二年，可用七千夫（叁·7208·12/37）

☑……一千□丈，沃田六顷五十八亩（叁·7210·14/37）

□□波一所，深七丈，长十丈，败□丈，沃田七顷，枯芜七年，可用七千夫（叁·7212·16/37）

□□作（叁·7213·17/37）

西波一所，□败①，长卅一……作用 二 千 五 百夫，□沃田七顷五（叁·7214·18/37）

高□波一所，深一丈，长七十一丈，败□丈，沃田□顷，枯芜三年，可用五千夫（叁·7215·19/37）

芜……溏作（叁·7217·21/37）

☑枯芜六年，可用一万 夫 ☑（叁·7063/37）

☑……二百……不垦食☑（叁·6829/37）

（乡计简）

·右波九所，田合五百卅一顷卅亩，唐儿②民自 垦 食（叁·7226·30/37）

（Ⅳ类，不明乡）

（主体简）

□□波一所，长六十丈，深□丈，败卅丈，沃田卅顷□十顷□武□□□□=年，可用一万二千夫作（叁·7230·34 = 7228·32/37）

可用三万一千夫作（叁·7231·35/37）

其 卅③顷枯芜廿年，可用一万夫作（叁·7238·42/37）

□④□波一所，长十一丈，深□丈七尺，败八尺，沃田四顷，枯芜三年，可用五千夫作（叁·7240·44/37）

□ 氾波 二 所⑤……长十九丈，败七丈，沃田……顷，枯芜卅六年，可用三万（叁·7235·39/37）

☑□丈 六 尺，败□□， 沃 田 □☑（叁·6351/36）

----

① "败"，原阙释，据图版补。

② "唐儿"，原释作"□给"，核对图版，首字"广"旁可辨识，结合对应简例改、补。

③ "其卅"，原释作"田四"，据图版及对应关系改。

④ "□"，核对图版，疑作"东"字。

⑤ 核对图版，"二"字不清晰，疑误。

☑沃田十四顷，枯芜　　，① 可用万一千八②百夫作（叁·6414/36）

☑……枯芜廿三年（叁·6581/37）

☑垦食（叁·6758/37）

□□波一所，长……顷卅亩，枯芜五年，可用□☑（叁·7010/37）

□波一所，深……☑（叁·7020/37）？

☑沃田六十顷，枯芜□年（叁·7069/37）

☑□□等自垦食（叁·7070/37）

☑波□□☑（叁·7127/37）？

☑胡（？）诸□□自垦食（叁·7197·1/37）

（乡计简）

·右波十六所，田合六③百卅二顷七十九亩……☑（叁·6316/36）

☑……波二所☑（叁·6350/36）【注】简中有朱笔涂痕。

·右□□等岁自垦食　☑（叁·6436/36）

【呈文Ⅱ】

空白简（叁·7233·37/37）

□叩头叩头死罪死罪，案文书，被勅，辄部④乡吏区（叁·7195/37）

光、黄肃等隐核县⑤□波唐田顷亩，令光等各列簿。（叁·7241·45/37）

□大小□□沃田顷亩，用人工多少，及得芜溲小波（叁·7194/37）

□□□少，罗列顷亩，会月廿日赍⑥簿诣廷。模（？）□（叁·

① 核对图版，"枯芜"下留空，可容纳两字。

② "八"，核对图版，漫漶不清，疑"丿"为干扰痕迹。

③ "六"，原释作"五"，据图版改。

④ "部"，原释作"诣"，据图版改。

⑤ "县"，原阙释，据图版补。

⑥ "赍"，原释作"膚"，据图版改。

7193/37）

几亩不可佃，及……久，⬚波田当☐悉令耕。列☐（叁·7244·

48/37）

⬚留如府记科①令。（叁·7243·47/37）

☑☐簿复言君诚惶诚（叁·6825/37）

⬚②叩头死罪敢言之。（叁·7234·38/37）

【批注】

☑☐☐☐波塘长广深败，☐顷亩可（叁·7245·49/37）

☑☐☐当言右田曹（叁·6993/37）

空白简（叁·7242·46/37）

---

① "记科"，原释作"咨所"，据图版改。

② "恐"，原阙释，据图版补。

附录三：简牍图版分类

临湘合簿

| 叁·7199 | 叁·7198 | 叁·7220 | 叁·7221 | 叁·7222 | 叁·6935 | 叁·7202 |

| 叁·7219 | 叁·7227 | 叁·7223 | 叁·7224 | 叁·7225 | 叁·7229 | 叁·7232 |

续表

| 叁·6377 | 叁·6311 | 叁·6383 | 叁·6726 | 叁·6764 | 叁·6774 | 叁·6867 |

续表

| 叁·6868 | 叁·6870 | 叁·6872 | 叁·6916 | 叁·6948 | 叁·7013 | 叁·7016 |

| 叁·7081 | 叁·7082 | 叁·7083 | 叁·7144 | 叁·7196 | 叁·6554 | 叁·6724 |

续表

| 叁·7068 | 叁·7218 | 叁·7074 | 叁·7201 | | | |

诸乡分簿

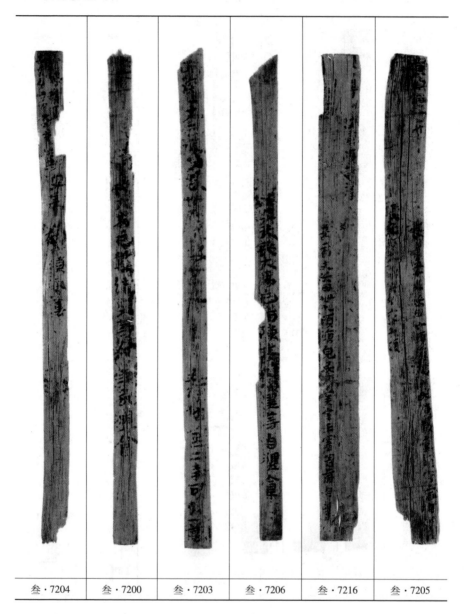

| 叁·7204 | 叁·7200 | 叁·7203 | 叁·7206 | 叁·7216 | 叁·7205 |

续表

| 叁·7021 | 叁·7207 | 叁·7211 | 叁·6320 | 叁·7209 | 叁·6325 | 叁·6589 | 叁·7208 |

| 叁·7210 | 叁·7212 | 叁·7213 | 叁·7214 | 叁·7215 | 叁·7217 | 叁·7063 | 叁·6829 |

叁·7226							

| 叁·7236 | 叁·7239 | 叁·7237 | 叁·7067 | 叁·7230 | 叁·7228 | 叁·7231 |

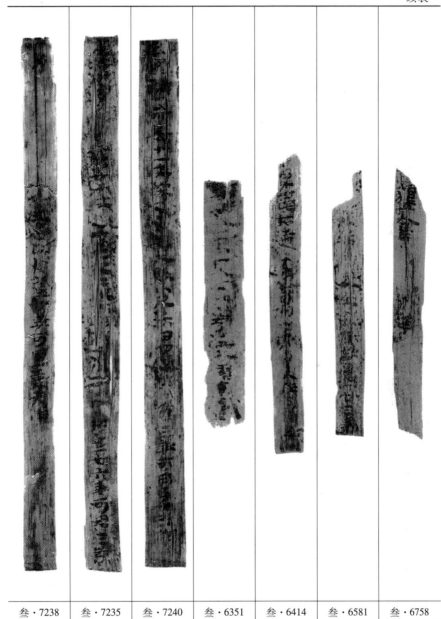

| 叁·7238 | 叁·7235 | 叁·7240 | 叁·6351 | 叁·6414 | 叁·6581 | 叁·6758 |

叁·7010	叁·7020	叁·7069	叁·7070	叁·7127	叁·7197	叁·6316

续表

叁·6350	叁·6436					

空白
简

叁·7233	叁·7195	叁·7241	叁·7194	叁·7193	叁·7244	叁·7243

续表

	空白简					
叁·7234	叁·7242	叁·7245	叁·6993			

［原刊《동서인문（东西人文）》第 16 号，2021 年］

孙吴嘉禾元年品市布入受簿综合整理与研究

长沙走马楼三国吴简中，有大量品市布征调的记录。过去，学界利用这些材料，围绕汉晋之际"调"的常税化和户调制的形成，进行了大量的探讨。笔者综合利用考古学整理信息和简牍遗存信息，从文书学的角度，对"品市布入受簿""库布承余新入簿"等账簿进行了初步整理，并在此基础上，讨论了库布账簿的内容构成、所体现的财政运作、调布的性质以及孙吴户调的发展状况。①

在《长沙走马楼三国吴简·竹简〔陆〕》中，发掘简第 15 盆聚集出现近 300 枚嘉禾元年（232）品市布入受莂（据其性质又可称"调布入受莂"），②且有 3 幅对应的揭剥位置示意图（陆·图47、54、55），参见图一、二、三。③过去，笔者整理的"品市布入受簿"，依据的主要是盆号

---

① 学术史回顾和簿书整理情况，参见凌文超《走马楼吴简库布账簿体系整理与研究——兼论孙吴的户调》，《文史》2012 年第 1 辑；《走马楼吴简发掘库布账簿体系整理与研究》，载中国文化遗产研究院编《出土文献研究》第 11 辑，中西书局 2012 年版。两文综合修订为《走马楼吴简采集簿书整理与研究》第六章《库布账簿体系与孙吴户调》，广西师范大学出版社 2015 年版，第 283—396 页。

② 吴简中所见的"莂"多被编连为簿。嘉禾吏民田家莂有标题简，如"南乡谨列嘉禾四年吏民田家别顷亩旱熟收米钱布付授吏姓名年月都莂"（4.1）。竹莂迄今未见标题简，而多系签牌，如"库吏殷连潘琂起二年七月讫三年五月十五日所受嘉禾二年品市布莂"（柒·4820①）。"莂"既是个体名词，指单枚券莂，又是集体名词，指由若干券莂编连而成的莂册。为了便于区分，特别是与"承余新入簿""出用余见簿"相区分，笔者拟称单枚券莂为"莂"或"入受莂"；称由莂组成的簿书为"莂册"或"入受簿"。

③ 竹简及揭剥位置示意图参见长沙简牍博物馆、中国文化遗产研究院、北京大学历史学系走马楼简牍整理组编著《长沙走马楼三国吴简·竹简〔陆〕》附录，文物出版社 2017 年版。

和简文信息，这些成坨品市布莂及其揭剥图的出现，为我们进一步整理这类簿书提供了更为客观而具体的考古学依据。不仅如此，笔者过去整理的"品市布入受簿"中，嘉禾元年的品市布莂较少，而发掘简第 15 盆中聚集出现的皆为嘉禾元年品市布莂。孙吴可能从嘉禾元年七月开始大规模调布，早期品市布入受莂上记录的信息齐备而工整。这类嘉禾元年品市布莂大量出现，为我们全面而细致地分析孙吴调布的具体做法提供了更为准确、丰富的资料。为此，本文主要利用揭剥位置示意图，对发掘简第 15 盆中聚集出现的品市布入受莂进行整理，探讨孙吴品市布入受簿的内容构成与调布的具体情形，并对若干遗留难题作出新的解释。

一　"品市布入受簿"再整理

吴简品市布入受莂聚集出现在采集简第 12、13、19、20、23 盆和发掘简第 1、15 盆中。过去，笔者对采集简、发掘简第 1 盆中的品市布莂进行了集成整理。发掘简第 15 盆中的三坨品市布入受莂，为我们进一步分析"品市布入受簿"的编排和内容构成提供了条件。

这三坨竹简分别为发掘简第 Ⅱ 区 b 段第 30、37、38 坨（编号分别为 Ⅱb㉚、Ⅱb㊲、Ⅱb㊳）。Ⅱb㉚（陆·4855－4970）共计 116 枚竹简。从简文内容来看，明确不是品市布入受莂的竹简有 12 枚，如下：

1. 南乡□杂限米一百廿六斛（陆·4874·图 47－20/15）①

2. 领私学限米一百卅斛（陆·4875·图 47－21/15）

3. 领金□……一百八十斛（陆·4881·图 47－27/15）

4. 领 散 吏限米五十斛（陆·4886·图 47－32/15）

5. □ 乐 乡 买 杂 限 米 …… 斛 （陆·4888·图 47－34/15）

6. 领吏帅客限米三百八十斛（陆·4889·图 47－35/15）

7. 入中乡二年所贷嘉禾元年税禾还米四斛〓嘉禾二年十一月六日下俗丘胡主关邸阁李嵩付仓吏黄讳潘虑受（陆·4891·图 47－37/15）

① 简号"陆·4874·图 47－20/15"分别指卷次、出版号、揭剥位置示意图编号和盆号，下同。

8. 领吏帅客限米四百一十斛（陆·4895·图 47－41/15）

9. 大男苗囗年卅（陆·4904·图 47－50/15）

10. 入囗乡二年所贷嘉禾元年税禾还米十九斛䒰嘉禾二年囗
月……关邸阁李嵩付仓吏黄⊠（陆·4909·图 47－55/15）

11. ……米二斛……嘉禾二年十一月廿五日……（陆·4910·图
47－56/15）

12. 承六月簿余嘉禾二年乡市租钱三千二百（陆·4952·图 47－
98/15）

应是从其他簿书阑入的。其余 104 枚皆为品市布入受莂（含结计简）及
其残简。Ⅱb㉚揭剥位置示意图参见下页图一。

Ⅱb㊲（陆·5611－5664）共计 54 枚竹简，皆为品市布入受莂（含
结计简）及其残简。Ⅱb㊲揭剥位置示意图参见图二。

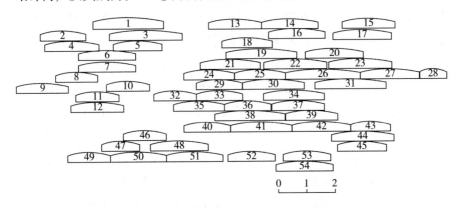

图二　Ⅱb㊲简牍揭剥位置示意图（陆·图 54）

Ⅱb㊳（陆·5665－5728）共计 64 枚竹简。据简文内容，明确不是
品市布入受莂的竹简有 3 枚：

13. ……杂米二千……九合（陆·5670·图 55－6/15）

14. 大男石囗一夫　取禾一斛五斗　居在 白 囗丘（陆·5720·
图 55－56/15）

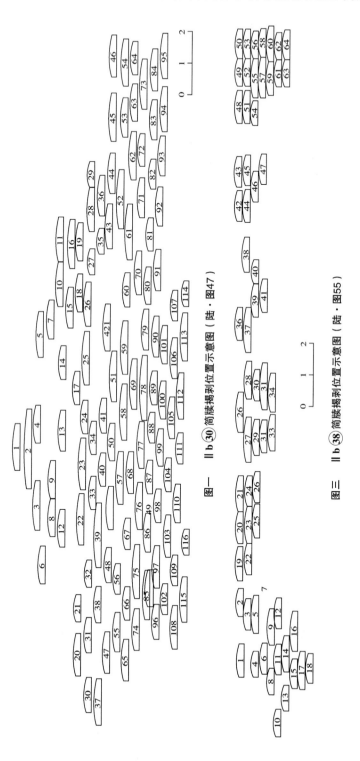

图一 Ⅱb③30简牍揭剥位置示意图（陆·图47）

图三 Ⅱb③38简牍揭剥位置示意图（陆·图55）

15. 大男毛禀一夫　取禾 ☐一 斛　居 在 白 ☐ 丘（陆·5722·图 55－58/15）

也应是从其他簿书阑入的。其余 61 枚皆为品市布入受莂（含结计简）及其残简。Ⅱb㊳揭剥位置示意图参见上页图三。

从这三幅揭剥图来看，简面皆朝下，未见简面相对者，可知，这些成坨竹简并非简册中心，而是简册外围残存部分。Ⅱb㉚、Ⅱb㊲、Ⅱb㊳皆为发掘简第Ⅱ区 b 段成坨竹简，揭取位置相连或相近，且基本上是由嘉禾元年品市布入受莂及其结计简构成的。Ⅱb㉚、Ⅱb㊳中临湘侯国十一乡皆有出现，① Ⅱb㊲中仅未见东乡品市布入受莂。可见，3 坨竹简基本上包含了诸乡调布莂。另外，发掘简第 15 盆散简中，还有数十枚品市布入受莂残简，应是从这些成坨简中离散的。这些同盆中的成坨简和散简，位置临近，内容相关，可以联系起来展开分析。

过去，笔者根据品市布莂签牌（柒·4820①）、"君教"简所记录的品市布一时簿，以及相关考古学整理信息和简牍遗存信息，讨论了吴简库布账簿体系的内容构成。从成坨竹简以及揭剥位置示意图中品市布入受莂分布状况来看，品市布入受簿的内容构成可得到进一步明确。

首先，品市布入受莂应当是按乡别序时编连。例如，有些日期相近的同乡品布入受莂在揭剥图中的位置相近，其简例如下：

16. 入都乡横溪丘男子黄智布七匹〓嘉禾元年七月十一日关丞祁付库吏殷 七匹 连受（陆·4864·图 47－10/15）

---

① 杨振红先生特别指出，孙吴临湘侯国下约统属 12 个乡，其中，北乡尚待进一步证实。参见杨振红《长沙吴简所见临湘侯国属乡的数量与名称》，载卜宪群、杨振红主编《简帛研究二〇一〇》，广西师范大学出版社 2012 年版，第 139—144 页。笔者曾指出，吴简中所见"北乡"释文皆未安，或应改释，或笔迹漫漶难以辨识。参见凌文超《走马楼吴简举私学簿整理与研究——兼论孙吴的占募》，《文史》2014 年第 2 辑，第 51 页。据《竹简〔陆〕》简陆·147 "·集凡十一乡领☐租米百五十四斛四斗"、陆·4696 "右十一乡财用钱 ☐八 十四万六千八百七十"、陆·4823 "·右十一乡起三年四月一日讫二年六月七日入财用钱一百十三万……"，确证孙吴临湘侯国统辖 11 乡。笔者过去整理的"品市布入受簿""库皮入受簿"中，均只见 11 乡，未见北乡。孙吴临湘侯国嘉禾年间当未设北乡。

17. 入都乡东溪丘大男陈丞布二匹〓嘉禾元年七月十一日关丞祁付库吏殷 二匹 连受（陆·4870·图 47 – 16/15）

18. 入都乡末中丘大男黄春布三匹〓嘉禾元年七月十四日关丞祁付库吏殷 三匹 连受（陆·4863·图 47 – 9/15）

19. 出都乡石头丘朱忠所调布一匹〓嘉禾元年七月廿七日关丞祁付库吏殷 一匹 连受（陆·4873·图 47 – 19/15）

20. 入广成乡吏丘烝得……一 匹〓嘉禾元年七月十九日关丞祁付库吏殷 一匹 连受（陆·5632·图 54 – 22/15）

21. 入广成乡泊姑丘大男周车布一匹〓嘉禾元年七月廿二日关丞祁付库吏殷 一 匹① 连受（陆·5631·图 54 – 21/15）

22. 入广成乡里中丘唐金布一匹〓嘉禾元年七月廿六日关丞祁付库吏殷 一匹② 连受（陆·5634·图 54 – 24/15）

23. 入西乡上□丘男子谢炭布一匹〓嘉禾元年七月十七日关丞祁付库吏殷 一匹 连受（陆·5692·图 55 – 28/15）

24. 入西乡上欲丘大男烝军布一匹〓嘉禾元年七月廿日关丞祁付库吏殷 一匹 连受（陆·5690·图 55 – 26/15）

25. 入西乡平眺③丘区坑中□……〓嘉禾元年八月十一日魁□□付库吏殷连受（陆·5687·图 55 – 23/15）

26. 入西乡布三丈八尺〓嘉禾元年十二月十五日龙丘卫纷付主库吏殷 ☑（陆·5684·图 55 – 20/15）

特别是都乡品布入受莂简 16—19，或位于同一简层前后相连、或相邻简层上下相接（挤压或发掘以致稍有位移）。尤其是同为嘉禾元年七月十一日品布入受莂简 16 与 17 分别位于第 15 和 14 简层（揭剥图陆·图 47 从

---

① "一 匹"，原阙释，据图版补。"一匹"写在"殷连"之间空白处左侧，残存右半字迹，破莂时有意为之。释文校订说明，仅在第一次引文中出现，下同。

② "一匹"，原阙释，据图版补。"一匹"写在"殷连"之间空白处左侧，残存右半字迹，破莂时有意为之。

③ "眺"，原释作"眺"，据图版改。

下往上共计 19 个简层）且上下相接。可见，同乡品布入受莂原来应按日期顺序前后编连。

其次，品市布入受簿内诸乡调布莂多按月结计。例如，诸乡七月品市布入受莂，在揭剥图陆·图 47 中分布在第 6—18 简层，其他简层没有出现；在图 54 中集中分布在右半坨（示意图编号 1—12 为左半坨，13—54 为右半坨）第 9—15 简层（从下往上共计 15 个简层），其他简层没有出现；在图 55 中聚集出现在中部，示意图编号为 24、25、26、28、29、30、31、32、34、36。又如，诸乡八月品市布入受莂也聚集出现，在揭剥图陆·图 47 中分布在第 2—11 简层；在图 54 中大致位于七月品市布入受莂下方，在图 55 中分布于七月品市布入受莂左右两侧，且不与七月品市布入受莂相夹杂。不仅如此，各乡还出现多枚结计简，如：

27. ·右都乡入布合卅五匹一丈四尺　中　（叁·245/23）

28. 右都乡入布囗匹三丈二尺（陆·5657·图 54 –47/15）

29. ·右都乡入布卌匹五尺通合一百八十四匹七尺　　中（陆·5618·图 54 –8/15）

30. ·右西乡入布五十匹二丈三尺（叁·239/23）

31. ·右西乡入布十匹三丈囗尺　囗（叁·1262/23）

32. ·①右西乡入布廿匹三丈　囗（陆·5231/15）

33. 囗　　右西乡入布囗（陆·5881/15）

这些乡结计简应是按月或者某一时间段结计该乡入缴的调布匹数。诸乡按月或某一时间段编制品市布"一时簿"，② 在吴简中有据可循：

---

① "·"，原阙释，据图版补。

② 目前所见"一时簿"，有的按月编制，如简 34；有的按季编制，如简贰·257"三州仓领杂米起嘉禾元年七月一日讫九月卅日一时簿"，有的按一个半月编制，如简肆·1643"三年四月一日讫五月十五日一时簿"（"一时"据图版补），又简叁·1573"嘉禾三年四月一日讫五月十五日一时簿"（"一时簿"据图版补）。由此看来，"一时簿"并非"四时簿"（季簿），而是按一个时间段编制的簿书。

34. *君教　丞出给民种粮如曹期会掾烝　若　录事掾谷　水　校*

　　已出　主簿　省 {嘉禾三年五月十三日白库领品市布 / 起嘉禾元年十二月一日讫卅日一时簿}

　　【注】"若""水"为签名，"已出"为批字。①

简 34 记录了"库领品市布起嘉禾元年十二月一日讫卅日一时簿"，即库将十二月品市布入受莂编制为"一时簿"。各类结计简在揭剥图中的分布比较分散，表明它们未集中编排。各乡结计简以"·右"起始，说明各乡结计简应当紧跟在各乡"一时"（一个月或者某一时间段）品市布入受莂之后。诸乡"一时簿"末尾，再集计诸乡入布数量。

　　总之，品市布入受簿由多个"一时簿"套连而成。具体而言，应当是先按"一时"（某个时间段，按月最常见）编制各乡"一时簿"，并进行结计；再将诸乡"一时簿"按次序套连在一起，并进行集计；若干时段的诸乡"一时簿"套连在一起，最后形成总的品市布莂册（如简 35 对应的莂册），最后进行总计。由于我们还无法确认各个品市布莂"一时簿"的具体期限，"一时簿"的整理现在还存在困难。笔者暂且将采集简和发掘简中所见的嘉禾元年品市布入受莂，分品布、市布，按县乡分部，② 序时排列，结计简一并排列在各乡和簿书之后，详见文后附录。

二　嘉禾元年与二年调布

　　吴简中的调布莂大致可以分为嘉禾元年和嘉禾二年（233）品市布莂。嘉禾元年品市布入受莂较少记录调布年份，而嘉禾二年品市布入受莂基本上记录了调布年份（"嘉禾二年"或"二年"）。过去，笔者在整理嘉禾二年品市布入受莂时，根据签牌信息：

---

① 该木牍图版参见宋少华主编《湖南长沙三国吴简（五）》，重庆出版社 2010 年版，第 28 页。

② 县乡分部（都、中乡，小武陵、西乡，桑、乐乡，广成、平乡，东、南、模乡）的简要分析，参见凌文超《新见"劝农掾料核军吏父兄子弟簿木牍文书"补释》，载中国中古史集刊编委会编《中国中古史集刊》第 3 辑，商务印书馆 2017 年版，第 68—72 页。

35. 库　　吏殷连潘　　　（柒·4820①正/19）

　　　　珤起二年七月

　　　　讫三年五月十五日

　　库　　所受嘉禾二年　（柒·4820①背/19）

　　　　品市布荢

拟将嘉禾二年品市布荢按时间段（嘉禾二年七月前后）分属两个簿书。结合新出嘉禾元年品市布入受荢的相关记录来看，这一整理结果有调整的必要。

　　按原释文，嘉禾二年正月至六月的嘉禾二年品市荢，相比签牌简 35 对应的嘉禾二年品市荢，其数量很少，且未见中乡、南乡、西乡、乐乡这一时期的嘉禾二年品市布入受荢。简例如下：

36. 入都乡嘉禾二年新调……〓嘉禾二年六月廿一日横溪丘男子王勉付库吏殷连受（贰·5617/20）

37. 入东乡带丘男子黄劲二年布一匹〓嘉禾二年二月十三日烝弁付库吏殷连受（壹·8275/13）

38. 入广成乡里中丘男子邓卢（？）二年布一匹〓嘉禾元年□☑（贰·6098/20）

39. 入广成乡嘉禾二年布一匹〓嘉禾二年三月廿四日前龙丘大男区仆付库吏殷连受（壹·7536/13）

40. 入广成乡二年所调新布二匹〓嘉禾二年四月十日李下丘男子☑（壹·6816/12）

41. 入广成乡□□丘二年布一匹〓嘉禾二年四月十九日烝弁付库吏殷☑（壹·8315/13）

42. 入模乡二年布一匹〓嘉禾二年二月十日……男子区□付库吏殷　☑（壹·8358/13）

43. 入模乡二年冬赐布一匹〓嘉禾二年三月十三日洽丘大男苏明付库吏殷连受（壹·7942/13）

44. 入平乡嘉禾二年布一匹〼嘉禾二年正月廿七日监沱丘男子

蕊乐付库吏殷　〼（叁·5720/35）

45. 入平乡嘉禾二年布一匹〼嘉禾二年正月□〼（贰·6045/

20）

46. 入平乡嘉禾二年布一匹〼嘉禾二年四月　〼（壹·8449/13）

47. 入平乡嘉禾二年布一匹〼嘉禾二年六月九日寇丘大男周□

〼（贰·4538/19）

48. 入桑乡嘉禾二年所调布一匹〼嘉禾二年二〼（叁·6022/

35）

49. 入小武陵乡嘉禾二年布一匹〼嘉禾二年六月十日廉丘大男邓

成付库吏殷　〼（壹·6812/12）

核对图版，相关释文皆有改订的必要和可能。简36"新调"二字漫漶，难以辨识，"六月"当改释为"八月"；简37"烝弁"应改释为"丞弁关"，品布莂上该签署集中出现在嘉禾二年九、十、十二月，该简"二月"应改释为"十月"；简38"二年布"在"嘉禾元年"缴纳，不合情理，两者必有一误；简39"入广成乡嘉禾二年"字迹漫漶，简长也容纳不了这么多字，"二年三月"字迹漫漶，难以辨识；简40"四月"或应改释为"七月"；简41"烝弁"应改释为"丞弁关"，相应地"四月"应改释作"九月"；简42"二月"仅残存左小半，疑误；简43"三月"或应改释为"十二月"；简44"正月"应改释为"八月"；简45、46"正月""四月"字迹残缺漫漶，难以辨识；简47"六月"应改释为"八月"；简48"二"（月）应改释为"七"（月）；简49"六月十日"应改释为"九月一日"。由此看来，迄今吴简中未见嘉禾二年调布明确在当年正月至六月缴纳；换言之，嘉禾二年品市布莂按时缴纳的时间皆为"起（嘉禾）二年七月讫（嘉禾）三年五月十五日"（简35）。简36—49应当皆属于简35标示的"品市布入受簿"。

嘉禾二年正月至六月，应当并未缴纳嘉禾二年调布，缴纳的是嘉禾元年调布。吴简中有相关记录：

50. 入广成乡布三丈 八 尺 ⚡ 嘉禾二年正月十九日□丘唐□付库吏殷连受（陆·5655·图 54－45/15）

51. □ 乡 嘉禾元年所调布一匹 ⚡ 禾二年正月四日黄□丘男子□（贰·4019/19）

52. □元 年 布二匹三丈七尺 ⚡ 嘉禾二年五月……丘魁程椎 付 □（陆·5725·图 55－61/15）

53. □ ⚡ 嘉禾二年六月二日新唐丘男子□□ 付 主 库 □（陆·5830/15）

54. □乡嘉禾元年布一匹三丈九尺 ⚡ 嘉禾二年七月十七日枲丘男子信嘆付库吏殷□（贰·4014/19）

55. 入都乡嘉禾元年布一匹 ⚡ 嘉禾二 年 □（陆·5735/15）

56. □须丘男子潘买元年布一匹 ⚡ 嘉禾二年□（陆·5734/15）

57. 入西乡元年布一匹 ⚡ 嘉禾二年□（贰·6092/20）

58. 入市吏潘羿所市布一百卅一匹 ⚡ 嘉禾二年二月廿四日付库吏□（陆·5654·图 54－44/15）

从上述简例来看，嘉禾元年调布有的晚至嘉禾二年缴纳，例如，简52—54 品布晚至嘉禾二年五月、六月甚至七月才缴纳入库，简58 市布晚至嘉禾二年二月入库。这与嘉禾二年调布晚至嘉禾三年正月至五月缴纳是一致的。由此看来，迄今所见走马楼吴简中的品市布入受茢分属于两个簿书：嘉禾元年品市布入受簿，主要缴纳时间从嘉禾元年七月十日（简150—156）持续到嘉禾二年七月左右（简54）；嘉禾二年品市布入受簿，主要缴纳时间"起（嘉禾）二年七月讫（嘉禾）三年五月十五日"（简35）。嘉禾元年、二年两次调布的缴纳时间基本上不重迭（迄今仅见简54 嘉禾元年调布在嘉禾二年七月缴纳）。

　　嘉禾元年和二年品市布入受簿的区分，有助于进一步分析调布的性质。[①]调布虽然以嘉禾元年、嘉禾二年进行标示，[②] 但是，此时的调布并非常规的年度调布，尚未成为常税。首先，如果调布是常税，其缴纳的时限应当基本一致。然而，嘉禾元年调布缴纳的时间持续一年有余，而嘉禾二年调布仅十个月。两次调布缴纳的时限有所不同。

　　其次，这类布匹的名称大致可以分三类：一类是从来源而言的"品布""市布"，二类是从用途而言的"赐布"，三类是从性质而言的"调布"。嘉禾元年、二年调布之名存在两大差异：一，嘉禾元年调布的来源有品布、市布，而嘉禾二年调布迄今所见只有品布，如果调布是常税，前后征调的方式应当一致；二，"新调布"之名仅见于嘉禾二年品市布入受薄，很显然，"新调布"是相对嘉禾元年"调布"而言的。嘉禾元年调布本来属于一次临时性地征调布匹，嘉禾二年布匹需求依然巨大，于是孙吴再一次临时调集布匹。前一次称之为"调布"，后一次以"新调布"为名以示区别。

　　总而言之，即使嘉禾元年、二年调布可能皆始于七月，从其缴纳时限不一致，来源不一致，名称有"调布"与"新调布"之别来看，前后两年调布也并非常税，而是临时性征调。至于两次调布的目的，从其以用途命名的"中赐布""冬赐布"来看，此次调布主要是为了赏赐。过去笔者结合孙吴当时的军国大事，认为这两次调布，或是为了赏赐征讨武陵蛮夷的将士，或是为了赏赐公孙渊。

三　"品布"与"市布"

　　据简 35 签牌，嘉禾二年"品市布入受簿"由"品市布莂"构成。然

---

　　① 关于吴简中所见"调布"的性质，过去有过大量的讨论。参见沈刚编著《〈长沙走马楼三国吴简〉语词汇释》"调""调布"条，中国社会科学出版社 2017 年版，第 234—236 页。

　　② 嘉禾三年，孙吴仍然进行了调布。如简 67；简陆·1907/13 "八千一百廿，通合一千七百卌五万七千，雇三年所市冬赐布五千二百九十"；简陆·1934/13："九万八千一百廿，通合一千七百卌五万七千，雇三年所市布五千二百"（简陆·1907、1934 释文据图版及对应内容校改）。但未见相关调布莂。

而，迄今所见嘉禾二年调布莂不见有"市布"的明确记录，嘉禾元年"品市布入受簿"则由品布、市布莂构成。至于"品布"与"市布"之别，笔者过去作了简要的区分："品布"与户品有关，而"市布"与市场有关。新出嘉禾元年品市布莂及相关简为"品布""市布"的进一步区分提供了新材料。

"品布"又有"三品布""四品布"之名。相关简例如下：

59. ▨领一万四千九百卌获（？）三品布①（叁·7058/37）

60. 入平乡□丘男子□□三品布一匹𢔣嘉禾元年七月廿二日关丞□付库吏殷 一匹 连受（陆·4893/15）

61. 入……三品布二匹𢔣嘉禾元年七月廿五日关丞祁付库吏殷二匹 连受（陆·5622/15）

62. 入平乡四品布一匹𢔣嘉禾□年八月十四日□□丘大男□□▨（叁·277/23）

63. 出元年四品布一千五百匹嘉禾元年八月……（肆·1319/2）

何谓"品布"？学界有一种观点认为，指的是所调之"布"的不同质量和不同品种。②迄今所见吴简中的布匹市价有三种：③

64. □丈三尺，匹直三千六百；其六百八十一匹二丈一尺，匹直三千五百。布（肆·4695/5）

65. 卌五匹三丈四尺，其三千六百六十四匹一丈三④尺，匹直三

---

① "布"，原阙释，核对图版，字迹依稀可辨，据补。

② 高敏：《长沙走马楼吴简中所见"调"的含义——兼与王素同志商榷》，《中华文史论丛》2007 年第 1 期，收入其著《长沙走马楼简牍研究》，广西师范大学出版社 2008 年版，第 137 页。

③ 简捌·2656 原释文作"十三匹直三千二百布簿别列□□□▨"，核对图版，"百"上数字在编痕处，字迹残缺，"二百"应改释为"三百"。

④ "三"，原阙释，据图版及对应简陆·2645 补。

千六百（陆·2650/13）

66. 其六百八十一匹一丈一尺，匹直三千五百，布付库吏潘有领□□（陆·2649/13）

67. 百①卅五万七千，雇三年 所 ②市冬赐布五千二百九 十 匹 ③，々（匹）④ 直三千三百，布 簿 别 ⑤（陆·1898/13）

68. 九十匹，々（匹）⑥ 直三千三百，布簿别列付授（陆·2061/13）

分别是匹直三千六百、三千五百、三千三百。那么，这三种价格的布是否对应着"三品布"？即上品布匹值钱三千六百、中品布匹值钱三千五百、下品布匹值钱三千三百？考虑到嘉禾四年吏民田家莂所记录的布，每匹平贾约值钱三千二百。⑦"四品布"是否就是在"三品布"之外再加上另一种价格的布呢？这种可能性不容忽视，但笔者仍然坚持"品布"与户品有关的看法。

　　首先，简60、62记录了男子缴纳"三品布""四品布"各一匹入库。如果品布指不同质量、价格的布匹，那么，这里就应明确记作某品布（上、中、下品，或第一、二、三、四品），而不应笼统地称作"品布"（无法体现布匹的质量与价格）或者"三、四品布"，否则很容易理解为由若干品种的布组合成一匹缴纳。为了避免入受布匹过于零碎，布作为赋税缴纳时一般要求整匹缴纳，品市布莂所记录的调布基本上是整匹或接近整匹。因此，"三品布""四品布"应当不是不同种类的布匹的组合，而是一个品种的布匹。

---

① "百"，原释作"昔"，据图版及对应简陆·1907改。

② " 所 "，原阙释，据图版补。

③ " 十 匹 "，原阙释，据图版补。

④ "々（匹）"，重文符号，原阙释，据图版补。

⑤ " 别 "，原阙释，据图版补。

⑥ "々（匹）"，重文符号，原阙释，据图版补。

⑦ 《嘉禾四年吏民田家莂解题》，载走马楼简牍整理组编著《长沙走马楼三国吴简·嘉禾吏民田家莂》，文物出版社1999年版，第72页。

其次，走马楼吴简中所见的"品"，多与户品有关（笔者并不否定
"品"也可以用来指质量与价格）。例如户品出钱简。[①] 又如：

69. 兵曹言部吏壬□□□户品限吏民上中下品出铜斤数要簿事
嘉禾四年七月廿 七 [②]日书佐吕承封（柒·2579）

70. 言府三品调吏民出铜一万四百斤事　　七月廿七日兵曹掾番
栋白（柒·3164）

也是按户三品（上、中、下品）调吏民出铜。与此同类，"品布"也应当
是按户品（上、中、下品及下品之下）调吏民出布。因"下品之下"事
实上存在，俨然等同于一个户品，但实际上并不任调，"品布"虽然有
"三品布""四品布"之名，实际上都是按上、中、下三户品调布。

"品布"与"市布"是本次调布的两大类别，两者有什么不同呢？笔
者注意到，"市布"蓏大致可以分为两类。一类是市吏潘羿所市布（下称
"市布蓏 a"），如：

71. 入市吏潘羿所市布一百卅一匹〰嘉禾二年二月廿四日付库吏
☑（陆·5654·图 54－44/15）

潘羿市布的特点是，简 71 所记一次入库的布匹多达一百三十一匹之巨，
与吏民单次纳布入库一般只有数匹不同。据此，还有一些市布蓏所记录的
也应是市吏从市场上购买的调布，如：

72. 入市租钱市所调布一百五十匹〰嘉禾元年八月廿日□□□□
付库吏殷　☑（叁·462/23）

73. ☑所市布二百九十三匹〰嘉禾元年九月廿九日监丘□吏

---

① 　参见凌文超《走马楼吴简三乡户品出钱人名簿整理与研究——兼论八亿钱与波田的兴
建》，《文史》2017 年第 4 辑，第 29—75 页。

② 　" 七 "，原释作"一"，据图版及对应简例柒·3164 改。

□□……　☑（叁·182/23）

74. 右市掾潘斯所市布四百卌二匹　　中（陆·5662·图54 – 52/15）

按原释文，简 74 所记布匹数与简 72、73 布匹数之和，相差一匹。简 73 "三"字压在编绳下，较难辨识；简 74 "卌二"是否应作"卌三"亦不好确定。疑简 74 为简 72、73 的结计简。在笔者看来，简 72、73 也应是市吏单次纳入库的市布，其布匹的来源应当是从市场上大量购买。

另一类是乡丘吏民交纳的"市布"（下称"市布蒴 b"），如：

75. 入西乡入后所市布一匹三丈九尺☰嘉禾元年九月六日锡丘男子宗□……☑（叁·473/23）

76. 入西乡入后所市布三丈九尺☰嘉禾元年九月十日杨溇丘李和付库吏殷连☑（叁·480/23）

77. 入中乡所市中赐布二匹☰嘉禾元年八月廿六日唐丘男子□□□☑（叁·279/23）

78. 入广成乡所市布一匹☰嘉禾元年八月九日漂丘男子☑（叁·272/23）

79. 入广成乡所市布一匹☰嘉禾元年八月九日楢丘□☑（叁·445/23）

80. 入南乡官所市廖金布一匹☰嘉禾元年七月廿九日关丞祁付库吏殷①　一匹　受（陆·4913·图47 – 59/15）

81. 入模乡所市布三匹☰嘉禾元年七月廿八日三州丘男子□□付库吏殷连受（陆·5636·图54 –26/15）

82.□乡市布二匹☰嘉禾元年十一月三日□□□付库吏殷连受（陆·4958·图47 –104/15）

---

① "殷"下原释有"连"，据图版删。

83.　入□乡市布一匹☱嘉禾元年十月十□☑（陆·5742/15）

市布薃 b（简 75—83）的格式与品布入受薃相同，入库的方式也一致，只是明确记录了"市布"。那么，市布薃 b 与市布薃 a（简 71—74）、品布薃有何异同？

　　笔者认为，市布薃 a 与 b 所记调布应当皆为市吏购入的布匹，故被称为"市布"；但两者购买的来源不同，市布薃 a 是从市场上购买，市布薃 b 则是从乡丘吏民户手中购买。市布薃 b 与品布薃可能皆按户品向吏民征购，但市布薃 b 由市吏参与采购，品布则完全是通过乡丘征税系统征购。这三类品市布薃的关系参见图四。

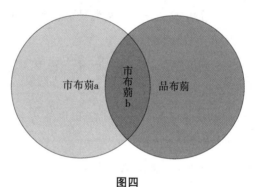

图四

　　由于市布薃 b 可能也是按户品向吏民采购，或许称之为"品布"也是可行的。① 混言之，市布薃 b 与市布薃 a（负责人皆为市吏）、品布薃（征购依据皆为户品）皆存在一些共通性。

　　总之，"市布"是由市吏负责购入的调布，"品布"是按户品向吏民征购的调布。"市布"与"品布"的区别是：一，"市布"由市吏负责，而"品布"由责任县吏如劝农掾和乡丘服役者负责（详见下节）；二，

---

① 有两枚粘连在一起的结计简：其二百一十五匹市吏潘羚所市（陆·4934·图 47–80/15）、三百一十五匹一丈八尺民所入（陆·4935·图 47–81/15）。前者为市布，后者为"民所入"。"民所入"布匹的性质，既有品布又有市布的可能。在笔者看来，这两枚简应为"其"类的分计简，很有可能是对"市布"来源的分计。所谓"民所入"，可能是市吏按"户品"向吏民采购的调布，称之为"品布"并无不可，但按性质归类仍应视作"市布"。

"市布"通过购买的手段筹措，名义上是通过自由买卖，而"品布"主要通过征购的手段筹集，带有强制性。"市布"与"品布"的联系则在于：第一，市布可能也有市掾潘衿按户品从吏民手中购入者（市布葪 b），且这部分也是按乡丘征税系统缴纳；第二，"品布"虽然带有强制性，但官府应当也会给值，例如：

84. 嘉禾元年所调布 得 ①四千三百卅五匹三☐（陆·2656/13）

85. 其五十五万 二 ②千五百雇元年所市布（陆·1935/13）

嘉禾元年共计调布四千三百四十五匹多。但某次支付的款项仅"五十五万 二 千五百"，按三千五百钱一匹，约合一百五十余匹。那么，其他布匹是否给值了呢？从简 67 来看，嘉禾三年市冬赐布五千二百九 十 匹 ，悉数给值了。据此，笔者倾向于认为，无论是品布，还是市布，理论上都是要求给值的，这与两汉以来大多数的"调"性质相同。签牌简 35 对应的嘉禾二年品市布入受簿中，未见"市布"的明确记载，但签牌仍然称之为"品市布"，或有可能是因为，品布也应支付市价，从这个角度而言，"品布"本质上仍然是官府出钱购买。只是，与一般"市布"不同之处在于，官府强制要求吏民按户品提供相应数量的布匹出售给官府。调经历了从按市值自由采购，到按户品强制征购，再到常税户调的发展过程。孙吴嘉禾元年、二年调布的做法仍然是常税户调形成的前身。

四　品布的缴纳者

过去，笔者整理的嘉禾元年品市布入受簿所含品市布葪数很少，按人名对应关系，当时未见嘉禾元年与二年品市布入受簿之间存在同乡丘吏民明确对应的简例。现在，嘉禾元年品市布入受簿的含葪数量大大增加，这为我们

---

① "得"，原释作"钱"，据图版改。

② "二"，原阙释，据图版补。

比对两件品市布入受簿，进而分析乡丘调布缴纳者的基本状况，提供了条件。

首先，嘉禾元年与二年品市布入受簿之间存在同乡丘吏民缴纳调布的简例，参见表一。①

表一　　　　　　嘉禾元年、二年同乡丘吏民品市布入受简例

嘉禾元年	嘉禾二年
入中乡湛上丘男子栴阳布一匹〓嘉禾元年七月十日丞义[关]付库吏殷 连受（陆·4868）	☑嘉禾二年所调布一匹〓嘉禾二年☐月十三日湛上丘男子栴[阳]②☑（贰·4776）
入西乡下俗丘大男五杭布二匹〓嘉禾元年八月廿六日付库[吏][殷][连]受（陆·4926）	入西乡嘉禾二年布三匹〓嘉禾三年三月廿六日下俗丘男子五杭付[库]☑（壹·8286）
入西乡复睪丘男子光肫布四匹〓嘉禾元年七月十八日关丞祁付库吏殷 四匹 连受（陆·4918）	入西乡[复][睪][丘]③光肫二年[调]布一匹三丈☐☐〓[嘉]☑（壹·5120）
入广成乡[泊]姑丘大男周车布一匹〓嘉禾元年七月廿二日关丞祁付库吏殷[一][匹]连受（陆·5631）	入广成乡[泊][姑]④丘男子周车二年布一匹〓嘉禾二年九月廿一日丞弁关⑤付库吏殷连受（壹·7535）

————————

① 还有同乡同名不同丘者：入平乡租丘大男李愬入所调布一匹〓[嘉][禾][元][年]······付库吏殷连受（陆·5677），入平乡嘉禾二年布二匹〓嘉禾二年八月廿四日下略丘李[愬]付库吏☑（贰·5372）；入平乡[杨][溲]丘男子谢有布一匹〓嘉禾元年七月十四日关丞祁付库吏殷 一匹 连受（陆·5624·图54-14/15），入平乡常略丘谢有布三匹〓嘉禾元年七月十四日关丞祁[付]库吏殷三匹 连受（陆·4911·图47-57/15）。同名不同乡者：入都乡[秋][奇]丘大男五贵布四匹三丈八尺〓嘉禾元年八月八日付库吏殷连受（陆·5617），入中乡嘉禾二年所调布二匹☐☐〓嘉禾二年十一月十九日小赤丘大男五贵付库吏殷连受（贰·5317）；入南乡民区贤布一匹〓嘉禾元年七月十四日关丞祁付库吏殷☑（陆·5625），入中乡嘉禾二年新调布三丈九尺〓嘉禾二年八月廿日湛龙丘区贤付库吏殷连受（贰·5306）。疑似简例：入☐乡☐丘大男黄圭[]布一匹〓嘉禾元年九月 ☑（陆·5831/15），入广成乡嘉禾二年所调布一匹〓嘉禾二年七月廿一日桓陉丘男子黄圭付库吏殷连受（贰·5533/20）

② "栴[阳]"，原释作"栴砀"，据图版改。

③ "[复][睪][丘]"，原释作"☐☐乡吏"，据图版改。

④ "[姑]"，原阙释，据图版及对应简例补。

⑤ "丞弁关"，原释作"[丞][弁]"，据图版及文例改。下同，不另注。

续表

嘉禾元年	嘉禾二年
入广成乡东薄丘徐麦布一匹〳嘉禾元年七月十六日关丞 祁 付库吏殷 一匹 连受（肆·826）	▨▨丘徐麦二年布三丈 九 ①尺〳嘉▨（贰·6179）
入 广 成 乡 布 二匹三丈九尺〳嘉和元年十月廿三日▨丘邓儿付库吏殷 ▨（叁·192）	入广成乡嘉禾二年所调布一匹〳嘉禾二年八月十五日三州丘男子邓儿付库吏殷连受（贰·5538） 入广成乡嘉禾二年调布一匹〳嘉禾二年十一月十三日三州丘邓儿付库吏殷连（壹·8288）
入乐乡布二匹三丈〳嘉禾元年十二月八日 顷 ②丘吴春付 库 吏 ▨（陆·4957）	入乐乡嘉禾二年新调布三丈八尺〳嘉禾二年七月廿九日顷丘男子吴春付库吏殷▨（贰·5369）
入模乡 洽 ③丘大男周持布 二 匹〳嘉禾元年八月五日关丞▨付库吏殷连受（陆·5713）	入模④乡二年冬赐布一匹〳嘉禾二年十一月十三日洽丘男子周持付库吏殷连受（壹·7890）
入 东 ⑤乡带⑥丘男子黄动调布二匹〳嘉禾元年八月一日关丞 祁 ⑦▨〳（叁·198）	入东乡带丘男子黄动二年布一匹〳嘉禾二年十月十三日丞弁关付库吏殷连受（壹·8275）
入南乡▨▨ 大 男 ⑧潘 逐 布▨（陆·5374/15）	▨子潘逐（？）入布一匹〳▨（贰·3990）
▨布七匹三丈四尺〳嘉禾元年十一月四日掾黄原付库吏殷连受（陆·5718）	入模乡二年调布三丈八尺〳嘉禾二年八月廿四日吏黄原⑨付库吏 殷 ▨（壹·6834）

————————

① "九"，原释作"一"，据图版改。

② "顷"，原释作"须"，据图版及对应简例改。

③ "洽"，原阙释，核对图版，右侧"合"可辨识，据图版及对应简例补。

④ "模"，原释作"广成"，核对图版，右侧"日"可辨识，据图版及对应简例补。

⑤ "东"，原释作"南"，"东""南"形近，据图版及对应简例改。

⑥ "带"，原释作"典巾"，核对图版，该字疑为"带"字的俗体，据改。

⑦ "祁"，原阙释，据图版补。

⑧ "▨▨大男"，原释作"吏帅客"，据图版改。"▨▨"为丘名，下或脱"丘"字。

⑨ "原"，原释作"宕"，据图版改。

续表

嘉禾元年	嘉禾二年
☑丈七尺〓嘉禾元年十二月十八日新眺①丘谢客付库吏殷连受（陆·5710）	☑布一匹〓嘉禾二年八月廿三日新眺丘男子谢客付库☑（壹·6176）

这些同乡丘吏民户在嘉禾元年、二年两次缴纳调布的简例，似乎可以再次印证上文的分析，即嘉禾元年、二年品市布分属于两次不同的调布。尤其是中乡湛上丘男子栂阳、广成乡泊姑丘大男周车前后两年缴纳的品布数量完全相同，更加佐证了上述论断。

然而，更多的同乡丘吏民前后两年缴纳的数量并不相同。如果按户品征购调布，前后缴纳品布数量就应相同，或成固定的比例，但现有例证并不能反映这一点。这种情况的存在很可能是因为，很多简例所记录的缴纳者并不一定是所缴调布的纳税者，换言之，缴纳者送缴入库的物资很可能是若干吏民户的应缴调布。下面予以论证。

嘉禾元年、二年品布莂中，有些吏民不止一次缴纳调布。先来看嘉禾元年的简例：

86. 入都乡布……〓嘉禾元②年十月七日泉溲丘间长廖健③付库吏受（陆·4951·图47－97/15）

87. 入都④乡泉溲丘廖健布四匹三丈七尺〓嘉禾元八月七日大男廖健关丞　付库吏殷连受（陆·4890·图47－36/15）【注】"元"下脱"年"字。

88. 入中⑤乡绪中丘大男区将⑥布……四尺〓嘉禾元年……（陆·

---

① "眺"，原释作"眣"，据图版改。

② "元"，原释作"二"，据图版改。

③ "健"，原释作"建"，据图版改。

④ "都"，原释作"桑"，据图版改。

⑤ "中"，原释作"西"，据图版改。

⑥ "将"，原阙释，据图版补。

4948·图 47－94/15）

89．入中乡 绪 中 ① 丘大男区将布一匹〻〻嘉禾元年七月十二日关
丞祁付库吏殷 一匹 连受（陆·5623·图 54－13/15）

90．入小武 陵 乡帅烝益布四匹三丈七尺〻〻嘉禾元年七月廿四日
关丞祁付库吏殷 四匹三丈七尺 连受（陆·5689·图 55－25/15）

91．☑乡帅烝益布二匹〻〻嘉禾元年八月六日关丞　付库吏殷连受
（肆·833/1）

92．☑□乡布……〻〻嘉禾元年十一月廿八日 唫 丘男子烝益付库
吏殷连受（贰·3923/19）②

93． 入 桑 乡 布 二 匹 〻〻嘉禾元年八月十九日乡吏刘平付库吏
殷连受（陆·5674·图 55－10/15）

94．入桑乡劝农掾刘平布 六 匹 〻〻嘉禾元年八月　 ☑（陆·
5774/15）

95．入桑乡吏刘平布二匹三丈七尺〻〻嘉禾元年九月☑（陆·
5773/15）

96．入桑乡布四匹〻〻嘉禾元年十二月四日劝农掾 刘 平③付库掾④
殷 连 受 （陆·5661·图 54－51/15）

97．入乐乡领山丘布五匹〻〻嘉禾元年九月十三日乡吏孙仪付库吏
殷连受（陆·5671·图 55－7/15）

98．入乐乡布一匹〻〻嘉禾元年九月廿六日乡吏孙仪⑤付库吏殷连
受（陆·5717·图 55－53/15）

---

① “绪 中”，原释作“百□”，据图版及对应简例陆·4948 改、补。

② 迄今所见走马楼吴简中的“唫丘”皆属“小武陵乡”，参见简壹·6395、肆·1953、
2926、3448 等。

③ “刘 平”，原阙释，据图版补。

④ “掾”，原释作“吏”，据图版改。

⑤ “仪”，原释作“傅”，据图版改。

99. 入模乡牙①下丘大男五②惕布一匹三丈九尺〓嘉禾元年八月廿日付库吏殷 □（叁·202/23）

100. 入模乡牙下③丘五惕布一匹〓嘉禾元年七月廿[一]④关丞祁付库吏殷 一匹 连受（陆·5630/15）

101. 入东乡上利丘男子烝赣布三匹〓嘉禾元年八月二日关丞付库吏□（叁·459/23）

102. □……二匹〓嘉禾二⑤年四月十五日上利⑥丘烝赣付库吏殷连受（叁·217/23）

这些多次缴纳调布的吏民，有的身份比较特殊。例如，都乡泉溲丘廖健为间长（掌管闾里职事者）、小武陵乡师烝益、桑乡劝农掾刘平、乐乡乡吏孙仪，皆为"乡官里（丘）吏"。在调布过程中，孙吴应当安排了基层职吏参与了调布的征缴。有的身份为"大男""男子"，如中乡绪中丘大男区将、东乡上利丘男子烝赣。再来看嘉禾二年的简例：

103. 入都乡嘉禾二年布八匹〓嘉禾二年八月十四日耒丘大男吕僮付库吏殷□（贰·5540/20）

104. 入都乡嘉禾二年布八匹〓嘉禾二年八月十三日耒丘大男吕僮付库吏殷连受（贰·6104/20）

105. 入都乡嘉禾二年新调布五匹三丈四尺〓嘉禾二年八月十一日秋倚丘男子区巴付库吏殷□（贰·5510/20）

106. 出都乡秋倚⑦丘大男区巴二年布一匹二丈一尺〓嘉禾二年十月十五日丞弁关付库吏殷连受（壹·7504/13）

---

① "牙"，原释作"勺"，据图版改。

② "五"，原释作"烝"，据图版改。

③ "牙下"，原阙释，据图版补。

④ "[一]"，原释作"二"，核对图版，上横或为"廿"封口之笔，据改。

⑤ "二"，原释作"元"，据图版改。

⑥ "利"，原阙释，核对图版，"禾"旁清晰可辨，据图版及对应简例叁·459补。

⑦ "秋倚"，原释作"松□"，据图版及对应简例贰·5510改。

107. 入都乡嘉禾二年调布二匹　嘉禾二年七月十九日横溪丘男子谢德（？）李□付库吏殷连 受 （贰·5314/20）

108. 入都乡横溪丘男子谢德入新布二匹　嘉禾二年十一月廿日丞弁关☑ （壹·8271/13）

109. 入都乡二年新调布一匹　嘉禾二年八月廿日因广丘岁伍吴涟民黄汉付库吏殷连受 （贰·5318/20）

110. ☑ 年 新调布一匹三丈八尺　嘉禾二年八月廿四日因广丘岁伍吴涟民□如付库吏殷连受 （贰·5471/20）

111. 入中乡嘉禾二年新调布二匹　嘉禾二年七月十二日小赤丘大男番苌付库吏殷连受 （贰·5468/20）

112. 入 □乡嘉禾①二年布二匹　嘉禾二年八月十三日岁五番苌付 库 吏 殷 ☑ （叁·6282/36）

113. ☑禾二年所调布一匹　嘉禾二年八②月五日男子潘苌付库吏殷连受 （贰·5325/20）

114. 入广成乡嘉禾二年布二匹　嘉禾三年五月三日捞丘男子邓冯库吏潘　☑ （壹·7912/13）

115. ☑ 成 ③乡榜丘邓冯二年布二匹　嘉禾二年九月廿七日丞弁关付库吏殷连受 （贰·5615/20）

116. 入广成乡榜④丘男子邓冯⑤二年布三丈七尺　嘉禾二年十月廿三日付库吏殷☑ （壹·7500/13）

117. 入广成乡上伻⑥丘男子邓迟二年布□□　嘉禾二年☑ （贰·5725/20）

---

① "嘉禾"，原释作"嘉米"，据图版及年号改。

② "八"，原释作"二"，据图版改。

③ " 成 "，原释作" 入□ "，据图版改。

④ "榜"，原释作"杨"，据图版改。

⑤ "冯"，原释作"马"，据图版改。

⑥ "伻"，原释作"俗"，据图版改。

118. 入广成乡二年调布三匹〼嘉禾二年七月廿九日伻丘大男邓迟付库吏殷连受（贰·5551/20）

119. 入广成乡三州丘男子番郡二年布一匹〼嘉禾二年九月十七日丞弁关付库吏殷　〼（壹·7834/13）

120. 入广成乡三州丘男子潘郡二年布二匹〼嘉禾二年十月五日丞弁关付库吏殷连受（壹·8250/13）

121. 入广成乡抯陵①丘番张二年布一匹三丈八尺〼嘉禾二年十一月十七日□□付库吏殷连受（壹·8212/13）

122. 入广成乡抯陵丘男子番张嘉禾二年布四匹三丈九尺〼嘉禾二年九月十七日丞弁关付库吏殷连受（壹·7907/13）

123. 入平乡二年一匹〼嘉禾三年五月五日于上丘番张付库吏潘琄受（壹·8253/13）

124. 入广成乡弦②丘男子吴远二年调布二匹〼（壹·6814/12）

125. 〼禾二年所调布一匹〼嘉禾二年八月十日弦丘男子吴远付库吏殷连受（贰·5324/20）

126. 入平乡嘉禾二年布三匹〼嘉禾二年八月廿七日浸顷丘布邑朱〼（叁·6218/36）

127. 入平乡嘉禾二年布四匹〼嘉禾二年八月廿七日浸顷丘布邑朱□ 付 □〼（叁·6146/36）

128. 入平乡尽丘潘明二年布一匹〼嘉禾二年九月廿七日丞弁关付库吏殷连受（壹·7825/13）

129. 〼男番明二年布五丈付〼（壹·6299/12）

130. 入桑乡东平丘大男殷柱二年布七匹〼 嘉 禾 □□□□〼（壹·6852/12）

131. 入桑乡嘉禾二年所调冬赐布一匹〼嘉禾二年七月十三日东平丘男子殷柱付库吏殷连受（贰·5367/20）

132. 入桑乡嘉禾二年新调布一匹〼嘉禾二年七月十七日区丘县

① "抯陵"，原阙释，据图版补。
② "弦"，原释作"孙"，据图版改。

吏谷水付库吏殷☒（贰·5507/20）

133. ☒禾二年 新 调布一匹〓嘉禾二年八月十六日桐丘县吏谷水付库吏殷☒（贰·3959/19）

134. 入乐乡顷丘番卯二年布一匹〓嘉禾二年十二月廿日丞弇关付库吏潘珆受（壹·7931/13）

135. ☒□嘉禾二年新调布一匹〓嘉禾二年八月十九日顷丘潘卯付库吏□☒（贰·5893/20）

136. 入南乡嘉禾二年所调布一匹〓嘉禾二年七月廿九日桐唐丘男子陈文付库吏殷连受（贰·5568/20）

137. 入南乡桐唐丘陈文李勉嘉禾二年布一匹〓 嘉 禾 二 年 十 一 月 ☒（壹·6920/12）

138. 入南乡布一匹三丈一尺〓嘉禾元年 九 月廿六日大男王署付库吏殷连受（陆·5611·图54–1/15）

139. 入 南① 乡 山田丘大男王署入……〓……付库吏殷连受（陆·5653·图54–43/15）

140. ☒二匹〓嘉禾二年九月一日廉丘男子吕明（？）付库吏殷连受（贰·5931/20）

141. ☒一匹〓嘉禾二年八月十二日廉丘男子吕明付库吏殷☒（贰·5889/20）

142. 入□乡嘉禾二年新调布一匹〓嘉禾二年七月廿四日何丘男子李（？）达付库☒（贰·5332/20）

143. ☒何丘男子李达郭连嘉禾二年调布一 匹 ☒（壹·6933/12）

144. ☒乡曼溲丘男子黄谊二年布六匹三丈八尺〓☒（贰·5014/19）

145. ☒嘉禾二年布二匹三丈九尺〓嘉禾二年八月廿三日曼溲丘魁黄 谊 付库吏殷连受（贰·5458/20）

---

① "南"，原阙释，据图版补。

与嘉禾元年调布纳入者的情况大致相同，嘉禾二年多次缴纳调布的吏民也不乏基层职吏，如都乡因圹丘岁伍吴滢、中乡岁伍潘苌、① 桑乡区丘和桐丘县吏谷水、② 曼溲丘魁黄 谊 等。但更多缴纳者的身份是"大男""男子"，或不记身份。这些看似普通平民或不记身份的多次缴纳者，很可能仍是特殊的职事者，例如：

　　146. 出嘉禾元年租米三百十三斛☐斗被县嘉禾二年四月廿四日甲寅书付大男区 巴 运（叁·1486）

　　147. 出嘉禾元年税米十三斛被县嘉禾二年四月十五日乙巳书付大男区巴运（叁·1541）

　　148. 入平乡嘉禾二年助典佃吏限米二斛二斗胄毕〻嘉禾三年四月十七日尽丘番明关邸阁董基付仓吏郑黑受（陆·3546）

　　149. ☑ 力 田潘明二年所调☑（贰·6311）

简 105、106 所记的区巴，很可能就是简 146、147 所记专门负责运输仓米的区巴。据简 146 记录，区巴按文书指令一次运送仓米达 313 余斛，区巴应是专门负责运输的人。简 128、129 所记的潘明，应当就是简 148 记录的缴纳"助典佃吏限米"的番明，两者皆为平乡尽丘人，"助典佃吏"番明的实际身份可能是"力田"（参简 149）。

　　其中，有的人不仅多次缴纳调布，也多次缴纳调皮。例如，桑乡劝农掾刘平在嘉禾元年四次缴纳品布数量多达十四匹三丈七尺，他还在嘉禾二年四次缴纳调皮，数量多达五十枚（简贰·8879、8883、8884、8913），调布、调皮的征缴应当是劝农掾刘平的一项职责。又如嘉禾二年吴远两次纳入品布共计三匹，数量虽然不多，但是，吴远该年还两次缴纳调皮

---

　　① 潘苌应为中乡岁伍，参见简叁·3185："入中乡所买锞贾钱六千〻嘉禾二年五月廿四日岁伍潘苌付库吏殷☐。"

　　② 品布入受莂中"桑乡桐丘"的记录凡一见：简贰·5612。其他文书简有"桑乡桐丘"（如简陆·3041、3544、4386），"平乡桐丘"（如简壹·4388、叁·2729），" 南 乡桐丘"（陆·2834）的记录。

（简壹·8658、8335），① 吴远可能肩负着送缴征调物资的差事。

由一人多次纳入调布、调皮，可能与官府对征调物资的要求有关。无论是调布，还是调皮，零碎妨碍使用，官府势必要求各乡整匹、整枚缴纳。这时，各乡丘若干户一并缴纳征调物资，既可以避免了布匹、杂皮的割裂，又可以节省开支。尤其是那些距库较远的离乡，有的民户需要缴纳的物资有时并不多，各户单独送缴入库并不经济，若干户联合起来派遣一人或由劝农掾、岁伍等送缴入库，开支可能反而更少。

从这些情况看来，缴纳者并不一定是他所送缴全部物资的纳税人。有时候，他们可能只是一部分物资的纳税人，也可能是专门负责此项事务的职吏或差役，尤其是多次送缴征调物资的乡劝农掾和岁伍等，他们应当是乡丘征税的系统的监管者和参与者。当然，我们也不能排除，各乡民户单独缴纳调布的可能性，尤其是那些前后两年缴纳调布数量完全相同的简例，应当是两次调布的直接反映。由于不能确认哪些品布莂记录的是纳税人自己送缴调布入库，我们很难通过单枚券莂所记录的调布数量（不少是若干户调布的缴纳记录），准确地反推各户品调布的数量。②

总而言之，品布莂记录的缴纳者，既有缴纳本户调布的纳税者，又有汇集若干户调布送缴入库的吏民。嘉禾元年、二年同乡丘吏民两次缴纳调布，应是孙吴前后两次调布的反映。品布莂并不能直接作为各吏民户缴纳调布的凭证，所发挥的作用主要是县库与乡之间调布数量的流转和核对。县库主要统计调布入库的数量，这在新入简体现得更加明显：库布入受簿的上一级账簿——新入簿只是转记品市布莂的结计简。至于吏民按户品征

---

① 调皮缴纳的情况，参见凌文超《走马楼吴简采集库皮账簿整理与研究》，载北京大学历史学系编《北大史学》第 16 辑，北京大学出版社 2011 年版，修订收入其著《走马楼吴简采集簿书整理与研究》第七章《库皮账簿与孙吴的口算调皮》，第 415—416 页。简壹·8658 残存左半莂，字迹残缺，原释有"五　唐　丘吴远"，"五　唐　丘"似应改释为"弦丘"。

② 笔者曾经将单枚品市布莂上所记录的缴纳布匹数视作一户调布，尝试通过户訾、户品与调布之间的关系，探讨孙吴户调的发展的脉络。该研究遭到邓玮光先生的质疑，参见邓玮光《书评：凌文超〈走马楼吴简采集簿书整理与研究〉》，载张达志主编《中国中古史集刊》第 2 辑，商务印书馆 2016 年版，第 474—475 页。邓先生的批评意见是可取的，值得重视。品布与户品、户訾之间的关系，还需要更多直接的证据，才能作进一步的讨论。

缴调布的具体税负和完税凭证，在乡劝农掾或者乡部那里应当有一份详细的底帐，即具体各户的调布额和若干户汇集调布送缴的明细。这个问题，容今后再作专门的讨论。

五 签署

品市布莂上有不少签署，例如：丞"义"关、关丞"祁"、"丞弁关""连受"（引号内为签署内容）。"连受"为库吏殷连接受调布的签署。关丞"祁"、"丞弁关"笔者过去有所讨论。而"丞'义'关"乃首次出现，为我们进一步讨论品市布莂上的签署提供了新材料。签署"丞'义'关"的简例如下：

150. 入中乡小赤里男子五春布四匹〓嘉禾元年七月十日丞义关付库吏殷　连受（陆·4866·图 47－12/15）

151. 入中乡湛上丘男子栂阳布一匹〓嘉禾元年七月十日丞义 关 付库吏殷　连受（陆·4868·图 47－14/15）

152. 入中乡桐梁丘男子胡苌布三丈八尺〓嘉禾元年七月十日丞义关付库吏殷连受（陆·4871·图 47－17/15）

153. 入广成乡周陵丘男子监有布二匹三丈六尺〓嘉禾元年七月十日丞义关付库吏殷 二匹三丈六尺 连受（陆·4859·图 47－5/15）

154. 入模乡新刞丘男子李□送布一匹〓嘉禾元年七月十日丞义关付库吏①连受（陆·4869·图 47－15/15）

155. 入 桑② 乡 弹 溇 丘 大 男 □□ 入 所 调 布二匹〓嘉禾元年七月十日丞 豢 （义）关付库吏殷 一匹③ 连受（陆·5694·图 55－30/15）

---

① "吏"下原释有" 殷 "，据图版删。

② " 桑 "，原释作" 广 成 "，据图版改。

③ "一匹"，原阙释，据图版补。"一匹"写在"殷连"之间空白处左侧，残存右半字迹，破莂时有意为之。

156. 入广成乡弹溇丘烝巴布二匹〓嘉禾元年七月十日丞 [桼]

（义）关付库吏殷 二匹 连受（陆·5698·图 55－34/15）

这些皆为嘉禾元年调布最早送缴入库的七月十日品布莂。"丞"下签名或释作"义"，或释作"桼"，其字形参见表二。

表二　　　　　嘉禾元年调布入受莂"丞'义'关"签署

陆·4866	陆·4868	陆·4871	陆·4859	陆·4869	陆·5694	陆·5698

总的看来，这些签名笔迹相近，字形、结构基本相同，今统一释作"义"。

"丞'义'关"仅见于嘉禾元年七月十日品布莂。此后，嘉禾元年七月十一日至八月一日品布莂签署的是"关丞'祁'"，如：

157. 入都乡横溪丘男子黄智布七匹〓嘉禾元年七月十一日关丞祁付库吏殷连受（陆·4864·图 47－10/15）

158. □[模]①乡仆丘李牧布二匹〓嘉禾元年七月十一日关丞祁付库吏殷 二匹 连受（陆·4877·图 47－23/15）

159. 入东乡带丘男子黄动调布二匹〓嘉禾元年八月一日关丞 [祁] □☑（叁·198/23）

160. 入模乡□丘大男番水布三匹〓嘉禾元年八月一日关丞祁②□县库吏 [殷]☑（叁·478/23）

嘉禾元年八月一日以后，除简 159、160 以外，嘉禾元年品市布莂或者仅记"关丞"而不签名，或者连"关丞"也省记了。

————————

① "[模]"，原阙释，据图版补。

② "祁"，原【注】"丞"下□左半残缺，右半从"阝"，据图版及专名补。

与"丞'义'关""关丞'祁'"类似的签署，还有嘉禾二年品布莂、杂皮莂上多见的二字签署，过去释为"烝弁"，笔者后来改释为"丞閗"，并认为其中的"閗"可能是"弁""关"的合文，故又可读为"丞弁关"。① 现在结合"丞'义'关"来看，释读为"丞弁关"可能更妥帖一些。

比较"丞'义'关""关丞'祁'"与"丞弁关"，三者的共同点是它们在调布、调皮莂上的位置相同，应存在对应关系，用意应当相近；其不同点是"丞'义'关"与"关丞'祁'"虽然皆只签名，但词序不同；"丞'义'关"与"丞弁关"构词完全相同，但前者仅签"义"，后者皆为签署。这些不同反应了三种签署的某些差异。

"关丞'祁'"，顾名思义，即吏民在送缴调布入库时关白临湘县丞"祁"。"丞'义'关"，"义"亦为签名，只是，嘉禾元年五月至九月、十一月临湘侯国丞名"祁"，且临湘侯国丞只设一人，因此"丞'义'关"之"义"不会是丞名，与"丞弁关"一样，"义""弁"应当皆为临湘侯国丞之属吏。"丞'义'关""丞弁关"皆表示：临湘侯国丞安排佐吏"义""弁"代替自己参与调布的征缴。至于"丞'义'关"与"丞弁关"签署之不同，则反映了调布征缴的阶段性特征。

嘉禾元年调布的征缴，开始于七月十日，除简150—156例证外，还有相应的集计简：

161. ☑入元年布 起 七月十②日讫廿 九 日 ☑（陆·5866/15）

一开始，临湘侯国丞"祁"安排属吏"义"代替自己参与、检校物资的征调，并签署其名"义"。然而，这类大规模地调布，需要藉助临湘侯国丞权威来督促，或者说孙吴当时应有相关规定，要求县丞参与到调布的征缴中去。反映在嘉禾元年品市布莂中，即七月十一日至廿九日品布莂上皆有临湘侯国丞"祁"的签署，表明他亲自参与了调布的征缴，以确保调布的征收。

---

① 凌文超：《走马楼吴简中的签署、省校和勾画符号举隅》，《中华文史论丛》2017年第1期。
② "十"后原释有"四"，据图版删。

八月一日之后（除简 159、160），品布莂"关丞"之下多留空，未见临湘侯国丞"祁"的签署，甚至有的品布莂将"关丞"略而不书，表明临湘侯国丞"祁"未再直接参与调布的征缴。这可能是因为孙吴嘉禾元年的调布，未遇到太大的阻力，县库和市吏、乡丘征税系统即可完成品市布的征购，于是临湘侯国丞不再参与这项烦杂的事务。

嘉禾二年再次调布，一开始延续了嘉禾元年调布的后期做法，在嘉禾二年七月、八月调布中未见任何签署，甚至"关丞"亦不记。至嘉禾二年九、十月品布莂上再次集中出现"丞、弁关"的签署。[①] 这应当是为了确保调布的征缴，临湘侯国丞根据嘉禾元年调布征缴的情况和工作经验，再次安排了"弁"代替自己参与、检校所调物资入库。与"丞'义'关"只签"义"不同，"丞、弁关"同时签署"丞"和"弁"，似乎进一步地明确了主事者"丞"与代劳者"弁"之间的连带责任。此后，仅在嘉禾二年十二月品布莂上见到"丞、弁关"，且其字迹风格稍有不同（可能与临湘侯国丞的更换有关）。可见，在嘉禾二年调布过程中，"丞、弁"只是间断地参与品市布的征收。

签署字迹"义"（如陆·4871、5698、4869）、"祁"（如肆·811、陆·4857、4863、4870）、"丞、弁关"（如壹·6953、7535、8203、贰·5928）有的压在编绳之下，表明这些签署应当是在调布入库之时完成的，而不是入库之后的检校签名，也不是编连为莂册之后的签署。这也反映了"义""祁""弁"当时直接参与了调布入库的工作。

结合签署与签署"连受"之上调布数量的记录，还可窥探临湘侯国官吏对待调布工作的态度，前后有所变化。嘉禾元年七月十日，"义"代替"丞祁"监管调布的征缴，"连受"之上调布数量的记录或有（简153、155、156），或无（简150—152、154）。嘉禾元年七月十一日至廿九日，凡是签署丞"祁"的品市布莂，"连受"之上皆记有调布数量。八月一日之后，当"祁"不再参与，不再签署之时，"连受"之上就不再记录调布数量。库吏、书佐对上负责的态度，由此可见一斑。由此看来，有丞"祁"

---

① 核对图版，简壹·6537 "☐☐☐尺～嘉禾二年六月十七日丞弁关☐"，"丞弁关"字迹残缺，难以辨识；简壹·7791 "七月"，字迹残缺，疑作"九月"；壹·8271 未见"丞弁关"的签署。

参与的嘉禾元年七月十一日至廿九日的品市布莂的书写与制作，才是孙吴品市布莂制作最规整的形式，此后的品市布莂似乎有偷工减料之嫌。毕竟这类基层工作繁重、单调而无聊，长久不免让人懈怠。亦由此可见，长吏直接参与日常事务的重要性和必要性。

总而言之，签署"丞'义'关""关丞'祁'""丞弁关"在品市布莂上位置相同，用意相同，表示临湘县丞及其属吏实际参与了调布征缴工作。这对于调布的征缴具有督促作用，尤其是丞"祁"的亲自参与，使库吏、书佐等非常认真地对待这项工作，直接体现了这类签署的权威性和有效性。三者含义又有所差别："关丞'祁'"表示临湘侯国丞"祁"亲自参与调布的征缴；而"丞'义'关""丞弁关"表示临湘侯国丞责成属吏"义"或"弁"代替自己参与、检校调布的征收；相比单独签名"义"，"丞、弁关"的签署，进一步明确了主事者"丞"与代劳者"弁"之间的连带责任。

结　语

走马楼吴简中所见的品、市布莂分属于嘉禾元年、嘉禾二年品市布入受簿，即因两次临时调布——嘉禾元年"调布"和嘉禾二年"新调布"而编制的账簿。品市布莂册由若干诸乡"一时簿"（某个时间段，按月最常见）套连而成。"一时簿"之内按乡别序时编排品、市布莂。

调布分为两类，一类是市吏从市场上或按户品向吏民户采购的"市布"，另一类是乡丘征税系统按户品向吏民户强制征购的"品布"。"市布"与"品布"只是筹措的方式不同，官府应当都会给值。总的看来，孙吴调布仍未发展成为常税。

品布莂上的缴纳者，并非皆为纳税者，还有汇集若干户调布送缴入库的吏民，常见乡丘职吏与差役。品布莂所起的作用，主要是县库与各乡之间调布数量的流转和核对。具体吏民户按户品缴纳的调布额，以及吏民户送缴调布的方式，乡部应当有一份详细的底账。

为了保证调布的顺利征收，临湘县丞及其属吏有时参与并督促调布的征缴，体现在调布莂上，某些时候常见"丞'义'关""关丞'祁'""丞弁关"的签署。这类签署颇具权威性和有效性，特别是临湘侯国丞"祁"

参与调布的征收时，调布莂书写的信息最为齐备而工整。

附录　嘉禾元年品市布入受簿整理

品布

都乡

入都乡横溪丘男子黄智布七匹〇嘉禾元年七月十一日关丞祁付库吏殷　七匹　连受（陆·4864·图47－10/15）【注】"殷连"之间空白处左侧，残存"七匹"右半字迹，破莂时有意为之。

入都乡东溪丘大男陈丞布二匹〇嘉禾元年七月十一日关丞祁付库吏殷　二匹　连受（陆·4870·图47－16/15）【注】"殷连"之间空白处左侧，残存"二匹"右半字迹，破莂时有意为之。

入都①乡廉丘男子吕平布二匹〇嘉禾元年 七 ②月十三日关丞祁付库吏 殷 　一匹　 连 受 （陆·5629·图54－19/15）【注】"殷连"之间空白处左侧，残存"一匹"右半字迹，破莂时有意为之。

入都乡末中丘大男黄春布三匹〇嘉禾元年七月十四日关丞祁付库吏殷　三匹　连受（陆·4863·图47－9/15）【注】"殷连"之间空白处左侧，残存"三匹"右半字迹，破莂时有意为之。

出都乡右头丘朱忠所调布一匹〇嘉禾元年七月廿七日关丞祁付库吏殷　一匹　连受（陆·4873·图47－19/15）【注】"殷连"之间空白处左侧，残存"一匹"右小半字迹，破莂时有意为之。

入都乡石头丘 蔡 黄 所调布二匹〇嘉禾元年八月三日关丞　付库吏殷连受（陆·5703·图55－39/15）

入都乡耒丘男子雷皮布二匹三丈一尺〇嘉禾元年八月五日关丞　付库吏殷连受（陆·4900·图47－46/15）

入都乡横溪丘大男胡鸟入所调布二 匹 〇嘉禾元年八月五日关丞③

---

① "都"，原释作"南"，据图版改。

② " 七 "，原释作"十一"，据图版改。

③ "丞"下原释有"祁"，据图版删。

付库吏殷连受（陆·5637·图54－27/15）

入都乡桐渚丘男子黄赤……〼嘉禾元年八月五日关丞　付库吏殷连受（陆·5642·图54－32/15）

入都乡泉溲丘廖健布四匹三丈七尺〼嘉禾元八月七日大男廖健关丞付库吏殷连受（陆·4890·图47－36/15）【注】"元"下脱"年"字。

入都乡布一匹三丈九尺〼嘉禾元年八月七日新唐丘张曹关丞　付库吏殷连受（陆·4954·图47－100/15）

入都乡 秋 奇 丘大男五贵布四匹三丈八尺〼嘉禾元年八月八日付库吏殷连受（陆·5617·图54－7/15）

入都乡坪下丘魁黄□□□〼嘉禾元年八月廿日付库吏 殷 连 受（陆·5644·图54－34/15）

入 都 ① 乡 ② 布 七匹三丈三尺〼嘉禾元年八月廿四日□□丘〼（陆·5368/15）

入都乡布六匹三丈〼嘉禾元年八月廿六日胡下丘九中丘番斗文有付库吏殷连受（陆·4894·图47－40/15）③

入都乡所调布一匹〼嘉禾元年八月廿七日马□ 丘 □□付库吏殷 连 受 （陆·4884·图47－30/15）

入都乡调布二匹〼嘉禾元年八月廿八日根下丘大男聂让付库吏殷连受（陆·5704·图55－40/15）

入都乡布一匹三丈 九 尺〼嘉禾元年八月廿八日邑下民男子张盖付库吏殷连受（陆·5719·图55－55/15）

入都乡布……〼嘉禾元年十月七日泉溲丘囬长廖健付库吏受（陆·4951·图47－97/15）

入都乡横溪丘男子黄□ 布 三匹三丈七尺〼嘉禾元年□ 月 □□ 关 丞

---

① " 都 "，原阙释，核对图版，残存邑旁，据补。

② " 乡 "下原释有"市"字，据图版删。

③ "入都乡布"右侧残存小半同文字迹，该券为左莿。

付库吏殷连受（陆·5702·图55–38/15）【注】"尺"字书于"七"左上侧。

入都乡冬赐布二匹□尺〓嘉禾□年□月□日新唐丘……付库吏殷连受（陆·5645·图54–35/15）

入都乡大男周□入①赐布□□〓……☑（陆·5680·图55–16/15）

入都乡□□丘男②□□有布一匹〓嘉禾元年□月十五日□□付库吏殷连受（陆·5726·图55–62/15）

入都乡嘉禾元年布一匹〓嘉禾二年☑（陆·5735/15）

入都乡元年布五匹〓嘉禾二☑（陆·5741/15）

入都乡嘉禾元年布□☑（贰·4000/19）

·右都乡入布合卅五匹一丈四尺　中　（叁·245/23）

右都乡入布□匹三丈二尺（陆·5657·图54–47/15）

·右都乡入布卅匹五尺通合一百八十四匹七尺　　中（陆·5618·图54–8/15）

中乡

入中乡小赤里男子五春布四匹〓嘉禾元年七月十日丞义关付库吏殷连受（陆·4866·图47–12/15）

入中乡湛上丘男子栴阳布一匹〓嘉禾元年七月十日丞义关付库吏殷连受（陆·4868·图47–14/15）

入中乡桐梁丘男子胡苌布三丈八尺〓嘉禾元年七月十日丞义关付库吏殷连受（陆·4871·图47–17/15）

入中乡□□丘大男……布二匹〓嘉禾元年七月十二日关丞祁付库吏殷二匹连受（陆·4878·图47–24/15）【注】"殷连"之间空白处左侧，残存"二匹"右半字迹，破斳时有意为之。

入中乡绪中丘大男区将布一匹〓嘉禾元年七月十二日关丞祁付库

---

① "入"，核对图版，疑作"冬"。

② "丘男"，原阙释，据图版补。

吏殷 一匹 连受（陆·5623·图54－13/15）【注】"殷连"之间空白处左侧，残存"一匹"右半字迹，破莂时有意为之。

入中乡帛水丘魁①区[㸑]所调②二匹三丈八尺〼嘉禾元年七月十[二]日关丞祁付库吏殷 二匹三丈八尺 连受（陆·5626·图54－16/15）【注】"殷连"之间空白处左侧，残存"二匹三丈八尺"右半字迹，破莂时有意为之。

入中乡郭泊③丘男子由奴布四匹三丈三尺〼嘉禾元年七月十四日关丞祁付库吏殷 四匹三丈三尺 连受（陆·4856·图47－2/15）【注】"殷连"之间空白处左侧，残存"四匹三丈三尺"右半字迹，破莂时有意为之。

入中乡凌枯丘男子李阳由□布二[匹]〼嘉禾元年七月十五日关丞祁付库吏殷 二匹 连受（陆·4876·图47－22/15）【注】"殷连"之间空白处左侧，残存"二匹"右半字迹，破莂时有意为之。

入中乡[郭]④□丘男子由□布三匹〼嘉禾元年七月十五日关丞祁付库吏殷 三匹 连受（陆·4896·图47－42/15）【注】"殷连"之间空白处左侧，残存"三匹"右半字迹，破莂时有意为之。

入中乡梨下丘徐碓布三匹三丈六尺〼嘉禾元年七月十六日关丞　祁付库吏殷　二匹三丈[☐]（肆·830/1）【注】"殷"下"二匹三丈"剩右半字迹，破莂时有意而为。其中"二"为"三"之误。

入中乡郭渚丘男子胡颉布一匹〼嘉禾元年七月十六日关丞祁付库吏[☐]（陆·5724·图55－60/15）

入中乡[复][皋]丘大男[黄]□入布一匹〼嘉禾元年七月十八日关丞祁付库吏殷 一匹 连受（陆·4924·图47－70/15）【注】"殷连"之间空白处左侧，残存"一匹"右半字迹，破莂时有意为之。

[入][中][乡][上]□丘大男□□[布]三匹〼嘉禾元年七月[廿][一][日][关]

---

① "魁"，原释作"胄"，据图版改。

② "调"下脱"布"字。

③ "泊"，核对图版，疑作"渚"。

④ "[郭]"，原阙释，据图版补。

丞祁付库吏殷 三匹① 连受（陆·4887·图 47－33/15）

入中乡调布六匹三丈三尺〓嘉禾元年八月十七日湛上丘周使付库吏殷连受（陆·4898·图 47－44/15）

入中乡所调布九匹三丈九尺〓嘉禾元年八月十七日梨下丘大男廖昭付库吏殷连受（陆·5721·图 55－57/15）

入中乡调布二匹〓嘉禾元年八月十八日石唐丘男子李贺付库吏殷连受（陆·5706·图 55－42/15）

入中乡布二匹三丈八尺〓嘉禾元年八月廿七日湛上丘男子郑平付库吏殷连受（陆·4885·图 47－31/15）

入中乡唐下丘男子潘蓬布一匹三丈八尺〓嘉禾元年八月□日付主库吏殷连受（陆·4916·图 47－62/15）

入中乡赐布二匹〓嘉禾元年八……（陆·4966·图 47－112/15）

入中乡唐下丘男子□文布□匹〓嘉禾元年八月□日付库吏殷连受（陆·5649·图 54－39/15）

入中乡布五匹〓嘉禾元年九月廿三日桐□丘□□付库吏殷连受（陆·5429/15）

入中乡布一匹三丈九尺〓嘉禾元年九月廿六日长世丘大男区左付库吏殷连受（陆·5663·图 54－53/15）②

入中乡布十三匹三丈二尺〓嘉禾元年九月廿八日劝农掾谢戚付库吏殷连受（陆·5672·图 55－8/15）

入中③乡□林④丘男子□□布□匹〓嘉禾元年九月□□日关丞付库吏殷连受（陆·4939·图 47－85/15）

---

① "三匹"，原阙释，据图版补。"三匹"书写在竹简左侧，残存右半字迹，乃破莂有意为之。

② 该简左侧残存字迹，应为右莂。

③ "中"，原阙释，据图版补。

④ "林"，原阙释，据图版补。

入 中 乡□中 丘□明①布二匹〓嘉禾元年十月五日……付库吏殷连
受（陆·4955·图 47－101/15）

入中乡调布一匹〓嘉禾元年十一月十三日唐□丘□□付库吏 殷
（叁·247/23）

入中乡 绪 中 丘大男区 将 布……四尺〓嘉禾元年……（陆·4948·
图 47－94/15）

入中乡渚山丘大男 粞 斗 布 五 ……〓 嘉 禾 元 年 ……（陆·
4949·图 47－95/15）②

入中乡平 田 ③丘男子唐炅布三匹二丈〓☒（陆·5281/15）

入中乡布十一匹 三 ④丈一尺〓 嘉 禾 □ 年 □月十日……（陆·
5646·图 54－36/15）

· 右 中 乡 入 布 五 十 七 匹 □ 丈 ……（叁·252/23）

·右中乡入布廿七匹二丈六尺（陆·4961·图 47－107/15）

右中乡入布八十六匹九尺 　　中（陆·5723·图 55－59/15）

小武陵乡

入小武陵乡下伍丘男子胡文布三丈九尺〓嘉禾元年七月十二日 三丈
九尺 关丞祁付库吏殷连受（陆·4857·图 47－3/15）【注】"七月十二
日"左侧，残存"三丈九尺"右半字迹，破莂时有意为之。

入小武陵乡□今丘大女 卫 茹布一匹〓嘉禾元年七月十二⑤日关丞祁
付库吏殷 一匹 连受（陆·4865·图 47－11/15）【注】"殷连"之间空白
处左侧，残存"一匹"右半字迹，破莂时有意为之。

入小武陵乡□丘大男□夏布一匹〓嘉禾元年七月十四日关丞一匹祁

---

① "□明"，原阙释，据图版补。

② "入中乡"右侧残存小半同文字迹，该券为左莂。

③ " 田 "，核对图版，疑作" 眺 "。

④ "三"，原释作"二"，据图版改。

⑤ "二"，原释作"六"，据图版改。

付库吏殷连受（肆·831/1）【注】"丞"下"一匹"剩右半字迹，破莂时有意而为。①

入小武陵乡五□丘男子卢尃布一匹〣嘉禾元年七月廿一日关丞 祁 付库吏殷 连 受 （肆·827/1）

入小武陵乡余元丘帅谢儿入所调布四匹〣嘉禾元年七月廿四日关丞 祁 付库吏殷 四匹 连受（陆·4858·图47–4/15）【注】"殷连"之间空白处左侧，残存"四匹"右半字迹，破莂时有意为之。

入小武 陵 乡帅烝益布四匹三丈七尺〣嘉禾元年七月廿四日关丞祁付库吏殷 四匹三丈七尺 连受（陆·5689·图55–25/15）【注】"殷连"之间空白处左侧，残存"四匹三丈七尺"右半字迹，破莂时有意为之。

入 小 武陵乡□烝番布三匹〣嘉禾元年 八 月一日关丞②　付库吏殷连受（陆·4929·图47–75/15）

入小武陵乡□□③丘男子……〣嘉禾元年八月九日关丞　付库吏殷连受（陆·5647·图54–37/15）

入小武陵乡下伍丘大男邓冯布一匹三丈八尺〣嘉禾元年八月廿六日关丞　④付库吏殷连受（陆·4905·图47–51/15）

入小武陵乡武龙丘潘休布三匹〣嘉禾元年八月廿六日关丞　付库吏殷连受（陆·5705·图55–41/15）

入小武陵乡布一匹三丈八尺〣嘉禾元年 十 ⑤月十日淦丘赵 盖 关丞付库吏殷连受（陆·5648·图54–38/15）

入小武陵乡布三丈九尺〣嘉禾元年十二月十六日平攴丘大男吴客付

---

① 嘉禾元年品入受莂下端的布匹长度多记录在库吏"殷连"姓名之间的留空处，而"关丞"之下为"祁"的署名，此应为简文的一般格式。而此"关丞"之下"一匹"和"祁"并签，核对图版，该简"殷连"姓名之间的留空狭窄，"关丞"之下留空较多，或因此故，布匹长度和署名皆签写在"关丞"之下。

② "丞"下原释有"祁"，据图版删。

③ 核对图版，应为二字丘名。

④ "丞"下原释有"祁"，据图版删。

⑤ "十"，原释作"六"，据图版改。

库吏☐（贰·3868/19）

入 [小][武][陵] 乡布一匹〻嘉禾元年十二月十七日☐☐丘男子郭☐付库吏殷连受☐（陆·5707·图55–43/15）

[入][小][武] 陵乡☐☐☐☐还☐☐布二匹〻嘉禾元年☐月☐☐日关丞☐付库吏殷连受（陆·4938·图47–84/15）

西乡

入西乡上☐丘男子谢炭布一匹〻嘉禾元年七月十七日关丞祁付库吏殷 一匹 连受（陆·5692·图55–28/15）【注】"殷连"之间空白处左侧，残存"一匹"右半字迹，破莂时有意为之。

入西乡复睾丘男子光胐布四匹〻嘉禾元年七月十八日关丞祁付库吏殷 四匹 连受（陆·4918·图47–64/15）①【注】"殷连"之间空白处左侧，残存"四匹"右半字迹，破莂时有意为之。

入西乡上欲丘大男烝军布一匹〻嘉禾元年七月廿日关丞祁付库吏殷一匹 连受（陆·5690·图55–26/15）【注】"殷连"之间空白处左侧，残存"一匹"右半字迹，破莂时有意为之。

入西乡布六匹〻嘉禾元年八月六日☐[溲][丘]☐☐◻（叁·263/23）

入西乡郡吏文晤布一匹〻嘉禾元年八月七日 [男][子]☐☐付 [库][吏]◻（叁·259/23）

入西乡平眺丘区坑中☐……〻嘉禾元年八月十一日魁☐☐付库吏殷连受（陆·5687·图55–23/15）

入西乡☐☐丘☐☐☐布卅一匹一丈☐尺〻嘉禾元年八月十四日付库吏殷◻（叁·270/23）

入西乡下俗丘大男五杭布二匹〻嘉禾元年八月廿六日付库 [吏][殷][连][受]（陆·4926·图47–72/15）

入西乡布六匹三丈七尺〻嘉禾元年九月三日 [杨][丘]◻（壹·1291/4）

入西乡 [故][吏]☐☐布一匹〻嘉禾元年九月七日付库吏殷◻（叁·235/23）

---

① 该简左侧残存字痕。

入西乡鹕丘鲁奇布一匹〓嘉禾元年九月□二日□☑ （贰·4125/19）

入西乡布三丈八尺〓嘉禾元年十二月十五日龙丘卫纷付主库吏殷
（陆·5684·图 55－20/15）

入西乡布一匹三丈七尺〓嘉禾元年十二月十五日高楼丘聂□付库吏
连①☑ （陆·5708·图 55－44/15）

入 西 乡所调布一匹〓嘉禾元年□月三日息里男子 区 □付库吏殷连
受（陆·5660·图 54－50/15）

入西乡复皐丘男子光□□布二匹〓嘉禾元年正② 月 □ （叁·266/23）

入西乡元年布一匹〓嘉禾二年☑ （贰·6092/20）

入西乡布一匹二 丈 八 尺 〓☑ （叁·152/23）

入西乡入布☑ （叁·550/23）

·右西乡入布五十四二丈三尺 （叁·239/23）

·右 西 乡 入布十匹三 丈 □ 尺 ☑ （叁·1262/23）

·右西乡入布廿匹三丈☑ （陆·5231/15）

☑右西乡入布☑ （陆·5881/15）

桑乡

入 桑 乡 弹 溲 丘 大 男 □□ 入 所 调 布二匹〓嘉禾元年七月十
日丞义关付库吏殷 一匹 连受（陆·5694·图 55－30/15）

入桑乡郡吏监训所调布一匹〓嘉禾元年七月十二日关丞祁付库吏殷
一匹 连受（陆·5627·图 54－17/15）【注】"殷连"之间空白处左侧，
残存"一匹"右半字迹，破荆时有意为之。

入 桑 乡 布 二 匹 〓嘉禾元年八月十九日乡吏刘平付库吏殷连受
（陆·5674·图 55－10/15）

入桑乡劝农掾刘平布 六 匹 〓嘉禾元年八月□ （陆·5774/15）

入桑乡吏刘平布二匹三丈七尺〓嘉禾元年九月☑ （陆·5773/15）

---

① " 连 "，原阙释，据图版补。"库"下脱"殷"字。

② "正"，核对图版，笔迹残缺不可辨识，疑误。

入桑乡布四匹〓嘉禾元年十二月四日劝农掾 刘 平付库掾殷 连 受
（陆·5661·图 54 – 51/15）

入桑乡帅卢赣布一匹〓嘉☒（陆·5739/15）

入桑乡□□丘男子谷 长 布一匹〓嘉禾元年□月□☒（陆·5843/15）

右桑乡入布□匹　☒（陆·5638·图 54 – 28/15）

☒右桑乡入布六十一匹三丈四尺　中①（陆·5675·图 55 – 11/15）

乐乡

入乐乡 顷 丘唐和布一匹〓 嘉 禾 元 年 七月廿四日 顷 丘唐龙关丞
祁付库吏殷连受 一匹②（陆·5696·图 55 – 32/15）

入乐乡贱丘男子□春布□□〓嘉禾元年 八 月 十 四日③关丞　付库
吏殷连受（陆·5616·图 54 – 6/15）

入乐乡布一匹三丈九尺〓嘉禾元年九月 四 ☒（陆·5242/15）

入乐乡领山丘布五匹〓嘉禾元年九月十三日乡吏孙仪付库吏殷连受
（陆·5671·图 55 – 7/15）

入乐乡布一匹〓嘉禾元年九月廿六日乡吏孙仪付库吏殷连受（陆·
5717·图 55 – 53/15）

入乐乡布二匹三丈〓嘉禾元年十二月八日顷丘吴春付 库 吏 ☒（陆·
4957·图 47 – 103/15）

·右乐乡入布三匹三丈（陆·4965·图 47 – 111/15）

广成乡

入广成乡周陵丘男子监有布二匹三丈六尺〓嘉禾元年七月十日丞义
关付库吏殷 二匹三丈六尺 连受（陆·4859·图 47 – 5/15）【注】"监有
布二匹三丈六尺"左侧，及"殷连"之间空白处左侧，残存"二匹三丈
六尺"右半字迹，破菥时有意为之。

---

① "中"，原阙释，据图版补。

② "一匹"，原阙释，据图版补。"一匹"写在"连受"之后空白处左侧，残存右半字迹，
破菥时有意为之。

③ " 八 月 十 四日"，原阙释，据图版补。

入广成乡弹溲丘烝巴布二匹▨嘉禾元年七月十日丞 义 关付库吏殷 二匹 连受（陆·5698·图 55 - 34/15）【注】"殷连"之间空白处左侧，残存"二匹"右半字迹，破莂时有意为之。

入广成乡……布一匹▨嘉禾元年七月十五日关丞祁付主①库吏殷 一匹 连受（陆·4921·图 47 - 67/15）【注】"殷连"之间空白处左侧，残存"一匹"右半字迹，破莂时有意为之。

入广成乡东薄丘徐麦布一匹▨嘉禾元年七月十六日关丞　祁付库吏殷 一匹 连受（肆·826/1）【注】"殷"下"一匹"剩右半字迹，破莂时有意为之。

入广成乡捞丘男子陈牙布三丈九尺▨嘉禾元年七月十六日关丞祁付库吏殷 三丈九尺 连受（肆·835/1）【注】"殷"下"三丈九尺"剩右半字迹，破莂时有意而为。其中"九尺"二字剩留笔迹较少。而且覆盖"连"字。

入 广 成 乡吏丘烝得…… 一 匹 ▨嘉禾元年七月十九日关丞祁付库吏殷 一匹 连受（陆·5632·图 54 - 22/15）【注】"殷连"之间空白处左侧，残存"一匹"右半字迹，破莂时有意为之。

入广成乡东薄丘男子毛生布一匹▨嘉禾元年 七 月廿日关丞祁付库吏殷 一匹 连受（陆·4927·图 47 - 73/15）【注】"殷连"之间空白处左侧，残存"一匹"右半字迹，破莂时有意为之。

入广成乡 泊 姑丘大男周车布一匹▨嘉禾元年七月廿二日关丞祁付库吏殷 一 匹 连受（陆·5631·图 54 - 21/15）

入广成乡泊②姑丘大女周心布一匹▨嘉禾元年 七 ③月廿五日关丞 祁 付 库 吏 殷 一匹 连 受 （陆·4933·图 47 - 79/15）【注】"殷连"之间空白处左侧，残存"一匹"右半字迹，破莂时有意为之。

---

① "主"，原阙释，据图版补。

② "泊"，原阙释，据图版补。

③ " 七 "，原释作"十一"，据图版改。

入广成乡里中丘唐金布一匹⬚嘉禾元年七月廿六日关丞祁付库吏殷 一匹 连受（陆·5634·图 54－24/15）【注】"殷连"之间空白处左侧，残存"一匹"右半字迹，破菥时有意为之。

☐广成乡 复 传丘大男蔡建入所……四 匹 ⬚嘉禾元年七月廿六日关丞祁付库吏殷 四匹 连受（陆·5641·图 54－31/15）【注】"殷连"之间空白处左侧，残存"四匹"右半字迹，破菥时有意为之。

入广成乡栗丘番金布二匹⬚嘉禾元年七月廿七日关丞☐付库吏殷 二匹 连受（陆·5700·图 55－36/15）【注】"殷连"之间空白处左侧，残存"二匹"右半字迹，破菥时有意为之。

入广成乡☐丘唐 布 ……⬚嘉禾元年七月廿七日关 丞 ☐付库吏 三匹① 连受（陆·4901·图 47－47/15）

入广成乡东 都 丘男陈困②布一匹⬚嘉禾元年七月廿七日关丞祁 付 库 吏 殷 一匹 连 受 （陆·4937·图 47－83/15）【注】"殷连"之间空白处左侧，残存"一匹"右半字迹，破菥时有意为之。

入广成乡☐陵丘大男番桐布一匹七尺⬚嘉禾元年八月五日关丞　付库吏殷连受（陆·5679·图 55－15/15）

入广成乡弹溲丘大男唐兄布三匹⬚嘉禾元年八月九日 关 ☐（叁·280/23）

入广成乡弹溲丘大男邓尽布三匹⬚嘉禾元年八月廿 五 ☐（陆·5829/15）③

入广成乡孙丘大男毛连布 二 匹 ⬚嘉禾元年 八 月……付库吏 殷 连 受 （陆·4914·图 47－60/15）

入广成乡孙丘男子唐宜 布 一 匹 ……⬚嘉禾元年九月四日付库吏殷　☐

① "库吏"后原释有"殷"，据图版删。"三匹"原阙释，书写在"吏""连"之间空白处左侧，残存右半字迹，乃破菥有意为之。

② "困"，原阙释，据图版补。

③ "入广成乡弹"右侧残存同文字迹，为破菥所致，该简当为左菥。

（叁·256/23）

入广成乡布一匹⋙嘉禾元年九月廿八日大男潘音关丞付库吏殷　☒

（叁·242/23）

入广成 乡 布 二匹二丈七尺⋙嘉禾元年十月十一☒ （壹·1298/4）

入 广 成 乡所调布一匹三丈九尺⋙嘉禾元年十月十九日复丘大男吴

顷 ☒ （叁·1256/23）

入 广 成 乡 布 二匹三丈九尺⋙嘉和元年十月廿三日□丘邓儿付库

吏殷　☒ （叁·192/23）【注】"和"应为"禾"之误。

入广成乡所调布一匹⋙嘉禾元年十月廿四日□□丘……☒ （叁·243/23）

入广成乡布三丈九尺⋙嘉禾元年四①月廿九日…… （叁·248/23）

入广成乡布一匹⋙ 嘉 禾 元 年 十一月 十 日□□丘男子□□□□☒

（叁·229/23）

入广成乡冬赐②布一匹⋙嘉禾 元 年十一月□日…… （壹·1202/4）

☒广 成乡所调布三匹⋙嘉禾元年十一月廿五日逢唐丘大男尹平付库

吏殷 连 ☒ （叁·215/23）

入广成乡布二匹⋙嘉禾□年十二月十八日弹溲丘番□付库吏殷☒

（叁·230/23）

入 广 成 乡 布 二 匹 ⋙☒ （叁·85/23）

入 广 成 乡 扣阳里男子潘尽布九匹⋙嘉禾□ 年 ……付库吏殷　☒

（叁·222/23）

入广成乡布一匹⋙嘉☒ （叁·384/23）

入广成乡甚丘大男吴□布□ 匹 ⋙嘉禾元年□月十五日……付库吏殷

连受 （陆·4930·图47-76/15）

入广成乡布二匹⋙嘉禾元年□月一日漂丘男子烝转付库吏殷连受

---

① "四"，核对图版，疑作"十一"。

② "赐"，原释作"肠"，据图版及常用词改。

（陆・5669・图55-5/15）

入广成乡所①布二匹三丈六尺▨嘉禾元年□月□日来都丘男子刘惕关丞　付库吏殷连受（陆・5728・图55-64/15）

入广成乡嘉禾无②布一匹▨嘉禾元年十一月三日挃③陵丘男子番展▨（陆・5716・图55-52/15）

入广成乡涝丘男子烝寇布三匹▨嘉禾元年▨（陆・5800/15）

入广成乡调布▨（陆・5849/15）

入广成乡布三丈八尺▨嘉禾二年正月十九日□丘唐□付库吏殷连受（陆・5655・图54-45/15）

・右广成乡入布廿三匹……（叁・208/23）

右广成乡入布廿六匹三丈七尺　▨（陆・5815/15）

平乡

入平乡冬赐④布□□▨嘉禾□年七月十四⑤日……□丘烝□关丞祁⑥□□□□□（陆・4862・图47-8/15）

入平乡杨溲丘男子谢有布一匹▨嘉禾元年七月十四日关丞祁付库吏殷 一匹 连受（陆・5624・图54-14/15）【注】“殷连”之间空白处左侧，残存“一匹”右半字迹，破觚时有意为之。

入平乡常略丘谢有布三匹▨嘉禾元年七月十四日关丞祁付库吏殷 三匹 连受（陆・4911・图47-57/15）【注】“殷连”之间空白处左侧，残存“一匹”右半字迹，破觚时有意为之。

入平乡伍社丘男子张和冬赐布一匹▨嘉禾元年七月十七日关丞祁付

---

① “所”下可能脱“调”字。

② “无”，原释作“無”，据图版改。“无”当为“元年”之讹误。

③ “挃”，原阙释，据图版补。

④ “冬赐”，原释作“方□”，据图版改、补。

⑤ “四”，原释作“七”，据图版改。

⑥ “丘烝□关丞祁”，原阙释，据图版补。

库吏殷 一匹 连受（陆·5693·图55－29/15）【注】"殷连"之间空白处左侧，残存"一匹"右半字迹，破莂时有意为之。

入平乡□五丘大男李南布一匹〓嘉禾元年七月十六日 一匹关丞祁付库吏殷连受（陆·4915·图47－61/15）【注】"十六日"左侧，残存"一匹"右半字迹，破莂时有意为之。

入 平乡 □ 丘 男 子 张 ① □ 三品 布 一 匹 〓嘉禾元年七月廿二日关丞□付库吏殷一匹 连受（陆·4893·图47－39/15）【注】"殷连"之间空白处左侧，残存"一匹"右半字迹，破莂时有意为之。

入平乡客丘大男唐□布一匹〓嘉禾元年七月廿六日关丞祁付库吏殷一匹 连受（陆·4906·图47－52/15）【注】"殷连"之间空白处左侧，残存"一匹"右半字迹，破莂时有意为之。

入平乡 伍 社 丘男子李龙 冬 赐布一匹〓嘉禾元年七月□□日关丞祁付库吏 一匹 殷连受（陆·5633·图54－23/15）【注】"库吏"左侧残存"一匹"右半字迹，破莂时有意为之。

入平乡上木丘大男谢贤布一匹〓嘉禾元年八月三日关丞☒（陆·5801/15）

入平乡洽丘男子谢平布一匹〓嘉禾元年八月九日关丞　付库吏殷连受　连受②（陆·5620·图54－10/15）

入 平乡 下 和丘邓有布一匹〓嘉禾元年八月十三日关☒（叁·278/23）

入平乡冬赐布四匹〓嘉禾元年八月十三日胡苌丘何阳关□☒（叁·488/23）

入平乡四品布一匹〓嘉禾□年八月十四日□□ 丘 大 男 □□☒（叁·277/23）

入平乡所调布一匹〓嘉禾元年八月十四日……（叁·274/23）

入平乡□□丘大男雷毛 冬 赐 布 ③□□〓嘉禾元年八月十九日付库

---

① "张"，原阙释，据图版补。

② 后"连受"为签署。

③ "布"，原阙释，据图版补。

吏殷连受（陆·5683·图55-19/15）

入平乡侯丘男子谢春冬赐布一匹〼嘉禾元年八月☒（陆·5775/15）

入平乡布一匹〼嘉禾元年十一①月四日男子☐盛付库吏殷连受（陆·5656·图54-46/15）

入平乡二丈九尺〼嘉禾元年十一月廿四日租下丘……（陆·4967·图47-113/15）【注】"乡"下脱"布"字。

入平乡布二匹九尺〼嘉和②元年十一月廿八日唐中丘男子邓☐付库吏殷连受（陆·4956·图47-102/15）

入平乡租丘大男李愢入所调布一匹〼嘉禾元年……付库吏殷连受（陆·5677·图55-13/15）

入平乡嘉禾元年布一匹……（陆·4962·图47-108/15）

东乡

入东乡☐☐☐☐入③布一匹〼嘉禾元年七月十八日关丞祁付库吏殷连受（陆·4908·图47-54/15）

入东乡楼丘男烝义布一匹〼嘉禾元年七月廿日关丞祁付库吏殷 一匹④ 连受（陆·5688·图55-24/15）

入东乡带丘男子黄动调布二匹〼嘉禾元年八月一日关丞祁☐☒（叁·198/23）

入东乡上利丘男子烝赣布三匹〼嘉禾元年八月二日关丞付库吏☒（叁·459/23）

入东乡湛里贺丘大男烝谷布一匹〼嘉禾元年八月十四日☒（叁·273/23）

---

① "十一"，原释作"二"，据图版改。

② "和"，原释作"禾"，据图版改。"嘉和"，乃年号"嘉禾"之讹。

③ "入"，原阙释，据图版补。

④ "一匹"，原阙释，据图版补。"一匹"写在"殷连"之间空白处左侧，残存右半字迹，破菏时有意为之。

入东乡虞（？）田丘大男邓童布九匹⫶嘉禾元年八月十八日关丞付库吏殷　☑（叁·250/23）

入东乡刘里丘男子……⫶……关丞祁付库吏殷连受（陆·5727·图55－63/15）

入东乡蒨丘男子郑格布六匹⫶嘉禾元年 十 一 月 一 日……（叁·470/23）

入东乡冬赐布四匹三丈四尺⫶嘉禾元年十一月□□☑（贰·4018/19）

入 东 （？）乡（？） 布 九 ☑（叁·552/23）

南乡

入南乡民区贤布一匹⫶嘉禾元年七月十四日关丞祁付库吏殷☑（陆·5625·图54－15/15）

入南乡所调廖金布一匹⫶嘉禾元年七月廿九日关丞祁付库吏殷 一匹 连受（陆·4907·图47－53/15）【注】"殷连"之间空白处左侧，残存"一匹"右半字迹，破荆时有意为之。

入南乡□□丘曹长调 布 □□⫶嘉禾元年八月六日……付库吏殷连受（陆·5686·图55－22/15）

入南乡□田丘调布 五 匹⫶嘉禾元年八月十二日☑（陆·5828/15）

入南乡所 调 布 ①二匹三丈八尺⫶嘉禾元年八月十四 日 ☑（陆·5827/15）

入 南 乡赐布 六 丈⫶嘉禾元年 八 ②月廿一日郡吏廖祚付主库掾殷连受（陆·5666·图55－2/15）

入南乡所调布一匹⫶嘉禾元年八月廿五日大男何相付库吏殷连受（陆·5673·图55－9/15）

入南乡布八匹三丈四尺⫶嘉禾元年八月□☑（陆·5832/15）

入南乡宜阳里调布一匹⫶嘉禾元年九月十四日大男□☑（壹·1295/4）

---

① " 调 布 "，核对图版，未见相应的字迹。

② " 八 "，原释作"六"，据图版改。

入南乡布一匹三丈一尺⪊嘉禾元年⬜九⬜月廿六日大男王署付库吏殷连

受（陆·5611·图 54 –1/15）

入南乡布四匹⬜三⬜⬜丈⬜⬜九⬜⬜尺⬜⪊嘉禾元年九月廿七日乡吏番珣付库殷⬛

（叁·271/23）【注】"库"下脱"吏"字。

入南乡调布八匹三丈六尺⪊嘉禾元年十一月廿六日桐山丘男子雷渚

付库吏殷连受（陆·5681·图 55 –17/15）

入南乡布一匹⪊嘉禾元年十一月廿九日吏唐⬜付库吏殷连受⬛（陆·

5709·图 55 –45/15）

⬜入⬜南乡宜阳里元年⬜调⬜　⬜布⬜⬛（贰·3939/19）

入南乡赐布二匹⪊⬛（叁·363/23）

入南乡所调布三匹⪊⬜嘉⬜⬛（陆·5224/15）

入南乡⬜⬜⬜大⬜⬜男⬜潘⬜逐⬜布⬛（陆·5374/15）

⬜入⬜⬜南⬜⬜乡⬜山田丘大男王署入……⪊……付库吏殷连受（陆·5653·

图 54 –43/15）

入南乡所调布⬜二⬜⬜匹⬜⬜三⬜⬜丈⬜⬜七⬜⬜尺⬜⪊嘉禾⬜年⬜月⬜日⬜乡⬜⬜吏⬜①潘

⬜琬⬜②付库吏殷连受（陆·5665·图 55 –1/15）

右南乡入布十一匹三丈四尺（陆·5714·图 55 –50/15）

模乡

入模乡新眺丘男子李⬜送布一匹⪊嘉禾元年七月十日丞义关付库吏

连受（陆·4869·图 47 –15/15）

⬛模⬜乡仆丘李牧布二匹⪊嘉禾元年七月十一日关丞祁付库吏殷　二匹

连受（陆·4877·图 47 –23/15）【注】"殷连"之间空白处左侧，残存

"二匹"右半字迹，破莂时有意为之。

———————————

① "⬜乡⬜⬜吏⬜"，原阙释，据图版补。

② "⬜琬⬜"，原阙释，据图版补。

入模乡东溲丘大男黄 乃 布一匹〓嘉禾元年七月十一日关丞祁 付 主①

库吏殷 一匹 连受（陆·5695·图55－31/15）【注】"殷连"之间空白处

左侧，残存"一匹"右半字迹，破莂时有意为之。

入 模 乡 □ □ 丘……布 一 匹 〓 嘉 禾 元 年 七 月 十 三 日 关

丞 祁付库吏殷 一匹 连受（陆·4880·图47－26/15）【注】"殷连"之

间空白处左侧，残存"一匹"右半字迹，破莂时有意为之。

入模乡陵丘大男蔡□ 调 布四匹〓嘉禾元年七月十六日关丞祁付库吏

殷 四匹 连受（陆·4923·图47－69/15）【注】"殷连"之间空白处左

侧，残存"四匹"右半字迹，破莂时有意为之。

入模乡牙下丘五惕布一匹〓嘉禾元年七月廿 一 日关丞祁付库吏殷 一

匹 连受（陆·5630·图54－20/15）【注】"殷连"之间空白处左侧，残

存"一匹"右半字迹，破莂时有意为之。

入模乡冬赐布二匹〓嘉禾元年七月廿八日诸丘男子樊严关丞祁付库

二匹② 吏殷连受（陆·5640·图54－30/15）

入模乡 阿 佃 丘大男蔡领布二匹〓嘉禾元年八月一日关☑（叁·197/23）

入模乡□丘大男番水布三匹〓嘉禾元年八月一日关丞祁③□县库吏

殷 ☑（叁·478/23）

入模乡渐丘男子潘根调布五匹〓嘉禾元年八月 二 日……☑（叁·

466/23）

入模乡羊丘男子何规冬赐布二匹〓嘉禾元年八月三日关丞☑（叁·

486/23）

入模乡托姊丘男子黄屯所买布二匹〓嘉禾元年八月三日□□☑（叁·

493/23）

---

① "主"，原阙释，据图版补。

② "二匹"，原阙释，据图版补。"二匹"写在"付库"左侧，残存右半字迹，破莂时有意

为之。

③ "祁"，原【注】"丞"下□左半残缺，右半从"阝"，据图版及专名补。

☐入模乡冬杨一匹〜嘉禾☐年八月四日斩丘大男曹木关丞付库吏殷☐（叁·224/23）【注】"杨"应为"赐"之误，其下又脱"布"字。

入 模 乡石唐丘男子 巨①力布二匹〜嘉禾元年 八②月五日关丞③付库吏殷连受（陆·4928·图47-74/15）

入模乡洽丘大男周持布 二 匹〜嘉禾元年八月五日关丞☐付库吏殷连受（陆·5713·图55-49/15）

入 模 乡上盗丘周纯布四匹〜嘉禾元年八月 七 日……☐（叁·477/23）

入模乡耒州丘男子李中 布 一 匹〜嘉禾元年八月七日关丞☐ 付 库 吏 殷 一匹 连 受（陆·4922·图47-68/15）【注】"殷连"之间空白处左侧，残存"一匹"右半字迹，破莂时有意为之。

入模乡东☐丘大男黄能布一匹〜嘉禾元年八月七日关丞☐（陆·4925·图47-71/15）

入模 乡 冬 赐 布 三 匹 〜嘉禾元年八月十一日楮槁丘大男 贾 ☐付库吏殷连受（陆·5664·图54-54/15）

入模乡获丘谢贵布二匹三丈七尺〜嘉禾元年八月十一日关丞　付库吏殷连受（陆·5676·图55-12/15）

入模乡利桥丘大男邓末冬赐布三匹〜嘉禾元年八月十四日☐☐（壹·1289/4）

入模乡氐下丘男子除睪阳布一匹〜嘉禾元年八月十☐日☐☐☐（叁·463/23）【注】"阳"应为"赐"之误。

入模乡匀下丘大男烝惕布一匹三丈九尺〜嘉禾元年八月廿日付库吏殷☐（叁·202/23）

入模乡冬赐布二匹〜嘉禾元年八月廿二日平支丘大男李狗……（叁·210/23）

---

① " 巨 "，原释作"欧"，据图版改。

② " 八 "，原阙释，据图版补。

③ "丞"下原释有"祁"，据图版删。

☑模乡布一匹〼嘉禾元年八月廿六日楮丘男子□□付库吏殷〼（叁·180/23）

入模乡罢丘朱□入布六匹□□〼嘉禾元年八月〼（陆·5816/15）

入模乡赐布一匹〼嘉禾元年十月二日□丘男子李□付库吏殷〼（陆·5715·图55－51/15）

入模乡布一匹〼嘉禾元年十一月一日男〼（叁·5803/35）

入模乡布三匹〼嘉禾元年十一月七日□□〼（壹·1156/4）

入模乡所调布一匹〼嘉禾元①年〼（壹·1215/4）

☑模乡……十一匹三丈九尺〼嘉禾元年……〼（叁·226/23）

入模乡冬赐布五匹〼嘉禾……〼（陆·5308/15）

入模乡调布二匹〼〼（陆·5865/15）

入模乡□上丘②唐玉所调布〼（陆·5934/15）

☑·右模乡入布十二匹三丈□尺（叁·206/23）

·右模乡入布十六匹三丈九尺（叁·1235/23）

市布

入市租钱市所调布一百五十匹〼嘉禾元年八月廿日□□□□付库吏殷〼（叁·462/23）

☑所市布二百九十三匹〼嘉禾元年九月廿九日监丘□吏□□……〼（叁·182/23）

入市吏潘羟所市布一百卅一匹〼嘉禾二年二月廿四日付库吏〼（陆·5654·图54－44/15）

入模乡所市布三匹〼嘉禾元年七月廿八日三州丘男子□□付库吏殷连受（陆·5636·图54－26/15）

---

① "元"，原释作"六"，"元""六"易讹，据图版及簿书构成改。

② "上丘"，原阙释，据图版补。

入南乡官所市廖金布一匹〓嘉禾元年七月廿九日关丞 祁 付 库 吏 殷①受 一匹（陆·4913·图 47 – 59/15）【注】该简下端空白处左侧，残存"一匹"右半字迹，破莂时有意为之。

入广成乡所市布一匹〓嘉禾元年八月九日漂丘男 子☑（叁·272/23）

入广成乡所市布一匹〓嘉禾元年八月九日楯丘 □☑（叁·445/23）

入中乡所市中赐布二匹〓嘉禾元年八月廿六日唐丘男子□□□☑（叁·279/23）

入西乡入后所市布一匹三丈九尺〓嘉禾元年九月六日锡丘男子宗□……☑（叁·473/23）

入西乡入后所市布三丈九尺〓嘉禾元年九月十日杨溲丘李和付库吏殷 连☑（叁·480/23）

□乡市布二匹〓嘉禾元年十一月三日□□□付库吏殷连受（陆·4958·图 47 – 104/15）

入 □ 乡 市布一匹〓嘉禾元年十月十□☑（陆·5742/15）

·右吏潘羿李珠所市布一百一十三匹二丈☑（叁·455/23）

☑入 市 吏潘羿（羿）所市布一百六十四匹（?）（贰·4212/19）②

右市掾潘羿所市布四百卅二 匹 中 （陆·5662·图 54 – 52/15）

·右市布三百九十五匹③ 中 （叁·246/23）

☑□市布三匹 ☑（叁·1007/23）

☑一千一百卅二匹市掾潘羿□☑（陆·5764/15）

☑…… 卅 二匹□□□□□市（陆·4968·图 47 – 114/15）

---

① "殷"下原释有"连"，据图版删。

② 该简上残，仅存 18.4 厘米。初看其简文格式大略与库布新入简相仿，然而，新入简顶格书写，该简上有留空，应非新入简，而是库布入受莂的总结简，其完整简文或为："·右入 市 吏潘羿（羿）所市布一百六十四匹（?）"。

③ "三百九十五匹"，原释作"三匹九丈五尺"，按四丈为一匹，"三匹九丈五尺"应记作"五匹一丈五尺"，核对图版，"百""十""匹"笔迹虽残缺，但依稀可辨，据改。

集计简

☑一日讫卅日民入布 合 一 百 ☑（叁·92/23）

☑ 凡 十二月一日讫卅日入布八百卌一匹一尺（叁·170/23）

· 右 诸 乡 入 布 卅七匹二丈三尺　通合百卌四匹一丈□□（叁·257/23）

其二百一十匹市吏潘羍所市（陆·4934·图47－80/15）

三百一十五匹一丈八尺民所入（陆·4935·图47－81/15）

其他结计简

· 右入布卅七匹二丈　☑（叁·105/23）

· 右民入布卅六匹三丈九尺（叁·249/23）

· 右民入布卅匹三丈七尺（肆·856/1）

☑ · 右民入布四匹三丈九尺　☑（肆·906/1）

百廿七匹二丈五尺　☑（陆·4860·图47－6/15）

卅五匹三丈（陆·4892·图47－38/15）

……八十九 匹 七尺吏 主 □……☑（陆·4920·图47－66/15）

右民入布卅五匹三丈一尺　☑（陆·5233/15）

· 右民入布卅七匹三丈四尺（陆·5615·图54－5/15）

右 □ 乡 入 布 一百卅一 匹 二 丈 （陆·5667·图55－3/15）

· 右民入布廿匹三丈七尺（陆·5682·图55－18/15）

· ①右民入布廿一匹三丈六尺（陆·5847/15）

☑入元年布 起 七月十日讫廿 九 日 ☑（陆·5866/15）

☑五十七匹八尺☑（陆·5933/15）

残简（按日期、简号排列）

☑ 乡 渚丘大男 樊 山布二匹〼嘉禾元年六②月十一日关丞祁付主库

---

① "·"，原阙释，据图版补。

② "六"，核对图版，疑作"七"。

吏殷 二匹 连受（陆・4861・图 47 - 7/15）【注】"殷连"之间空白处左侧，残存"二匹"右半字迹，破莂时有意为之。

入……布 三 匹 嘉禾元年七月十一日 关 丞 □付库吏殷连受（陆・4897・图 47 - 43/15）

入□乡尽丘男子潘□布 三① 匹 嘉禾元年七月十二②日关丞祁付库吏殷 三匹 连受（陆・4872・图 47 - 18/15）【注】"殷连"之间空白处左侧，残存"三匹"右半字迹，破莂时有意为之。

入□乡三州丘黄 宣 布一匹 嘉禾元年七月十二日关丞祁 付 库 吏 殷 一匹 连 受 （陆・4945・图 47 - 91/15）【注】"殷连"之间空白处左侧，残存"一匹"右半字迹，破莂时有意为之。

□ 嘉 禾元年七月十二日关丞祁付库吏殷 ③连受（陆・5730/15）

入 □乡……布二匹 嘉禾元年七月十五 日 关 ④□ （陆・5858/15）

□乡帛水丘大男区伯布三匹三丈 嘉禾元年七月十六日关丞　祁付库吏殷三匹三□（肆・825/1）【注】"殷"下"三匹三"剩右半笔迹，破莂时有意为之。

□ 乡 □丘大女潘妾布一匹 嘉禾元年七月十六日关丞祁……□（陆・4946・图 47 - 92/15）

□ 七月十六日关丞祁付库吏殷 一匹⑤ 连受（陆・5743/15）

□乡嘉禾元年布一匹三丈九尺 嘉禾二年七月十七日耒丘男子信嘆付库吏殷□（贰・4014/19）

□冬赐布一匹 嘉禾元年七月十七日关 丞 祁付库吏殷　一匹　连

----

① "三"，原释作"二"，据图版及破莂残存数字改。

② "二"，原释作"三"，据图版改。

③ "殷连"之间空白处左侧，残存右半字迹，破莂时有意为之。具体数值，难以辨识。

④ "关"，原阙释，据图版补。

⑤ "一匹"，原阙释，据图版补。"一匹"写在"殷连"之间空白处左侧，残存右半字迹，破莂时有意为之。

受（肆·811/1）【注】"殷"下"一匹"剩右半笔迹，破莂时有意为之。

入□乡下梨丘男子烝有布三匹二丈 ≍ 嘉禾元年七月十七日关丞祁付库吏殷三匹二丈连受（肆·832/1）【注】"殷"下"三匹二丈"剩右半字迹，破莂时有意而为。

□□张南布一匹 ≍ 嘉禾元年七月十七日南关丞　祁付库吏殷一匹连受（肆·900/1）【注】"殷"下"一匹"剩右半字迹，破莂时有意而为。

□潘丁入布一匹 ≍ 嘉禾元年七月十八日关丞祁付库吏殷　匹 连受（陆·5639·图54–29/15）【注】"殷连"之间空白处左侧，残存"匹"右半字迹，破莂时有意为之。"一"字当已全部剖去。

□ ≍ 嘉 禾① 元 年 五② 月廿日关丞祁付库吏殷 一 匹③ 连 受（陆·4855·图47–1/15）

入 □乡 调 布……≍嘉禾元年 正④ 月廿一日 关 丞 祁 付 库 吏 殷 连 受（陆·4931·图47–77/15）

入 □ 乡……≍嘉禾元年七月廿三日关丞 祁 付 库 吏 殷 连 受（陆·4882·图47–28/15）

□ 陈 苌布二匹 ≍ 嘉禾元年七⑤月廿三日关丞祁付库吏 二匹 殷连受（陆·4899·图47–45/15）【注】"库吏"左侧残存"二匹"右半字迹，破莂时有意为之。

□三匹 ≍ 嘉禾元年七月廿四 日 □（陆·5864/15）

---

① "□ ≍ 嘉 禾"，原阙释，据图版补。

② "五"，核对图版，字迹残缺，难以辨识，疑作"七"。

③ "一 匹"，原阙释，据图版补。"一匹"书写在竹简左侧，残存右半字迹，乃破莂有意为之。

④ "正"，核对图版，难以辨识，疑作"七"。

⑤ "七"，原释作"十"，据图版改。

入□乡吏潘有三品布①一②匹〓嘉禾元③年七④月廿四日关丞祁付□☑（陆·5284/15）

入……三品布二匹〓嘉禾元年七月廿五日关丞祁付库吏殷 二匹 连受（陆·5622·图54－12/15）【注】"殷连"之间空白处左侧，残存"二匹"右半字迹，破莂时有意为之。

入……〓嘉禾元年七月廿六日关丞祁付库吏殷一匹　连受（陆·4883·图47－29/15）【注】"殷连"之间空白处左侧，残存"一匹"右半字迹，破莂时有意为之。

☑乡□□丘大男邓孝⑤所调布二匹二丈七尺〓嘉禾元年七月廿七日关丞祁付库吏殷 二匹二丈七尺 连受（陆·4912·图47－58/15）【注】"吏殷连"左侧，残存"二匹二丈七尺"右半字迹，破莂时有意为之。

☑乡新眺丘大男樊得布二匹〓嘉禾元年七月廿七日关丞祁付库吏殷二匹 连受（陆·5699·图55－35/15）【注】"吏殷"左侧见"二匹"字迹右半，破莂时有意为之。

☑□苌布二匹〓嘉禾元年七月☑（陆·5871/15）

入□乡□丘大男烝碓布一匹〓嘉禾元年八月一日☑（陆·5799/15）

☑年八⑥月三日关丞　付库吏殷☑（肆·969/2）

……布一匹〓嘉禾元年八月三日关丞☑（陆·5776/15）

☑□□布一匹〓嘉禾元年八月四日关丞□☑（叁·419/23）

---

① "潘有三品布"，原阙释，据图版补。

② "一"，原释作"五"，据图版改。

③ "元"，原释作"二"，据图版改。

④ "七"，原释作"二"，据图版改。

⑤ "孝"，原阙释，据图版补。

⑥ "年八"，原释作"十一"，核对图版，"八"字可辨识，"八""一"形近易讹，据改。

☑□周纯冬赐布四匹〓嘉禾元年八月四日□丘□☑（叁·453/23）

☑乡□丘男子谢汪布八匹〓嘉禾元年八月四日关丞　付库吏殷连受（陆·5619·图54－9/15）

入……丘大男□□布二匹〓嘉禾元年八月五日关丞　①付库吏殷连受（陆·4917·图47－63/15）

入□乡□陈□布□匹三丈五尺〓嘉禾元年八月五日关丞□付库吏殷连受（陆·4932·图47－78/15）

入□乡□中丘大男郑涅布三匹三②丈〓嘉禾元年八月五日关丞付库吏殷连受（陆·5643·图54－33/15）

☑乡帅烝益布二匹〓嘉禾元年八月六日关丞　付库吏殷连受（肆·833/1）

入□□乡□州丘男子郭勤布一匹〓嘉禾元年八月六日关丞　付库吏殷连受（陆·5613·图54－3/15）

☑〓嘉禾元年八月九日丞③　付库吏殷连受（陆·5614·图54－4/15）

入□乡所调布一匹〓嘉禾元年八月九日桐丘吏喜付主内吏殷连受（陆·5678·图55－14/15）

☑尺〓嘉禾元年八月廿二日☑（陆·5740/15）

☑匹〓嘉禾元年八月十☑（壹·1351/4）

……布□匹〓嘉禾元年八月廿一日□□区大陈付库吏殷连受（陆·4947·图47－93/15）

☑□乡布十三匹二丈九尺〓嘉禾元年八月廿四日谢□丘……☑（叁·472/23）

☑□乡尽里丘大男殷□布一匹三丈九尺〓嘉禾元年八月廿六日……

---

① "丞"下原释有"祁"，据图版删。

② "三"，原释作"二"，据图版改。

③ "丞"上或脱"关"字。

（叁·251/23）

入□乡布一匹三丈九尺〓嘉禾元年八月廿七日武龙丘男子苗署付库吏殷连受（陆·5612·图54–2/15）

☑匹〓嘉禾元年八月廿（壹·1344/4）

☑乡蓻（？）里男子娄水布三匹〓嘉禾元年八月卅日关☑（叁·97/23）

☑前丘大男烝波布五匹〓嘉禾元年八月□日□□☑（叁·1238/23）

入……布一匹〓嘉禾元年九月一日……（陆·5668·图55–4/15）

☑匹三丈八尺〓嘉禾元年九月五日小赤丘男☑（叁·5846/35）

☑匹三丈五尺〓嘉禾元年九月十一日石下丘黄文付库吏☑（叁·1232/23）

☑烝育（？）布一匹三丈□尺〓嘉禾元年九月十三日付库吏殷连受☑（贰·9088/23）

☑□布一匹〓嘉禾元年九月十三日关丞☑（叁·413/23）

☑匹〓嘉禾元①年九月十□日丞弁关☑（叁·5910/35）

☑乡□兰丘何茄布三匹一丈〓嘉禾元年九月廿二日□□付库吏殷☑（叁·268/23）

☑□□布二匹〓嘉禾元年九月廿三日……☑（叁·483/23）

☑布三匹三丈七尺〓嘉禾元年九月廿五日杨溲丘……☑（叁·460/23）

☑十一匹〓嘉禾元年九月廿七日上俗丘何逐□□付库吏殷☑（叁·209/23）

☑□二匹〓嘉禾元年九月廿九日郡□☑（贰·4091/19）

入□乡□丘大男黄圭布一匹〓嘉禾元年九月　☑（陆·5831/15）

---

① "元"，核对图版，疑作"二"。

入□乡……布……嘉禾元年十月三日□□丘男子……付库吏殷☑（叁·276/23）

☑布四匹三丈六尺嘉禾元年十月四日温□☑（贰·4119/19）

☑乡弹溇丘廖允布三匹嘉禾元年十月廿日付库吏殷连受（叁·212/23）

☑一匹嘉禾元年十月□日付库吏殷连受（壹·2728/8）

☑布七匹三丈四尺嘉禾元年十一月四日掾黄原付库吏殷连受（陆·5718·图55-54/15）

☑调布五匹嘉禾□年十一月五日□奇……（肆·961/2）

☑乡所调布一匹嘉禾元年十一月八日周丘大男吴得付库吏殷☑（叁·465/23）

☑□□布一匹嘉禾元年十一月十日……☑（叁·211/23）

☑匹□□元年十一月十日……付库吏殷连受（叁·258/23）

☑布一匹嘉禾元年十一月十二日☑（贰·3891/19）

☑□□布……嘉禾元年十一月十三日和下丘番（？）□付库吏殷☑（叁·216/23）

☑元年布一匹嘉禾元年十一月十四日复皋丘男☑（贰·3892/19）

☑布二匹嘉禾元年十一月十四日横溪丘囿□郑□付库吏殷☑（叁·238/23）

☑二匹嘉禾□年十一月廿日弹溇丘□长付库吏殷连受（肆·886/1）

入□乡布一匹三丈九尺嘉禾元年十一月廿二日□□□□三付库吏□□受（叁·185/23）

☑……匹……嘉禾元年十一月廿四日李下日丘大男廖□付库吏殷☑（叁·204/23）

☑一匹嘉禾元年十一月廿七日留丘大男黄椎付库吏殷连受（陆·

5712·图 55－48/15）

　　☒□乡布……⨝嘉禾元年十一月廿八日 唫 丘男子烝益付库吏殷连受（贰·3923/19）

　　☒……布□匹⨝嘉禾元年十一月……付库吏殷连受☒（贰·3830/19）

　　☒□所调布一匹⨝嘉禾元年十二月二 日 ☒（贰·4008/19）

　　☒□乡嘉禾元年 布 二匹⨝十二月三日☒（壹·1301/4）【注】"十二月"上似脱"嘉禾某年"。

　　☒ 布 二匹⨝嘉禾元年十二月五日弹溲☒（叁·108/23）

　　☒丈九尺⨝嘉禾元年十二月七日小杆☒（贰·3927/19）

　　☒ 布 一匹三丈七尺⨝嘉禾元年十二月七日柘唐丘佃长周使付库吏殷连受（陆·4959·图 47－105/15）

　　☒匹⨝嘉禾元年十二月九日□☒（贰·4060/19）

　　☒一匹三丈七尺⨝嘉禾元年十二月十日□丘□☒（贰·4098/19）

　　☒ 丈 七尺⨝嘉禾元年十二月十八日新刚丘谢客付库吏 殷 连受（陆·5710·图 55－46/15）

　　入□乡冬赐布一匹⨝嘉禾元年十二月十八日…… 付 库吏殷 连 受 （陆·5711·图 55－47/15）

　　☒…… 尺 ⨝ 嘉 禾 元 年 十 二 月 □□ 日 ……（叁·199/23）

　　☒ 尺 ⨝嘉禾元年十二 月 ☒（叁·613/23）

　　☒乡嘉禾元年所调布一匹⨝嘉禾二年正月四日黄□丘男子☒（贰·4019/19）

　　☒⨝嘉禾二①月二日新唐丘男子□□ 付 主库 ☒（陆·5830/15）

　　☒……二匹⨝嘉禾二②年四月十五日上□丘烝赣付库吏殷连受（叁·217/23）

---

① "二"，原释作"六"，据图版改。
② "二"，原释作"元"，据图版改。

☑元年布二四三丈七尺〓嘉禾二年五月……丘魁程椎付☑（陆·

5725·图 55 - 61/15）

☑须丘男子潘买元年布一匹〓嘉禾二年☑（陆·5734/15）

☑四三丈八尺〓嘉禾元年四（?）① 月八日松田丘鲁礼付库吏殷☑

（叁·244/23）

☑□布廿三四一丈〓嘉禾元年☑（壹·4419/11）

入□乡二年布二……〓嘉禾元年☑（贰·5365/20）

☑□布三匹〓嘉禾元年……☑（叁·385/23）

☑□□布一匹〓嘉禾元年☑（叁·394/23）

☑□布十匹□丈□尺〓嘉禾元年□月□日☑（叁·685/23）

☑布一匹〓嘉禾元年……☑（叁·160/23）

☑段（?）元年布一匹〓嘉☑（贰·4192/19）

☑嘉禾元年布一匹〓☑（贰·9025/23）

入□吏□翔□□所□布三匹……〓嘉禾……☑（叁·232/23）

☑库吏殷三匹连受（肆·970/2）【注】"三匹"乘右半字迹，破荆

时有意为之。

☑嘉禾元年布一匹☑（贰·4058/19）

☑□鹳丘元年布☑（贰·4144/19）

☑元年布□☑（贰·4348/19）

☑□乡嘉禾元年布四☑（叁·365/23）

☑□布□匹〓嘉禾元年□月廿□日关丞□付库吏殷连受（陆·

4942·图 47 - /15）

入□乡□丘……〓嘉禾元年□月□日关丞祁付库吏殷

---

① "四（?）"，核对图版，难以辨识。

四匹 一 丈① 连 受 （陆・5628・图 54 –18/15）②

▨……嘉禾元年…… 关 丞 祁 付库吏殷 二匹③ 连受 （陆・5658・图 54 –48/15）

入 ▨ 乡 ▨▨ 丘 男子陈牛入布▨ 匹 嘉禾元年……关丞付库吏殷 连受 （陆・5691・图 55 –27/15）

入 ……中④里男子邓宁布二匹 嘉禾元年▨月一日 关 丞⑤ 祁付库吏殷 二匹 连受 （陆・5697・图 55 –33/15）【注】"吏殷连"左侧见"二匹"字迹右半，破莂时有意为之。

▨▨乡幸丘▨▨▨布二匹 嘉禾元年▨ （陆・5842/15）

▨布一匹三丈九尺 嘉禾元▨ （陆・5874/15）

▨嘉禾元年布二匹 ▨ （陆・5876/15）

▨ 布 一匹 嘉禾元年▨月廿七日▨ （陆・5877/15）

▨尺 嘉禾 元 ▨ （陆・5918/15）

入▨乡……布一匹 ……▨月▨日上俗丘男子……日⑥付库吏…… （陆・4919・图 47 –65/15）

入▨乡……布▨匹…… （陆・4936・图 47 –82/15）

入…… 布 ▨▨ …… （陆・4943・图 47 –89/15）

……关丞祁付库吏殷连受 （陆・4944・图 47 –90/15）

▨布二匹三丈八尺▨ （陆・5246/15）

▨ 乡 ▨▨里大男石太布七匹三丈▨ （陆・5737/15）

---

① "四匹 一 丈"，原阙释，据图版补。"四匹 一 丈"写在"殷连"之间空白处左侧，残存右半字迹，破莂时有意为之。

② " 入 ▨ 乡 ▨ 丘 "左侧残存同文字迹，据此，该简为右莂。

③ "二匹"，原阙释，据图版补。"二匹"写在"殷连"之间空白处左侧，残存右半字迹，破莂时有意为之。

④ "中"，原阙释，据图版补。

⑤ " 关 丞 "，原阙释，据图版补。

⑥ "日"，原阙释，据图版补。

☑……布四匹≋嘉☑（陆·5783/15）

☑匹三丈九尺≋……☑（陆·5886/15）

☑调布一匹≋嘉禾☑（陆·5900/15）

☑布二匹三丈九☑（陆·5917/15）

☑□□丘大男邓□入所调布一匹☑（陆·5942/16）

（原刊《出土文献研究》第 17 辑，中西书局 2018 年版）

孙吴临湘侯国中乡、模乡户品
出钱簿综合整理与研究

　　长沙走马楼三国吴简中大量出现的"户品出钱简"，因其内容和格式特殊，引起了学界的广泛关注和热烈讨论。2017 年，笔者在前人研究的基础上，运用吴简文书学研究方法，对《竹简》〔壹〕〔贰〕〔叁〕〔肆〕〔柒〕〔捌〕中所见的户品出钱简进行了系统分析，① 整理出三乡五件（中乡故户，都乡故户、都乡新户，模乡故户、模乡新户）户品出钱人名簿（下或简称"户品出钱簿"），并总结其文书格式，进而对簿书内容以及与之相关的"八亿钱""典田掾""波田兴修"等问题进行了探讨。② 此后，《竹简》〔陆〕〔伍〕〔玖〕相继出版，③ 绝大多数竹简随之刊布，这为我们全面而系统地整理和研究户品出钱簿提供了条件。这三卷中新刊的户品出钱简，从其内容和格式等来看，皆属于上述三乡五件户品出钱人名簿。其中，《竹简》〔陆〕〔玖〕中只有十余枚户品出钱残简零星出现，④

　　① 走马楼简牍整理组编著：《长沙走马楼三国吴简・竹简》〔壹〕〔贰〕〔叁〕〔肆〕〔柒〕〔捌〕，文物出版社 2003、2007、2008、2011、2013、2015 年版。
　　② 凌文超：《走马楼吴简三乡户品出钱人名簿整理与研究——兼论八亿钱与波田的兴建》，《文史》2017 年第 4 辑，收入其著《吴简与吴制》，北京大学出版社 2019 年版，第 243—305 页。学术史回顾，亦请参见该文。本书所引该文中的简例，释文校订详见原文，不再出注。
　　③ 走马楼简牍整理组编著：《长沙走马楼三国吴简・竹简》〔陆〕〔伍〕〔玖〕，文物出版社 2017、2018、2019 年版。
　　④ 简号是：陆・5948、玖・6637、6642、6751、6932、6934、7205、7316、7612、7658、7732、7803，根据其简文内容，大抵可补入此前整理的模乡故户型、都乡故户型户品出钱簿。

而《竹简》〔伍〕中聚集出现了数量较多的中乡故户、模乡新户型户品出钱简，且有八幅与之相关的揭剥位置示意图。本文主要利用《竹简》〔伍〕新刊户品出钱简以及相关的考古整理信息，对中乡故户、模乡新户出钱上中下品人名簿进行综合整理与研究。

一　中乡故户出钱上中下品人名簿综合整理

《竹简》〔伍〕发掘简第 6 盆中聚集出现大量的中乡故户型户品出钱简和少量的模乡新户型户品出钱简。这两类简无论是内容还是格式均有明显的不同。笔者过去将两者的基本格式总结如下。

中乡故户型：

> 正面：中乡〇〇（身份）〇〇（姓名）故户上/中/下品出钱一万二千/八千/四千四百侯相　嘉禾六年正月十二日都乡典田掾蔡忠白

> 背面：入钱毕民自送牒还县不得持还乡典田吏及仲（帅）①

模乡新户型：

> 模乡〇〇（身份）〇〇（姓名）新户上/中/下品出钱一万三千/九千/五千五百九十四钱临湘侯相　嘉禾五年十二月十八日模乡典田掾烝若白

发掘简第 6 盆中的户品出钱简分别符合这两种格式。根据简文内容和格式特点，区分这两种类型的户品出钱简并不困难。

发掘简第 6 盆中聚集出现的中乡故户型户品出钱简大多数为成坨简，对应的揭剥图分别是伍·图 3、4、6、9、10、11、12，均属于发掘清理

---

① "仲"，原释作"帅"。中乡故户型户品出钱简背面套语中的"帅"有两种字形。其中，大多数写作"仲"，与都乡户品出钱简背面套语中"帅"字的写法存在明显的差异。为了便于区分，释文迻录该字形"仲（帅）"。如果该字不从"亻"，就径作"帅"；字迹漫漶、残缺而难以辨识的则释作"帅"。释文校订情况仅在第一处出注。

Ⅰ区 d 段竹简，编号分别是：Ⅰd②、Ⅰd③、Ⅰd⑤、Ⅰd⑧、Ⅰd⑨、Ⅰd⑩、Ⅰd⑪。从编号临近来看，它们在 J22 中大抵是粘连在一起的。同时，揭剥图伍·图 9（Ⅰd⑧）中，中乡故户型、模乡新户型简均有出现，表明这两件簿书原来应当放置在一起。

揭剥图伍·图 3（Ⅰd②）共计 16 枚竹简（参见图一），据其简文内容和格式特点，皆为中乡故户型户品出钱简。① 其中，7 枚下品出钱简（本文均用浅灰色标示）主要出现在揭剥图外侧（弧线简背的朝向），5 枚中品出钱简（本文均用深灰色标示）出现在揭剥图内侧（直线简面的朝向），还有 4 枚不明户品简（本文均用横线标示），未见明确的上品出钱简。

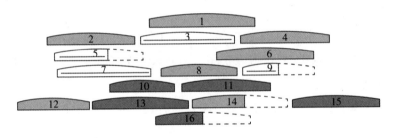

图一　揭剥图伍·图 3（Ⅰd②）

揭剥图伍·图 4（Ⅰd③）共计 24 枚竹简（参见图二），其中 7 枚是中乡故户型户品出钱简，基本上是下品出钱简。其他 17 枚简主要是与仓米、户口等相关的文书简，不属于户品出钱簿。

揭剥图伍·图 6（Ⅰd⑤）共计 49 枚竹简（参见图三），其中 48 枚是中乡故户型户品出钱简，阑入 1 枚仓米简（伍·1587·图 6-3）。48 枚户品出钱简中，3 枚无法识别户品，4 枚下品出钱简集中在揭剥图内侧，22 枚上品出钱简聚集在揭剥图外围（本文均用黑色标示），17 枚中品出钱简夹在两者之间，另外还有 1 枚标题简（伍·1624·图 6-40）和 1 枚中品出钱简的结计简（伍·1594 正·图 6-10）。下、中、上三品出钱简从内至外依次编排，分布的层次比较清楚。

---

① 有些简字迹漫漶或残缺，无法直接判断其乡名。由于走马楼吴简中的同类简常聚集出现在同坑或同盆简中，笔者在整理时一般将同类格式简归并整理。

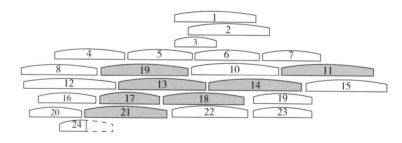

图二 揭剥图伍·图4（Ⅰd③）

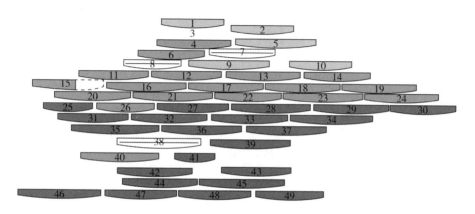

图三 揭剥图伍·图6（Ⅰd⑤）

揭剥图伍·图9（Ⅰd⑧）共计45枚竹简（参见图四），所含简的类型比较复杂，除了22枚户品出钱简外，还有23枚库钱、户口类文书简等（简伍·2057－2075、2077、2078、2090、2101，揭剥图编号1—19、21、22、34、45）。22枚户品出钱简大多数是模乡新户型简（14枚），只有8枚中乡故户型简。8枚中乡故户型简中有1枚上品出钱简、1枚中品出钱简、4枚下品出钱简，1枚残简户品不明，另外还有1枚下品出钱简的结计简（伍·2096正·图9－40）。

揭剥图伍·图10（Ⅰd⑨）共计33枚竹简（参见图五），其中31枚是中乡故户型品出钱简，阑入仓米简1枚（伍·2123·图10－22），不明简1枚（伍·2102·图10－1）。31枚中乡故户型户品出钱简中，除5枚不明户品简外（这些不明户品简夹在下品出钱简之中，应当亦为下品出钱简），皆为下品出钱简。

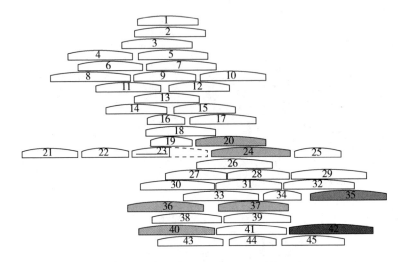

图四　揭剥图伍·图9（Ⅰd⑧）

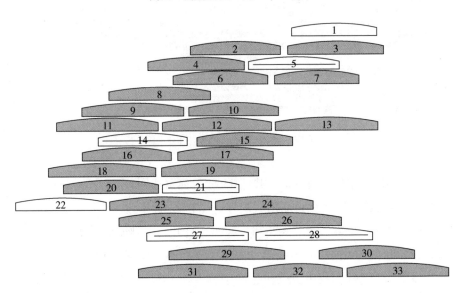

图五　揭剥图伍·图10（Ⅰd⑨）

揭剥图伍·图11（Ⅰd⑩）共计52枚竹简（参见图六），其中23枚中乡故户型户品出钱简聚集出现在揭剥图上半部分。揭剥图下半部分主要是库钱、仓米、度田类文书简（揭剥图编号22—52，除35、41）。23枚中乡故户型简中，7枚中品出钱简大致分布在外围，16枚下品出钱简大致分布在内侧，与揭剥图伍·图6（Ⅰd⑤）中户品出钱简编排次序一致。

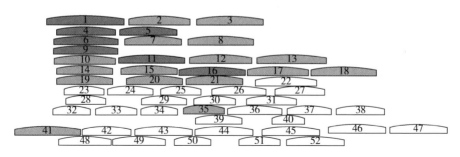

图六　揭剥图伍·图11（Ⅰd⑪）

揭剥图伍·图12（Ⅰd⑪）共计58枚竹简（参见图七），所含简牍类型比较复杂，除了18枚中乡故户型户品出钱简外，还有40枚户口简、仓米简、库钱简等（简伍·2271－2299、2316－2326，揭剥图编号3—31、48—58）分布在揭剥图中部和下部。[①] 18枚中乡故户型简中，有7枚中品出钱简，6枚下品出钱简，还有5枚不明户品的出钱简。

此外，在发掘简第6盆散简中还有66枚中乡故户型户品出钱简，发掘简第12盆中也有1枚中乡故户下品出钱简（伍·7275）。据此，《竹简》〔伍〕中的中乡故户型品出钱简合计232枚（含残简），其中成坨简165枚，零散简67枚。

过去笔者整理的中乡故户型户品出钱简，一部分聚集出现在《竹简》〔柒〕发掘简第18盆中，如揭剥图柒·图22（Ⅱc⑤）和图33（Ⅱc⑯）中含有63枚（分别为14、49枚）成坨简；另一部分散见于《竹简》〔柒〕发掘简第17盆（6枚）、《竹简》〔贰〕采集简第19盆（18枚）和《竹简》〔叁〕采集简第35、36盆中（9枚）中，散简合计33枚，且基本上是残断简。

总的看来，走马楼吴简中所见的中乡故户型户品出钱简总计328枚（含残简）。这些简牍的形制比较齐整，完简长23.7—24.3厘米，简宽1.3—1.8厘米，内侧编痕间距约8.5厘米，原来应编连为簿。从简背"仲""帅"

---

① 《竹简〔伍〕》发掘简第6盆简号为35730－37934，即伍·117－2321，而揭剥图伍·图12所含简牍编号为伍·2269－2326，整理编号跨两盆，不合情理，两种编号必有一误。

图七　揭剥图伍·图 12（Ｉd⑪）

字的不同写法来看，其书手至少有两位。至于简册的收卷情况，结合揭剥
图伍·图 6（Ｉd⑤）、图 11（Ｉd⑩）和柒·图 33（Ⅱc⑯，参见图八）
来看，该简册由内至外依次编排下品、中品、上品出钱简。

　　中乡故户出钱上中下品人名簿保存状态不佳，至少分裂为 9 坨竹简，
且揭剥图伍·图 3（Ｉd②）、图 12（Ｉd⑪）对应的成坨简内下品与中品
出钱简夹杂出现。这些都表明该簿书遭受了严重的扰乱。但是，依据考古
学整理信息和简牍遗存信息，我们仍然能够较好地对该簿书进行复原、整
理。首先，中乡故户型户品出钱简聚集出现在发掘简第 6、18 盆中，有着
齐整的简牍形制、内侧编痕间距和两类相近的书写风格。这为我们汇集同
类简例，总结文书格式提供了客观依据。其次，标题简和结计简不仅为我
们按户品编排中乡故户型简建构了复原框架，而且为我们检验整理后簿书
的遗存情况提供了判断依据。

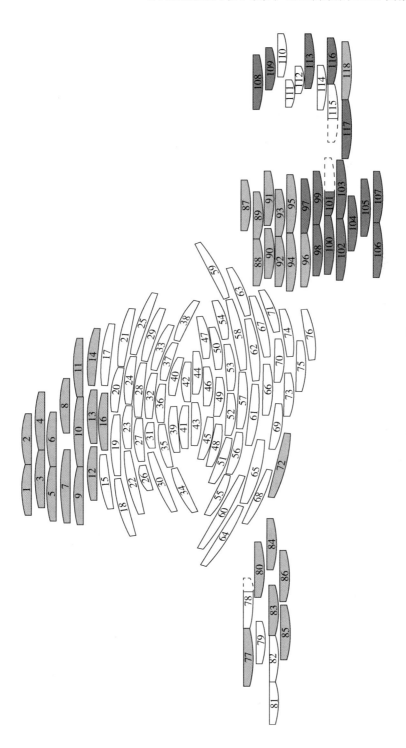

图八　揭剥图柒·图33（Ⅱc⑯）

1. 中①乡谨列故户人名□品□为②簿如牒（伍·1624·图 6 – 40/6）

2. 右廿六户，故户上品，户出钱一万二千，合卅一万二千（伍·2096 正·图 9 – 40/6）

入钱毕，民自送牒还县，不得持还乡典田吏及仲（帅）（伍·2096 背·图 9 – 40/6）

3. 右六十九户，故中品，户出钱八千，合五十五万二千（伍·1594 正·图 6 – 10/6）

入钱毕，民自送牒还县，不得持还乡典田吏及仲（帅）（伍·1594 背·图 6 – 10/6）

4. ·右一百六十一户，下品，出钱四千四百，合七十万八千四百（柒·4077·12 正/18）【注】此为正面，背面无字。

5. □中乡故□二百五十六户，三品出钱合一百五十七万□☒（柒·2641/18）

中乡三品出钱的故户合计 256 户，除开上述标题简和结计简，中乡故户出钱简应当是 256 枚。根据整理结果（详后），中乡故户上品出钱简 25 枚，相比 26 户仅阙 1 枚；中品出钱简 64 枚，相比 69 户阙 5 枚；下品出钱简 142 枚（含残简），相比 161 户虽然缺少 19 枚，但是还有 28 枚不明户品简（含残简），它们大多数应是下品出钱简。考察户品出钱简中的残简与不明户品简，它们之间不少简例可以缀合（缀合图版参见附录），例如：

6. ……万二千侯□　嘉禾六年正月十二日都乡典田掾□□白（伍·1625＋2079 正·图 6 – 41/6）

入钱毕，民自送牒还县，不得持还乡典田吏及帅（伍·1625＋

---

① "中"，原释作"四"，据图版改。

② "为"，原阙释，据图版补。

2079 背·图 6 – 41/6)

7. ☐□□□□故户中品出钱八千①□□　□□六②年正月十二日都乡典田掾蔡忠白③（伍·1430 + 1599 正·图 3 – 10/6）

☐入钱毕，民自送牒还县，不得持还乡典田吏及帅（伍·1430 + 1599 背·图 3 – 10/6）

8. 中乡大男蔡□故户下④品出钱□□□百侯相⑤　……（伍·1429 + 1592 正·图 6 – 8/6）

入钱毕，民自送牒还县，不得持还乡典田吏及仲（帅）（伍·1429 + 1592 背·图 6 – 8/6）

综合这些情形看来，中乡故户出钱上中下品人名簿绝大部分内容遗留了下来。

兹按上中下品的次序将中乡故户出钱上中下品人名簿整理如下，各户品之内暂按出版号顺序排列，不明户品简和残简附后。

中乡谨列故户人名□品□为簿如牒（伍·1624·图 6 – 40/6）

中乡大男吕告故户上品出钱一万二千侯相　嘉禾六年正月十二日都乡典田掾蔡忠白（伍·1609 正·图 6 – 25/6）

入钱毕民自送牒还县不得持还乡典田吏及帅（伍·1609 背·图 6 – 25/6）

---

① "千"，原阙释，据缀合图版补。

② "六"，原阙释，据缀合图版补。

③ "蔡忠白"，原阙释，据缀合图版补。

④ "下"，原阙释，据图版补。

⑤ "百侯相"，原阙释，据图版补。

中乡大男 文□ 故户 上 品出钱一万 二 千侯相　嘉禾六年 正 月 十 二 日都乡典田掾□□ 白 （伍·1611 正·图 6 - 27/6）

入钱毕民自送牒还县不得持还乡典田吏及仲（帅）（伍·1611 背·图 6 - 27/6）

中乡大男郭宜故户上品出钱一万二千侯相　嘉禾六年正月十二日都乡……（伍·1612 正·图 6 - 28/6）

入钱毕民自送牒还县不得持还乡典田吏及仲（帅）（伍·1612 背·图 6 - 28/6）

中乡大男 邓 倚 故户上品出钱一 万 二 千 侯相　嘉禾六年 正 月 十 二 日 都 乡 典 田 掾 ……（伍·1613 正·图 6 - 29/6）

入钱毕民自送牒还县不得持还乡典田吏及仲（帅）（伍·1613 背·图 6 - 29/6）

中乡大男张却 故户 上 品出钱一万 二 千侯相　嘉禾六年…… 田 掾 ……（伍·1614 正·图 6 - 30/6）

入钱毕民自送牒还县不得持还乡典田吏及仲（帅）（伍·1614 背·图 6 - 30/6）

中乡大男 李 ① 顗 （？）故户上品出钱一万二千侯相　嘉禾六年正月十二日都乡典田掾蔡忠 白 （伍·1615 正·图 6 - 31/6）

入钱毕民自送牒还县不得持还乡典田吏及仲（帅）（伍·1615 背·图 6 - 31/6）

中乡大男邓董故户上品出钱一万二千侯相　嘉禾六年正月十二日都乡典田掾蔡忠白（伍·1616 正·图 6 - 32/6）

入钱毕民自送牒还县不得持还乡典田吏及仲（帅）（伍·1616 背·图 6 - 32/6）

中乡大男 潘 （？） 克 （？）故户上品 出 钱 一万二千侯相　嘉禾六

---

① "李"，原阙释，据图版补。

年正月十二日都乡☐☐掾……（伍·1617 正·图 6 – 33/6）

入钱毕民自送牒还县不得持还乡典田吏及仲（帅）（伍·1617 背·图 6 – 33/6）

中乡大男唐御故户上品出钱……　☐禾六年正月十二日都乡典田掾……（伍·1618 正·图 6 – 34/6）

入钱毕民自送牒还县不得持还乡典田吏及仲（帅）（伍·1618 背·图 6 – 34/6）

中乡大男李☐故户上品出钱一万二千侯相　嘉禾六年正月十二日都乡典田……（伍·1619 正·图 6 – 35/6）

入钱毕民自送牒还县不得持还乡典田吏及仲（帅）（伍·1619 背·图 6 – 35/6）

中乡大男黄蝮（？）故户上品出钱一万二千侯相　嘉禾六年正月十二日都乡典田掾蔡忠白（伍·1620 正·图 6 – 36/6）

入钱毕民自送牒还县不得持还乡典田吏及仲（帅）（伍·1620 背·图 6 – 36/6）

中乡大男周尊故户上品出钱一万二千侯相　嘉禾六年正月十二日都乡典田掾☐☐白（伍·1621 正·图 6 – 37/6）

入钱毕民自送牒还县不得持还乡典田吏及仲（帅）（伍·1621 背·图 6 – 37/6）

中乡大男周晋故户上品出钱一万二千侯相　嘉禾六年正月十二日都乡典田掾蔡忠白（伍·1623 正·图 6 – 39/6）

入钱毕民自送牒还县不得持还乡典田吏及帅（伍·1623 背·图 6 – 39/6）

……万二千侯☐　嘉禾六年正月十二日都乡典田掾☐☐白（伍·1625 + 2079 正·图 6 – 41/6）

入钱毕民自送牒还县不得持还乡典田吏及帅（伍·1625 + 2079 背·

图 6 - 41/6）

中乡大男烝 让 故户上品出钱一万二千侯相　嘉禾六年正月十二日 都
乡典 田 掾蔡忠白（伍·1626 正·图 6 - 42/6）

入钱毕民自送牒还县不得持还乡典田吏及仲（帅）（伍·1626 背·图
6 - 42/6）

中乡大男潘苌故户上品出钱一万二千侯相　嘉禾六年正月十二日 都
□□ 田 □ ☑（伍·1627 正·图 6 - 43/6）

入钱毕民自送牒还县不得持还乡典田吏及仲（帅）☑（伍·1627 背·
图 6 - 43/6）

中乡大男陈 仓 故户上品出钱 一 万 二千侯相　嘉禾六年正月十二日
都 乡 典 田 掾 蔡 忠 □（伍·1628 正·图 6 - 44/6）

入钱毕民自送牒还县不得持还乡典田吏及仲（帅）（伍·1628 背·图
6 - 44/6）

中乡大男廖 昭 故户上品出钱一万二千侯相　嘉禾六年正月十二日都
乡 典 田 掾 ……☑（伍·1629 正·图 6 - 45/6）

入钱毕民自送牒还县不得持还乡典田吏及仲（帅）☑（伍·1629 背·
图 6 - 45/6）

中乡大男 勇 独 （？）故户上品出钱一万二千侯相　嘉禾六年正月十
二日都乡典田掾蔡忠白（伍·1630 正·图 6 - 46/6）

入钱毕民自送牒还县不得持还乡典田吏及仲（帅）（伍·1630 背·图
6 - 46/6）

中乡大男黄杨故户上品出钱一万二千侯相　嘉禾六年正月十二日 都
乡 典 田 掾 ……（伍·1631 正·图 6 - 47/6）

入钱毕民自送牒还县不得持还乡典田吏及仲（帅）（伍·1631 背·图
6 - 47/6）

中乡大 男 潘 □ 故 户 □□□ 钱 一万二千侯相　嘉 禾六年正月十二
日 都 乡 典 田 掾 □□ 白（伍·1632 正·图 6 - 48/6）

入钱毕民自送牒还县不得持还乡典田吏及仲（帅）（伍・1632 背・图6－48/6）

中乡大男黄硕故户上品出钱一万二千侯相　□禾六年正月十二日都乡……（伍・1633 正・图6－49/6）

入钱毕民自送牒还县不得持还乡典田吏及仲（帅）（伍・1633 背・图6－49/6）

中乡大女□□故户上①品出钱一万二千②侯相☒（伍・1952/6）③

中乡大男李品故户上品出钱一万二④千侯相☒（伍・1954/6）⑤

中⑥乡县吏五师故户上品出钱一万二千侯相　嘉禾六年正月十二日都⑦乡典田掾□□□（伍・2098 正・图9－42/6）

入钱毕民自送牒还县不得持还乡典田吏及仲（帅）（伍・2098 背・图9－42/6）

右廿六户故户上品户出钱一万二千合卅一万二千（伍・2096 正・图9－40/6）

入钱毕民自送牒还县不得持还乡典田吏及仲（帅）（伍・2096 背・图9－40/6）

☒□□□故户中品出钱八千□□　□□六年正月十二日都乡典田掾蔡忠白（伍・1430＋1599 正・图3－10/6）

☒入钱毕民自送牒还县不得持还乡典田吏及帅

---

① "上"，原释作"下"，据图版改。

② "钱一万二千"，原阙释，据图版及文例补。

③ 该简背面当有套话。

④ "二"，原释作"三"，据图版及文例改。

⑤ 该简背面当有套话。

⑥ "中"，原释作"模"，据图版改。

⑦ "正月十二日都"，原释作"十二月十八日模"，据图版改。

（伍·1430＋1599 背·图 3－10/6）

中 乡 大男郭□故户中品出钱八□①侯相　嘉禾□年正月十二日都乡典田掾□忠白（伍·1431 正·图 3－11/6）

入钱毕民自送牒还县不得持还乡典田吏及仲（帅）（伍·1431 背·图 3－11/6）

中 乡 大男□□故户中②品出钱八□侯相③　……（伍·1433 正·图 3－13/6）

入钱毕民自送牒还县不得持还乡田④吏及仲（帅）（伍·1433 背·图 3－13/6）【注】依文例，"田吏"上脱"典"字。

中乡 大 男 □□故户中品出钱 八 千⑤侯相　嘉禾 六 年 正 月 十 二 日 都 乡 典 田 掾……（伍·1435 正·图 3－15/6）

入钱毕民自送牒还县不得持还乡典田吏及仲（帅）（伍·1435 背·图 3－15/6）

中乡大男勇羊故户 中 品 出钱 八 千 侯 相⑥　……（伍·1436 正·图 3－16/6）

入钱毕民自送牒还县不得持还乡典田吏及 帅 （伍·1436 背·图 3－16/6）

中乡大男 谢 主（?）故 户 中品 出 钱 八…… …… 都 乡 ……（伍·1588 正·图 6－4/6）

入钱毕民自送牒还县不得持还乡典田吏及仲（帅）（伍·1588 背·图 6－4/6）

---

① "□"下原释有"临湘"，据图版删。

② "中"，原释作"下"，据图版改。

③ "八□侯相"，原释作"四……"，据图版改、补。

④ "田"，原释作"典"，据图版改。

⑤ " 八 千 "，原释作" □□ 临 湘 "，据图版改。

⑥ " 八 千 侯 相 "，原释作" □□ 临 湘 □□ "，据图版改。

中乡大男□来故户中品出钱八 千 ①侯相 …… （伍·1590 正·图 6 -6/6）

入钱毕民自送牒还县不得持还乡典田吏及仲（帅）（伍·1590 背·图 6 -6/6）

中乡大男潘□故户中品……侯相 嘉禾……日都乡典田掾蔡忠白（伍·1595 正·图 6 -11/6）

入钱毕民自送牒还县不得持还乡典田吏及仲（帅）（伍·1595 背·图 6 -11/6）②

中乡大男雷迎故户中品出钱八千③侯相 嘉禾六年正月十二日都乡典田掾 蔡 ④ 忠 白 （伍·1596 正·图 6 -12/6）

入钱毕民自送牒还县不得持还乡典田吏及仲（帅）（伍·1596 背·图 6 -12/6）⑤

中乡大男鲁（?） 黑 故户中品出钱……侯相 嘉禾六年□月十二日都乡典田掾蔡⑥忠白（伍·1597 正·图 6 -13/6）

入钱毕民自送牒还县不得持还乡典田吏及仲（帅）（伍·1597 背·图 6 -13/6）

中乡大男 邓 雇 （?） 故 户 中 品出钱八千⑦侯相 嘉禾六年正月十二日都乡典田掾蔡⑧忠 白 （伍·1598 正·图 6 -14/6）

入钱毕民自送⑨还县不得持还乡典田吏及仲（帅）（伍·1598 背·图 6 -14/6）

---

① "侯相"前原释有"临湘"，据图版删。
② 该简原编号为伍·1595，据图版编号改。
③ "侯相"前原释有"临湘"，据图版删。
④ " 蔡 "，原阙释，据图版及文例补。
⑤ 该简原编号为伍·1596，据图版编号改。
⑥ "蔡"，原阙释，据图版补。
⑦ "侯相"前原释有"临湘"，据图版删。
⑧ "蔡"，原阙释，据图版补。
⑨ 按："送"下脱"牒"字。

中乡大男 温① 和故户中品出钱八千 侯 相② 嘉禾六年 正 月十二日
都乡典田掾蔡忠白（伍·1600 正·图 6 – 16/6）

入钱毕民自送牒还县不得持还乡典田吏及仲（帅）（伍·1600 背·图
6 – 16/6）

中乡大女陈 名 （？）故户中品出钱八千侯相 ……蔡忠白（伍·
1601 正·图 6 – 17/6）

入钱毕民自送牒还县不得持还乡典田吏及仲（帅）（伍·1601 背·图
6 – 17/6）

中 乡大男区高故户中品出钱 八 千 侯 相 嘉禾□年…… 都 乡 典
田 ……白（伍·1602 正·图 6 – 18/6）

入钱毕民自送牒还县不得持还乡典田吏及仲（帅）（伍·1602 背·图
6 – 18/6）

中乡大男周 铁 （？）故户中品 出 钱 八 千 侯相 嘉禾□年正月十
二日 都 乡 典 田 掾 □□白（伍·1603 正·图 6 – 19/6）

入钱毕民自送牒还县不得持还乡典田吏及帅（伍·1603 背·图 6 –
19/6）

中 乡大男郑桑故户中品出钱八千 侯 相 嘉禾 六 年正月十二日 都
乡 …… 白 （伍·1604 正·图 6 – 20/6）

入钱毕民自送 牒 还 县 不 得 持还乡典田吏及 帅 （伍·1604 背·
图 6 – 20/6）

中乡大男 李 开故户中品出钱八千 侯 相 ……（伍·1605 正·图 6 –
21/6）

入钱毕民自送牒还县不得持还乡典田吏及仲（帅）（伍·1605 背·图
6 – 21/6）

---

① "温"，核对图版，疑作"区"。

② "侯相"，原阙释，据图版补。

中乡大男朱泽故户中品出钱八千侯相　嘉禾六年正月十二日都乡典田掾□□白（伍·1606 正·图 6－22/6）

入钱毕民自送还县不得持还乡典田吏及仲（帅）（伍·1606 背·图 6－22/6）

中乡大男阳（?）由（?）故户中品出钱八千侯相　嘉禾□年正月十二日都乡……白（伍·1607 正·图 6－23/6）

入钱毕民自送牒还县不得持还乡典田吏及帅（伍·1607 背·图 6－23/6）

中乡大男胡善故户中品出钱八千侯相　嘉禾六年正月十二日都乡典田掾蔡□白（伍·1608 正·图 6－24/6）

入钱毕民自送牒还县不得持还乡典田吏及帅（伍·1608 背·图 6－24/6）

中乡大男雷元故户中品出钱八千侯相　嘉禾□年正月十□日□乡典田……（伍·1610 正·图 6－26/6）

入钱毕民自送牒还县不得持还乡典田吏及仲（帅）（伍·1610 背·图 6－26/6）

☑□故户中品出钱……（伍·1907/6）①

□□□□□故户中品出钱八千侯相　嘉禾六年正月十二日都乡典田掾蔡忠白（伍·2025 正/6）

入钱毕民自送牒还县不得持还乡典田吏及仲（帅）（伍·2025 背/6）

中乡大男□晏故户中品出钱八千侯相　嘉禾六年正月十二日都乡典田掾蔡忠白（伍·2026 正/6）

入钱毕民自送牒还县不得持还乡典田吏及仲（帅）（伍·2026 背/6）

中乡大男逢刺故户中品出钱八千侯相　嘉禾六年正月……田掾蔡忠白（伍·2027 正/6）

---

① 该简背面当有套话。

入钱毕民自送牒还县不得持还乡典田吏及仲（帅）（伍·2027 背/6）

中乡县吏宗 呈 故户中品出钱八千侯相　 嘉禾 六年正月十二日都乡典田掾蔡 忠 白 （伍·2031 正/6）

入钱毕民自送牒还县不得持还乡典田吏及仲（帅）（伍·2031 背/6）

中 乡大男 梅 砀 ①故户中 品 出 …… ☑（伍·2039 正/6）

入钱毕民自□☑（伍·2039 背/6）【注】"钱"字补书于"毕"左。

中乡大男黄斗故户中品出钱八千侯相　嘉禾六年正月十二日都乡典田掾蔡忠白（伍·2045 正/6）

入钱毕民自送牒还县不得持还乡典田吏及仲（帅）（伍·2045 背/6）

中乡郡吏周巴故户中品出钱八千侯相　嘉禾六年正月十二日都乡典田掾蔡忠白（伍·2046 正/6）

入钱毕民自送牒还县不得持还乡典田吏及仲（帅）（伍·2046 背/6）

中乡大男陈文故户中品出钱八千侯相　嘉禾六年正月十二日都□掾 □□白（伍·2047 正/6）

入钱毕民自送牒还县不得持还乡典田吏及仲（帅）（伍·2047 背/6）

中乡大男李 元 故户中品出钱八千侯相　嘉禾六年正月十二日……（伍·2048 正/6）

入钱毕民自送牒还县不得持还乡典田吏及帅（伍·2048 背/6）

☑…… 番 （?）□故户 中 品 出 钱 …… 嘉 禾 六 年 正 月 十 二 日 ……（伍·2049 正/6）

入钱毕民自送牒还县不得持还乡典田吏及仲（帅）（伍·2049 背/6）

中乡大男陈仓故户中品出钱八千侯相　嘉禾六年正月十二日都乡典田掾蔡忠 白 （伍·2091 正·图 9-35/6）

入钱毕民自送牒还县不得持还乡典田吏及仲（帅）（伍·2091 背·图 9-35/6）

□乡大男勇银故户中品出钱八千…… 嘉禾六年正月十二日 都 ……

---

① " 砀 "，原释作" 阳 "，据图版及对应简田家莂 4.390 改。

（伍·2135 正·图 11 - 1/6）

入钱毕民自送牒①县不得持还乡典田吏及帅②（伍·2135 背·图 11 - 1/6）

中乡大男邓得故户中品出 钱 八 千侯相　嘉禾六年正月十二日都乡典田掾蔡 忠 白（伍·2138 正·图 11 - 4/6）

入钱毕民自送牒还县不得持还乡典田吏及仲（帅）（伍·2138 背·图 11 - 4/6）

中乡大男□□故户中品出钱八千侯相　嘉禾六年正月十二日都乡典田掾蔡忠白（伍·2139 正·图 11 - 5/6）

入钱毕民自送牒还县不得持还乡典田吏及仲（帅）（伍·2139 背·图 11 - 5/6）

中乡大男□□故户中品出钱□□侯相　嘉禾六年正月十二日都乡典田掾蔡□□（伍·2140 正·图 11 - 6/6）

入钱毕民自送牒还县不得持还乡典田吏及仲（帅）（伍·2140 背·图 11 - 6/6）

中乡大男曲囗主故户中品出钱□□侯相　嘉禾六年正月十二日都乡典田掾□ 忠 □（伍·2143 正·图 11 - 9/6）

入钱毕民自送牒还县不得持还乡典田吏及仲（帅）（伍·2143 背·图 11 - 9/6）

中乡大男□□奇故户中品出钱八 千 侯相　……正月十二日都乡典田掾蔡 忠 □（伍·2145 正·图 11 - 11/6）

入钱毕民自送牒还县不得持还乡典田吏及仲（帅）（伍·2145 背·图 11 - 11/6）

中乡大男 文 能故户中品出钱八千侯相　嘉禾六年正月十二日都乡典田掾蔡忠白（伍·2150 正·图 11 - 16/6）

入钱毕民自送牒县不得持还乡典田吏及仲（帅）（伍·2150 背·图

---

① "牒"下原释有"还"字，据图版删。"牒"下脱"还"字。
② "及帅"，核对图版，未见字迹。

11－16/6）【注】依文例，"牒"下脱"还"字。

中乡大男由奴故户中品出……侯相 ……正月十二日都乡典田掾蔡□白（伍·2191 正/6）

入钱毕民自□牒还县不得还乡典田吏及仲（帅）（伍·2191 背/6）

【注】依文例，"不得"下脱"持"字。

中乡大男李蔡故户中品出钱…… 嘉禾六年正月十二日都乡典田掾蔡忠白（伍·2269 正·图 12－1/6）

入钱毕民自送牒还县不得持还乡典田吏及仲（帅）（伍·2269 背·图 12－1/6）

☑□□户中品出……侯相 嘉禾六年正月十二日都乡典田掾蔡忠白（伍·2270 正·图 12－2/6）

☑送牒还县不得持还乡典田吏及帅（伍·2270 背·图 12－2/6）

中乡大男文常故户中品出钱八千侯相 嘉禾……白（伍·2304 正·图 12－36/6）

入钱毕民自送牒还县不得持还乡典田吏及帅（伍·2304 背·图 12－36/6）

□乡大男潘殷故户中品出钱…… 嘉禾……都乡典田掾蔡忠白（伍·2305 正·图 12－37/6）

入钱毕民自送牒还县不得持还乡典田吏及仲（帅）（伍·2305 背·图 12－37/6）

中乡大男区□故户中品出钱八千侯相 ……正月□日……（伍·2307 正·图 12－39/6）

入钱毕民自送牒还县不得持还乡典田吏及仲（帅）（伍·2307 背·图 12－39/6）

中乡大男宫汜故户中品出钱…… 嘉□□年□月十二日都乡典田掾□□□（伍·2309 正·图 12－41/6）

入钱毕民自送牒还县不得持还乡典田吏及帅（伍·2309 背·图 12－41/6）

□乡大男邓□故户中品出钱…… 嘉禾六年□月……（伍·2312 正·

图 12 - 44/6）

　　入钱毕民自送牒还县不得持还乡典田吏及帅（伍·2312 背·图 12 - 44/6）

　　中乡大男朱约故户中品出钱⑧千侯相　嘉禾六年正月十二日都乡典田掾蔡忠白（柒·4162·97 正/18）

　　入钱毕民自送牒还县不得持还乡典田吏及⑨（柒·4162·97 背/18）

　　⑩乡大男逢白故户中品出钱八千侯相　嘉禾六年正月十二日⑪乡典田掾蔡忠白（柒·4163·98 正/18）

　　入钱毕民自送牒还县不得持还乡典田吏及仲（帅）（柒·4163·98 背/18）

　　⑫乡大男毛弓故户中品出钱⑧千侯相　嘉禾六年正月十二日都乡典田掾蔡忠白（柒·4164·99 正/18）

　　入钱毕民自送牒还县不得持还乡典田吏及仲（帅）（柒·4164·99 背/18）

　　⑬乡大男万粲故户中品出钱⑧千侯相　嘉禾六年正月十二日都乡典田掾蔡忠白（柒·4165·100 正/18）

　　入钱毕民自送牒还县不得持还乡典田吏及仲（帅）（柒·4165·100 背/18）

　　⑭乡大男□□故户中品出钱八千侯相　嘉禾六年正月十二日都乡典田掾蔡忠白（柒·4166·101 正/18）【注】本简仅存右半。

　　⑮钱毕民自送牒还县不得持还乡典田吏及帅（柒·4166·101 背/18）【注】本简仅存左半。

　　⑯乡大男潘喜故户中品出钱⑧千侯相　嘉禾六年正月十二日都乡典田掾蔡忠白（柒·4167·102 正/18）

　　入钱毕民自送牒还县不得持还乡典田吏及仲（帅）（柒·4167·102

背/18）

中乡大男潘凡故户中品出钱八千侯相　嘉禾六年正月十二日都乡典田掾蔡忠白　（柒·4168·103 正/18）

入钱毕民自送牒还县不得持还乡典田吏及帅（柒·4168·103 背/18）

中乡大男邓敢故户中品出钱八千侯相　嘉禾六年正月十二日都乡典田掾蔡忠白　（柒·4169·104 正/18）

入钱毕民自送牒还县不得持还乡典田吏及仲（帅）（柒·4169·104 背/18）

中乡大男郑观故户中品出钱八千侯相　嘉禾六年正月十二日都乡典田掾蔡忠白　（柒·4170·105 正/18）

入钱毕民自送牒还县不得持还乡典田吏及仲（帅）（柒·4170·105 背/18）

中乡大男□□故户中品出钱八千侯相　嘉禾六年正月十二日都乡典田掾蔡忠白　（柒·4171·106 正/18）

入钱毕民自送牒还县不得持还乡典田吏及帅（柒·4171·106 背/18）

中乡大男□□故户中品出钱八千侯相　嘉禾六年正月十二日都乡典田掾蔡忠白　（柒·4172·107 正/18）

入钱毕民自送牒还县不得持还乡典田吏及帅（柒·4172·107 背/18）

中乡大男□□故户中品出钱八千侯相　嘉禾六年正月十二日都乡典田掾蔡忠白　（柒·4173·108 正/18）

入钱毕民自送牒还县不得持还乡典田吏及帅（柒·4173·108 背/18）

中乡大男周□故户中品出钱八千侯相　嘉禾六年正月十二日都乡典田掾蔡忠白　（柒·4174·109 正/18）

入钱毕民自送 牒 还 县 不 得 持 还 乡 典 田 吏 及 帅 （柒·4174·109 背/18）

中 乡 大 男 □ □ 故 户 中 品 出 钱 八 千 侯 相　嘉 禾 六 年 正 月 十 二 日 都 乡 典 田 掾 蔡 忠 白 （柒·4178·113 正/18）

入 钱 毕 民 自 送 牒 还 县不得持还乡典田吏及仲（帅）（柒·4178·113 背/18）

中乡大男□若 故户中品出钱八千侯相　嘉禾六年正月十二日都乡典田掾蔡忠白 （柒·4181·116 正/18）

入钱毕民自送牒还县不得持还乡典田吏及仲（帅）（柒·4181·116 背/18）

中乡大男张信故户中品出钱八千侯相　嘉禾六年正月十二日都乡典田掾蔡忠白 （柒·4182·117 正/18）

入钱毕民自送牒还县不得持还乡典田吏及仲（帅）（柒·4182·117 背/18）

右六十九户故中品户出钱八千合五十五万二千 （伍·1594 正·图 6 - 10/6）

入钱毕民自送牒还县不得持还乡典田吏及仲（帅）（伍·1594 背·图 6 - 10/6）

☒ 四 千 四 百 侯相……☒ （贰·4339 正/19）

☒县不得持还乡典田吏及☒ （贰·4339 背/19）①

☒ 出 钱 四 千 四 百 侯 相 ☒ （叁·6222 正/36）

☒县不得持还乡典田吏及☒ （叁·6222 背/36）

中 ②乡大男烝□故户 下 品出钱四千四百③侯相　嘉禾□ 年 正 ④ 月

---

① 采集简第 19 盆中的户品出钱简多为中乡故户型简，暂列于此。

② " 中 "，原释作"都"，据图版改。

③ "四千四百"，原释作"□□临湘"，据图版补、改。

④ " 正 "，原释作" 十 二 "，据图版改。

□□日 都 乡 典 田 掾 …… （伍·1421 正·图 3 – 1/6）

入钱毕民自送牒还县不得持还乡典田吏及仲（帅）（伍·1421 背·图 3 – 1/6）

中① 乡大男张□故户下品出钱…… （伍·1422 正·图 3 – 2/6）

入钱毕民自送牒还县不得持还乡典田吏及帅（伍·1422 背·图 3 – 2/6）

中 乡 大 男 儿 元故户下品出钱四千四百②侯相　嘉禾□年 正③ 月 十 二④ 日□乡典田掾□□□（伍·1424 正·图 3 – 4/6）

入钱毕民自送牒还县不得持还乡典田吏及帅（伍·1424 背·图 3 – 4/6）

中乡大男王赏故户出钱四千四百⑤侯相　……典田掾……（伍·1426 正·图 3 – 6/6）【注】"故户"下脱"□品"二字。

入钱毕民自送牒还县不得持还乡典田吏及帅（伍·1426 背·图 3 – 6/6）

中乡……故户下⑥……（伍·1428 正·图 3 – 8/6）

入 钱 毕 民 自 送 牒 还 县 不 得⑦ 还 乡 典 田 吏 及 仲 （帅）（伍·1428 背·图 3 – 8/6）

中乡大男蔡□故户 下 品出钱□□□百侯 相 ……（伍·1429 + 1592 正·图 6 – 8/6）

入钱毕民自送牒还县不得持还乡典田吏及仲（帅）（伍·1429 + 1592 背·图 6 – 8/6）

中 乡 大 男 番 □ 故 户 下 品 出 钱 四千四百⑧侯 相 嘉禾六

---

① "中"，原释作"都"，据图版改。

② "千四百"，原释作"□临湘"，据图版补、改。

③ "正"，原阙释，据图版补。

④ "十二"，原阙释，据图版补。

⑤ "千四百"，原释作"□临湘"，据图版补、改。

⑥ "中乡……故户下"，原阙释，据图版补。

⑦ "得"下原释有"持"，据图版删。

⑧ "四千四百"，原释作"□□临湘"，据图版补、改。

年正月十二日都乡典田掾蔡忠白（伍·1432 正·图 3 - 12/6）

入钱毕民自送牒还县不得持还乡典田吏及仲（帅）（伍·1432 背·图 3 - 12/6）

中乡 大 男 五 □ 故 户 下 ……（伍·1434 正·图 3 - 14/6）

入钱毕民自送牒还县得持还乡典田吏及 帅（伍·1434 背·图 3 - 14/6）【注】依文例，"得"字前脱"不"字。

中乡大男 郑（?）黑（?）故户下①品出钱四千四 百 侯②……嘉禾六年□月……（伍·1445 正·图 4 - 9/6）

入钱毕民自送牒还县不得持还乡典田吏及仲（帅）（伍·1445 背·图 4 - 9/6）

中乡大男 唐 新（?）故户下品出钱四千四百③侯相 ……（伍·1449 正·图 4 - 13/6）

入钱毕民自送牒还县不得持还乡典田吏及仲（帅）（伍·1449 背·图 4 - 13/6）

中乡大男 王④□故户下品四千四百⑤侯相 嘉禾六年□月十二日 都 乡 典 田 掾 蔡 忠 白⑥（伍·1450 正·图 4 - 14/6）

入钱毕民自送牒还县不得持还乡典田吏及仲（帅）（伍·1450 背·图 4 - 14/6）

□ 乡 大 男 □ 君 故 户 下 品 出 钱……相 嘉 禾 □ 年 □ 月 □ □ 日 都 乡 典 田 掾……（伍·1453 正·图 4 - 17/6）

入钱毕民自送牒还县不得持还乡典田吏及仲（帅）（伍·1453 背·图

---

① "下"，原释作"中"，据图版改。

② "四 百 侯"，原阙释，据图版补。

③ "四百"，原释作"临 湘"，据图版改。

④ "王"，原释作"番"，据图版改。

⑤ "四百"，原释作"临湘"，据图版改。

⑥ "白"，原阙释，据图版补。

4－17/6）

□乡大男李 熹 ①故户下品出 钱 四千四百②侯相　嘉禾六年正月十二

日 都 乡 典 田 ……（伍·1454 正·图 4－18/6）

入钱毕民自送牒还县不得持还乡典田吏及仲（帅）（伍·1454 背·图

4－18/6）

中 乡 大 男 张 □故户下品出钱四 千 □□侯相　 嘉 禾 □ 年 □ 月

□□日 都 乡 典 田 掾 ……（伍·1457 正·图 4－21/6）

入钱毕民自送牒还县不得持还乡典田吏及帅（伍·1457 背·图 4－

21/6）

中乡大男 潘 □ 故 户 下 品 出 钱 四千四百③ 侯 相 ……（伍·

1585 正·图 6－1/6）

入钱毕民自送牒还县不得持还乡典田吏及帅（伍·1585 背·图 6－1/6）

中乡□□□□□户下品出钱四千四百④ 侯 相 …… 都 乡 ……（伍·

1586 正·图 6－2/6）

入钱毕民自送牒还县不得持还乡典田吏及仲（帅）（伍·1586 背·图

6－2/6）

□乡男子 烝 文 故 户下品出钱四千…… ……月十二日 都 乡 ……

（伍·1589 正·图 6－5/6）

入钱毕民自送牒还县不得持还乡典田吏及仲（帅）（伍·1589 背·图

6－5/6）

中乡大男□马故户 下 品出钱四千 四 百 ⑤ 侯 □　嘉禾六年正月十二

---

① "李 熹 "，原释作"谷金（?）"，据图版改。

② "四千四百"，原释作"四 临 湘 "，据图版改。

③ " 侯 相 "前原释有" 临 湘 "，据图版删。

④ "四百"，原释作"□□ 临 湘 "，据图版补、删。

⑤ " 四 百 "，原释作" 临 湘 "，据图版改。

日都乡典田掾蔡忠白（伍·1593 正·图 6 - 9/6）

入钱毕民自送还县不得持还乡典田吏及仲（帅）（伍·1593 背·图 6 - 9/6）【注】依文例，"送"下脱"牒"字。

中乡大男李□故户下品出钱□千四百 侯 相　嘉……白（伍·1871 正/6）

入钱毕民自送牒还县不得持还乡典田吏及仲（帅）（伍·1871 背/6）

中乡大男石儿故户下品出钱□□□百侯相　嘉禾六年正月十二日都乡典田掾蔡忠白（伍·1872 正/6）

入钱毕民自送牒还县不得持还乡典田吏及仲（帅）（伍·1872 背/6）

中乡大男周弩故户下品出钱四千四百侯相　嘉禾□年□月……（伍·1873 正/6）

入钱毕民自送牒还县不得持还乡典田吏及帅（伍·1873 背/6）

中乡大男□□□ 户 下 ① 品 □千四百侯相　嘉禾六年正月十二日都乡典田掾 蔡 忠 白 （伍·1874 正/6）

入钱毕民自送牒还县不得持还乡典田吏及仲（帅）（伍·1874 背/6）

☑□□百侯相　 嘉 禾 □ 年 □月十二日都乡典田掾 蔡 □□（伍·2033 正/6）

☑县不得持还乡典田吏及仲（帅）（伍·2033 背/6）

☑ 四 千四百侯相　嘉禾六年正月十二日都乡典田掾蔡忠白（伍·2035 正/6）

☑□还县不得持②还乡典田吏及仲（帅）（伍·2035 背/6）

中乡大男毕（？）□故户下品出钱四千☑（伍·2040 正/6）

入钱毕民自送牒☑（伍·2040 背/6）

中乡大男 冯 （？） 徐 故户下品出钱□千四百侯相　……正月十二日都乡典田掾蔡忠白（伍·2043 正/6）

---

① "下"，原释作"中"，据图版改。

② "持"为补写。

入钱毕民自送牒还县不得持还乡典田吏及仲（帅）（伍・2043 背/6）

☑品出钱四千☐百侯相　嘉禾☐☐☐月十二日☐乡典田……☑（伍・2051 正/6）

☑……还乡典田吏及帅（伍・2051 背/6）

中乡大男☐郎故户下品出钱四千四百①侯相　嘉……正月十二日都乡典田掾蔡忠白（伍・2076 正・图 9 – 20/6）

入钱毕民自送牒还县不得持还乡典田吏及仲（帅）（伍・2076 背・图 9 – 20/6）

中乡大男朱刀故户下品出钱四千四百侯相　嘉禾六年……（伍・2080 正・图 9 – 24/6）

入钱毕民自送牒还县不得持还乡典田吏及仲（帅）（伍・2080 背・图 9 – 24/6）

中乡大男唐党故户下品出钱四千……　……正月十二日都乡典田掾蔡忠白（伍・2092 正・图 9 – 36/6）

入钱毕民自送牒还县不得持还乡典田吏及仲（帅）（伍・2092 背・图 9 – 36/6）

中乡大男周文故户下品出钱四千☐百侯相　……月十二日都乡典田掾蔡忠白（伍・2093 正・图 9 – 37/6）

入钱毕民自送牒还县不得持还乡典田吏及仲（帅）（伍・2093 背・图 9 – 37/6）

中乡大男文居故户下品出钱☐☐☐百侯相　嘉☑（伍・2103 正・图 10 – 2/6）

入钱毕民自送牒还县不得持还乡典☑（伍・2103 背・图 10 – 2/6）

中乡大男☐☐故户下品出钱②四千四百侯相　嘉☐☐年正

---

① "四百"，原阙释，据图版补。

② "故户下品出钱"，原阙释，据图版补。

月十二日 都 乡……（伍·2014 正·图 10 – 3/6）

入钱毕民自送牒还县不得持还乡典田吏及伸（帅）（伍·2104 背·图 10 – 3/6）

中乡大男郑□故户下品出钱四千四百侯相　嘉禾六年正月十二日 都 乡……（伍·2105 正·图 10 – 4/6）

入钱毕民自送牒还县不得持还乡典田吏及伸（帅）（伍·2105 背·图 10 – 4/6）

中 乡大男 郑 □故户下品出……百侯相　嘉 禾 六 年正月十二日 都 乡典田掾……（伍·2107 正·图 10 – 6/6）

入钱毕民自送牒还县不得持还乡典田吏及伸（帅）（伍·2107 背·图 10 – 6/6）

……故户下品出钱四千四百侯相　嘉禾 六 年 正 月十二日 都 乡……（伍·2108·图 10 – 7/6）

入钱毕民自送牒还县不得持还乡典田吏及伸（帅）（伍·2108 背·图 10 – 7/6）①

中乡大男张暹故户下品出钱 四 千 四 百 侯相　嘉 禾 □ 年 ……（伍·2109 正·图 10 – 8/6）

入钱毕民自送牒还县不得持还乡典田吏及帅（伍·2109 背·图 10 – 8/6）

中乡大男 □□ 故户下品 出 钱四千四百侯相　嘉 □□ 正 月十二日……（伍·2110 正·图 10 – 9/6）

入钱毕民自送牒还县不得持还乡典田吏及帅②（伍·2110 背·图 10 – 9/6）

中乡……故户下品出钱四千四……　……典田掾……（伍·2111 正·图 10 – 10/6）

---

① 此句原阙释，据图版补。
② "吏及帅"，核对图版，未见字迹。

入 钱 毕 民 自 送 牒 还 县 不 得 持 还 乡 典 田 吏 及 帅（伍·2111 背·图 10－10/6）

中乡大男 縢 遇故户下品……侯相 ……年正月十二日都乡典田掾□□白（伍·2112 正·图 10－11/6）

入钱毕民自送牒还县不得持还乡典田吏及仲（帅）（伍·2112 背·图 10－11/6）

中乡大男唐寇故户下品出钱四千四百侯相 嘉 禾 六年正月十二日都乡 典 田 掾 蔡 忠 白（伍·2113 正·图 10－12/6）

入钱毕民自送牒还县不得持还乡典田吏及 帅 （伍·2113 背·图 10－12/6）

中乡大男唐上故户下品出钱四千四百侯相 嘉禾六年正月十二日都乡……（伍·2114 正·图 10－13/6）

入钱毕民自送牒县不得持还乡典田吏及帅（伍·2114 背·图 10－13/6）【注】依文例，"牒"下脱"还"字。

中 乡 大男□□故户下品出钱四千四百侯相 嘉禾六年正月十二日都乡 典 田 掾□□白（伍·2116 正·图 10－15/6）

入钱毕民自送牒还县不得持还乡典田吏及帅（伍·2116 背·图 10－15/6）

中乡大男 卫 想故户下品出钱 四 □四百侯相 嘉禾六年正月十二日都乡典田……（伍·2117 正·图 10－16/6）

入钱毕民自送牒还县不得持还乡典田吏及 ☒（伍·2117 背·图 10－16/6）

中乡大男郑 佶 ①故户下品出钱 四 千 四百侯相 嘉禾六年正月十二日都 乡 典田掾蔡□白（伍·2118 正·图 10－17/6）

入钱毕民自送牒还县不得持还乡典田吏及仲（帅）（伍·2118 背·图

---

① " 佶 "，原释作" 佶 "，据图版及对应简田家荫 4.393 改。

10－17/6）

□乡大男□□故户下品□□□千四百侯相　嘉禾六年正月十二日都乡典……（伍·2119 正·图 10－18/6）

入□□民自送牒还县不得持还乡典田吏及仲（帅）（伍·2119 背·图 10－18/6）

中乡大男……四千四百侯相　嘉禾□年□月□□日都乡典田掾蔡忠白（伍·2120 正·图 10－19/6）

入钱毕民自送牒①县不得持还乡典田吏及仲（帅）（伍·2120 背·图 10－19/6）

☑出钱四千四百侯相　嘉禾□年正月十二日……（伍·2121 正·图 10－20/6）

☑牒还县不得持还乡典田吏及仲（帅）（伍·2121 背·图 10－20/6）

中乡……故户下品……侯相　　……（伍·2124 正·图 10－23/6）

入钱毕民自送牒还县不得持还乡典田吏及仲（帅）（伍·2124 背·图 10－23/6）

中乡郡吏□□故户下品出钱四千四百侯相　嘉……都……（伍·2125 正·图 10－24/6）

入钱毕民自送牒还县不得持还乡典田吏及仲（帅）（伍·2125 背·图 10－24/6）

中乡大男李樵故户下品出钱□□四百侯相　嘉□六年正月十二日……蔡忠白（伍·2126 正·图 10－25/6）

入钱毕民自送牒还县不得持还乡典田吏及帅（伍·2126 背·图 10－25/6）

中乡……户下品……（伍·2127 正·图 10－26/6）

入钱毕民自送牒还县不得持还乡典田吏及仲（帅）（伍·2127 背·图

---

① "牒"下原释有"还"字，据图版删。"牒"下脱"还"字。

10－26/6）

⬜中⬜乡大女□□故户下品出钱□□四百侯相 ……年正月⬜十⬜⬜二⬜日都

乡……白（伍·2130正·图10－29/6）

入钱毕民自送牒还县不得持还乡典田吏及仲（帅）（伍·2130背·图

10－29/6）

□乡大男周树故户下品出钱四千□百侯相 嘉禾六年正月十二日都乡

典田……（伍·2131正·图10－30/6）

入钱毕民自送牒还县不得持还乡典田吏及帅（伍·2131背·图10－

30/6）

□⬜乡⬜……户⬜下⬜品……（伍·2132正·图10－31/6）

入钱毕民自送牒还县不得持还乡典田吏及仲（帅）（伍·2132背·图

10－31/6）

中乡大女王思故户下品出……百侯相 嘉禾□□正月十二日都⬜乡⬜典

田掾蔡忠白（伍·2133正·图10－32/6）

入钱毕民自送①还县不得持还乡典田吏及仲（帅）（伍·2133背·图

10－32/6）

⬜中⬜乡大男五⬜姚⬜故户下品出钱四千四百侯相 ……月十二日都乡

典田……（伍·2134正·图10－33/6）

入钱毕民自送牒还县不得持还乡典田吏及帅（伍·2134背·图10－

33/6）

中乡大男区城故户下品出四千四百侯相 嘉禾六年正月十二日②乡典

田掾□□□（伍·2136正·图11－2/6）【注】依文例，"出"下脱

"钱"字。

入钱毕民自送牒还县不得持还乡典田吏及仲（帅）（伍·2136背·图

11－2/6）

中乡大男孙赤故户下品出钱四千四百侯相 嘉禾六年正月十二日都乡

---

① "送"下原释有"牒"字，据图版删。"送"下脱"牒"字。

② "乡"上原释有"都"，据图版删。

典田……（伍·2137 正·图 11 - 3/6）

入钱毕民自送牒还县不得持还乡典田吏及 帅 （伍·2137 背·图 11 - 3/6）

中乡大男 朱 典故户下品出钱四千四百侯相 嘉禾六年正月十二日都……（伍·2141 正·图 11 - 7/6）

入钱毕民自送牒还县不持还乡典田吏及帅（伍·2141 背·图 11 - 7/6）【注】依文例，"不"下脱"得"字。

中乡大男张啡故户下品出钱四千 四 百 ①侯相 嘉……月□□日 都 ……（伍·2142 正·图 11 - 8/6）

入钱毕民自送牒还县不②持还乡典田吏及帅（伍·2142 背·图 11 - 8/6）

中乡大男李民故户下品出钱四千□百侯相 嘉禾……日都……（伍·2144 正·图 11 - 10/6）

入钱毕民自送牒还县不得持还乡典田吏及伸（帅）（伍·2144 背·图 11 - 10/6）

中乡大男 邓 积 故户下品出钱四□□百侯相 嘉禾六年正月十二日都乡典田掾蔡忠白（伍·2146 正·图 11 - 12/6）

入钱毕民自送牒还不得持还乡典田吏及帅（伍·2146 背·图 11 - 12/6）【注】依文例，"送牒还"下脱"县"字。

中乡大男李 买 故户下品出钱四千四百侯相 嘉禾六年正月十二日都乡典田掾忠白（伍·2147 正·图 11 - 13/6）

入钱毕民自送牒还县不得持还乡典田吏及伸（帅）（伍·2147 背·图 11 - 13/6）

中乡大男 米 贾 （？）故户下品……百□□ 嘉禾六年正月十二日都乡典田掾……（伍·2148 正·图 11 - 14/6）

---

① "四百"，原阙释，据图版补。

② "不"下原释有"得"，据图版删。"不"下脱"得"字。

入钱毕民自送牒还县不得持还乡典田吏及仲（帅）（伍·2148 背·图 11－14/6）

中乡大男□皮故户下品出钱四千四百候相　嘉禾六年正月十二日 都

乡 典田 掾……（伍·2149 正·图 11－15/6）

入钱毕民自送牒还县不得持还乡典田吏及仲（帅）（伍·2149 背·图 11－15/6）

中乡大男 邓 草故户下品出钱四①千四百候相　嘉禾六□正月十二日 都 乡……（伍·2151 正·图 11－17/6）

入钱毕民自送牒还县不得持还乡典田吏及帅（伍·2151 背·图 11－17/6）

中乡大男董但故户下品出钱四千四百候相　嘉 禾 六 年正月十二日都 乡典田掾蔡忠白（伍·2152 正·图 11－18/6）

入钱毕民自送牒还县不得持还乡典田吏及帅（伍·2152 背·图 11－18/6）

中 乡大男 齐 林故户下品出钱四千四百候相　嘉 禾 □□正月十二日 都乡□ 田……（伍·2153 正·图 11－19/6）

入钱毕民自送牒还县不得持还乡典田吏及仲（帅）（伍·2153 背·图 11－19/6）

中乡大男文禁故户下品出钱四千四百候相　嘉禾六年正月十二日都乡 典田掾蔡忠白（伍·2154 正·图 11－20/6）

入钱毕民自送牒还县不得持还乡典田吏及 帅 （伍·2154 背·图 11－20/6）

中乡大男邓光故户下品出钱四千四百候相　□ 禾 六 年……□ 乡典 田掾……（伍·2155 正·图 11－21/6）

入钱毕民自送牒还县不得持还乡典田吏及仲（帅）（伍·2155 背·图

---

① "四"下原释有"下"，据图版删。

11－21/6）

中乡大男□野故户下品出钱四千四百侯相　……月十二日都乡典田掾 蔡 忠 ①□（伍·2169 正·图 11－35/6）

入钱毕民自送牒还县不得持还乡典田吏及 帅 （伍·2169 背·图 11－35/6）

中乡大男番□……品出钱四千四百侯相　嘉禾六年正月十二日都乡典田掾蔡□□（伍·2175 正·图 11－41/6）

入钱毕民自送牒还县不得持还乡典田吏及 帅 （伍·2175 背·图 11－41/6）

□ 乡 大 男 □□ 故 户 下 品 ……百 侯 相 　嘉 禾 □（伍·2192 正/6）

入钱毕民自送牒还县不得持还乡典田吏及仲（帅）（伍·2192 背/6）

中 乡大男□□故户下品出 钱 □□四百侯相□（伍·2193 正/6）

入钱毕……☑（伍·2193 背/6）

中 乡□□何□故户下品出 钱 四 千 □（伍·2194 正/6）

入 钱 毕 民 自 送 牒 县 □（伍·2194 背/6）　【注】依前例，"牒"下脱"还"字。

☑四百侯相☑（伍·2198 正/6）

☑得 持 还 乡 典 田 吏 及 ☑（伍·2198 背/6）

☑千 四百侯相☑（伍·2199 正/6）

☑县不得持还乡典☑（伍·2199 背/6）

☑千 四百侯相☑（伍·2201 正/6）

☑县不得持 还 □☑（伍·2201 背/6）

中 □□□ 贤 故 户 下 品……☑（伍·2256 正/6）

---

① 蔡 忠 ，原阙释，并注"典田掾签名用花押字，不能辨识"，核对图版，姓名似非花押，据补，删注。

入钱毕民自送牒还县不得持还乡典田吏及帅☒（伍·2256 背/6）

中乡大男李张故户下品出……相　……正月十二日都乡典田掾蔡忠白（伍·2300 正·图 12－32/6）

入钱毕民自送牒还县不得持还乡典田吏及帅（伍·2300 背·图 12－32/6）

☒□百侯相　……乡典田掾 蔡 忠白（伍·2301 正·图 12－33/6）

☒……还乡典田吏 及 帅 （伍·2301 背·图 12－33/6）

中 乡大男黄客故户下品出钱四千四百侯相　嘉禾六年正月十二日都乡典田掾蔡忠白（伍·2302 正·图 12－34/6）

入钱毕民自送牒还县不得持还乡典田吏及仲（帅）（伍·2302 背·图 12－34/6）

中乡大男□庐□户下品出钱……　……（伍·2303 正·图 12－35/6）

入钱毕民自□牒□县不得□还……（伍·2303 背·图 12－35/6）

中乡大男由末故户下品出钱四千四百侯相　嘉禾 六 年正月十二日都乡典田掾蔡 忠 白（伍·2310 正·图 12－42/6）

入钱毕民自送牒还县不得持还乡典田吏及仲（帅）（伍·2310 背·图 12－42/6）

中 乡……出钱四千四百……　嘉禾六年正月十二日都乡……（伍·2311 正·图 12－43/6）

入钱毕民自送牒还县不得持还乡典田吏及仲（帅）（伍·2311 背·图 12－43/6）

中乡大男□□届故户下品出钱四千□☒（伍·7275/12）①

中乡大男唐□故户下品出钱□☒（柒·1972 正/17）

入 钱 毕 民 自 送 牒 还 ☒（柒·1972 背/17）

☒ 故 户 下 品 出 钱 □□☒（柒·1974 正/17）

☒ 民 自 送 牒 还 县 ☒（柒·1974 背/17）

---

① 该简背面当有套话。

中乡县吏吕阳故户下品出钱□☑（柒·1975 正/17）

入钱毕民自送牒还□（柒·1975 背/17）

中乡大男□□故户下品出钱四千四百侯相　嘉禾□年正月十二日都乡典田掾蔡忠白（柒·2519·1 正/18）

入钱毕民自送牒还县不得持还乡典田吏及仲（帅）（柒·2519·1 背/18）

中乡大男□□故户下品出钱四千四百侯相　嘉禾□年正月十二日都乡典田掾蔡忠白（柒·2520·2 正/18）

入钱毕民自送牒还县不得持还乡典田吏及仲（帅）（柒·2520·2 背/18）

中乡县吏□衣故户下品出钱四千四百侯相　嘉禾六年正月十二日都乡典田掾蔡忠白（柒·2521·3 正/18）

入钱毕民自送牒还县不得持还乡典田吏及仲（帅）（柒·2521·3 背/18）

中乡大男□□故户下品出钱四千四百侯相　嘉禾□年正月十二日都乡典田掾蔡忠白（柒·2522·4 正/18）

入钱毕民自送牒还县不得持还乡典田吏及仲（帅）（柒·2522·4 背/18）

中乡大男陈丙故户下品出钱四千四百侯相　嘉禾□年正月十二日都乡典田掾蔡忠白（柒·2523·5 正/18）

入钱毕民自送牒还县不得持还乡典田吏及仲（帅）（柒·2523·5 背/18）

中乡大男□□故户下品出钱四千四百侯相　嘉禾□年正月十二日都乡典田掾蔡忠白（柒·2524·6 正/18）

【注】此为正面，背面无字。

中乡大男□□故户下品出钱四千四百侯相　嘉禾□年正月十二日□乡典田掾□□白（柒·2525·7 正/18）

入钱毕民自送牒还县不得持还乡典田吏及仲（帅）（柒·2525·7背/18）

中乡大男壬平 故 户 下 品 出 钱 四 千 四 百 侯 相　嘉 禾 □ 年 正 月 十 二 日 都 乡 典 田 掾 蔡 忠 白（柒·2528·10 正/18）

入钱毕民自送牒还县不得持还乡典田吏及仲（帅）（柒·2528·10背/18）

中乡大男胡□故户 下 品 出 钱 四 千 四 百 侯 相　嘉 禾 □ 年 正 月 十 二 日 都 乡 典 田 掾 蔡 忠 白（柒·2529·11 正/18）

入钱毕民自送牒还不得持还乡典田吏及仲（帅）（柒·2529·11背/18）【注】"还"下脱"县"字。

中 乡 大 男 唐□ 故 户 下 品 出 钱 四 千 四 百 侯 相　嘉 禾 六 年 正 月 十 二 日 都 乡 典 田 掾 蔡 忠 白（柒·2532·14 正/18）

入钱毕民自送牒还县不得持还乡典田吏及仲（帅）（柒·2532·14背/18）

中 乡 大 男 信□ 故 户 下 品 出 钱 四 千 四 百 侯 相　嘉 禾 □ 年 正 月 十 二 日 都 乡 典 田 掾 蔡 忠 白（柒·2534·16 正/18）

入钱毕民自送牒还县不得持还乡典田吏及仲（帅）（柒·2534·16背/18）

中 乡 大 男 □□ 故 户 下 品 出 钱 四 千 四 百 侯 相　□（柒·2536·18 正/18）

入钱毕民自送牒还 县 不得持还乡典田 吏 □（柒·2536·18背/18）

中 乡 大 男 □□ 故 户 下 品 出 钱 四 千 四 百 侯 相　嘉 禾 □ 年 正 月 十 二 日 □ 乡 典 田 掾 □□ 白（柒·2541·23 正/18）

入钱毕民自送牒还县不得持还乡典田吏及仲（帅）（柒·2541·23背/18）

中 乡 大 男 五 儿 故户下品 出 钱 四 千 四 百 侯 相□（柒·2542·

24 正/18）

入钱毕民自送牒还县不得持还乡典田 吏 及 帅 ▢ （柒·2542·24 背/18）

中 乡县吏訫（?）许故户下品出钱四千四百侯相 ……（柒·3843· 316 正/18）

入钱毕民自送牒还县不得持还乡典田吏及仲（帅）（柒·3843·316 背/18）

中乡大男陈肥故户下品出钱四千四百侯相　嘉禾六年正月 十 二 日 都 乡 典 田 掾 蔡 忠 白 （柒·3844·317 正/18）

入钱毕民自送牒还县不得持还乡典田吏及仲（帅）（柒·3844·317 背/18）

中乡大男粔傅故户下品出钱四千四百侯相　 嘉 禾 六 年 正 月 十 二 日 都 乡 典 田 掾 蔡 忠 白 （柒·3845·318 正/18）

入钱毕民自送牒还县不得持还乡典田吏及仲（帅）（柒·3845·318 背/18）

中 乡 大男唐□ 故 户 下 品 出 钱 四 千 四 百 侯 相 嘉 禾 六 年正月十二日都乡典田掾 蔡 忠 白 （柒·3846·319 正/18）

入 钱 毕 民 自 送 牒 还 县 不 得 持 还 乡 典 田 吏 及 帅 （柒·3846·319 背/18）

中 乡 大 男 □ □ 故 户 下 品 出 钱 四 千 四 百 侯 相 …… 白 （柒·4066·1 正/18）

入钱毕民自送牒还县不得持还乡典田吏及仲（帅）（柒·4066·1 背/18）

中乡大男壬 生 故户下品出钱四千四百侯相 …… 典 田 掾 □ □ 白 （柒·4067·2 正/18）

入钱毕民自送牒还县不得持还乡典田吏及仲（帅）（柒·4067·2 背/18）

中乡大男□光 故户……侯相 ……典田掾□□白 （柒·4068·3正/18）

入钱毕民自送牒还县不得持还乡典田吏及帅 （柒·4068·3背/18）

中乡大男烝西故户下品出钱四千四百侯相 ……正月十二日都乡典田掾蔡忠白 （柒·4069·4正/18）

入钱毕民自送牒还县不得持还乡典田吏及仰（帅） （柒·4069·4背/18）

中乡大男张□故户下品出钱四千四百侯相 ……白 （柒·4070·5正/18）

入钱毕民自送牒还县不得持还乡典田吏及仰（帅） （柒·4070·5背/18）

中乡大男□陈故户下品出钱四千四百侯相 ……正月十二……白 （柒·4071·6正/18）

入钱毕民自送牒还县不得持还乡典田吏及帅 （柒·4071·6背/18）

中乡大男张长故户下品出钱四千四百侯相 嘉禾六年正月十二日都乡典田掾蔡忠白 （柒·4072·7正/18）

入钱毕民自送牒还县不得持还乡典田吏及帅 （柒·4072·7背/18）

中乡大男宋□故户下品出钱四千四百侯相 嘉禾六年正月十二日都乡典田掾蔡忠白 （柒·4073·8正/18）

入钱毕民自送牒还县不得持还乡典田吏及仰（帅） （柒·4073·8背/18）

中乡大男赵伯故户下品出钱四千四百侯相 嘉禾六年正月十二日都乡典田掾蔡忠白 （柒·4074·9正/18）

入钱毕民自送牒还县不得持还乡典田吏及仰（帅） （柒·4074·9背/18）

中乡大男□□故户□品出钱……侯相 ……乡典田

掾□□白（柒·4075·10 正/18）

入钱毕民自送牒还县不得持还乡典田吏及仲（帅）（柒·4075·10 背/18）

中乡大男区粗故户下品出钱四千四百侯相 嘉禾六年正月十二日都乡典田掾蔡忠白（柒·4076·11 正/18）

入钱毕民自送牒还县不得持还乡典田吏及仲（帅）（柒·4076·11 背/18）

中乡大男菊党故户下品出钱四千四百侯相 嘉禾六年正月十二日都乡典田掾蔡忠白（柒·4078·13 正/18）

入钱毕民自送牒还县不得还乡典田吏及仲（帅）（柒·4078·13 背/18）【注】"得"下应脱"持"字。

中乡大男□□故户下品出钱四千四百侯相 嘉禾□年正月十二日□乡典田掾□□白（柒·4079·14 正/18）

入钱毕民自送牒还县不得持还乡典田吏及仲（帅）（柒·4079·14 背/18）

中乡大男□□故户下品出钱四千四百侯相 ……乡典田掾□□白（柒·4081·16 正/18）

入钱毕民自送牒还县不得持还乡典田吏及仲（帅）（柒·4081·16 背/18）

中乡大男□□故户下品出钱四千四百侯相 嘉禾六年正月十二日都乡典田掾蔡忠白 （柒·4137·72 正/18）

入钱毕民自送牒还县不得持还乡典田吏及仲（帅）（柒·4137·72 背/18）

□□达故户下品出钱四千四百侯相 嘉禾六年正月十二日都乡典田掾蔡忠白（柒·4142·77 正/18）

□入钱毕民自送牒还县不得持还乡典田吏及仲（帅）（柒·4142·

77 背/18)

☑钱四千四百侯相　嘉禾六年正月十二日都乡典田掾蔡忠白（柒·4145·80 正/18）

☑送牒还县不得持还乡典田吏及仲（帅）（柒·4145·80 背/18）

中乡大男周告故户下品出钱四千四百侯相　嘉禾六年正月十二日都乡典田掾蔡忠白（柒·4148·83 正/18）

入钱毕民自送牒还县不得持还乡典田吏及仲（帅）（柒·4148·83 背/18）

中乡大男文谊故户下品出钱四千四百侯相　嘉禾六年正月十二日都乡典田掾蔡忠白（柒·4149·84 正/18）

入钱毕民自送牒还县不得持还乡典田吏及仲（帅）（柒·4149·84 背/18）

中乡大男朱生故户下品出钱四千四百侯相　嘉禾六年正月十二日都乡典田掾蔡忠白（柒·4150·85 正/18）

入钱毕民自送牒还县不得持还乡典田吏及仲（帅）（柒·4150·85 背/18）

中乡大男□□故户下品出钱四千四百侯相　嘉禾六年正月十二日都乡典田掾蔡忠白（柒·4151·86 正/18）

入钱毕民自送牒还县不得持还乡典田吏及仲（帅）（柒·4151·86 背/18）

☑□□故户下品出钱四千四百侯相　嘉禾六年正月十二日都乡典田掾蔡忠白（柒·4152·87 正/18）

☑钱毕民自送牒还县不得持还乡典田吏及仲（帅）（柒·4152·87 背/18）

中乡大男谢惕故户下品出钱四千四百侯相　嘉禾六年正月十二日都乡典田掾蔡忠白（柒·4153·88 正/18）

入钱毕民自送牒还县不得持还乡典田吏及仲（帅）（柒·4153·88 背/18）

中乡⬜大⬜男⬜文⬜柿故户下品出钱⬜四⬜千⬜四⬜百侯相　嘉禾六年⬜正⬜月⬜十⬜二⬜日⬜都乡⬜典田⬜掾蔡⬜忠⬜白（柒·4154·89 正/18）

入钱毕民自送牒还县不得持还乡典田吏及帅（柒·4154·89 背/18）

中乡大男文儿故户下品出钱四⬜千⬜四⬜百侯相　嘉禾⬜六⬜年正月十二日 都⬜乡⬜典⬜田⬜掾⬜蔡⬜忠⬜白（柒·4155·90 正/18）

入钱毕民自送牒还县不得持还乡典田吏及帅（柒·4155·90 背/18）

中乡大男区照故户下品出⬜钱⬜四⬜千⬜四⬜百⬜侯相　嘉禾六年正月十二日都乡⬜典田⬜掾⬜蔡⬜忠⬜白（柒·4156·91 正/18）

入钱毕民自送⬜牒还县不得持还乡典田吏及帅（柒·4156·91 背/18）

中⬜乡⬜大⬜男唐槁故户下品出⬜钱⬜四⬜千⬜四⬜百⬜侯相　嘉禾⬜六⬜年⬜正⬜月⬜十⬜二⬜日⬜都⬜乡⬜典⬜田⬜掾蔡⬜忠⬜白（柒·4157·92 正/18）

入钱毕民自送牒还⬜县不得持还乡典田吏及仲（帅）（柒·4157·92 背/18）

中⬜乡大女李思故户下品出钱四⬜千⬜四百侯相　嘉禾六年正⬜月⬜十⬜二⬜日⬜都⬜乡⬜典⬜田⬜掾蔡⬜忠⬜白（柒·4158·93 正/18）

入钱毕民⬜自送牒⬜还县⬜不得持还乡典田吏及仲（帅）（柒·4158·93 背/18）

中乡大男⬜陈逊（？）故户下品出钱四⬜千⬜四百侯相　嘉禾⬜六⬜年⬜正⬜月⬜十⬜二⬜日⬜典田⬜掾蔡⬜忠⬜白　（柒·4159·94 正/18）

入钱毕民自送牒还县不得持还乡典田吏及仲（帅）（柒·4159·94 背/18）

中乡⬜大⬜男⬜朱□故⬜户⬜下⬜品⬜出⬜钱⬜四⬜千⬜四⬜百⬜侯⬜相　嘉⬜禾六年正月十二日都⬜乡⬜典⬜田⬜掾蔡⬜忠⬜白（柒·4160·95 正/18）

入钱毕民自送牒还县不得持还乡典田吏及仲（帅）（柒·4160·95背/18）

中乡大男区南故户下品出钱四千四百侯相　嘉禾六年正月十二日都乡典田掾蔡忠白　（柒·4161·96正/18）

入钱毕民自送牒还县不得持还乡典田吏及仲（帅）（柒·4161·96背/18）

中乡大女周（？）思故户下品出钱四千四百侯相　嘉禾六年正月十二日都乡典田掾蔡忠白（柒·4183·118正/18）

入钱毕民自送牒还县不得持还乡典田吏及帅（柒·4183·118背/18）

·右一百六十一户下品出钱四千四百合七十万八千四百（柒·4077·12正/18）【注】此为正面，背面无字。

□中乡故□二百五十六户三品出钱合一百五十七万□☑（柒·2641/18）

不明户品简

中①乡男子潘通故户☑（伍·1406正/6）

入钱毕民自□☑（伍·1406背/6）

□乡大男周（？）□顷故户……（伍·1423·图3-3正/6）

入钱毕民自送牒还县不得持还乡典田吏及帅（伍·1423背·图3-3/6）

中乡……典田……（伍·1425正·图3-5/6）

入钱毕民自送牒还县不得持还乡典田吏及帅（伍·1425背·图3-5/6）

中乡大男周（？）昌（？）……（伍·1427正·图3-7/6）

入钱毕民自送牒还县不得持还乡典田吏及仲（帅）（伍·1427背·图3-7/6）

---

① "中"前原释有"入"，据图版及文例删。

中乡大男潘□故户□品出钱……（伍·1447 正·图 4－11/6）

入钱毕民自送牒还县不得持还乡典田吏及仲（帅）（伍·1447 背·图 4－11/6）

中乡……侯相　……（伍·1591 正·图 6－7/6）

入钱毕民自送牒还县不得还乡典田吏及仲（帅）（伍·1591 背·图 6－7/6）【注】依文例，"不得"下脱"持"字。

中乡县吏周□故户□品□钱□……□相　嘉禾六年正月十二日都乡典田掾蔡忠白（伍·1622 正·图 6－38/6）

入钱毕民自送牒还县不得持还乡典田吏及仲（帅）（伍·1622 背·图 6－38/6）

……嘉禾六年正月十二日都乡典田掾蔡忠白（伍·2028 正/6）

……毕民自送牒还县不得持还乡典田吏及仲（帅）（伍·2028 背/6）

中乡大男潘（？）……出钱……侯相　……（伍·2029 正/6）

入钱毕民……县不得持还乡典田吏及仲（帅）（伍·2029 背/6）

□乡大男□□故户□品出钱□□侯相　嘉禾六年正月十二日都……（伍·2030 正/6）

入钱毕民自送牒还县不得持还乡典田吏及仲（帅）（伍·2030 背/6）

□乡大男□……　……二日都乡典田掾蔡忠白（伍·2044 正/6）

入钱毕民自送牒……吏及帅（伍·2044 背/6）

……　……都乡典田掾……（伍·2050 正/6）

入钱毕民自送牒……乡典田吏及帅（伍·2050 背/6）

中乡大男□□□□品出……　嘉□六年正月十二日□乡典田……（伍·2106 正·图 10－5/6）

……（伍·2106 背·图 10－5/6）

……（伍·2115 正·图 10－14/6）

入钱毕民自送牒还县不得持还乡典田吏及仲（帅）（伍·2115 背·图

10－14/6）

　　□乡大男 烝 纪 故 ^①户□品……湘 ^②侯 相 ……（伍·2128 正·图 10－27/6）

入钱毕民自送牒还县不得持还乡典田吏及仲（帅）（伍·2128 背·图 10－27/6）

　　□乡大男□□故户□品……（伍·2129 正·图 10－28/6）

入钱毕民自送牒还县不得持还乡典田吏及仲（帅）（伍·2129 背·图 10－28/6）

　　中乡大男……相　嘉禾六年正月十二日□□典田掾蔡□□（伍·2190 正/6）

入钱毕民自送牒还县不得持还乡典田吏及仲（帅）（伍·2190 背/6）

中 乡 大男生□☑（伍·2196 正/6）

入钱 毕 ☑（伍·2196 背/6）

中乡大男张渠（?）☑（伍·2197 正/6）

入钱毕☑（伍·2197 背/6）

中乡大男李□ 故 ☑（伍·2200 正/6）

入钱毕民自☑（伍·2200 背/6）

中乡 大 男 □□ 故 户 ☑（伍·2220 正/6）

……☑（伍·2220 背/6）

中乡大男□ 忠 故 …… 出 钱☑（伍·2232/6） ^③

中 乡 大男……☑（伍·2258 正/6）

入钱毕民自☑（伍·2258 背/6）

□乡大男 曹 （?）□故户□品☑（伍·2259 正/6）

入钱毕民自☑（伍·2259 背/6）

---

①　" 故 "，原释作"新"，据图版改。

②　" 湘 "，核对图版，疑误。

③　该简背面当有套语。

……（伍·2306 正·图 12 – 38/6）

入钱 毕 民 ……（伍·2306 背·图 12 – 38/6）

□乡大男……侯相　……（伍·2308 正·图 12 – 40/6）

入钱毕民自送牒还县不得持还乡典田吏及仲（帅）（伍·2308 背·图 12 – 40/6）

中 ……　□禾六年□月 十二日 ……（伍·2313 正·图 12 – 45/6）

入 ……牒 还 县不……及帅（伍·2313 背·图 12 – 45/6）

…… 出 钱 ……　嘉 ……（伍·2314 正·图 12 – 46/6）

入钱毕民自送牒还县不得持还乡典田吏及仲（帅）（伍·2314 背·图 12 – 46/6）

中乡大男 番 □ 故 户 ……侯相　……正月□□日都乡典田□蔡 □□（伍·2315 正·图 12 – 47/6）

入钱毕民自送牒还县不得持还乡典田吏及 帅（伍·2315 背·图 12 – 47/6）

残简

□嘉禾六年正月十二日都乡典田掾蔡 忠 □（贰·4201 正/19）

□还乡典田吏及仲（帅）□（贰·4201 背/19）

□正月十二日都乡典田掾蔡 忠 白（贰·4213/19）①

□……嘉禾 六 年 正月 □二日都乡典田掾蔡 忠 白（贰·4217 正/19）

□……吏及仲（帅）（贰·4217 背/19）

□……嘉禾六年正月十二日都乡典田掾蔡 忠 白（贰·4219 正/19）

□……吏及仲（帅）（贰·4219 背/19）

□嘉禾六年正月十二日都乡典田掾蔡 忠 白（贰·4220 正/19）

□ 乡 典田吏及仲（帅）（贰·4220 背/19）

---

① 该简背面当有套语。

☑……禾六年正月十二日都乡典…… （贰·4225 正/19）

☑吏及仲（帅）（贰·4225 背/19）

☑□嘉禾六年正月十二日都乡典田掾蔡忠白 （贰·4309 正/19）

☑及仲（帅）（贰·4309 背/19）

☑嘉禾六年正月十二日都乡典田掾…… （贰·4310 正/19）

☑吏及仲（帅）（贰·4310 背/19）

☑六年正月十二日都乡典田掾蔡忠白 （贰·4314 正/19）

☑及仲（帅）（贰·4314 背/19）

☑嘉禾六年正月十二日都乡典田掾蔡忠白 （贰·4324 正/19）

☑及仲（帅）（贰·4324 背/19）

☑嘉禾六年正月十二日都☑ （贰·4342 正/19）

☑及仲（帅）☑ （贰·4342 背/19）

☑嘉禾六年正月十二日都乡典田掾蔡忠白 （贰·4358/19）

【注】依文例，此简另一面应有文字，已磨灭不能辨识。

☑禾六年正月十二日都乡□□□蔡忠白 （贰·4431 正/19）

☑及仲（帅）（贰·4431 背/19）

☑嘉禾六年正月十二都乡典田掾蔡忠白 （贰·4433 正/19）

☑吏及仲（帅）（贰·4433 背/19）

☑嘉禾六年正月十二日都乡典田掾蔡忠 （贰·4457 正/19）

☑及仲（帅）（贰·4457 背/19）

☑年正月十二日都乡典田掾蔡□□ （贰·4461/19）

【注】依文例，此简背面应有文字，已磨灭不能辨识。

☑嘉禾六年正月十二日都乡典田掾蔡忠白 （叁·5916 正/35）

☑及仲（帅）（叁·5916 背/35）

☑嘉禾六年正月十二日都乡典田掾□□白 （叁·5923 正/35）

☑典田吏及仲（帅）（叁·5923 背/35）

☑年正月十二日都乡典田掾蔡忠白 （叁·5943 正/35）

☐及 帅 （叁·5943 背/35）

☐嘉禾 六年 正月 十二日 都 乡 典 田 掾☐ （叁·5944 正/35）

☐及 帅☐ （叁·5944 背/35）

☐嘉禾 六年正月十二日都乡典田掾 蔡 忠 白 （叁·5970 正/35）

☐及仲（帅）（叁·5970 背/35）

☐嘉禾六年正月十二日 都乡典田掾 蔡 忠 白 （叁·6020 正/35）

☐ 吏 及仲（帅）（叁·6020 背/35）

☐嘉禾六年正月十二日都乡典田掾 蔡 忠 白 （叁·6223 正/36）

☐及仲（帅）（叁·6223 背/36）

☐……典田掾 蔡 忠 白 （叁·6224 正/36）

☐吏及仲（帅）（叁·6224 背/36）

☐ 钱①毕自送牒☐ （伍·813/6）

☐□还县不 得 持 还②☐ （伍·814/6）

☐…… 正 月 十 二 日 ③……（伍·1407 正/6）

☐及 帅 （伍·1407 背/6）

☐……（伍·1568 正/6）

☐④ 自 送 牒 还 县 不 得 持 还 乡 典 田 吏 及 帅 （伍·1568
背/6）

☐ 民 自 送⑤牒 还 县 不 得 持 还 乡 典 田 吏 及 仲 （帅）

---

① "钱"，原阙释，据图版补。此为背面，正面当有文字。

② " 持 还 "，原阙释，据图版补。此为背面，正面当有文字。

③ " 正 月 十 二 日 "，原阙释，据图版补。

④ " 自 "前原释有" 毕 民 "，据图版删。

⑤ " 送 "，原释作" 持 "，据图版及文例改。

(伍・1914/6)①

☑……（伍・1942 正/6）

☑持牒还县不得持还乡典田吏及帅（伍・1942 背/6）

☑……还县不得持□☑（伍・2009/6）②

☑□ 嘉禾六年正月……☑（伍・2032 正/6）

☑民自送牒还县不得持还乡典田吏及仲（帅）　☑（伍・2032 背/6）

☑……侯相　　……年正月十二日都乡典田掾蔡忠白（伍・2034 正/6）

☑……县不得持还乡典田吏及帅（伍・2034 背/6）

☑□侯相　……月□□日都乡典田……白（伍・2036 正/6）

☑□县不得持还乡典田吏及帅（伍・2036 背/6）

☑……月十二日都乡典田掾蔡忠白（伍・2037 正/6）

☑典田吏及帅（伍・2037 背/6）

☑……正月十二日□乡典田掾蔡忠白（伍・2038 正/6）

☑□□乡典田吏及帅（伍・2038 背/6）

☑……正月十二日都乡典田□□忠□（伍・2041 正/6）

☑及帅（伍・2041 背/6）

☑……六□正月十二日□乡……（伍・2042 正/6）

☑吏及帅（伍・2042 背/6）

☑故户出钱……侯相　……年正月十二……（伍・2052 正/6）

【注】依文例，"故户"下脱品级。

☑民自送牒还县不得持还乡典田吏及帅（伍・2052 背/6）

☑……　……都乡典田掾……（伍・2053 正/6）

---

① 该简正面应有文字。
② 该简正面应有文字。

☑ 典 田 吏 及 帅 （伍·2053 背/6）

☑……☑ （伍·2055 正/6）

☑民自送牒还县不得持还乡典☑ （伍·2055 背/6）

☑…… （伍·2056 正/6）

☑ 县 不 得 持 还乡典田吏☑ （伍·2056 背/6）

☑…… 嘉 禾 六 年 正月十二日都乡典田掾 蔡 忠 白 （伍·2122·

图 10 – 21/6）①

☑禾六年正月 十 ②□日都乡典田掾 蔡 忠 白 （伍·2195 正/6）

☑田吏及 仲（帅）（伍·2195 背/6）

……（伍·2203 正/6）

☑持还乡典田吏及 仲（帅）（伍·2203 背/6）

……☑（伍·2236 正/6）

入钱毕民自送牒☑（伍·2236 背/6）

☑嘉禾 六 年正月十二日都乡典田掾蔡忠白 （伍·2257 正/6）

☑典田吏及 仲（帅）（伍·2257 背/6）

☑ 侯 相 嘉 禾☑（柒·1973 正/17）

☑ 不 得 持 还 乡 典☑（柒·1973 背/17）

☑……☑（柒·1976 正/17）【注】本简有字迹，无法辨识。

☑□ 钱（?）☑（柒·1976 背/17）

☑……☑（柒·1977 正/17）【注】本简有字迹，无法辨识。

☑ 田 吏 及 仲（帅）☑（柒·1977 背/17）

☑故户□品出钱……侯相 ……☑（柒·4705 正/19）

☑自送牒还县不得持还乡典田吏及 仲（帅）☑（柒·4705 背/19）

---

① 该简背面当有套语。

② “ 十 ”，原阙释，据图版补。

二　模乡新户出钱上中下品人名簿综合整理

《竹简〔伍〕》发掘简第6、11盆中聚集出现了数量不少的模乡新户型户品出钱简，并且有两幅相关的揭剥图伍·图9（Ⅰd⑧，含14枚）和图36（Ⅱa⑦，含9枚），成坨简合计23枚。除这两个成坨简外，模乡新户型户品出钱简还散见于发掘简第6盆（10枚）、第11盆（14枚）、第12盆（2枚），散简合计26枚。

如前所述，揭剥图伍·图9（Ⅰd⑧）所含的户品出钱简有中乡故户型和模乡新户型两类。模乡新户型简主要出现在揭剥图下部，由内至外大致分布着上品、中品、下品出钱简，不明户品出钱简2枚（参见图九）。

图九　揭剥图伍·图9（Ⅰd⑧）

揭剥图伍·图36（Ⅱa⑦）共计66枚简，其中，57枚户口、仓米、田地等类型文书简；9枚模乡新户型简，分别为1枚上品出钱简，2枚中品出钱简，3枚下品出钱简，3枚不明户品出钱简，诸品出钱简相夹杂，分布层次不清晰（参见图十）。

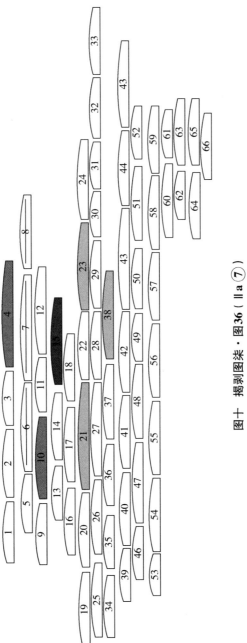

图十 揭剥图柒·图36（Ⅱa⑦）

过去笔者整理的模乡新户型户品出钱简聚集出现在《竹简〔肆〕》发掘简第 2 盆（应属Ⅰb）中，发掘简第 4 盆中有 2 枚残简，共计 35 枚。加上《竹简〔伍〕》中出现的 49 枚，迄今所见模乡新户型户品出钱简总计 84 枚。模乡新户型简聚集出现的发掘简第 2 盆和揭剥图伍·图 9、36 分别属于Ⅰb、Ⅰd、Ⅱa。据整理者介绍，Ⅰb 叠压在Ⅰd 之上，而Ⅰd 与Ⅱa 相连，① 这三段竹简位置联系紧密。不仅如此，这些模乡新户型简内容、格式一致，简牍形制比较齐整，完简长约 23.8—24.6 厘米，宽约 1.2—1.6 厘米，内侧编痕间距长约 7.8 厘米。总的看来，这些模乡新户型户品出钱简原来应从属于同一简册。

目前所见的模乡新户型户品出钱简中，未见标题简和结计简，上品出钱简 9 枚，中品出钱简 20 枚，下品出钱简 34 枚，此外还有 8 枚不明户品简和 10 枚残简。有些残简可以缀合（缀合图版参见附录），如：

9. 模乡大男李毕（?）新户下品出钱五千五百九十四☑ 钱 ②临湘侯相　嘉禾五年十二月十八日模乡典田掾烝若白（伍·6632·图 36 – 38 +6715/11）

10. 模乡大男区佃 新 ③户下品出钱五千五百九十 四 □□ 湘 ④ □□☑　嘉禾五年十二月十八日模乡典田掾烝若白（伍·6750/11 + 肆·3723/4）

简 9 和简 10 拼接处茬口基本吻合，缀合之后长度分别约为 23.8（11.1 + 12.7）厘米、24.2（14.5 +9.7）厘米，形制与其他模乡新户型简一致。

笔者参照中乡故户出钱上中下品人名簿，亦按上、中、下品依次编排模乡新户出钱简，各户品之内暂按出版号顺序排列，不明户品简和残简附后。

---

① 走马楼简牍整理组编著《长沙走马楼三国吴简·竹简〔肆〕》，第 756 页。

② "钱"，原阙释，据拼合图版补。

③ "新"，原释作"故"，据图版改。

④ "五千五百九十 四 □□ 湘"，原阙释，据图版补。

　　[模]　[乡]大男黄钦新户上品出钱一万三千临湘侯相　嘉禾五年十二月十八日模乡典田掾烝若白（肆·1382/2）

　　模乡大男□□新户上品出钱一万三①千临湘侯相　……模乡典田掾□□[白]（伍·1898/6）

　　模乡大男[洪]党新户上品出钱一万三②千临湘侯相　嘉禾五年十二月十八日模乡典田掾[烝][若]白（伍·2088·图9–32/6）

　　模乡大男[诵]□新户上品出钱一万三千临湘侯相　嘉禾[五]③年十二月十八日模乡典田掾烝若白（伍·2094·图9–38/6）

　　模乡大男谢□新户上品出钱一万□千临湘侯相　嘉禾五年十二月十八日模乡典田掾烝若白（伍·2095·图9–39/6）

　　模乡大男[殷][贤]新户上品出钱一万三千临湘侯相　嘉禾五④年十二月十八日模乡典田掾烝若白（伍·2097·图9–41/6）

　　模乡大男文柱新户上品出钱一万三千临湘侯相　嘉禾五⑤年十二月十八日模乡典田掾烝若白（伍·2099·图9–43/6）

　　模乡大男陈屯新户上品出钱一万[三]⑥千临湘侯相　嘉禾五年十二月十八日模乡典田掾烝若白（伍·6609·图36–15/11）

　　[模]乡大男□□[新]⑦户上品出钱一万[三]⑧千临湘侯相　嘉禾五年十二月十八日模乡典田掾烝若白（伍·6709/11）

　　模乡大男谢牒新户中品出钱九千临湘侯相　嘉禾五年十二月十八日模

────────────

① "三"，原释作"二"，据图版改。

② "三"，原释作"五"，据图版改。

③ "[五]"，原释作"六"，据图版及文例改。

④ "五"，原释作"六"，据图版改。

⑤ "五"，原释作"六"，据图版改。

⑥ "[三]"，原释作"二"，据图版改。

⑦ "[新]"，原阙释，据图版补。

⑧ "[三]"，原释作"二"，据图版改。

乡典田掾烝若白（肆·1385/2）

模乡大男潘□新户中品出钱九千临湘侯相　嘉禾五年十二月十八日模乡典田掾烝若白（肆·1386/2）

模乡大男张郡新户中品 出 钱 九 千 临湘侯相　嘉禾五年十二月十八日模乡典田掾烝若白（肆·1387/2）

模乡大男潘呅新户中品出钱 九 千 临湘侯相　嘉禾五年十二月十八日模乡典田掾烝若白（肆·1398/2）

模乡大男张陴新户中品出钱 九 千 临湘侯相　嘉禾五年十二月十八日模乡典田掾烝若白（肆·1400/2）

模乡大男□陈新户中品出钱九千临湘侯相　嘉禾五年十二月十八日模乡典田掾烝若白（肆·1401/2）

模乡大男□ 鲁 新户中品出钱九千临湘侯相　嘉禾五年十二月十八日模乡典田掾烝若白（肆·1403/2）

模乡大男陈客新户中品出钱 千 临湘侯相　嘉禾五年十二月十八日模乡典田掾烝若白（肆·1404/2）

模乡大男五氾新户中品出钱九 千 临湘侯相　嘉禾五年十二月十八日模乡典田掾烝若白（肆·1408/2）

模乡大男□□新户中品出钱九千临湘侯相　嘉禾五年十二月十八日模乡典田掾烝若白（肆·1429/2）

模乡大男 烝 □新户中品出钱九千临湘侯相　嘉禾五年十二月十八日模乡典田掾烝若白（肆·1430/2）

模乡大男□□ 新 户 中品出钱九千临湘侯相　嘉禾五年十二月十八日典田掾烝若白（肆·1443/2）

模乡大男邓平新户中品出钱九 千 临湘侯相　嘉禾五年十二月☒（肆·1452/2）

模乡大男 贾 奴（?）新户中品出钱九千临湘侯相　嘉禾五年十二月十八日[1]模乡典田掾烝若白（伍·1842/6）

---

[1] "十二月十八日"，原释作"三月十一日"，据图版改。

模乡大男潘□新户中品出钱九千临湘侯相　嘉禾五年十二月十八日模乡典田掾烝若白（伍·2081·图9－25/6）

模乡大男文□新户中品出钱九千临湘侯相　嘉禾五年十二月十八日模乡典田掾烝若白（伍·2086·图9－30/6）

□乡大男区泉新户中品出钱九千临湘侯相　嘉禾五年十二月九日模乡典田掾烝若白（伍·2087·图9－31/6）

模乡大男□关新户中品出钱九千临湘侯相　嘉禾五年十二月十八日模乡典田掾烝若白（伍·2089·图9－33/6）

模乡大男唐□新户中品出钱九①千临湘侯相　嘉禾五年十二月十八日模乡典田掾烝若白（伍·6598·图36－4/11）

模乡大男□□新户中品出钱九②千临湘侯相　嘉禾五年十二月十八日模乡典田掾烝若白（伍·6604·图36－10/11）

模乡大女□妾新户下品出钱□千□百九十四钱临湘侯相　嘉禾五年十二月十八日模乡典田掾烝若白（肆·1363/2）

模乡大男潘阳新户下品出钱五千五百九十四钱临湘侯相　……（肆·1371/2）

……九十四钱临湘侯相　嘉禾五年十二月十八日模乡典田掾……（肆·1377/2）

模乡□□□□新户下品出钱五千五百九十四钱临湘侯相　嘉禾五年十二月十八日模乡典田掾烝若白（肆·1383/2）

模乡大男谢□新户下品出钱五千五百九十四钱临湘侯相　嘉禾五年十二月十八日模乡典田掾烝若白（肆·1391/2）

模乡大男谢芪新户下品出钱五千五百九十四钱临湘侯相　嘉禾五年十二月十八日模乡典田掾烝若白（肆·1393/2）

---

① "九"，原释作"八"，据图版改。

② "九"，原释作"八"，据图版改。

模乡大男烝忠新户下品出钱五千五百九十四钱临湘侯相　嘉禾五年十二月十八日模乡典田掾烝若白（肆·1394/2）

模乡大男区政新户下品出钱五千五百九十四钱临湘侯相　嘉禾五年十二月十八日模乡典田掾烝若白（肆·1411/2）

模乡大男烝马新户下品出钱五千五百九十四钱临湘侯相　嘉禾五年十二月十八日模乡典田掾烝若白（肆·1422/2）

模乡大女黄妾新户下品出钱五千五百九十四钱临湘侯相　嘉禾五年十二月十八日模乡典田掾烝若白（肆·1423/2）

模乡大男邓万新户下品钱五千五百九十四钱临湘侯相　嘉禾五年十二月十八日模乡典田掾烝若白（肆·1424/2）【注】"下品"下脱"出"字。

☑户下品出钱五千五百九十四钱临湘侯相　嘉禾五年十二月十八日模乡典田掾烝若白（肆·1433/2）

模乡大男谢☐新户下品出钱五千五百九十四钱临湘侯相　嘉禾五年十二月十八日模乡典田掾烝若白（肆·1459/2）

模乡大男区须新户下品出钱五千五百九十四钱临湘侯相　嘉禾五年十二月十八日模乡典田掾烝若白（肆·1461/2）

☑出钱五千五百九十四钱临湘侯相　嘉禾五年十二月十八日模乡☑（肆·1525/2）

☐乡大☐☐☐户下①品出钱五千五百九十四钱②临湘侯相　嘉禾五③年☐☐月☐☐日模乡典田掾烝若白（伍·1861/6）

☐乡男子番☐新户下品出钱五千五百九十四钱临湘侯相　嘉禾五年十二月十八日④模乡典田掾烝若白（伍·1882/6）

------

① "下"，原释作"上"，据图版改。

② "五千五百九十四钱"，原释作"一万"，据图版改。

③ "五"，原释作"六"，据图版改。

④ "十二月十八日"，原释作"三月六日"，据图版改。

……户下品出……临湘侯相　嘉禾□年……乡典田掾烝若白（伍·1892/6）

模乡大男吕□新户下品出钱五千五百九十四钱临湘侯相　嘉禾五年十二①月十八日模乡典田掾烝若白（伍·1893/6）

模乡大男潘春新户下品出钱五千五百九十四钱临湘侯相　嘉禾五年十二月十八日模乡典田掾烝若白（伍·1937/6）

□乡大男关（？）□新户下品出钱五千五百九十四钱临湘侯相□（伍·2017/6）

□乡大男□□新户下品出钱五千五百九十四钱侯相　嘉禾□年□月□□日模②乡典田掾烝若③白（伍·2082·图9－26/6）

□□大男□□新户下品出钱五千五百九十四钱临湘侯相　……十二月十八日模乡典田掾蒸若白（伍·2083·图9－27/6）

模乡大男□□故户下品出钱五千五百九十四钱④临湘侯相　嘉禾五年十二月十八日模乡典田掾烝若白（伍·2084·图9－28/6）

模乡大男邓□新户下品出□五千五百□□（伍·2219/6）

模乡大男□□新户下品出钱□□百九十四钱临湘侯相□（伍·6615·图36－21/11）

模乡大男潘苌新户下品出钱五千五百九十四钱临湘侯相　嘉禾五年十二月十八日模乡典田掾烝若白（伍·6617·图36－23/11）

模乡大男李毕（？）新户下品出钱五千五百九十四□钱临湘侯相　嘉禾五年十二月十八日模乡典田掾烝若白（伍·6632·图36－38＋6715/11）

---

① "十二"，原释作"五"，据图版改。

② "模"，原释作"都"，据图版改。

③ "烝若"，原释作"蔡忠"，据图版改。

④ "钱"，原阙释，据图版补。

模乡大男区佃 新 户下品出钱五千五百九十 四 □□ 湘 □□☑嘉禾五年十二月十八日模乡典田掾烝若白（伍·6750/11＋肆·3723/4）

模乡大男 乐 巡新户下品出钱 五 千 五 百 ……☑（伍·6781/11）

模乡大男蔡半新户下品出钱五千五百九十四钱……☑（伍·6786/11）

模乡大男邓□新户下品出钱五千五百九十四钱临☑（伍·6788/11）

模乡大男□□新户下品出钱五千五百九十四钱□☑（伍·6857/11）

模乡大男□□新户下品出钱五千五百九十四钱临湘侯相　嘉禾五年十二月十八日模乡典田掾烝若白（伍·6976/11）

模乡大男樊山新户下品出钱五千五百九十四钱临湘侯相　嘉禾五年十二月十八日模乡典田掾烝若白（伍·6978/11）

不明户品简

模 乡大男…… 临 湘侯相　嘉禾五年十二月十八日模乡典田掾烝若白（肆·1356/2）

模乡大男潘度新户……临湘侯相　嘉禾五年十二月十八日模乡典田掾烝若白（肆·1384/2）

模 乡…… 临 湘 侯 相 　嘉禾五年十二月十八日模乡典田掾烝若（肆·1436/2）

…… 湘 侯 相 　嘉禾五年十二月十八日模乡典田掾烝若白（肆·1437/2）

模乡男子…… 临 湘侯相　……月十八日模乡典田掾烝若白（伍·1934/6）

□乡大男……临湘侯相　嘉禾五年十二月十八日模乡典田掾烝若白（伍·2085·图9－29/6）

模 乡 大 男 …… 出 钱 ☑（伍·2100·图9－44/6）

模乡……临湘侯相　嘉禾五年十二月十八日模乡典田掾烝若白（伍·6602·图36－8/11）

残简

☑嘉禾五年十二月十八日模乡典田掾烝若白（肆·3724/4）

☑千临湘侯相　嘉禾五年十二月十八日模乡典田掾烝若白（伍·6600·图36-6/11）

☑□千临湘侯相　嘉禾五年十二月十八日模乡典田掾烝若白（伍·6601·图36-7/11）

☑□模乡典田掾烝若白（伍·6767/11）

☑□乡典田掾烝若白（伍·6769/11）

☑□嘉禾五年十二月十八日模乡典田掾烝若白（伍·6779/11）

☑□年十二月十八日模乡典田掾烝若白（伍·6782/11）

☑……钱临湘侯相　嘉禾五年十二月十八①日模乡典田☑（伍·6819/11）

☑□年十二月十八日模乡典田掾烝若白（伍·7273/12）

☑掾烝若白（伍·7290/12）

三　户品出钱簿补论

走马楼吴简中仅遗存了三乡五件户品出钱人名簿。孙吴临湘侯国下辖十一乡，② 每乡按新、故户分别编制，共计有二十二件户品出钱簿。相比之下，今遗存的三乡五件不足四分之一。走马楼吴简可能主要是孙吴嘉禾年间临湘侯相、丞及门下吏、廷掾处理过的一部分行政簿书。③ 遗存下来的这五件户簿书，应当是经过县廷集议，从诸乡户品出钱簿中选择出来的；它们由主簿提交给临湘侯相检阅；④ 而临湘侯相抽查了其中的两件簿

① "十八"，原释作"廿"，据图版改。

② 参见杨振红《长沙吴简所见临湘侯国属乡的数量与名称》，载卜宪群、杨振红主编《简帛研究二〇一〇》，广西师范大学出版社2012年版，第139—144页；于振波《走马楼吴简所见乡级行政》，载长沙简牍博物馆编《长沙简帛研究国际学术研讨会论文集》，中西书局2017年版，第107—110页。

③ 参见凌文超《吴简与吴制·绪论》，第1页。

④ 临湘侯国县政运作程序，参见凌文超《黄盖治县：从吴简看〈吴书〉中的县政》，《"中央研究院"历史语言研究所集刊》第91本第3分，2020年，第463—518页。

书，即都乡新户型和模乡故户型户品出钱簿，并在"（临湘）侯相"之下的留空处批示"已"（存在代批的可能性），表示已经核查。然后，此三乡五简簿书一起归档，在废弃时一并填埋在 J22 废井中。

这五件簿书在 J22 中的遗存关系紧密。考察户品出钱简聚集出现的揭剥图、盆号和区段，如表一所示：

表一 　　　　　　　　　　　户品出钱簿分布表

簿书类型	揭剥图	盆号	区段
中乡故户型	伍·图 3、4、6、9、10、11、12 柒·图 22、33	发掘简第 6、12 盆 采集简第 19 盆	Ⅰd、Ⅱc
都乡故户型		采集简第 1、21、23 盆	
都乡新户型		采集简第 17 盆	
模乡故户型		采集简第 22 盆	
模乡新户型	伍·图 9、36	发掘简第 2、6、11 盆	Ⅰb、Ⅰd、Ⅱa

其中，中乡故户型和模乡新户型户品出钱簿主要分布在Ⅰb、Ⅰd 和Ⅱa、Ⅱc。这四个区段的竹简联系紧密，Ⅰb 叠压在Ⅰd 之上，Ⅰd 与Ⅱa 相连，而Ⅱa 与Ⅱc（东）相接且有部分叠压关系。① 而且中乡故户型、模乡新户型户品出钱簿一同聚集出现在发掘简第 6 盆。由此看来，中乡故户型与模乡新户型户品出钱簿原来应当放置在一起。

都乡故户型、都乡新户型、模乡故户型户品出钱簿，与部分中乡故户型简分别聚集出现在采集简第 17、21、22、23 盆中。盆号相近表明其采集地点靠近，特别是都乡故户型与模乡故户型简聚集出现在采集简第 21、22、23 盆中，盆号相连，表明这两件簿书原来也应当放置在一起。部分中乡故户型简所在的采集简第 19 盆，与都乡新户型简（采集简第 19 盆）以及模乡故户型简（采集简第 21 盆）所在的盆号临近。总的看来，都乡新户型、中乡故户型、都乡故户型、模乡故户型简的遗存关系是比较密切的。这使笔者有理由相信，三乡五件户品出钱簿在 J22 中原本是弃置在一起的。

诸乡户品出钱简分为"故户"与"新户"两种。新户三品缴纳的户

---

① 走马楼简牍整理组编著：《长沙走马楼三国吴简·竹简〔肆〕》，第 756—758 页。

品出钱皆多于故户，其原因何在。过去笔者注意到"隐核波田簿"中提到的"新故钱米"（叁·7218）。吴简中与"新故钱米"有直接联系的只有新、故户品出钱和八亿钱准入米。这使笔者容易联想到，户品出钱（亦即八亿钱）的用途与波田的兴修直接相关。新户缴纳的户品出钱之所以多于故户，主要是因为新户一开始合法占地数要少于故户，新户要取得有水利保障的田地，甚至获取与故户相同数量的田亩，势必需要缴纳更多的户品出钱。①

户品出钱缴纳的日期集中在嘉禾五年（236）底至嘉禾六年初。比对都乡、模乡户品出钱簿与嘉禾四年吏民田家莂，不少故户民见于嘉禾四年田家莂，例如：

> 11. 模乡郡吏潘真故户上品 出☒ （壹·1303/4）

> 12. ☒五唐丘郡吏潘真，佃田七町，凡卅五亩，皆二年常限……（4.110）

> 13. 都乡男子区布故户下品出☒ （贰·6892 正/21）

> 14. ☒㵲丘男子区布，佃田四町，凡九亩，皆二年常限……（4.488）

> 15. 都乡大男原还故户下品出钱四千☒ （贰·3493 正/18）

> 16. ☒绪中丘男子原还，佃田十一町，凡卅三亩，皆二年常限……（4.438）

但是，同时见于都乡、模乡新户型简和嘉禾四年田家莂的仅能找到一个人名对应简例：

> 17. 模乡大男潘苌新户下品出钱五千五百九十四钱临湘侯相　嘉禾五年十二月十八日模乡典田掾烝若白 （伍·6617·图36－23/11）

> 18. □□丘男子潘苌，佃田十一町，凡卅四亩，皆二年常限……

---

① 凌文超：《走马楼吴简三乡户品出钱人名簿整理与研究——兼论八亿钱与波田的兴建》，《文史》2017 年第 4 辑，收入其著《吴简与吴制》，第 302—305 页。

（4.592）

不过，在中乡故户型简中也见有"潘苌"：

19. 中乡大男潘苌故户上品出钱一万二千侯相 嘉禾六年正月十二日 都 □□ 田 □☒ （伍·1627 正·图 6 - 43/6）

中乡"潘苌"还见于多枚嘉禾元年、二年券莂（贰·429、叁·3185、伍·3170），另外还有嘉禾二年西乡"潘苌"（壹·7334）等。从这些情况看来，尚无简例可以确证户品出钱簿中登记的新户在嘉禾四年拥有政府分配的"佃田"。他们拥有合法的"佃田"应当晚至嘉禾五年以后，也就是他们缴纳户品出钱后，可能才拥有合法的田地。这一推论至今我们仍未发现反证。

户品出钱簿中登记的"故户"与"新户"，为我们探讨孙吴临湘侯国对吏民的管理提供了条件。一方面，户品出钱簿中的"新户"，与"故户"相比最明显的不同是，无论都乡，还是模乡，其"新户"无人担任吏卒，登记的身份均为大男（男子）、大女。而三乡"故户"均有担任的吏卒的简例，如：州吏（壹·173、430、649、贰·6706），郡吏（壹·1288、1303、贰3618、6754、8257、8259、伍·2046、2125），县吏（贰7012、8378、伍·1622、2031、2098、柒·2521、3843），州卒（壹·379、546、贰·7172），郡卒（贰·6753），军吏（贰·6551），□吏（壹·1226、1519、1540、叁·3336）。由此看来，孙吴时期的吏卒（州郡县吏、卒和军吏）之职一般由"故户"担任，"新户"可能尚无资格。

另一方面，户品出钱簿中的"故户""新户"就是户籍簿中的"黄簿民""新占民"。"故户"与"黄簿民"、"新户"与"新占民"为同指异称。① 我们可以为此举出明确的例证。例如，揭剥图陆·图 15 对应的成坨简主要是嘉禾五年都乡春平里"黄簿民"和"新占民"户口简及其标题简、结计简。其中，"黄簿民"户人以"春平里"起始，而"新占民"

---

① 参见连先用《试论吴简所见的"黄簿民"与"新占民"》，《文史》2017 年第 4 辑。

以"大男"起始，两者格式之别很分明。① 比对都乡户品出钱簿与都乡春平里户籍簿，两者分别存在"故户"与"黄簿民"、"新户"与"新占民"对应的简例，如：

20. 都乡男子区布故户下品出☒（贰·6892 正/21）

21. 春平里男子区布年五十四 [筭]风病（陆·1443·67）

22. [都][乡][大][男][区]通新户下品出[钱]五千五百九十四侯相 [已]……（贰·2941 正/17）

23. [大][男][区]通年卅八盲左目 苦[腹]心病（陆·1405·29）

简 22 "[区]通"之"通"，原释文标记"通（？）"，核对图版"■"，与简 23 对应字形"■"一致，今删去"（？）"。诸如此类，围绕相关问题，运用"簿书互证法"，② 结合户品出钱簿与户口簿籍等进行研讨，是今后值得深入开展的课题。

---

① 参见崔启龙《走马楼吴简所见"黄簿民"与"新占民"再探——以嘉禾五年春平里相关簿籍的整理为中心》，载中国文化遗产研究院编《出土文献研究》第 18 辑，中西书局 2019 年版，第 348—387 页。

② 凌文超：《吴简与吴制·绪论》，第 10 页。

附录　户品出钱简缀和示意图

1430+1599　　1430+1599　　1625+2079　　1625+2079　　1429+1592　　1429+1592　　6632+6715　　伍·6750+
　　　肆·3723

[原刊《简帛研究二〇二一（春夏卷）》，广西师范大学出版社 2021 年版]

麓山寺建寺年代再考

　　晋释法崇来湖南建麓山寺，历来被认为是湖南佛教发展历史的可考之始。根据相关记载，麓山寺建寺的具体年代主要有两种说法：传统说法认为竺法崇于西晋泰始四年（268）来湘建寺。其主要依据是，南朝梁宝唱《名僧传抄》卷8上存目《晋长沙麓山寺释法崇》。① 南朝梁慧皎《高僧传·晋剡葛岘山竺法崇》载："竺法崇，未详何人……尝游湘州麓山，山精化为夫人，诣崇请戒，舍所住山以为寺。"② 唐李邕撰《麓山寺碑》径直称："麓山寺者，晋太始四年之所立也，有若法崇禅师者……特为新寺。"③ 南宋僧人志磐《佛祖统纪·法运通塞志》云："（泰始）四年，沙门竺法崇至湘州麓山，庙神请授净戒，舍庙为寺。"④

　　另一种说法则认为，麓山寺建于南朝宋泰始四年（468）。持此说的学者认为，成书于南朝梁的《名僧传》（文佚）和《高僧传》都没有明确记载麓山寺建立的年代，最早提出的是晚至唐代才出现的《麓山寺碑》，难以征信。另据《高僧传·竺法崇传》，其中有竺法崇与孔淳之交游的记载，而孔淳之据《宋书·隐逸传》和《南史·隐逸传》的记载，

---

① （南朝梁）宝唱：《名僧传抄》，藏经书院编：《新编卍续藏》第134册，新文丰出版股份有限公司1983年版，第3页。

② （南朝梁）慧皎撰，汤用彤校注，汤一玄整理：《高僧传》卷4《义解一·晋剡葛岘山竺法崇》，中华书局1992年版，第170—171页。

③ （清）卞宝第、李瀚章撰，（清）曾国荃、郭嵩焘等纂：《湖南通志》卷262《艺文志十八·唐李邕麓山寺碑》，上海古籍出版社1990年版，第5391—5392页。

④ （南宋）志磐撰，释道法校注：《佛祖统纪校注》卷37《法运通塞志》，上海古籍出版社2012年版，第816页。

于"元嘉七年，卒，时年五十九"。① 孔淳之生卒为 372—430 年，依此，竺法崇大抵是晋末宋初人。此外，《法华经》在西晋初年还没有译出来，竺法崇不能于晋泰始四年间研读这本书。西晋和南朝宋都有"泰始"年号，可能是引起错误的原因。据此，竺法崇应当是在南朝宋泰始四年（468）才来湖南建立麓山寺。②

麓山寺究竟建立于何时，佛教何时传入湖南，现存最早且比较可信的史料是梁慧皎《高僧传》。对于该书的成书原则，慧皎在《序录》里说：

> 逮乎即时，亦继有作者。然或褒赞之下，过相揄扬；或叙事之中，空列辞费。求之实理，无的可称。或复嫌以繁广，删减其事，而抗迹之奇，多所遗削，谓出家之士，处国宾王，不应励然自远，高蹈独绝。寻辞荣弃爱，本以异俗为贤。若此而不论，竟何所纪？尝以暇日，遇览群作。辄搜检杂录数十余家，及晋、宋、齐、梁春秋书史，秦、赵、燕、凉荒朝伪历，地理杂篇，孤文片记，并博咨古老，广访先达，校其有无，取其同异。③

可见，慧皎是不满前人所著的僧人传记，广取博览，综合前人有关高僧的传记，创造性地加以分类和编辑以撰成《高僧传》。慧皎还特别对"高僧"之名加以阐释：

> 自前代所撰，多曰名僧。然名者，本实之宾也。若实行潜光，则高而不名；寡德适时，则名而不高。名而不高，非所本纪；高而不名，则备今录。故省名音，代以高字。④

慧皎认为"唱公所撰《名僧》，颇多浮沉，因遂开例成广，著《高僧传》

① 《宋书》卷93《隐逸传·孔淳之》，中华书局1974年版，第2284页。
② 张松辉：《竺法崇初建麓山寺新考》，《船山学刊》2002年第2期。
③ （南朝梁）慧皎撰，汤用彤校注，汤一玄整理：《高僧传》卷14《序录》，第524页。
④ （南朝梁）慧皎撰，汤用彤校注，汤一玄整理：《高僧传》卷14《序录》，第525页。

一十四卷"。① 慧皎作《高僧传》参考了大量的书籍，现存有关法崇的记载可供慧皎参考的主要是《名僧传》和《宋书》。

《名僧传》卷8仅存目录《晋长沙麓山寺释法崇》，与《高僧传·晋剡葛岘山竺法崇》比较，地点和僧姓不同。《宋书·隐逸传·孔淳之》中有关于孔淳之与释法崇的交游的记载，《高僧传·晋剡葛岘山竺法崇》除姓名外大体上与之无异，列举如下：

　　《宋书》卷93《隐逸传·孔淳之》：

　　（孔淳之）居会稽剡县，性好山水，每有所游，必穷其幽峻，或旬日忘归。常游山，遇沙门释法崇，因留共止，遂停三载。法崇叹曰："缅想人外，三十年矣，今乃倾盖于兹，不觉老之将至也。"及淳之还反，不告以姓。②

　　《高僧传》卷4《晋剡葛岘山竺法崇》：

　　竺法崇，未详何人。少入道以戒节见称，加又敏而好学，笃志经记，而尤长《法华》一教。常游湘州麓山，山精化为夫人，诣崇请戒，舍所住山为寺，崇居之，少时，化洽湘土。

　　后还剡之葛岘山，茅庵涧饮，取欣禅慧，东瓯学者，竞往凑焉。与隐士鲁国孔淳之相遇，每盘游极日，辄信宿妄归，披衿顿契，自以为得意之交也。崇乃叹曰："缅想人外，三十余年，倾盖于兹，不觉老之将至。"后淳之别游，崇叹曰："皓然之气，犹在心目，山林之士，往而不反，其若人之谓乎。"崇后卒于山中，著《法华义疏》四卷云。③

比照上述材料，我们不禁疑问：慧皎著书是否参阅过《宋书》《名僧传》；《宋书》《名僧传》所载的释法崇是否就是《高僧传》中的竺法崇；竺法

---

　　① （唐）道宣撰，郭绍林点校：《续高僧传》卷6《义解篇二·梁会稽嘉祥寺释慧皎传》，中华书局2014年版，第193页。

　　② 《宋书》卷93《隐逸传·孔淳之》，第2283—2284页。

　　③ （南朝梁）慧皎撰，汤用彤校注，汤一玄整理：《高僧传》卷4《义解一·晋剡葛岘山竺法崇》，第170—171页。

崇大体是何时人，具体何时来湖南麓山建寺？

一 《高僧传》参考了《宋书》《名僧传》

（一）《高僧传》成书于《宋书》《名僧传》后

《高僧传》的成书年代，史籍没有明确记载。按《高僧传·序录》的记载，其内容"始于汉明帝永平十年（67），终于梁天监十八年（519）"。① 由此看来，《高僧传》最后成书不应早于梁天监十八年。

再按《高僧传》末附有王曼颖与慧皎的往来书信，王曼颖在信中写道："一日蒙示所撰《高僧传》，并使其掎摭。力寻始竟，但见伟才"。② 慧皎在其回信中言："一日以所撰《高僧传》相简，意存箴艾，而来告累纸，更加拂拭……今以所著赞论十科，重以相简。如有纰谬，请备斟酌。"③《高僧传》成书后，慧皎曾请王曼颖校正。王曼颖回信对《高僧传》盛赞了一番，并提出了许多修改意见。慧皎回信表示感谢，并再次给王曼颖寄送所著的《高僧传》"赞论十科"，此后没有了王曼颖的回书。考王曼颖生卒：

> 太原王曼颖卒，家贫无以殡敛，友人江革往哭之，其妻儿对革号诉，革曰："建安王当知，必为营埋。"言未讫而伟使至，给其丧事，得周济焉。"④

按《梁书·南平王伟传》，"（天监）十七年（518），高祖以建安土瘠，改封（萧伟）南平郡王"，⑤ 天监十七年，建安王萧伟才改封为南平郡王，由江革所言可知，王曼颖卒于天监十七年以前。故王曼颖修改过的《高僧传》约成书于518 年以前。又慧皎以《名僧传》颇多浮沉，因遂开例成广著《高僧传》，《高僧传》势必成书于《名僧传》之后。既然《名僧

---

① （南朝梁）慧皎撰，汤用彤校注，汤一玄整理：《高僧传》卷14《序录》，第 524 页。

② （南朝梁）慧皎撰，汤用彤校注，汤一玄整理：《高僧传》卷14《序录》，第 552 页。

③ （南朝梁）慧皎撰，汤用彤校注，汤一玄整理：《高僧传》卷14《序录》，第 553—554 页。

④ 《梁书》卷22《太祖五王传》，中华书局1973年版，第 348 页。

⑤ 《梁书》卷22《太祖五王传》，第 347 页。

传》成书于梁武帝天监十四年（515），《高僧传》初稿应当在514—518年间就已经写出了。而"赞论十科"的撰成时间应该是王曼颖逝世前后，因为王曼颖未再就"赞论十科"给慧皎回信。

再按梁元帝萧绎《金楼子·聚书篇》："张豫章绾经饷书，如《高僧传》之例是也。"① 按张绾于梁大同间（539—540）作豫章长史，其所送的《高僧传》当即慧皎所著书。② 由此看来，这一时期，《高僧传》已在江南流传开来。从整体上看来，《高僧传》中有关人物传记的部分在514—518年间就已经大体完成，最后成书在519年之后，不会晚于540年。而《宋书》早在南齐永明六年（488）就已经成书。可见，《高僧传》成书于《宋书》《名僧传》后。

（二）慧皎参阅了《宋书》《名僧传》

慧皎为撰《高僧传》，"辄搜检杂录数十余家，及晋、宋、齐、梁春秋书史"，③《宋书》早在南齐永明六年（488）就已经成书，作为官方编修的史书，自然是慧皎参考的首选。比照《高僧传》与《宋书》，《宋书·天竺传》所载僧人道生、慧琳、慧严、慧议、明慧、摩诃衍在《高僧传》中都有传，且记载无异。此可作为慧皎著书参考了《宋书》的证据。

慧皎不满"唱公撰《名僧》颇多浮沉"，故开例成广，著《高僧传》。同时，《高僧传》也有宝唱的记载，"梁初有僧伽婆罗者，译出《大育王经》《解脱道论》等，释宝唱、袁昙允等笔受"。④ 再比照《高僧传》和《名僧传抄》的目录，《高僧传》收录了《名僧传》百分之八十以上的传主，对照《名僧传抄》中少数的僧人传记，《高僧传》的记载与之没有事实上的出入。可见，《名僧传》是慧皎著《高僧传》的主要参考书。

① （南朝梁）萧绎撰，许逸民校笺：《金楼子校笺》卷2《聚书篇》，中华书局2011年版，第517页。

② 参见（南朝梁）慧皎撰，汤用彤校注，汤一玄整理《高僧传》附录《关于慧皎》，第565—566页。

③ （南朝梁）慧皎撰，汤用彤校注，汤一玄整理：《高僧传》卷14《序录》，第524页。

④ （南朝梁）慧皎撰，汤用彤校注，汤一玄整理：《高僧传》卷3《译经下·齐建康正观寺求那毗地》，第139页。

二　竺法崇、释法崇之辨

既然《高僧传》参阅了《宋书》和《名僧传》，那么，《高僧传》所记载的竺法崇是否就是《宋书》和《名僧传·晋长沙麓山寺释法崇》里的释法崇呢？笔者认为《高僧传》竺法崇与《宋书》释法崇并非同一人，但与《名僧传》释法崇是同一人。

（一）《高僧传》竺法崇非《宋书》释法崇

关于僧姓"竺"与"释"的区分，据《出三藏记集》和《高僧传》对释道安的记载：

> 初魏晋沙门依师为姓，故姓各不同，安以为大师之本，莫遵释迦，乃以释命氏。后获《增一阿含》，果称四河入海，无复河名，四姓为沙门，皆称释种，既悬与经符，遂为后式焉。①

魏晋时期，沙门依师为姓，僧姓各不相同，至释道安以后，才逐渐统一为释姓。对于僧姓氏，汤用彤先生有详细的考证，"自晋末以后，僧人以释为姓，渐渐流行，但宝唱《名僧传目录》用释姓者不多，且多为道安弟子辈。慧皎作《高僧传目录》，自道安以后，均加'释'字。这些事实表明，不一定是当时的和尚都奉行道安的主张，而是慧皎很坚持'以释为姓'也"。②

按《高僧传》释道安卒于晋太元十年（385），年七十二，其生卒为314—385年。考诸《高僧传》，晋末以后，非"释"姓僧人主要有，竺道生卒于宋元嘉十一年（434），师从竺法汰（320—387），该传主要取材于僧祐《出三藏记集·道生法师传》，僧祐录作竺道生，③慧皎依之。又

---

① （南朝梁）僧祐撰，苏晋仁、萧炼子点校：《出三藏记集》卷15《道安法师传》，中华书局1995年版，第563页；（南朝梁）慧皎撰，汤用彤校注，汤一玄整理：《高僧传》卷5《义解二·晋长安五级寺释道安》，第181页。

② （南朝梁）慧皎撰，汤用彤校注，汤一玄整理：《高僧传》附录《关于慧皎》，第563—564页。

③ （南朝梁）僧祐撰，苏晋仁、萧炼子点校：《出三藏记集》卷15《道生法师传》，第570页。

有竺法度，本竺婆勒子，隆安（397）后受业于昙摩耶舍（罽宾人），故竺姓。① 一般说来，依《高僧传》，释道安生前的僧人依师为姓，而道安卒后，大体上皆为"释"姓，大体上只有天竺、西域僧人不遵此例。晋末以后，僧人以"释"为姓才渐渐流行。慧皎如此坚持道安"以释为姓"的主张，竺法崇不应晚于释道安（314—385）。据此，竺法崇不会是晚至南朝宋的释法崇。

这一时期，僧人同名者较为常见。考诸《高僧传》，如晋宋之交的"竺法度"与南朝齐的"释法度"，② 晋"法和"与南朝宋"释法和"，③ 晋"法常"与南朝齐"法常"等。④ 由此看来，《高僧传》记载的竺法崇与《宋书》记载的释法崇可能只是同名的僧人。

关于竺法崇的生卒年份，史无记载。考竺法崇大体生平，可参照其附传，"时剡东仰山，复有释道宝者。本姓王，瑯琊人，晋丞相道（导）之弟。弱年信悟"。⑤ 按《晋书·王导传》"咸康五年薨，时年六十四"，⑥ 王导生卒为276—339年。释道宝"弱年信悟"，"弱年"指年轻之时（大抵弱冠之年），道宝信悟当在4世纪初。据此推断，竺法崇应当主要生活在4世纪，且不会晚于释道安（314—385），因而不可能与南朝宋的孔淳之（372—430）交游。据此，《高僧传》记载的竺法崇并非《宋书》记载的释法崇，《竺法崇传》所载竺法崇与孔淳之交往一事为误记。

（二）《高僧传》竺法崇与《名僧传》释法崇是同一人

《高僧传》记载竺法崇游湘州麓山建寺一事，与《名僧传抄》目次

① （南朝梁）慧皎撰，汤用彤校注，汤一玄整理：《高僧传》卷1《译经上·晋江陵辛寺昙摩耶舍、竺法度》，第41—43页。

② （南朝梁）慧皎撰，汤用彤校注，汤一玄整理：《高僧传》卷1《译经上·晋江陵辛寺昙摩耶舍、竺法度》、卷8《义解五·齐琅琊嵫山释法度》，第41、330页。

③ （南朝梁）慧皎撰，汤用彤校注，汤一玄整理：《高僧传》卷1《译经上·晋长安僧伽跋澄》、卷7《义解四·宋京师祇洹寺释僧苞、法和》，第33、272页。

④ （南朝梁）慧皎撰，汤用彤校注，汤一玄整理：《高僧传》卷9《神异上·晋邺中竺佛图澄、道进》、卷8《义解五·齐京师灵根寺释法瑗、法爱、法常、智兴》，第349、313页。

⑤ （南朝梁）慧皎撰，汤用彤校注，汤一玄整理：《高僧传》卷4《义解一·晋剡葛岘山竺法崇》，第171页。

⑥ 《晋书》卷65《王导传》，中华书局1974年版，第1753页。

《晋长沙麓山寺释法崇》相合。考察《名僧传》所记释法崇生活的时代，以他所在的《名僧传·隐道上中国法师四》为例，① 参照《高僧传》，各传主生活年代见表一。

表一　　　　　　　　　《名僧传》传主生活年代

目次	生卒年代	目次	生卒年代
晋长安山寺于法兰一	约两晋之交	晋会稽山寺竺法仰九	？—374 年
晋长安城西寺帛法祖二	约两晋之交	晋剡东仰山寺竺法友十	竺法深弟子
晋剡东仰山寺竺法深三	286—374 年	晋长沙麓山寺释法崇十一	4 世纪
晋剡白山灵鹫寺于法开四	？—360 左右	晋剡东仰山寺竺法蕴十二	竺法深弟子
晋剡石城山寺支道林五	314—366 年	晋剡东仰山寺康法式十三	竺法深弟子
晋于替青山寺竺道旷六	？	晋奉高琨瑞山寺竺僧朗十四	？—4 世纪末
晋酒泉山寺帛法作七	帛法祖弟	晋剡山于道邃十五	于法兰弟子
晋吴虎东山竺道一八	？—387 后	晋始宁保山竺法义十六	307—380

《名僧传》卷 8 记载的僧人生活的年代从 3 世纪末至 4 世纪末，大体上按辈分和时间顺序排列，从于法兰到帛法作 7 人为西晋至东晋初期人，而之后 9 人为其弟子辈，竺道一为法汰弟子，竺法友、竺法蕴、康法式、竺法义为法深弟子辈，于道邃为于法兰弟子，都生活在东晋时期。由此看来，"释法崇"约生活在 4 世纪，与释道安为同一时期人。《名僧传》中的释姓僧人大体上是道安的弟子辈，此处例外，疑为讹误。《高僧传》记载的竺法崇也是 4 世纪的人，与《名僧传》所记的"释法崇"同时。总之，生活在 4 世纪、来湖南建麓山寺记载在《高僧传》中的竺法崇与《名僧传》中释法崇是同一人。

三　竺法崇主要佛教活动的年代

　　《高僧传》记载竺法崇从事的主要佛教活动，一是游湘州麓山建寺，二是著《法华义疏》4 卷。这两件事大体发生于何时呢？

----

　　① （南朝梁）宝唱：《名僧传抄》卷 8《隐道上中国法师四》，藏经书院编：《新编卍续藏》第 134 册，第 2—3 页。

　　《高僧传》载竺法崇"尝游湘州麓山",① 湘州在两晋建置的情况比较复杂。西晋怀帝永嘉元年（307）初置湘州,东晋成帝咸和三年（328）省。东晋安帝义熙八年（412）复置,十二年（414）又省。② 竺法崇入湘当是有湘州建置之时。既然西晋永嘉以前尚未建置湘州,竺法崇就不可能于西晋泰始四年（268）来"湘州"麓山建寺。据此,竺法崇建麓山寺可能是在 307—328 或 412—414 年间。又鉴于竺法崇大约生活在 4 世纪,竺法崇在 4 世纪初（307—328）来湖南建麓山寺应当更符合历史事实。

　　至于《法华义疏》的成书年代,首先得考察《法华经》的译出年代及其流传至江南的时间。关于《法华经》的译出年代,目前主要有三种说法:一是"《法花三昧经》六卷,外国沙门支疆梁接,魏言正无畏,以魏高贵卿〈乡〉公世甘露元年（256）七月于交州译,沙门道馨笔受";③ 二是"（西晋）太康七年（286）八月十日,敦煌月支菩萨沙门法护手执胡经,口宣出《正法华经》二十七品,授优婆塞聂承远、张仕明、张仲政共笔受";④ 三是"（后）秦弘始八年（406）夏,（鸠摩罗什）于长安大寺集四方义学沙门二千余人,更出斯经,与众详究"。⑤

　　一般认为后两种说法最为可信,这两种译本的影响也最大。⑥ 据《高僧传》记载,"及晋惠西奔（304 年）,关中扰乱,百姓流移,护与门徒避地东下,至渑池",⑦ 法护及其门徒东下,促使佛教以及《法华经》进

---

　　① （南朝梁）慧皎撰,汤用彤校注,汤一玄整理:《高僧传》卷 4《义解一·晋剡葛岘山竺法崇》,第 171 页。

　　② 《宋书》卷 37《州郡三·湘州》,第 1129 页。

　　③ （唐）惠详:《弘赞法华传二》,载大正一切经刊行会编《大正新修大藏经》第 51 册,新文丰出版股份有限公司 1996 年影印,第 14 页。

　　④ （南朝梁）僧祐撰,苏晋仁、萧炼子点校:《出三藏记集》卷 8《正法华经记》,第 304 页。

　　⑤ （南朝梁）僧祐撰,苏晋仁、萧炼子点校:《出三藏记集》卷 8《法华宗要序》,第 306 页。

　　⑥ 参见严耀中《论隋以前〈法华经〉的流传》,《上海师范大学学报》（哲学社会科学版）1997 年第 1 期。

　　⑦ （南朝梁）慧皎撰,汤用彤校注,汤一玄整理:《高僧传》卷 1《晋长安竺昙摩罗刹（竺法护）》,第 34 页。

一步南传。另据《湖南通志》引《劝善书》记载："青莲僧，尝诵《法华经》，感二青衣童子侍奉。建兴二年（313）坐化，葬长沙县西百里。后冢上生青莲花两本，掘视之，莲根自齿间出。"① 4 世纪初，《法华经》应已经传至湖南。此时，江南已有僧人研习和宣讲《法华经》，如剡东仰山竺法潜，"至年二十四，讲《法华》"，他"以晋宁康二年（374）卒于山馆，春秋八十有九"，② 则他在 309 年以前就看过《法华经》。又如剡白山于法开，"善《放光》及《法华》"，他于升平五年（361）年为晋穆帝治病，晋哀帝时（362—363）又屡被征召，年六十卒于山寺。③ 结合这些情况看来，竺法崇于 4 世纪初来湖南建麓山寺，并开始撰著《法华义疏》是很有可能的。

结　语

综上所论，《高僧传》成书于《宋书》《名僧传》后，慧皎参阅了《宋书》《名僧传》，并多有采撷。由于慧皎坚持道安"以释为姓"的主张，可知竺法崇应早于释道安（314—385）；又由于僧人同名较为常见，竺法崇不应是《宋书》所载晚至晋末宋初的释法崇，《高僧传》所载竺法崇与孔淳之交游一事很可能误取自他书。

由释道宝的大体生活年代，以及《名僧传》卷 8 编目次序可知，竺法崇约生活在 4 世纪，《高僧传》与《名僧传》所载来湘州建麓山寺的竺法崇和释法崇是同一人。竺法崇来湘州麓山建寺，而湘州至晋永嘉元年（307）才开始设立，因此麓山寺不可能在晋泰始四年（268）就已经建立，而应当晚至 4 世纪初（307—328）。《法华经》在 4 世纪初流传至湖南，江南地区《法华经》的研习著述在 4 世纪初已经开始，竺法崇建麓山寺并著《法华义疏》与这一学术背景相合。另据湖南发掘

---

① （清）卞宝第、李瀚章等修，（清）曾国荃、郭嵩焘等纂：《湖南通志》卷 241《方外志四·仙释一》，第 5048 页。

② （南朝梁）慧皎撰，汤用彤校注，汤一玄整理：《高僧传》卷 4《义解一·晋剡东仰山竺法潜》，第 156—157 页。

③ （南朝梁）慧皎撰，汤用彤校注，汤一玄整理：《高僧传》卷 4《义解一·晋剡白山于法开》，第 167—168 页。

出土最早的佛教遗物是长沙金盆岭出土的西晋太安元年（302）的白毫相俑。[1] 这表明，佛风的侵染已经为4世纪初麓山寺建立，佛教在湖南生根奠定了基础。

　　为何《高僧传·竺法崇传》会误取他书呢？笔者以为，由于竺法崇事迹原本过于简略，慧皎著书博取广览，参照《名僧传》和《宋书》等书中有关释法崇及其与孔淳之交游的记载，未加精详考订，误以为竺法崇和释法崇是同一人而收入了《高僧传》。整体上看来，《高僧传》是综采《名僧传》和《宋书》等文献而来，其中所载竺法崇与孔淳之交游一事属于张冠李戴；其余则为可以采信的材料，据之可知，竺法崇来湖南建麓山寺应在4世纪初（307—328）。

（原刊《中南大学学报》2006年第1期）

---

① 阮荣春：《佛教南传之路》，湖南美术出版社2000年版，第18页。

北魏羌人的姓名改革与华夏化

拓跋鲜卑建立北魏王朝后，日益服膺先进的中原汉文化，凭借强有力的皇权，主动推行一系列华夏化改革，促进了代北集团迅速华夏化与北方民族大融合。其中，鲜卑人名和姓氏的先后汉化是北魏华夏化改革的重要组成部分，[1] 尤其是孝文帝诏改汉姓在短时期内系统推行，取得了很好的效果。

关于鲜卑以及与其关系密切的北族人名和姓氏的华夏化，学界积累了大量的研究成果。[2] 然而，其他边疆和内迁诸族，在这次姓名华夏化改革

---

[1]　魏晋南北朝时期的华夏化，主要表现为后进的四方诸族认同、效法、融入先进的中原文化，共同推进华夏文化向前发展。因为汉人凭借悠久的历史传统和深厚的文明积淀，长期居于领先地位，往往成为周边各族人学习的对象，所以，华夏化常常主要表现为汉化。正如唐长孺先生所言："汉化的过程也即是较高级的经济、文化战胜较低的经济、文化的过程。"参见唐长孺《拓跋族的汉化过程》，《唐长孺文集》第2卷《魏晋南北朝史论丛续编》，中华书局2011年版，第149—175页。

不过，华夏化并不全然是汉化，具体就十六国北朝推行的姓名改革而言，虽然在形式上突出地表现为姓名汉化，但是，无论是姓还是名，各族统治者皆未完全冒袭或模仿当时汉人高门大姓及其取名的流行方式，无论是改姓元、慕容、赫连，还是将人名节译雅化为汉名，进而远效汉魏单名双字的取名传统，其中或多或少都蕴含着各族自身的文化传统和政治考量，并由此通过胡汉交融孕育出新的华夏认同，带动四方诸族更广泛地实现姓名华夏化。

质言之，汉化主要表现为单向度的"变夷从夏"，是华夏化的主要推动力；而华夏化的发展方向是多维度的"华夷一体"，主要表现为华夏文化与身份的认同。华夏化并非单方面的汉化，而是各民族通过交往、交流、交融，融合胡汉文化，形成共同体意识，进而实现"中国化"的过程。

[2]　《魏书·官氏志》对北魏改姓氏和定姓族有系统记载。参见《魏书》卷113《官氏志》，中华书局1974年版，第3005—3015页。代表性研究成果参见姚薇元《北朝胡姓考》，中华书局2007年第2版；陈连庆《中国古代少数民族姓氏研究——秦汉魏晋南北朝少数民族姓氏研究》，吉林文史出版社1993年版；何德章《北朝鲜卑族人名的汉化——读北朝碑志札记之一》，载武汉大学历史系魏晋南北朝隋唐史研究室编《魏晋南北朝隋唐史资料》第14辑，武汉大学（转下页）

浪潮中，是固守本族传统，还是顺应时代潮流，又如何创造条件实现其姓名的华夏化，乃至跻身高门姓族之列，学界的相关探讨并不多，也缺乏专门的研究成果。本文尝试从羌人王遇姓名的华夏化切入，考察羌人姓名改革的曲折历程，进而探讨北魏各族姓名华夏化过程中的一些复杂情况。

一　王遇更名改姓的曲折历程

关于王遇更名改姓，《魏书》本传有具体记载：

> 王遇，字庆时，本名他恶，冯翊李润镇羌也。与雷、党、不蒙俱为羌中强族。自云其先姓王，后改氏钳耳，世宗时复改为王焉。[①]

王遇本名"他恶"，后来改为单名"遇"、字"庆时"；自云其先姓"王"，后改为"钳耳"氏，至宣武帝时又回改为"王"。关于王遇改姓，他的墓志有更为详细的记录：

> 公其先，周灵之苗，子晋之胤，士族之起，始于伊南。远祖逃秦垄右，避渗西戎，改姓钳耳，仍居羌氏。逮正始之初，被诏还姓，裡复王门。[②]

（接上页）出版社 1996 年版，第 39—47 页；何德章《伪托望族与冒袭先祖——以北族人墓志为中心——读北朝碑志札记之二》，载武汉大学中国三至九世纪研究所编《魏晋南北朝隋唐史资料》第 17 辑，武汉大学出版社 2000 年版，第 137—143 页；罗新《北魏道武帝的鲜卑语本名》，载编辑委员会编《张广达先生八十华诞祝寿论文集》，新文丰出版股份有限公司 2010 年版；罗新《说北魏孝文帝之赐名》，《文史》2011 年第 3 辑；罗新《北魏皇室制名汉化考》，载《中国中古史研究》编委会编《中国中古史研究》第 2 卷，中华书局 2011 年版：皆收入其著《王化与山险：中古边裔论集》，北京大学出版社 2019 年版，第 207—243 页。

① 《魏书》卷 94《阉官传·王遇》，第 2023 页。

② 王遇墓志及其考释，参见赵君平《北魏〈王遇墓志〉释略》，《书法丛刊》2013 年第 5 期；王银田《〈王遇墓志〉再考》，载王银田等《北魏平城考古研究：公元五世纪中国都城的演变》，科学出版社 2017 年版，第 304—309 页；赵耀辉《北魏〈王遇墓志〉考略》，《青少年书法》2016 年第 6 期；齐运通、杨建锋编《洛阳新获墓志（二○一五）》，中华书局 2017 年版，第 10 页；周伟洲《北魏〈王遇墓志〉补考》，载周伟洲主编《西北民族论丛》第 18 辑，社会科学文献出版社 2018 年版，第 86—96 页。

所谓钳耳氏乃王子乔之后，后来"避渗西戎，改姓钳耳"，结合其本传"自云其先姓王"来看，应是钳耳氏家族为了冒袭著姓王氏的托词，无需多论。然而，钳耳庆时身为冯太后宠宦，位至公侯，竟然未在孝文帝太和改姓之列，晚至宣武帝正始之初方才"被诏还姓"；不仅如此，据相关石刻史料和传世文献的记载，王遇更名也并非一蹴而就，其原因何在呢？

（一）更名

钳耳他恶乃关中冯翊郡李润镇羌人。钳耳氏与雷、党、不蒙之姓俱为羌中强族，从晋代以来，其家族长期为部族首领。[①] 李润羌曾参与盖吴起义，被北魏太武帝拓跋焘镇压，太平真君七年（446）年仅四岁的钳耳他恶被迁往平城，[②] 并且"坐事腐刑"进入北魏宫廷。[③]

其本名"他恶"应为羌名。前秦建元四年（368）《立界山石祠》碑侧题名有"酋大夫蒙大娥""酋大夫蒙剔娥"，[④]"夫蒙"即"不蒙"的异译，亦羌中强族之姓；"大娥"与"他恶"读音相近，皆应为羌语译名。[⑤] 羌人以"他""恶/娥"音节取名比较常见。北周保定二年（562）《荔非兴度观世音造像座》供养人题名刻有羌人姓名"荔非他仁"。[⑥] 以"恶"为名的羌人，如《晋书·苻登载记》记载的新平羌酋帅"雷恶地"，[⑦] 后秦羌人政权中，有大臣"赵恶地"。[⑧]"恶/娥"可能是羌语的同

---

① 《魏书》卷94《阉官传·王遇》，第2023页。

② 据王遇墓志记录，王遇死于北魏宣武帝正始元年（504），年六十二岁，推算其生年是北魏太武帝太平真君四年（443）。

③ 马长寿：《碑铭所见前秦至隋初的关中部族》，中华书局1985年版，第40—44页。

④ 马长寿：《碑铭所见前秦至隋初的关中部族》，第24页后夹页。

⑤ "大娥""他恶"均为译音用字，重在表音，其中"大"属定母月部，"他"属透母歌部，声母、韵母皆相近；即使"大"读作"太"，"太"属透母月部，与"他"的声母相同，韵母相近，读音也相近。而"娥"属疑母歌部，"恶"属影母铎部，声母相近，根据汉魏时代的梵汉对音，鱼部和歌部同时都可译为［a］元音（参见汪荣宝《歌戈鱼虞模古读考》，《国学季刊》1923年第1卷第2期），故二者韵母也相近，"娥""恶"读音相似。

⑥ 拓片图版参见陕西省文物普查队《耀县新发现的一批造像碑》，《考古与文物》1994年第2期；释文参见罗丰、李星宇《药王山北朝荔非氏造像碑铭考释》，《文物季刊》2022年第2期。

⑦ 《晋书》卷115《苻登载记》，中华书局1974年版，第2949页。

⑧ 《晋书》卷116《姚苌载记》，第2968页；卷117《姚兴载记上》，第2980页。

音异译。以"娥"为名的羌人更是屡见不鲜，如《魏书·太宗纪》载，泰常五年（420）夏四月，"羌酋不蒙娥等遣使内附"。① 又如北魏正始元年（504）《大代持节豳州刺史山公寺碑》碑阴题名有"田曹掾屈男赤城娥"。②

钳耳他恶发迹是在冯太后第二次临朝当政时。史称"文明太后时，王遇有宠"，③"岁中而至王公"。④ 钳耳他恶在北魏内廷，凭借突出干才受到冯太后的赏识，一步步从中散、内行令，升迁至散骑常侍、吏部内行尚书，甚至进爵为宕昌公，成为北魏内廷能够影响政局的人物。⑤ 在北魏皇室、贵族人名汉化风潮的影响下，⑥ 钳耳他恶的名字也随之雅化，改名为"庆时"。

据石刻文献及传世文献记载，至迟北魏孝文帝太和十二年（488），钳耳他恶已改名为庆时。太和八年至十三年开凿的云冈石窟崇教寺铭记："安西大将军、散骑常侍、吏部内行尚书宕昌〔公〕钳耳庆时镌也。"⑦太和十二年"宕昌公晖福寺碑"中亦刻其"庆时"之名。⑧ "钳耳庆时"这一姓名为时人所熟知，如北魏郦道元《水经注·漯水》云："东郭外，太和中阉人宕昌公钳耳庆时，立祇洹舍于东皋"。⑨

然而，《魏书》本传明确记载"庆时"是王遇的表字。那么，云冈石窟崇教寺题记、晖福寺碑以及《水经注·漯水》记载的"庆时"是否也是其表字呢，恐非此。《王遇墓志》径称"王遇之墓志"，太和十八年左右的《吊比干碑》碑阴题名大多刊刻其名，如丘目陵亮、元羽、万忸

① 《魏书》卷3《太宗纪》，第60页。

② 吴荭、张陇宁、尚海啸：《新发现的北魏〈大代持节豳州刺史山公寺碑〉》，《文物》2007年第7期。

③ 《魏书》卷94《阉官传·孟鸾》，第2032页。

④ 《魏书》卷13《皇后传》，第329页。

⑤ 《魏书》卷94《阉官传·王遇》，第2023—2024页。

⑥ 罗新：《说北魏孝文帝之赐名》《北魏皇室制名汉化考》，第215—230、231—237页。

⑦ 宿白：《"大金西京武州山重修大石窟寺碑"校注——新发现的大同云岗石窟寺历史材料的初步整理》，《北京大学学报》（人文科学）1956年第1期。

⑧ 《北魏宕昌公晖福寺碑清拓》，《中国书法》2014年第4期。

⑨ （北魏）郦道元著，陈桥驿校证：《水经注校证》卷13《漯水》，中华书局2007年版，第314页。

于劲、陆昕（之）、陆怖道（或即陆希道），① 而非其表字，如幼辅（初字老生）、叔翻、钟葵、庆始、洪度。按照这一时期的碑文惯例，崇教寺题记、晖福寺碑当然也是直接刊刻其名。由此看来，钳耳他恶更名改姓的第一步只是人名雅化，即将"他恶"改为"庆时"。之后才是以"庆时"为表字，改为单名"遇"。

罗新先生对鲜卑皇室制名汉化及其影响有系统而深入的研究。② 从整体上看来，早期鲜卑人名汉化，往往是先将鲜卑人名雅化为汉名，因当时取双名（两字人名）成为新潮，鲜卑人名初步雅化时也多取双名。但在后来尤其是孝文帝姓名改革中，北魏王朝倾向于远承东汉魏晋名、字传统，以双名作为表字，并据此另取单名，从而形成单字为名、两名表字的名字形式。即使孝文帝面向华夏士人赐名，也是如此。③

正如罗新先生所指出的，北魏皇室制名的华夏化，是代北集团制名华夏化的出发点和原动力。北魏统治下的经历了漫长的保持各族传统、渐染华夏风尚的各部族集团，终将有层次地、有先后地、有轻重地融入汉魏以来的华夏传统中。④ 钳耳他恶出身于备受歧视的羌族，⑤ 又因部族战败而没入为阉人，一开始应是身处北魏内廷边缘的卑贱者。其名、字的雅化、华夏化固然不应考虑过早。但是，在鲜卑名字汉化浪潮的冲击下，身处内廷的钳耳他恶受到这股强大潮流的影响，随着官爵的晋升，自然而然地逐步将其名字雅化了。

王遇更名的步伐与鲜卑皇室贵族人名的汉化过程应当如出一辙，即"钳耳他恶→钳耳庆时→钳耳遇、字庆时"。钳耳庆时改名钳耳遇，并以庆时为表字，应是受到孝文帝按汉魏制名传统广泛赐名的影响，是其更名的第二步。

---

① （清）王昶：《金石萃编》卷27《孝文吊比干墓文》，载国家图书馆善本金石组编《先秦秦汉魏晋南北朝石刻文献全编》第2册，北京图书馆出版社2003年版，第89—97页。

② 参见罗新《北魏皇室制名汉化考》，第231—243页；罗新《北魏太武帝的鲜卑本名》，《民族研究》2006年第4期，收入其著《中古北族名号研究》，北京大学出版社2009年版，第166—174页。

③ 罗新：《说北魏孝文帝之赐名》，第215—230页。

④ 罗新：《北魏皇室制名汉化考》，第243页。

⑤ 张方：《试论隋唐以前歧视羌人之现象》，《西北师大学报》（社会科学版）2006年第4期。

（二）改姓

姓氏华夏化相比名字华夏化普遍要晚一些，[①] 钳耳庆时改姓王也应如此。然而，不少学者根据太和十二年晖福寺碑中镌刻的"□王庆时"，认为钳耳庆时在孝文帝太和十二年前就已改姓王。[②] 事实上，太和十二年晖福寺碑上镌刻的"□王庆时"是否为初刻颇为可疑，不仅姓名上空缺一字，而且"□王"处呈现挖改痕迹，[③]"王"与前后字形明显不同，但与碑阴题名"王"姓字形相近。[④] 据同时期云冈石窟崇教寺铭记的姓名"钳耳庆时"，晖福寺碑对其姓名的初刻也应为"钳耳庆时"。至于将"钳耳"二字凿去，在"耳"字处补刻"王"字，应是"钳耳"氏在宣武帝时期被诏改姓"王"氏之后的所作所为。[⑤]

依据崇教寺铭记和晖福寺碑初刻，太和十二年前后，钳耳庆时并未改姓。此说还有一旁证。南朝齐武帝永明七年（太和十三年，489），[⑥] 王融《上疏请给虏书》云：北魏"执政则目凌、钳耳"。[⑦] 这里的"钳耳"指的就是钳耳庆时，依然是复姓，尚未改姓王。

据《魏书》本传和《王遇墓志》记载，在孝文帝太和十九年（495）前后大规模诏改汉姓与分定姓族的过程中，[⑧] 钳耳庆时仍然未在改姓之列。宣武帝继位后，一开始钳耳氏依然复姓如故。《元和姓纂》也有如

---

①　罗新先生指出："进入不同语言与文化环境的族群所发生的适应性改变中，家庭代际的姓名变化总是很容易被观察到，其中姓的变化较为复杂而缓慢，名的变化较为简单而迅速，这在古今人类社会中是一种普遍现象。"罗新：《北魏皇室制名汉化考》，第231—232页。

②　如马衡认为，晖福寺碑为孝文时立，不云姓钳耳，"是遇之为王，不自世宗时始矣"。参见马衡《大代宕昌公晖福寺碑跋》，载清华大学国学研究院主编《马衡文存》，江苏人民出版社2020年版，第393页；辛长青《羌族建筑家王遇考略》，《文史哲》1993年第3期。

③　《北魏宕昌公晖福寺碑清拓》，《中国书法》2014年第4期。

④　据西安碑林博物馆王庆卫先生赐示的碑阴照片，碑阴题名刻写在碑的右上侧，字迹较浅。其中，第四、七行"王"姓的字形与正面补刻之"王"字形基本相同。

⑤　王银田：《〈王遇墓志〉再考》，第305页。

⑥　关于王融上疏时间的考证，参见牟发松《王融〈上疏请给虏书〉考析》，《武汉大学学报》（哲学社会科学版）1995年第5期。

⑦　《南齐书》卷47《王融传》，中华书局1972年版，第819页。

⑧　唐长孺：《拓跋族的汉化过程》，《唐长孺文集》第2卷《魏晋南北朝史论丛续编》，第164页。

下记载："天监初，有箝耳期凌自河南归化，父同、祖光，并仕魏为三品也。"① 梁武帝天监（502—519）初，已是北魏宣武帝景明年间（500—503），北魏高官之后、注籍河南的"箝耳期凌"仍未改姓"王"。

直至正始元年初（504 年左右），② 钳耳氏方才"被诏还姓"。此次改姓王氏是王遇家族特别重视和引以为豪的事情。为此，他们特地将其家乡《宕昌公晖福寺碑》上的"钳耳"二字凿去，补刻"王"姓，并且在碑阴补刻王遇父兄子弟的姓名，③ 以此彰显"被诏还姓"的荣耀。

王遇"被诏还姓"，当这则诏令传开，其他"钳耳"种羌人尤其是进入北魏政权的任职者便纷纷仿效。改姓当年（即正始元年）七月的《大代持节豳州刺史山公寺碑》题名中竟然未见"钳耳"氏，而在其右侧题名中，有彭阳县"兵 曹 史王凤奴"、富平县"租曹史王白谷"夹杂在"弥姐""荔非""罃""雷"一众羌姓题名中，④ 豳州西北地郡彭阳、富平等地长期以来是羌人聚居、活动之地，"王凤奴""王白谷"应是由"钳耳氏"改姓而来的羌人。

至于王遇"自云其先姓王"，既然其墓志所谓"周灵之苗，子晋之胤"是其伪冒王氏著姓的托词，难以取信，那么，"其先姓王"是否别有依据呢？我们注意到，前秦建元三年（367）《邓艾祠堂碑》题名中，"钳耳"氏与其他羌姓"雷""罃""屈男""僬蒙""利非"等大量出现，"钳耳氏"主要出现在第一列：

> 军参事北地灵武孟□、完广，军参事和戎钳耳□、□□龙，军门下督和戎钳耳引、世虎，军功曹和戎钳耳巨当、世兴，军主簿河西临晋杨万、世和，军主簿和戎雷夫龙、道藏，军主簿河西重泉范高、延

---

① （唐）林宝撰，岑仲勉校记：《元和姓纂》卷 5《钳耳》，中华书局 1994 年版，第 776 页。

② 据王遇墓志末行"维大魏正始元年岁次实沉、月旅应钟（十月）廿四日造"，其墓志刊刻于正始元年十月廿四日，王遇之死应在此之前。正始元年撰写志文，所谓"逮正始之初，被诏还姓"，应是该年年初发生的事情。

③ 王银田：《〈王遇墓志〉再考》，第 305 页。

④ 吴荭、张陇宁、尚海啸：《新发现的北魏〈大代持节豳州刺史山公寺碑〉》，第 89—96 页。

思，军主簿和戎雷道、子安，军主簿和戎雷川、玉光。①

　　然而，在次年《立界山石祠碑》题名中，虽然羌姓"夫蒙""儁蒙"
"雷""同蹄""井"仍然众多，但是，未见"钳耳"氏，却有"酋大王
何""酋大王媵""部大王卯多里""部大王先多""部大王崇""部大王
安"等人。其中，"酋大王媵"与"雷蹉屠""□曹夫蒙头""户曹夫蒙
彭娥""录事夫蒙护"等羌人题名并列出现，② 王媵为羌人首领的可能性
很大。《立界山石祠碑》的出土地白水县，前秦时期是冯翊李润羌活动的
中心地带，③ 钳耳氏作为李润羌著姓，理应与"夫蒙""雷"等强族一样
被纳入前秦政权，出任地方官吏。因此，我们认为，"酋大王媵"等王姓
部族首领，应有不少是李润羌钳耳氏改姓而来的。质言之，钳耳氏在前秦
建元三年或四年受统治者氐人姓氏普遍汉化的影响，④ 可能就有过改姓王
氏的经历。这应当就是钳耳庆时"自云其先姓王"的重要由来。⑤

　　钳耳氏改姓王氏前后出现反复、迁延日久并非个案，"须卜氏"改姓"卜
氏"大抵也是如此。匈奴汉政权有善《易》者"卜珝"，为匈奴后部人，刘
渊一度称："人各有心，卜珝之不欲在吾朝，何异高祖四公哉！可遂其高
志"。⑥ 匈奴卜氏乃其贵种名族"须卜氏"汉化而来，⑦ 与刘渊冒姓刘氏应

---

　　① 马长寿：《碑铭所见前秦至隋初的关中部族》，第12—14页；图版参见毛远明校注《汉
魏六朝碑刻校注》第3册，线装书局2008年版，第73—75页。

　　② 马长寿：《碑铭所见前秦至隋初的关中部族》，第24页后夹页。

　　③ 马长寿：《碑铭所见前秦至隋初的关中部族》，第39—46页。

　　④ 《魏书》卷30《乌丸鲜卑东夷传》裴注引《魏略·西戎传》云："（氐人）各处有姓，
姓如中国之姓矣。"第858页。氐人姓汉化较早，如杨氏、苻氏、吕氏、齐氏，华夏化程度较高。
氐人建立的前秦政权推行改汉姓一类的改革是可以理解的。

　　⑤ 罗新先生在研究前秦《梁阿广墓志》所记"领民酋大"时指出，北魏的领民酋长制度可能承
袭自前秦的领民酋大制度，进而提示"北魏在政权组织方式上部分地学习前秦，继承前秦的某些制度，
是完全可能的"。罗新：《跋前秦梁阿广墓志》，载中国文物研究所编《出土文献研究》第8辑，上海古
籍出版社2007年版，收入其著《中古北族名号研究》，第249—251页。姓氏制度改革可能也是如此。

　　⑥ 《晋书》卷95《艺术传·卜珝》，第2481页。

　　⑦ 《史记》卷110《匈奴列传》："呼衍氏、兰氏，其后有须卜氏，此三姓其贵种也。"第
2890—2891页。《后汉书》卷119《南匈奴列传》载："单于姓虚连题。异姓有呼衍氏、须卜氏、
丘林氏、兰氏，四姓，为国中名族，常与单于婚姻。"第2944—2945页。

是前后发生的事情。后来，北魏改汉姓的内入诸姓中，又有"须卜氏，后改为卜氏"。①"须卜氏"完全改姓"卜氏"前后经历了较长时期。

二　对姓名华夏化的不同态度

羌人王遇更名改姓相比鲜卑贵族姓名的华夏化滞后一些。不仅如此，在"钳耳庆时"家族"被诏还姓"后，仍有不少"钳耳"种羌人沿用"钳耳"氏而不改姓。例如，北魏永熙二年（533）《邑主儁蒙□娥合邑子卅一人造像记》题名多为"儁蒙""同琜""夫蒙""罃""荔非""雷"姓羌人，其中夹杂着"香火清信王兰小""亡邑主清信王归香""邑子王㣲男"与"邑子清信钳耳支诚"。②所镌刻的"王"氏或为汉人，或为羌人，为羌人的可能性很大。这里"钳耳"氏与"王"氏并见，似表明北魏末年仍有部分"钳耳"种羌人尚未改姓，或者恢复羌姓。此后，北朝石刻题名中常见"钳耳"氏与"王"氏并存，如西魏大统十二年（546）《荔非郎虎、任安保六十人造像碑》中的"邑子钳耳元标"与"邑子王道养"；③《雷伏娥、荔非郎虎造像碑座》右面题名中的"像主钳耳男光""邑子钳耳娥媚"与"化主王女赐"；④以及《钳耳硕璨等人造像》左侧题名中的"邑子王力孙"与"邑子钳耳周孙"等人。⑤这或许反映了钳耳氏改姓不彻底或还复旧姓的情形。⑥

---

①　《魏书》卷113《官氏志》，第3010页。

②　马长寿：《碑铭所见前秦至隋初的关中部族》，第91—92页；曾晓梅、吴明冉集释：《羌族石刻文献集成》，巴蜀书社2017年版，第291—298页。

③　陕西省文物普查队：《耀县新发现的一批造像碑》，《考古与文物》1994年第2期；曾晓梅、吴明冉集释：《羌族石刻文献集成》，第351—356页；罗丰、李星宇：《药王山北朝荔非氏造像碑铭考释》，《文物季刊》2022年第2期。

④　陕西省文物普查队：《耀县新发现的一批造像碑》，《考古与文物》1994年第2期；罗丰、李星宇：《药王山北朝荔非氏造像碑铭考释》，《文物季刊》2022年第2期。"王女赐"，曾晓梅、吴明冉集释《羌族石刻文献集成》作"王妙婴"，第446页。

⑤　张进忠编著：《澄城碑石》，三秦出版社2001年版，第6、115页。

⑥　钳耳氏诏改王氏应当是有层次、有步骤地自上而下逐渐推广，最早改汉姓的应当是进入政权的各级官员，相应地在碑刻官职题名上有较好的呈现。至于散见造像记刊刻的题名一般为社会中下层，大多与皇权的关系较远。下层钳耳氏羌人往往一辈子也走不出家乡，是否改汉姓对其生活并无多少影响，改姓氏的意愿也就谈不上强烈。这或许也是北朝羌人造像记中常见王氏、钳耳氏并见的原因。

出现这种情况的原因，与王遇家族、钳耳种羌人对待姓名华夏化的不同态度有关。自东汉已降，羌人与汉人接触、交往日益频繁，文化习俗逐渐交融，不少羌人向慕先进的汉文化而改汉姓，如雷、党二姓；但也有一些保守部族保留羌姓，不蒙、钳耳、荔非氏就是如此。魏晋十六国时期，内迁民族基于华夏认同心理，纷纷更汉名、改汉姓，以便融入中原华夏文化圈，获取更大的权益。① 然而，也有不少部族，为了加强族属认同，强化部族的联系和政治建设，以应对外部政治与军事压力，仍然固守本族传统姓氏，"慕容"鲜卑以及"且（沮）渠"卢水胡就是如此。②

出身于羌中强族的王遇，一开始仍以"钳耳他恶"为姓名，与汉人姓名习俗殊异，似表明他来自文化上较为保守的羌人部族。但是，并非所有钳耳氏都是如此。《元和姓纂·箝耳》载："后魏冯翊太守箝耳静。"陈连庆先生认为，箝耳静即中山王王叡弟王魏诚之子王静，并据此认为，王叡与王遇同族。③ 王叡祖上长期居于武威姑臧，本与冯翊郡李润镇相去较远。然而，北魏太武帝攻灭北凉，王叡家族作为"平凉户"被迁往平城。王叡死后，由王遇监护丧事。④ 王叡"自云太原晋阳人"，⑤ 王遇亦"自云其先姓王"，"子晋之胤"。从这些迹象来看，王叡与王遇在北魏内廷的关系应是比较密切的。

王叡在北魏内廷，深受冯太后宠幸，先后晋爵为"太原公""中山王"。王叡显贵后，为攀附太原王氏而不断努力，"乃言家本太原晋阳"，借助皇权的支持，"遂移属焉，故其兄弟封爵移以并州郡县"。他死后又与其父亲被族人"更徙葬太原晋阳"。⑥ 从而成功地冒袭"太原王氏"，

---

① 典型例子如匈奴后裔刘渊"冒姓刘氏"，以汉高祖刘邦后人自居，以"汉"为国号，追尊刘禅为孝怀皇帝，立汉高祖以下三祖五宗神主而祭之。《晋书》卷101《刘元海载记》，第2649—2650页。

② 沮渠氏后裔一直延续至隋唐时期，仍以"泸水沮渠"自居。参见朱艳桐《北魏至唐沮渠氏踪迹钩沉——以墓志碑刻、西域文书为中心》，《中国边疆史地研究》2019年第4期。

③ 陈连庆：《中国古代少数民族姓氏研究——秦汉魏晋南北朝少数民族姓氏研究》，第272—273页。

④ 《魏书》卷93《恩幸传·王叡》，第1990页。

⑤ 《魏书》卷93《恩幸传·王叡》，第1988页。

⑥ 《魏书》卷93《恩幸传·王叡》，第1988—1990页。

成为"太原王氏"中重要的一支中山王氏。

王遇与王叡一样，也曾担任吏部尚书，深知姓氏对于家族的重要性。然而，相比王叡，钳耳他恶无论是更名改姓，还是伪托太原王氏，都要晚很多，也要坎坷一些。这不仅与钳耳他恶家族对待姓名华夏化的认识长期比较保守有关，也与时政的变迁息息相关。

王叡家族长期居处在武威姑臧，"中原魏晋以降之文化转移保存于凉州一隅"，① 河陇学术文化在很长时期保持繁荣与发展。自王叡六世祖王横任职于张轨汉人政权以来，其家族汉化日深。王桥、王叡父子通晓天文卜筮，王叡凭借家学出任太卜令，领太史，汉文化程度很高。王桥（字法生）、王叡（字洛诚）的名字皆符合东汉魏晋时期的制名传统，② 他们家族应该很早就实现了姓名的汉化。王叡显贵后，在冯太后的支持下，成功攀附太原王氏，一跃而成为北朝一流高门。

王遇家族原来居处于冯翊郡李润镇。东汉魏晋以来，关中羌人主要集中在冯翊郡各地，而李润羌又是冯翊郡诸羌的中心。羌人关中虽然为时甚早，但是经济文化条件皆不如氐，大部分羌族杂户仍在本族大姓首领的统治之下，过着落后的部落生活。李润镇作为羌人聚居的中心地带，羌族习俗浓厚，其姓氏的汉化也比较迟缓。关中前秦至隋的碑刻题名中一直保留着非常多的羌族旧姓，如钳耳、夫蒙（即不蒙）、僷蒙、同蹄、弥姐。③ 王遇长期以钳耳氏为姓，与冯翊郡李润羌保守的习俗不无关系。

但是，随着盖吴起义失败，钳耳他恶家族被迁往平城，脱离了李润羌聚居之地。身处都城宫中的钳耳庆时家族所能凭依、利用的不再是羌人部族势力，他们只能依靠皇权去获取更大的政治经济权益。随着北魏皇室日益华夏化，门第高低与婚宦等权益紧密相连，姓族在北魏政治中逐渐占有举足轻重的地位，跻身高门成为王叡、钳耳庆时这群脱离了地方政治根基的羌人新贵追求的目标。有了王叡的先例在前，即使钳耳庆时出身于比较保守的李润羌，且更名改姓相对滞后，在华夏化强大潮流的带动下，他也不得不顺应时势，努力追求姓名的华夏化。这就是王遇家族曲折不挠，终

---

① 陈寅恪：《隋唐制度渊源略论稿》，生活·读书·新知三联书店 2001 年版，第 4 页。

② 《魏书》卷 93《恩幸传·王叡》，第 1988 页。

③ 马长寿：《关中所见前秦至隋初的关中部族》，第 39—51 页。

于获得宣武帝同意，得以"被诏还姓"的主要原因。

是否改汉姓，不仅羌人钳耳、夫蒙氏等有过犹豫和保留，鲜卑内部似乎也有不同的态度。龙门石窟《长乐王丘穆陵亮夫人尉迟造弥勒像记》载："太和〔十〕九年十一月，使持节、司空公、长乐王丘穆陵亮夫人尉迟为亡息牛橛请工镂石造此弥勒像一区。"龙门石窟《一弗造像记》载："太和廿年，步辇郎张元祖不幸丧亡妻一弗，为造像一区。"① 孝文帝大规模推行改汉姓、定姓族的过程中，仍有鲜卑旧姓"丘穆陵""尉迟""一（乙）弗"未改为汉姓"穆""尉""乙"，② 甚至丘穆陵亮之子的名字"牛橛"仍不雅致。由此可见，即使迁洛鲜卑内部，孝文帝改汉姓也并不如史籍所载的那般一举成功，当时还存在依违两可、游移不定的情况，甚至持续了很长时间。如宣武帝永平四年（511）《元俊墓志》志阴所刻家族世系整体上呈现明显的华夏化姓名特征，但其母亲"叱罗氏"未改。③ 孝武帝太昌元年（532）《元徽墓志》附刻"太妃河南乙氏"等一系列华夏化姓名，但其十岁世子仍然是鲜卑名"须陀延"。④ 墓志这类材料虽有官方的介入，⑤ 但主要在家族内部流传，由上述例子看来，孝文帝汉化改革后，鲜卑姓名在非官方的家族内部尤其是那些保守的家族里可能还会沿用不短的时间。

王遇更名改姓一度想带动故乡李润羌钳耳种姓名的华夏化，反映在《宕昌公晖福寺碑》上，即将"钳耳庆时"更刻为"王庆时"，并补刻改姓后的家族成员的姓名，以激励同种羌人效仿。这时摆在李润镇虔仁种羌人面前有两种选择：⑥ 一是跟随著族王遇改姓氏，以便更好地融入北魏王

---

① 刘景龙、李玉昆主编：《龙门石窟碑刻题记汇录》，中国大百科全书出版社1998年版，第430—431、431页。

② 《魏书》卷113《官氏志》，第3006、3012、3011页。

③ 赵超：《汉魏南北朝墓志汇编》，天津古籍出版社2008年版，第60页。

④ 赵超：《汉魏南北朝墓志汇编》，第300页。

⑤ 北魏后期墓志的生产过程并非由单一主体一蹴就就，而是包括了丧家、朝议等多种要素共同参与和互动的结果。参见徐冲《从"异刻"现象看北魏后期墓志的"生产过程"》，《复旦学报》（社会科学版）2011年第2期。

⑥ 钳耳氏为羌族虔仁种，"钳耳""虔仁"为同音异译。姚薇元《北朝胡姓考》，第350—352页。

朝体系之中；二是沿用钳耳氏，作为其部族凝结的标志。钳耳氏是虔仁种羌人最重要的标识之一，是维系其族属认同的重要纽带，难以轻易放弃。边疆及内迁各族对于这一问题的态度也时常如此。据龙门石窟题记，正光四年（523）正月廿六日"为女安乐郡于氏嫁耶奢难陀造释迦像一区"，"耶奢难陀"疑为西方铁勒白山部族中"野咥"一氏之移译，为北魏晚季荒服领民部落中一渠首豪酋。① "耶奢难陀"虽然与北魏勋贵于氏联姻，但并未随着改汉姓，保持旧姓对于他维护或加强部族联结似乎更为重要。对于钳耳氏这种地方上较为弱小的部族，从汉魏北朝历史发展进程来看，一直未能发展成为强大的政治体，他们保持胡风土俗，维护区域性的族属认同更为实际，能在这方面发挥重要作用的本族传统姓氏就显得尤为重要了，其他羌人种姓"不蒙""荔非""傐蒙""同蹄""弥姐"等也是如此。这也是关中北朝石刻中羌族姓氏绵延不绝的重要原因。

三　姓名华夏化的政治蕴意

边疆及内迁诸族的姓名是否华夏化，与其蕴含的政治经济权益直接相关，甚至可以说，政治经济权益是各部族姓名华夏化的主要推动力。具体表现为，当世官爵与姓名华夏化相辅相成，互相促进。那么，在孝文帝太和十九年（495）前后改汉姓的过程中，原有高官厚爵的钳耳庆时，却为何未在改姓之列呢？这应与钳耳庆时深度卷入宫闱斗争有关。

钳耳庆时支持和同情不受孝文帝宠爱的小冯皇后。孝文帝将小冯皇后废为庶人。小冯贞谨有德操，便出家为练行尼。孝文帝冷遇废后，上行下效，"公私罕相供恤"。但是，钳耳庆时不仅"往来祇谒，不替旧敬，衣食杂物，每有荐奉"，而且其夫人与他一样对废后仍"执臣妾之礼"。②

然而，对待孝文帝宠爱的大冯幽后，钳耳庆时却不是这样。钳耳庆时深居内宫，知悉幽后的失德之行，便在孝文帝面前颇言其过，但不为孝文帝所采信。孝文帝坚持将大冯再次招进宫，并且更加宠爱，还向李冲等人申明大冯没有过错，而完全是钳耳庆时的诽谤，但念其是年高德劭的旧

---

① 参见张乃翥《从龙门石窟造像遗迹看北魏民族关系中的几个问题》，《民族研究》1989年第2期。

② 《魏书》卷94《阉官传·王遇》，第2024页。

臣，只是"免遇官，夺其爵，收衣冠，以民还私第"。①

孝文帝定姓族，以当代官爵为主要标准。② 钳耳庆时忤逆孝文帝的意志，被废为庶民，也就失去了改姓氏的资格，因此不在分定姓族之列。孝文帝死后，钳耳庆时凭借其"性巧，强于部分"的建筑才能，③ 再次被宣武帝起用，出任"皇构都将领将作大匠"，主持修广宣武帝生母文昭太后的墓园；进而凭借功劳求得宣武帝同意，诏改王氏，进而拜光禄大夫，④ 复旧爵，⑤ 成功跻身姓族行列。

王遇之所以能够更名改姓，直接凭依的是他在北魏王朝所获的高官厚爵，一旦被废为庶民，便失去了王朝主导下的姓名华夏化和分定姓族的资格。在北魏姓名华夏化改革过程中，其治下各族的更名改姓与其政治地位及待遇密切相关，而北魏统治者也是通过华夏化姓名的予取予求去控制或治理各族臣民。北魏统治者赐汉名、改汉姓，是优待、礼遇臣僚的重要方式。相反，强制改恶名劣姓，或保留、回改其部族旧姓，往往是政治上惩罚、憎恨或歧视的表现。⑥

不仅王遇如此，其同僚抱嶷家族也是如此。与钳耳庆时一样，抱嶷也为阉宦，并受冯太后宠信。抱嶷，字道德，安定石唐人，其"种类无闻"，应出自弱小部族。据《魏书》本传记载，抱嶷"自言其先姓杞，汉灵帝时杞匡为安定太守，董卓时，惧诛，由是易氏，即家焉。无得而知也。"⑦ 在北魏改姓氏、重姓族的风潮下，抱嶷家族也试图冒袭杞匡

---

① 《魏书》卷 94《阉官传·王遇》，第 2024 页。

② 唐长孺：《论北魏孝文帝定姓族》，《唐长孺文集》第 2 卷《魏晋南北朝史论拾遗》，第 79—92 页。

③ 辛长青：《羌族建筑家王遇考略》，《文史哲》1993 年第 3 期。

④ 《魏书》卷 94《阉官传·王遇》，第 2024 页。

⑤ 《北史》卷 92《恩幸传·王遇》，中华书局 1974 年版，第 3036 页。

⑥ 关于北魏赐名改姓的基本情况，参见周一良《魏晋南北朝史札记》之《魏书札记》"赐名"条，中华书局 1985 年版，第 338—340 页；（清）桂馥《札朴》卷 5《览古》"赐恶姓"条，商务印书馆 1958 年版，第 156—157 页。又如孝明帝孝昌三年（527），安乐王元鉴谋反，降附葛荣，后兵败被杀，斩首传洛，孝明帝下诏改其元氏为兀氏，或含斩首之意，以示责罚和贬斥。《魏书》卷 20《文成五王传·安乐王》，第 526 页；（唐）林宝撰，岑仲勉校记：《元和姓纂》卷 10，中华书局 1994 年版，第 1525 页。

⑦ 《魏书》卷 94《阉官传·抱嶷》，第 2021 页。

之后。《魏书·文成文明皇后冯氏传》记其姓名为"杞道德",① 应是初次更名、冒姓杞氏之后行用的姓名。后来当再次更名为"杞巘,字道德"。

相比王遇最后才改姓,杞道德改姓应当要早一些。杞道德何时改姓,据《后魏化政寺石窟铭》碑题"泾州刺史杞巘造",② 他应当至迟在泾州刺史任上就已完全实现姓名的更改。据其本传记载,抱巘因其"抗直",颇受孝文帝敬重,即使老疾,也被安置在故乡,出任镇西将军、泾州刺史。太和十九年,孝文帝还特地下诏,令抱巘赶赴洛阳,并且以刺史身份从驾南征。③ 以抱巘的身份、地位,且先后受到冯太后、孝文帝的信重,至迟在太和十九年前后改姓氏、定姓族过程中,泾州刺史抱巘就已被诏令改姓杞氏,进入姓族行列。

然而,杞巘本人比较保守,"自以故老前宦,为政多守往法,不能遵用新制。侮慢旧族,简于接礼",甚至以其从弟老寿为后,乱了辈分;④ 加上老寿犯礼伤化,恣其淫奸,换妻易妾,被御史中尉王显告发,终被免官削爵。王显还贬责老寿"种类无闻,氏姓莫纪",⑤ 实则指斥抱巘伪冒杞匡之后。老寿因过错被削爵论罪,其姓族势必也在褫夺之列,因而被还复旧姓抱氏和二名"老寿",以示惩罚和羞辱。⑥ 抱老寿之罪连及其父杞巘在《魏书》本传中竟被记作"抱巘"。

然而,老寿妻常氏为了彰显其家族原来的望姓,凭借厚实家业,为杞巘等人建造碑铭。⑦ 西魏文帝大统七年(541)十二月《后魏化政寺石窟铭》碑题"泾州刺史杞巘造",很可能就是常氏之所为,以此说明其家族

① 《魏书》卷13《皇后传》,第329页。

② (宋)赵明诚撰,金文明校证:《金石录校证》卷2《目录二》,上海书画出版社1985年版,第36页;卷21《跋尾十一》,第395页。

③ 《魏书》卷94《阉官传·抱巘》,第2021—2022页。

④ 《魏书》卷94《阉官传·抱巘》,第2022页。

⑤ 《魏书》卷94《阉官传·抱巘》,第2023页。

⑥ 王莽孙王宗,本名"会宗",以制作去二名,改为单名。因他觊觎皇位,被王莽忌惮,令其复名"会宗"以责辱之。《汉书》卷99下《王莽传下》,中华书局1962年版,第4152—4153页。

⑦ 《魏书》卷94《阉官传·抱巘》,第2023页。

也为显姓之后。

抱嶷父子更名改姓的历程大体上是：抱？→抱道德→杞道德→杞嶷，字道德→杞？、字老寿→抱老寿。抱嶷父子反复更名改姓所体现的正是北魏王朝通过华夏化姓名的授夺表达对其家族的礼遇与惩罚。

结　语

自两汉以来，中原王朝与边疆各族的交往过程中，注意到匈奴"其俗有名不讳，而无姓、字"，[①] 乌丸"氏姓无常，以大人健者名字为姓"，[②] 鲜卑原无姓氏，以部落为号。[③] 姓名差异成为区分民族的重要标志。周边民族在汇聚中原、融入华夏的过程中，姓名汉化与胡化并存，但以华夏化为主流。周边民族或无姓、字，或氏姓无常，相比华夏族姓氏特别稳定的流传，他们姓名的汉化变革也相对容易。汉代休屠王之后金日磾进入西汉宫廷后便拥有了汉姓。王莽改制试图将"中国讥二名"的传统推广至四夷，诱导匈奴单于"囊知牙斯"更改为单名"知"。[④] 这些都成为后来边疆及内迁诸族姓名华夏化的历史参照。

不过，仍有相当多的周边民族移居中原后，通过固守旧姓等方式来维持其民族内部的联结与认同，羌人钳耳氏就是如此。但是，当个别家族脱离部族聚集地带，置身于更激烈的华夏化浪潮之中，就不得不适应门阀士族社会"世重高门，人轻寒族"的习惯，顺着汉化改革的方向，去努力实现姓名华夏化，王遇家族就是如此。进而攀龙附凤，竭力实现家族世系的改造，冒入土籍，从而凭借拟构的长盛不衰的门第享受诸多权益，中山王氏就是如此。姓名华夏化、进入高门大姓行列成为内迁乃至边疆民族不断追求的目标。相反，那些逆时代潮流的保守家族，既未能顺利实现姓氏华夏化，更未能达到姓族的跃

---

①　《史记》卷110《匈奴列传》，第2879页。

②　《三国志》卷30《魏书·乌丸鲜卑东夷传》裴注引《魏书》，中华书局1982年第2版，第832页。

③　《宋书》卷59《张畅传》载："昌因问虏使姓，答云：'我是鲜卑，无姓。'"中华书局1974年版，第1600页。参见姚薇元《北朝胡姓考（绪言）》，第1页。

④　《汉书》卷99上《王莽传上》，第4051页。

升，即使一时身居富势，也难以长久维持，很快就泯乎庶民之中，抱嶷家族就是如此。

一般而言，那些边远地带或弱小部族，往往缺乏改汉姓和定姓族的政治资格，即使追随强族改汉姓，也难以冒入士流，因此很多依然保持着本民族旧姓和习俗。即使北魏孝文帝推行大规模的改汉姓运动，北镇地带也依然保持着浓厚的鲜卑旧俗。北魏统治者未能采取积极措施，化解因鲜卑旧俗与华夏新制并存与对立带来的鲜卑内部乃至鲜卑与汉人之间的隔阂。后来，北周为了消弭汉人与鲜卑人的差异而大规模恢复鲜卑旧姓，① 但此举的目的主要是为了加强府兵制和关陇集团建设，并未因此抬高北族姓氏。

在姓名华夏化不可逆转的潮流下，即使一些北族著姓华丽地转变为华夏姓氏，如慕容、宇文、长孙、尉迟、呼延，华夏传统望姓也一直有着不可比拟的优势。隋代有这样一则故事：

> （杨）素时为尚书令，见（萧）琮嫁从父妹于钳耳氏，因谓琮曰："公，帝王之族，望高戚美，何乃适妹钳耳氏乎？"琮曰："前已嫁妹于侯莫陈氏，此复何疑！"素曰："钳耳，羌也，侯莫陈，虏也，何得相比！"素意以虏优羌劣。琮曰："以羌异虏，未之前闻。"素惭而止。琮虽羁旅，见北间豪贵，无所降下。②

萧琮（西梁末代皇帝）先后将妹妹嫁给侯莫陈氏、钳耳氏。萧氏与钳耳氏联姻遭到尚书令杨素的非议。在杨素看来，钳耳氏属西羌，历来备受歧视，但侯莫陈氏属北虏（鲜卑内入诸姓），是北朝统治集团中的一员；鉴于钳耳氏与侯莫陈氏有着姓氏高下之分，钳耳氏姓族低下，根本无法与南朝齐梁时已上升为一流高门的兰陵萧氏相匹配。然而，在萧琮看来，无论是西羌钳耳氏，还是北虏侯莫陈氏，与兰陵萧氏都是门不当、户不对，周边民族姓氏高下之差异在中原汉姓高门面前实际上可以忽略不计。正因为

---

① 参见陈寅恪《隋唐制度渊源略论稿》，生活·读书·新知三联书店 2001 年版，第 138—149 页。

② 《隋书》卷 79《萧琮传》，中华书局 1973 年版，第 1794 页。

如此，钳耳氏等绝大多数边疆及内迁民族姓氏，无论经历何种曲折，最后仍然是以姓名华夏化作为主要发展方向，钳耳氏也最终融入华夏姓氏的海洋之中。

（原刊《民族研究》2023 年第 6 期）

鲜卑四大中正与分定姓族

2003 年春在河南省济源市出土的北魏元苌墓志载，元苌在宣武帝永平中（508—512）位列"诠量鲜卑姓族四大中正"。[①] 鲜卑"四大中正"之名过去没有见过，这一提法的出现，无疑为我们探索北魏迁洛以后分定姓族提供了重要的新材料。最先讨论元苌墓志中"四大中正"的刘莲香、蔡运章先生认为，四大中正应是选拔南迁鲜卑四大姓族元姓、长孙氏、叔孙氏和奚氏的大中正。[②] 虽然《资治通鉴》在记述孝文帝改姓氏时，专门列举了此四姓，[③] 可是南迁鲜卑似乎并没有四大姓族之分，更没有针对单个姓族设置中正。因此，鲜卑四大中正之所指，仍有待明确。笔者认为，设置鲜卑中正以铨量姓族，是北魏伸张皇权和鲜卑汉化进程中的重大事件，其中经历了多次曲折和反复，分定姓族及与此相关的四大中正之设置，既反映了代北集团政治文化发展的基本趋势，又对北魏后期政局产生了重大影响。

一

北魏宣武帝时期"诠量鲜卑姓族四大中正"的提法虽不见于史，但是《魏书》中有两条相关的材料，见《魏书·官氏志》：

---

① 该墓志拓片和录文参见刘莲香、蔡运章《北魏元苌墓志考略》，《中国历史文物》2006年第 2 期。该拓片又刊赵君平、赵文成编《河洛墓刻拾零》上册，北京图书馆出版社 2007 年版，第 23 页。

② 刘莲香、蔡运章：《北魏元苌墓志考略》，第 59 页。

③ 《资治通鉴》卷 140《齐纪六建武三年》，中华书局 1956 年版，第 4393 页。

世宗世，代人犹以姓族辞讼，又使尚书于忠、尚书元匡、侍中穆绍、尚书元长等量定之。①

其中元长当即墓志之元苌。《魏书·于忠传》有另一条记载：

诏（于）忠与吏部尚书元晖、度支尚书元匡、河南尹元苌等推定代方姓族。②

无论哪一种记载，都具体列举了宣武帝时期四个主持铨量鲜卑姓族的官员。北魏孝文帝以来大规模分定鲜卑姓族的过程中，理应有一个具体执行相关工作的机构，宣武帝时期主持其事的就是于忠、元匡、穆绍和元苌四人，很可能就是墓志所说的"四大中正"，问题是，他们是否都兼领中正职？于忠在宣武帝时任卫尉卿、河南邑中正，后受高肇的排挤而被迫外任，不久复授卫尉卿，领左卫将军、恒州大中正。延昌（512—515）初，除都官尚书，加平南将军，领左卫、中正如故。③宣武帝时期元匡在恒州刺史任上，被征为大宗正卿、河南邑中正，后除度支尚书。④穆绍在宣武帝时任职侍中，领本邑中正，⑤穆绍墓志也记他"迁侍中，领河南邑中正"。⑥元苌墓志称元苌在宣武帝永平年间任河南尹、河南邑中正、侍中、度支尚书。至于元晖，无论是正史还是本人墓志，都没有记载他曾兼领中正职。⑦可见《魏书·官氏志》所载宣武帝时期四位主持分定鲜卑姓族的官员都兼领"河南邑中正"。

---

① 《魏书》卷113《官氏志》，中华书局1974年版，第3015页。按本卷校勘记第44条，"元长"即"元苌"，第3023页。

② 《魏书》卷31《于忠传》，第742页。

③ 《魏书》卷31《于忠传》，第742页。

④ 《北史》卷17《景穆十二王上》，中华书局1974年版，第644页；《魏书》卷19上《景穆十二王传》，第453页。

⑤ 《魏书》卷27《穆绍传》，第671页。

⑥ 赵超：《汉魏南北朝墓志汇编》，天津古籍出版社1992年版，第282—284页。

⑦ 《北史》卷15《魏诸宗室传》，第570—571页；《魏书》卷15《昭成子孙传》，第378—379页；赵超：《汉魏南北朝墓志汇编》，第110—112页。

　　而《魏书·于忠传》载元晖参与了推定代方姓族。元晖此时任吏部尚书，与主持分定姓族的中正官有着密切关系。孝文帝太和十六年（492）下诏，"自今选举，每以季月，本曹（中正）与吏部铨简"；① 在太和十九年分定姓族过程中，又要求将勋臣八姓灼然可知者，"且下司州、吏部，勿充猥官，一同四姓"，② 此司州当指司州大中正。据此，孝文帝时期当由中正官与吏部共掌分定姓族，宣武帝时也应如此。吏部尚书元晖与鲜卑中正共掌铨量鲜卑，故《魏书》会提到元晖，实则四大中正中并不包括元晖。史载宣武帝前后兼领"河南邑中正"的还有韦崇、韦休之父子，③ 郑道昭为"司州州都"（《兖州刺史荥阳文公郑羲下碑》称之为"司州大中正"）。④ 在孝文、宣武两朝分定姓族过程中，汉人中正没有参与分定鲜卑姓族，韦崇、韦休之和郑道昭主要负责汉人门阀的评定。有理由认为，《魏书·官氏志》中宣武帝时期主持分定鲜卑姓族的四个"河南邑中正"，就是元苌墓志所说的"诠量鲜卑姓族四大中正"。

　　《魏书》没有记载宣武帝分定鲜卑姓族和设置四位"河南邑中正"的具体时间。正始元年（504）十一月，宣武帝罢郡中正，⑤ 并在第二年颁布的两道诏书中表达了对中正制的不满，认为中正所铨，但存门第，⑥ 许多先朝勋臣子孙没有朝官，⑦ 罢郡中正可能是要减缓"姓族辞讼"的压力。孝文帝时制定的鲜卑姓族标准，可能触动了原有的利益格局，特别是将部分鲜卑贵族排斥在权力和利益中心之外，导致姓族纠纷，主持分定鲜卑姓族的中正机构自然成为批评的目标。⑧ 宣武帝调整政策，废除

---

　　① 《魏书》卷7下《高祖纪下》，第170页；《通典》卷14《选举二》作"后魏州郡皆有中正，掌选举，每以季月，与吏部铨择可否"，中华书局1988年版，第336页。

　　② 《魏书》卷113《官氏志》，第3014页。

　　③ 《魏书》卷45《韦崇传》、《韦休之传》，第1012页。

　　④ 《魏书》卷56《郑道昭传》，第1241页；（清）陆增祥：《八琼室金石补正》卷14《北魏三》，《先秦秦汉魏晋南北朝石刻文献全编》，北京图书馆出版社2003年版，第124页。

　　⑤ 《魏书》卷113《官氏志》，第3003页。

　　⑥ 《魏书》卷8《世宗纪》，第198—199页。

　　⑦ 《魏书》卷8《世宗纪》，第199页。

　　⑧ 北魏分定姓族倚重于中正制。参见张旭华《北魏中正职权的扩大与分定姓族》，《九品中正制略论稿》，中州古籍出版社2004年版，第294—306页；陶新华《北魏后期的中正制新论》，《历史教学》2004年第1期。

郡中正，① 并肯定鲜卑旧有的贡士之方、擢贤之体，重新认可先朝勋臣的功绩等鲜卑传统因素在铨选中的作用，② 使那些在孝文帝改革中感到失意的部分鲜卑贵族获得补偿。至永平二年（509），宣武帝颁布"五等诸侯选式"，③ 明确规定了鲜卑同姓、"异族"封公爵者所对应的出身，选式规定的鲜卑同姓、"异族"出身需要鲜卑中正官推定，"铨量鲜卑姓族四大中正"极有可能设置于此时。"四大中正"之一的于忠此后不久兼领恒州大中正，并延续到延昌年间，前任恒州大中正是他的弟弟于景，墓志称他在永平中除"恒州大中正"，④ 史料不见于景参与主持永平中的分定姓族，因此恒州大中正当不属于所谓的鲜卑四大中正。当于忠兼领恒州大中正时，鲜卑四大中正的设置可能已经不复存在。故"鲜卑四大中正"极有可能设置于永平二年，存在于永平年间（508—511），随着铨量鲜卑姓族的完成而终结。

二

北魏宣武帝时期，由鲜卑四大中正主持分定鲜卑姓族，值得注意的是，孝文帝分定鲜卑姓族也是由四位鲜卑官员主持，这是不是宣武帝时期"诠量鲜卑姓族四大中正"的前身，得从分析他们是否兼领中正职开始。《魏书·官氏志》载太和十九年（495），诏"令司空公穆亮、领军将军元俨、中护军广阳王嘉、尚书陆琇等详定北人姓，务令平均"。⑤ 穆亮在北魏复置司州时，由陆睿举荐为"司州大中正"，迁洛后，迁武卫大将军，以本官董摄中军事。⑥ 按元苌墓志，"太和十二年，代都平城改侯懃曹，创立司州"，穆亮此时在平城任"司州大中正"，即后来的恒州大中正。领军将军元俨，《魏书》无传，也没有记载他兼领中正职。但元俨是孝文

---

① 《魏书》卷45《韦崇传》载韦崇在迁洛后先后担任司州中正和河南邑中正，由司州中正转河南邑中正可能并不存在官职的升降，而主要在于太和十九年代人南迁者注籍河南洛阳，鲜卑姓族司州大中正的存在名副其实，于是朝河南邑中正转换，汉人中正官随之变化，在宣武帝之后基本上不再设置司州大中正。

② 《魏书》卷8《世宗纪》，第199页。

③ 《魏书》卷8《世宗纪》，第209页。

④ 赵超：《汉魏南北朝墓志汇编》，第196页。

⑤ 《魏书》卷113《官氏志》，第3015页。

⑥ 《魏书》卷27《穆亮传》，第668、670页。

帝改革的重要支持者和参与者，在阻止太子元恂奔代，处理穆泰谋反案，主持分定鲜卑姓族中发挥了重大作用。中护军元嘉的材料很少，没有兼领中正职的记载。陆琇在孝文帝时任祠部尚书、司州大中正，[①] 为陆氏诸人墓志所证实。[②] 陆琇因陆睿参与穆泰谋反案而免官，按穆泰谋反案在太和二十年，[③] 那么，在太和十九年分定鲜卑姓族中陆琇当兼领"司州大中正"一职。

从现有材料看，孝文帝时期主持分定鲜卑姓族的四职官，只有陆琇兼领司州大中正，穆亮可能仍旧兼领恒州大中正。陆琇任司州大中正的同时，韦崇为司州中正，[④] 可见孝文帝分定姓族时实行汉人、鲜卑分置中正，同时任中正职务的不止一人，所以笔者认为元俨和元嘉有可能也兼领中正职。孝文帝时期主持分定鲜卑姓族的四个人都领中正职，与宣武帝时期"诠量鲜卑姓族四大中正"具有源流关系。

设置鲜卑中正并非孝文帝首创，而是北魏建国以来皇权与鲜卑守旧势力斗争，促使鲜卑政治文化发展的重要举措。其中经历了多次曲折和反复，伴随着皇权的伸张和鲜卑汉化的加深，中正制在北魏得以确立，[⑤] 并在孝文帝时期成为大规模分定代人姓族所倚重的工具。

道武帝在从部落酋长向专制君主转化的过程中，为了创建和巩固北魏政权的需要，采取了离散部落，分土定居的措施，[⑥] 并于天兴元年（398）

---

① 《魏书》卷40《陆琇传》，第905页。

② 元固墓志附妻陆氏墓志、陆顺华墓志，参见赵超《汉魏南北朝墓志汇编》，第212、375页；陆蔉藜墓志拓片，参见赵君平、赵文成编《河洛墓刻拾零》上册，第36页。

③ 《资治通鉴》卷140《齐纪六建武三年》，第4402—4403页。

④ 《魏书》卷45《韦崇传》，第1012页。

⑤ 参见［日］宫崎市定『九品官人法の研究——科举前史』，同朋舍1988年版，第416—441页；严耕望《州都与郡县中正》，《魏晋南北朝地方行政制度史》下册，上海古籍出版社2007年版，第639—651页；［日］宫川尚志『六朝史研究・政治社会篇』，日本学术振兴会1956年版，第303—310页；唐长孺《论北魏孝文帝定姓族》，《魏晋南北朝史论拾遗》，中华书局1983年版，第79—91页；周一良《魏晋南北朝札记》之北朝之中正条，中华书局1985年版，第362—367页；汪征鲁《魏晋南北朝选官体制研究》附表325—328，福建人民出版社1995年版，第590—598页；张旭华《九品中正制略论稿》，中州古籍出版社2004年版，第261—324页；陶新华《北魏后期的中正制新论》，《历史教学》2004年第1期。

⑥ 《魏书》卷113《官氏志》，"登国初，太祖散诸部落，始同为编民"，第3014页；（转下页）

在皇城四方四维置八国，① 实质是抛弃部落联盟体制，将部落大人和部民变为国家的编民。在削弱鲜卑部落大人势力的同时，道武帝也试图摆脱鲜卑部落政治的影响，变部落联盟的君长大人为国家政体之下的贵族官僚，通过爵制改革将鲜卑贵族纳入北魏政权的官僚系统中。《魏书·官氏志》载：

> （天赐元年）九月，减五等之爵，始分为四，曰王、公、侯、子，除伯、男二号。皇子及异姓元功上勋者封王，宗室及始蕃王皆降为公，诸公降为侯，侯、子亦以此为差……王第一品，公第二品，侯第三品，子第四品。②

道武帝还将"自前功臣为州者征还京师，以爵归第"，③ 将鲜卑贵族置于皇权掌控之下的爵位体制中，皇权下的鲜卑贵族官僚体制在形式上建立起来。

为了进一步摆脱氏族血缘关系的影响，维护贵族官僚体制，并将官爵选授的权力归于皇权，道武帝着手分定姓族，以鲜卑旧俗比附中正制创立"宗师制"。《魏书·官氏志》载：

> （天赐元年）十一月，以八国姓族难分，故国立大师、小师，令辩其宗党，品举人才。自八国以外，郡各自立师，职分如八国，比今之中正也。宗室立宗师，亦如州郡八国之仪。④

北魏建国伊始，道武帝所采用的魏晋旧制就包括有中正制，皇始年间

（接上页）《魏书》卷83上《贺讷传》，"其后离散诸部，分土定居，不听迁徙，其君长大人皆同编户"，第1812页。关于道武帝离散部落的研究参见田余庆《拓跋史探》，生活·读书·新知三联书店2003年版，第62—91页；李凭《北魏平城时代》，社会科学文献出版社2000年版，第36—59页。

① 《魏书》卷113《官氏志》，第2972页。
② 《魏书》卷113《官氏志》，第2973页。
③ 《魏书》卷113《官氏志》，第2974页。
④ 《魏书》卷113《官氏志》，第2974页。

（396—398）以王宪为青州中正，[①]李先为定州大中正。[②] 在汉地维持传统的中正制，为在鲜卑中建立中正制打下了基础，宗师制即有意识地用鲜卑旧俗附会中正制而创定。[③] 设置宗师的目的在于"辨其宗党，品举人才"，实质是将国家官僚集团选拔的对象确定为北魏政权认定的姓和族，并通过宗师制加以铨选，因而"诸部子孙失业赐爵者二千余人"。[④] 可见，赐爵的职能已经开始由维系部落联盟向维护王朝统治转变。然而天赐二年（405）道武帝汉化改革出现了历史性的倒退，所创定的汉化色彩的制度基本上都被鲜卑旧俗所取代，[⑤] 明元帝一朝，鲜卑旧制得以强化，在史籍中我们基本上看不到道武帝创立的爵制和宗师制所发挥作用的记载了。

随着北魏政权向内地推进，要巩固在中原的统治，就需要促进鲜卑自身政治文化的提升和争取汉人高门的支持。太武帝武功赫赫，皇权得到进一步加强，便开始改革鲜卑旧制，"稍僭华典"，[⑥] 其中就包括爵制改革和分定姓族。崔浩是太武帝改制的主要谋臣，他的政治理想"先以复五等为本"，[⑦] 复五等爵制是对道武帝时期爵制改革的发展。道武帝时期，鲜卑勋贵还能取得与拓跋宗室相同的地位，而崔浩试图借鉴西晋五等爵制，[⑧] 提高拓跋宗室地位以加强皇权。他还"大欲齐整人伦，分明姓族"，[⑨] 进一步排抑鲜卑勋贵，同时提高汉人士族的政治地位。太武帝复置中正，以"崔浩为冀州中正，长孙嵩为司州中正"，[⑩] 这是史书中设置鲜卑中正的最早记载，在鲜卑社会直接搬用中原行之已久的中正制，表明

① 《魏书》卷33《王宪传》，第775页。

② 《魏书》卷33《李先传》，第789页。

③ 道武帝创立的汉化制度往往杂糅鲜卑旧俗与汉制而形成。参见何德章《北魏初年的汉化制度与天赐二年的倒退》，《中国史研究》2001年第2期。

④ 《魏书》卷2《太祖纪》，第42页。

⑤ 何德章：《北魏初年的汉化制度与天赐二年的倒退》，第33—38页。

⑥ 《南齐书》卷57《魏虏传》，第990页。

⑦ 《魏书》卷35《崔浩传》，第815页。

⑧ 陈寅恪认为"先复五等为本，则与司马朗之学说及司马昭炎父子所施行者相符合"。陈寅恪：《崔浩与寇谦之》，《金明馆丛稿初编》，生活·读书·新知三联书店2001年版，第149页；陈爽：《世家大族与北朝政治》，中国社会科学出版社1998年版，第16—17页。

⑨ 《魏书》卷47《卢玄传》，第1045页。

⑩ 《魏书》卷27《穆亮传》，第668页。

了鲜卑汉化进一步加深。鲜卑中正制的施行，与道武帝创立宗师制的目的一致，只是由于史料记载的缺失，我们基本上看不到司州中正长孙嵩在此过程中所起的具体作用。[①] 但是，我们依然可以窥见长孙嵩看待分定姓族的态度。《魏书·王慧龙传》载：

> 初，崔浩弟恬闻慧龙王氏子，以女妻之。浩既婚姻，及见慧龙，曰："信王家儿也。"王氏世齇鼻，江东谓之齇王。慧龙鼻大，浩曰："真贵种矣。"数向诸公称其美。司徒长孙嵩闻之，不悦，言于世祖，以其叹服南人，则有讪鄙国化之意。世祖怒，召浩责之。浩免冠陈谢得释。[②]

鲜卑、汉人之间的文化差异，致使鲜卑贵族和汉人高门对分定姓族有不同的认识。崔浩的"分明姓族"重在对魏晋以来中原传统的承认，以士族旧籍为依据，藉鲜卑统治力以施行高官与博学合一之贵族政治。[③] 提高汉人高门的地位，势必抑制鲜卑贵族，由此遭到鲜卑的猜忌和怨恨，[④] 后来崔浩被杀，史称"颇亦由此"。[⑤] 虽然太武帝时期分定姓族的尝试因汉人高门和鲜卑贵族的矛盾而失败了，然而，比道武帝时期汉化改制有所推进的，不是要不要分定姓族，而是以何种形式分定姓族的问题。

三

太和十五年（491）九月文明太后死，从次年开始，孝文帝进行了一

---

① 《魏书》卷 25《长孙嵩传》已亡阙，我们对长孙嵩所任司州中正情况的了解很有限。

② 《魏书》卷 38《王慧龙传》，第 875—876 页。

③ 陈寅恪：《崔浩与寇谦之》，第 150 页；唐长孺：《论北魏定姓族》，《魏晋南北朝史论拾遗》，第 80 页；陈爽：《世家大族与北朝政治》，第 16 页。

④ 周一良：《北朝民族问题和民族政策》，《魏晋南北朝史论集》，北京大学出版社 1997 年版，第 127—134 页。

⑤ 《魏书》卷 47《卢玄传》，第 1045 页。关于崔浩招祸之根本原因的讨论，参见陈寅恪《崔浩与寇谦之》，第 150—154 页；唐长孺《论北魏定姓族》，《魏晋南北朝史论拾遗》，第 79—80 页；周一良《魏晋南北朝史札记》之崔浩国史之狱条，第 342 页；何兹全《崔浩之死》，《文史哲》1993 年第 3 期。

系列改革。孝文帝在太武帝爵制改革的基础上，通过"改降五等"进一步削弱鲜卑勋贵的权势，逐步建立起诸王拱卫和汉人辅佐的集权体制，[①] 并着手分定姓族。然而分定鲜卑姓族的问题十分复杂，鲜卑贵族的传统权益如何处置，关系到北魏统治集团的稳固。孝文帝采取了与汉人高门相匹配的鲜卑门阀化政策，并匠心独运地设置了分定姓族四职官。四职官都可能兼领中正职，这在形式上表明鲜卑贵族和汉人高门分定的对等。而且这四个官员是孝文帝时期鲜卑人的杰出代表，德望兼资，儒雅贤良，[②] 也是汉化改革的坚定支持者和参与者，并且都担任重要军职（穆亮以本官董摄中军事，元俨任领军将军，元嘉为中护军，陆琇为卫大将军）。[③] 在拓跋政权的建立过程中，逐步形成了以鲜卑军功贵族为中坚的统治集团，迁都洛阳后，"以代迁之士皆为羽林、虎贲"，[④] 他们是分定姓族的主要对象。为了保证鲜卑勋贵门阀化的顺利进行，就需要皇权和亲近军功将领权威的结合，才能够有利于将分定姓族自上而下地推行。为了照顾宗王的利益，特别是缓和宗室疏属和鲜卑勋贵的不满，由帝室和勋臣八姓共掌姓族的分定，其中两人是勋臣八姓代表穆亮和陆琇，出自鲜卑勋贵中最为显赫的家族。穆氏在《魏书·官氏志》中位列"余部诸姓内入者"之首，[⑤] 陆氏是鲜卑姓族中汉化最为彻底的家族。[⑥] 另外两人为拓跋宗室，一个是广阳王元嘉，另一个是宗室疏属元俨，[⑦] 在保证宗王利益的前提下，也兼顾宗室疏属的要求。宗室占据四席中的一半，这也与孝文帝"改降五等"

---

① 参见陈爽《世家大族与北朝政治》，第 18—29 页。

② 史称穆亮早有风度，精通《书》《礼》《周易》，出任太子太傅，积极参与五德正统、太子庙制、冠仪等的朝议，参见《魏书》卷 27《穆亮传》，第 667—671 页，卷 108《礼志》，第 2746、2748、2810 页；元嘉性好仪饰，车服鲜华，爱敬人物，提携后进，时人以此称之，参见《北史》卷 16《太武五王传》，第 616 页，《魏书》卷 18《太武五王传》，第 429 页；陆琇沉毅少言，雅好读书，妙解音律，参见《魏书》卷 40《陆琇传》，第 905 页。

③ 陆琇担任卫大将军见于陆顺华墓志，参见赵超《汉魏南北朝墓志汇编》，第 375 页。

④ 《魏书》卷 7 下《高祖纪》，第 180 页。以代迁之士皆为羽林、虎贲在太和二十年，这很有可能是分定姓族安置鲜卑之士的措施。

⑤ 《魏书》卷 113《官氏志》，第 3006 页。

⑥ 参见［日］长部悦弘「陆氏研究」，载中国中世史研究会编『中国中世史研究续编』，京都大学学术出版会 1995 年版，第 332—373 页。

⑦ 《魏书》等史料皆没有记载元俨的爵位，当不是宗王。

以提高帝族的地位，压制异姓王公贵族的政策相一致。①

从孝文帝分定姓族诏来看，② 分定鲜卑姓族的标准有二：一是比附中原士籍而制定鲜卑"旧籍"，旧籍的依据在于是否"原出朔土，旧为部落大人"，制定鲜卑旧籍既是对鲜卑勋贵传统权益的尊重，又能够更好地获取汉人高门的认同；二是以皇始（拓跋珪称帝的第一个年号）以来的官爵为主要标准决定鲜卑人入姓入族，这样就体现了对北魏皇权至上的承认，官爵高下成为代人分定姓族的重要依据。由此，宗王的势力得到了极大的提高，并立即成为皇权潜在的威胁。孝文帝安排"六辅"时，排除了鲜卑勋贵，援引了汉人高门中毫无根基的王肃，虽然依旧倚重宗王，但是将贤能的元勰排除在六辅之外，将功劳卓著的元澄排在六辅之末，尽可能地避免皇权再次处于鲜卑贵族的包围之中。

宣武帝即位第二年就猜忌宗室，逼诸王归政，不久即着手处理分定鲜卑姓族的遗留问题。正始元年（504）十一月，罢郡中正，回归传统的鲜卑选官机制。《魏书·世宗纪》正始二年四月乙丑诏曰：

> 任贤明治，自昔通规，宣风赞务，实惟多士。而中正所铨，但存门第，吏部彝伦，仍不才举。遂使英德罕升，司务多滞，不精厥选，将何考陟？八座可审议往代贡士之方、擢贤之体，必令才学并申，资望兼致。③

宣武帝强调了"往代贡士之方、擢贤之体"的鲜卑传统，降低了姓族改革触动传统的意味，从而达到缓和姓族纠纷的目的。孝文帝分定姓族中主要强调皇始以来的官爵，而业已衰落的鲜卑勋贵是鲜卑中下层的重要组成部分，因而也是姓族辞讼的主要成员。宣武帝则使这部分人相信他们可以获得补偿：

---

① 参见陈爽《世家大族与北朝政治》，第18—29页。

② 参见《魏书》卷113《官氏志》，第3014—3015页；唐长孺《北魏孝文帝定姓族》，第80—81页。

③ 《魏书》卷8《世宗纪》，第198—199页。

　　　　先朝勋臣，或身罹谴黜，子孙沉滞；或宦途失次，有替旧流，因
　　而弗采，何以奖劝？言念前绩，情有亲疏，宗及庶族，祖曾功绩可纪
　　而无朝官，有官而才堪优引者，随才铨授。①

然而，迁都以来实行全盘汉化，鲜卑逐步融入中原文化系统，不得不崇尚
姓族。设置鲜卑四大中正，就是试图在已经确立的制度下，用和缓的手
段解决代人姓族问题。

　　鲜卑四大中正的设置，依然因循孝文帝时期分定姓族四官员的格局，
且都兼领"河南邑中正"，依旧由帝室和勋臣八姓共掌分定鲜卑姓族，两
人为拓跋宗室（元匡和元苌），另外两人是勋臣八姓（于忠和穆绍）。四
大中正的设置是为了处理分定姓族的遗留问题，主要是鲜卑中下层贵族的
姓族问题，因此宣武帝对四大中正的人员安排就没有孝文帝那么重视了，
这四人没有担任中军要职，地位较前为轻，其中于忠和元匡与高肇矛盾颇
深，② 可见宣武帝只是想在中正权责的范围内完成姓族的分定。因为陆睿
参与穆泰谋反，陆琇卷入咸阳王禧谋反，③ 陆氏家族在宣武一朝不再受到
重用。而在穆泰谋反案中，"唯（于）烈一宗，无所染预，高祖嘉其忠
操，益器重之"，④ 终宣武帝一朝，于氏因忠而成为勋臣八姓中在政治上
最为强势的家族，因而得以取代陆氏，成为四大中正之一。对皇帝的忠诚
成为入选四大中正的重要条件，文化素养反而被忽视。于忠因对宣武帝贞
固之诚而改名忠；元匡能仪形社稷，匡弼朕躬；穆绍曾侍学东宫，为太子
舍人；元苌在孝文帝迁都时以代尹留镇平城。于忠和元苌的文化修养并不
高。宣武帝称赞于忠说："当今学识有文者不少，但心直不如卿。"⑤ 元苌
甚至闺门无礼。

　　宣武帝铨量鲜卑姓族过程中最大的发展就是制定了"胡汉"高门所
对应的官爵序列，从而将胡汉贵族官僚整合在北魏政权体制之下，实现了

---

① 《魏书》卷 8《世宗纪》，第 199 页。

② 《魏书》卷 31《于忠传》，第 742 页；《魏书》卷 19 上《元匡传》，第 453 页。

③ 《魏书》卷 40《陆琇传》，第 905 页。

④ 《魏书》卷 31《于烈传》，第 738 页。

⑤ 《魏书》卷 31《于忠传》，第 742 页。

胡汉高门的合流。《魏书·世宗纪》载永平二年十二月诏曰：

> 五等诸侯，比无选式。其同姓者出身：公正六下，侯从六上，伯
> 从六下，子正七上，男正七下。异族出身：公从七上，侯从七下，伯
> 正八上，子正八下，男从八上。清修出身：公从八下，侯正九上，伯
> 正九下，子从九上，男从九下。可依此叙之。①

　　"五等诸侯选式"在制度上确立了鲜卑"同姓""异族"和汉人"清修"
所对应的官爵，虽然三种出身所对应的官爵高下差异颇大，但是从制度上
确立了统治集团内部利益分配的原则。当"诠量鲜卑姓族四大中正"和
汉人中正等解决了姓族辞讼，最终完成姓族分定后，就可以依照此式把鲜
卑贵族和汉人高门整合到北魏政权体制当中，把胡汉高门糅合成一个统治
阶级，此后鲜卑贵族和汉人高门之间的矛盾逐渐缓和。

　　宣武帝通过四大中正再一次分定鲜卑姓族，本质上是重复孝文帝的老
办法。姓族的评定意味着选官的资格，随着鲜卑贵族人口的增长，② 庶族
更加缺少仕进的机会，贵族官僚进一步排抑地方官僚和武人。然而北魏统
治者却仍旧期待分定姓族能解决这一问题。孝明帝正光元年（520）十二
月，罢诸州中正，郡县定姓族，③ 试图通过地方姓族的分定解决下层士人
铨选问题。当然，这并不能解决北魏王朝由其他因素造成的社会深刻分裂
的问题。

（原刊《文史》2008 年第 2 辑）

---

　　① 《魏书》卷 8《世宗纪》，第 209 页。

　　② 鲜卑有早婚习俗，迫切希望繁殖"国人"，特别是帝族。参见周一良《魏晋南北朝史札
记》晚有子条，第 310—311 页；严耀中《北魏前期政治制度》，吉林教育出版社 1990 年版，第
15—16 页。景穆帝以后，宗室人数激增，无疑对选官产生了极大的压力。

　　③ 《魏书》卷 113《官氏志》，第 3004 页。

北魏罗宗夫妇墓志考释

罗宗墓志是迄今所见的第一方北魏鲜卑罗氏墓志，与其妻陆蕤蔾墓志同于 2004 年秋在河南省洛阳市孟津县北邙山同冢出土，旋归洛阳张氏。罗宗墓志共 30 行，满行 22 字，长 58 厘米，宽 79.5 厘米；陆蕤蔾墓志共22 行，满行 24 字，长 51 厘米，宽 51 厘米。两方墓志拓片均刊于《河洛墓刻拾零》。① 罗宗夫妇虽不见于正史，但因特殊的家世背景涉及北魏孝文、宣武两朝诸多重大史事，两方墓志透露出相当丰富的历史信息。通过对小人物仕途坎坷的索隐钩沉，有助于我们加深对北魏中期政局走势的认识。今移录墓志文字，试加标点，并略作考释于后。

> 魏故持节辅国将军洛州刺史赵郡武公罗使君墓志铭
> 君讳宗，字绍祖，河南洛阳人也。其先盖罗伯之裔也，本居/南郡，违难北移，建家恒代，洎君数叶矣。自皇魏开篆，弈世/股肱，虽复南荆斗室，北晋范门，贶德比隆，未之逮也。曾祖/斤，侍中、羽真、四部尚书，迁为散骑常侍、使持节、征西大将/军、雍州刺史、仪同三司、带方公，谥曰康公。拥旄旧秦，化清/陆海。祖拔，散骑常侍、殿中尚书，迁为安西大将军、吏部尚/书、赵郡王，追赠使持节、镇南大将军、定州刺史，谥曰靖王。/显综端序，静洁衡流。父德，散骑常侍、赵郡王。业境渊深，式/登近侍，韶风炜盛，粹道融高，固已焌烂时谈，郁映史传者/也。君弘敏有节操，机亮淹雅，赏

---

① 赵君平、赵文成：《河洛墓刻拾零》上册，北京图书馆出版社 2007 年版，第 26、36 页。

识过人，容貌开朗，标镜伦/辈。年八，丁父忧，虽在幼冲而毁逾成疾。以第居元嫡，克纂/家绪，钦尚坟典，爱好武术，专襟书剑，世事摈情。是以缙绅/君子仰清辉而结心，任侠豪流顾雄飙而踊愿。正始二年，/朝廷厝算，修理淮疆。君时为统军，加建节将军，总御威徒，/南征宿预。方略神飙，智勇灵扇。士卒愤狗，恃其温诚，敌人/惊骇，怖其猛震，长戈蹔举，滔焉冰裂。永平四年五月四日/以功进拜宁朔将军、员外散骑常侍。胜履弥峻，嘉誉日丰，/而景福未延，业善乖应，年卅有三，以神龟元年九月廿日/遘疾薨于官。君意气方正，举动闲详，器宇澄明，陵迈今古，/虽据累耀之资，恒以冲损会物。方当游戏天池，往来云汉，/羽翮始具，未及飞翔，声存体没，呜呼哀哉！追赠持节、辅国/将军、洛州刺史，谥曰武公，礼也。以二年十一月廿七日窆/于邙山。敬写芳烈，镌美泉宫，其铭曰：/

郁彼若人，道华风爽。宝岸巉岩，琼流浩瀁。比汉凝深，襄云/现象。杳杳玄衿，亭亭妙赏。彩艳内明，文光外朗。挺萼横翻，/抽英直上。三恕克融，五仪告昶。貂珥分辉，衡璜共响。灵峰/一坠，众山安仰。诞戒名景，龟策献从。桂蠹光备，荒帱数重。/参茗具物，妙尽仪容。空山寂漠，林迳裁通。悲霜藻地，哀风/命松。方怨寒暑之无异，昏曙之永同。

魏故辅国将军洛州刺史赵郡公罗宗之夫人故陆氏墓志铭

夫人讳蕨藜，侍中、散骑常侍、选部尚书、太保、建安王受洛敌之/孙。祠部尚书、金紫光禄大夫、太常卿、领北海王师、太子左詹事、/司州大中正、建安公琇之第二女。其源流焕晒，备乎典册，不复/详也。夫人天禀淑灵，柔婉为性。允慧昭凝，著声乎载弄之年；伦/功等义，流美乎未笄之岁。四德夙成，七行早立，贞懿非王雎堪/拟，宽仁岂流淇能况！年十四，作嫔乎故辅国将军、洛州刺史赵/郡公罗宗。祇事慈姑，辑理阴教，夙夜密勿，终始无愆。故能使美/风洋乎远迩，妇训著乎神邑。暨慈姑薨背，赵郡祖殒，抚教藐孤，/负荷承重，内釐阴政，外睦姻亲，理物必尽其诚，推心不违其恕，/惕惕如穆穆如也。夫人深体空有，妙通法理，投心十善，归缘八/政，鼎礼恭虔，未曾暂舍。冀亨难老，以光至信，而旻天不吊，滥祸/荐臻，遘厉未几，大渐惟棘。永安三年岁次庚戌八月甲辰朔十/五日戊午薨乎洛阳修民里，时年五十六。粤普泰元年三月辛/未朔三日癸酉启赵郡公之墓而合葬焉。乃镌铭以志之，其词/曰：/

长源濬壑，崇岭极峰，吐灵毓圣，载王载公。联萼袭衮，保衡相重，/如月斯恒，如茂斯松。诞载伊夫，天禀神淑，通慧凝湛，允兹道懋。/镜昭八水，归心十六，推情恕物，诺不由宿。七德既融，四行斯备，/黄鸟集灌，施乎忠懿。四牡百两，沃弱六辔，曷不肃邕，桃李焉寄。/泉堂洞启，庭列素旗，玄扃将奄，凄断行飞。沉芳有日，宝出无期，/陵谷惧迁，镌石记之。

一 姓名汉化与改降五等

鲜卑罗氏由叱罗氏改来。① 《魏书·罗结传》载："其先世领部落，为国附臣"，② 罗结子斤、孙拔，即罗宗的曾祖和祖父，与墓志记载相合。《孝文帝吊比干文》载有叱罗吐盖，③ 即《魏书》所载之罗盖；④ 又元俨墓志载其夫人叱罗氏，⑤ 即《魏书》所载罗伊利之女。⑥ 罗宗祖先为代人，今所能见到的碑志称其族人为"叱罗氏"，可知罗宗姓氏是在孝文帝定姓族后由叱罗氏改来。然而，罗宗墓志却伪托华夏先祖，称"其先盖罗伯之裔也，本居南郡，违难北移，建家恒代"。一般认为，汉姓罗氏源流为，由祝融至妘，妘姓后受封罗国，初封宜城，后徙枝江，再徙罗县，为罗子国，以国为姓。⑦ 宜城、枝江即属南郡。冒袭中原姓氏，这主要是因

---

① 《魏书》卷 113《官氏志》，中华书局 1974 年版，第 3007 页。

② 《魏书》卷 44《罗结传》，第 987 页。

③ （清）王昶：《金石萃编》卷 27《孝文帝弔比干文》，刊新文丰出版公司编辑部编《石刻史料新编》第 1 辑，新文丰出版公司 1977 年版，第 477—481 页。

④ 《魏书》卷 44《罗结传附》，第 989 页。

⑤ 赵超：《汉魏南北朝墓志汇编》，天津古籍出版社 1992 年版，第 60 页。

⑥ 《魏书》卷 44《罗伊利传》，第 988 页。

⑦ 参见（宋）郑樵著，王树民点校《通志二十略·氏族略》，中华书局 1995 年版，第 62 页。

为北魏孝文帝分定姓族后，鲜卑汉化成为历史潮流，追认汉姓源流成为北魏中后期撰写墓志的普遍现象。鲜卑陆氏由步六孤氏改来。① 步六孤氏改陆氏时间很早，作于太和十八年（494）的《孝文帝吊比干文》中，鲜卑勋贵只有步六孤氏著姓陆氏。这可能与墓志所载陆蒺藜之父司州大中正陆琇负责分定姓族有关。②

陆蒺藜墓志载其祖父名为"受洛敏"，陆顺华墓志作"受洛跋"，元固附妻陆氏墓志作"拔"，③《魏书》本传单称"敏"。受洛敏为鲜卑名，太和汉化后，对于北魏前期鲜卑人名常取其鲜卑名官称后常见美名字节作为汉字雅名，④ "敏""跋"和"拔"即鲜卑常用美名字节"bäg"的不同音译。罗宗墓志载其曾祖名"斤"（gin），祖"拔"（bäg），也是如此。而罗宗夫妇及其父罗德、陆琇正值太和汉化前后，当是直取汉名。

罗宗墓志载其祖（罗拔）、父（罗德）为赵郡王，罗宗为赵郡公，而《魏书》记载罗拔改封赵郡王，后例降为公。⑤ 孝文帝下诏改降五等在太和十六年（492），"制诸远属非太祖子孙及异姓为王，皆降为公，公为侯，侯为伯，子男仍旧，皆除将军之号"。⑥ 按墓志罗宗以神龟元年（518）薨，年四十三；年八时丁父忧，可知其父罗德在太和七年去世，此时离太和十六年的改降五等还有9年，故罗德尚不存在由赵郡王例降为赵郡公。罗宗卒于神龟元年，去改降五等已经20年，已例降为赵郡公。墓志称其祖、父为赵郡王，罗宗为赵郡公皆符合史实。而《魏书》称罗拔"后例降为公"，当理解为非指本身，而是至孙辈罗宗时才改降为公。由此可见，异姓王改降五等得到了严格的执行。

---

① 《魏书》卷113《官氏志》，第3007页。

② 详见本书《鲜卑四大中正与分定姓族》一文。

③ 赵超：《汉魏南北朝墓志汇编》，第375—376、211—212页。

④ 蒙罗新先生教示。又参见周一良《魏晋南北朝史札记》"赐名"条，中华书局1985年版，第338—340页；何德章《北朝鲜卑族人名的汉化——读北朝碑札记之一》，载武汉大学历史系魏晋南北朝隋唐史研究室编《魏晋南北朝隋唐史资料》第14辑，武汉大学出版社1996年版，第42页。

⑤ 《魏书》卷44《罗拔传》，第988页。

⑥ 《魏书》卷7《高祖纪》，第169页。

二　家世与婚宦

罗宗家族是鲜卑较为显赫的宦族。其高祖罗结，《魏书》有传而墓志不载。依古代四庙之制，应当追溯到高祖，但在北魏鲜卑勋臣墓志中，一般只追溯至曾祖，① 这可能与孝文帝分定姓族依当代官爵有关，所谓"自皇始以来的三世官"即指考、祖和曾祖三世，从而影响墓志书写体例。其曾祖罗斤的官爵和谥号，墓志所载与《魏书》相抵牾，如墓志之"羽真"，《魏书》省去；墓志之"征西大将军"，《魏书》记"赠本将军（平西将军）"；谥号墓志曰"康"，《魏书》曰"静"。② 其祖罗拔的官爵和谥号，志文所载与史也不合，墓志之"赠镇南大将军"，《魏书》作"赠宁东将军"；谥号墓志作"靖"，而《魏书》作"康"。③ 这应从墓志，以志订史。首先，一般而言，赠官不应低于本官，《魏书》记载罗拔已除征西将军了，卒后却赠品级较低的宁东将军，不合惯例。其次，墓志记载罗斤、罗拔的谥号同《魏书》所载恰好相反。由于墓志所作时代较近，当从墓志改。其父罗德为罗拔世子而袭爵赵郡王，墓志称其"史传者也"，然而罗德这一支系不见于《魏书》，《魏书》却记载了罗拔的另一支"罗道生—罗延"，④ 考其职官与生活年代与罗宗墓志记载相去甚远，不可能是罗德、罗宗父子。又陆蒺藜墓志载其"抚教藐孤"，可知罗宗尚留有子嗣，只是名讳已不可考。

陆蒺藜乃鲜卑勋臣八姓之一陆氏之后。陆氏远祖世领部落。自陆突随拓跋珪征伐开始发迹。陆突子陆俟历太宗、世祖、高宗三朝，以军功至显位，以子陆丽有册立之勋，拜征西将军，进爵东平王。陆俟子孙受洛馛和陆琇的官爵，墓志所载与《魏书》记载无异。志文称陆蒺藜是陆琇第二女，薨于永安三年（530），时年五十六，其生卒年为475—530年。陆琇之女可考者还有二人：按元固墓志，元固妻陆氏初次生育年在517年，此

---

① 迄今所见北魏墓志中，只有穆纂墓志明确记载有高祖，但此墓志很可能造假，因其铭辞与元端墓志完全相同。参见赵超《汉魏南北朝墓志汇编》，第121—122、233—235 页。

② 《魏书》卷44《罗斤传》，第988 页。

③ 《魏书》卷44《罗拔传》，第988 页。

④ 《魏书》卷44《罗结传附》，第988—989 页。

时陆蒺藜已经 42 岁，年龄当大于元固妻陆氏；又陆顺华墓志载其生卒年为 489—547 年，也是陆蒺藜的妹妹。而陆蒺藜之姊却不可考。《魏书》载陆蒺藜有兄弟陆景祚。①

据史志记载，与罗氏联姻的有北魏皇室。元宝建墓志载孝文帝妃河南罗氏，清河王怿妻河南罗氏。② 元伴墓志载罗伊利女叱罗氏为元伴妻。《魏书》载罗提妻赫连氏，罗鉴为孝静帝外戚。罗宗夫妇墓志说明罗氏与鲜卑勋臣陆姓也有联姻。陆氏的通婚情况则更为复杂。陆琇以上的婚姻并不讲究，如陆馛妻赫连氏；陆丽妻张氏为宫人，杜氏不明郡望。自陆琇以下，既与皇室通婚，如陆琇女嫁给元固，元懿公之元子妻陆孟晖；③ 陆昕之娶献文帝女长衫公主，陆子彰妻咸阳王禧女；又与北方世家大族联姻，如陆定国妻为范阳卢氏和河东柳氏；还与鲜卑罗氏有婚姻关系。

三　志主生平与书写隐晦

罗宗墓志载其"年卅有三，以神龟元年九月廿日遘疾薨于官"，生卒年为 476—518 年。陆蒺藜生卒年为 475—530 年。可见，陆蒺藜比罗宗大 1 岁。按陆蒺藜墓志，陆蒺藜 14 岁就嫁给罗宗，此时罗宗仅 13 岁，这可能与罗宗年少失怙有关，志文称其"年八，丁父忧"。

志文记载罗宗任官在正始二年（505），为统军加建节将军南征宿预。此时罗宗已经 30 岁，作为宦族后代理应起家较早，而墓志中没有记载罗宗此前所任官职，却称其"专襟书剑，世事摈情"，果真如此耶？罗宗岳父陆琇为司州大中正，并在太和十九年成为分定姓族的主持者之一，④ 世宦之后罗宗不可能不早做官，其官位不可能不显，其中必有隐晦。考诸史籍，梁武帝于天监四年（505）冬十月发起北伐，⑤ 六个月后，正始三年夏四月宣武帝才开始调遣军队对抗。⑥ 为何墓志称罗宗在正始二年就已经

① 《魏书》卷 40《陆琇传》，第 905 页。
② 赵超：《汉魏南北朝墓志汇编》，第 340—342 页。
③ 赵超：《汉魏南北朝墓志汇编》，第 271—272 页。
④ 详见本书《鲜卑四大中正与分定姓族》一文。
⑤ 《梁书》卷 2《武帝纪中》，中华书局 1973 年版，第 42 页。
⑥ 《魏书》卷 8《世宗纪》，第 202—203 页。

为统军加建节将军南征了呢？这其中隐含因陆琇获罪，罗宗受牵连之史事。陆琇在景明二年（501），因卷入咸阳王禧谋反事件而被治罪，"廷尉少卿崔振穷治罪状，按琇大逆，陆宗大小，咸见收捕"，[①] 在这次事件中，陆希道就受牵连而徙于辽东。[②] 直至正始二年六月，宣武帝为了缓和姓族纠纷的压力，下诏身罹遣黜勋臣之沉滞子孙，言念前绩，情有亲疏，随才铨受。[③] 罗宗、陆希道等才得以宽宥，重新任官，这时距其免官已经整整四年。由此可见，罗宗因其岳丈陆琇获罪而遭免官，重新任官也主要在于宣武帝的放免，而不是在正始二年直接起家为统军加建节将军。

对于北魏与梁争夺宿预，史书记载较详。正始三年五月梁军攻陷宿预，六月北魏宣武帝诏尚书邢峦出讨，并于九月夺回了宿预。[④] 罗宗南征时间当在正始三年六月，且可能就在邢峦军中。梁军溃败后，魏军统帅在军事战略上出现了分歧，元英主张进围钟离，而邢峦反对进军，宣武帝命萧宝寅取代邢峦，与元英同围钟离。至正始四年四月，钟离之战以北魏失败而告终。罗宗此时当仍在南征军中，并受到了战败的处分，理由有三。首先，墓志称永平四年五月四日罗宗以功进拜宁朔将军、员外散骑常侍。按《魏书·官氏志》，宁朔将军为从第四品，而建节将军为第四品。[⑤] 宁朔将军比建节将军低两阶，不存在由建节将军再"以功进拜"宁朔将军之理。其次，《魏书·世宗纪》载：正始四年九月己未，诏百官悉进位一级，[⑥] 如果罗宗此时不在南征军中而在他处任官，当进位一级，不存在不升反降的道理。再次，永平三年（510）立于泾州的《南石窟寺碑》碑阴题名有"爱得令⬚司⬚ 郡⬚罗宗"，[⑦] 此罗宗与志主罗宗是不是同一人呢？这时罗宗35岁，正是钟离之战失败后的第四年，以功进拜宁朔将军的前一

---

① 《魏书》卷40《陆琇传》，第905页。

② 《魏书》卷40《陆希道传》，第914页。

③ 《魏书》卷8《世宗纪》，第199页。

④ 《魏书》卷8《世宗纪》，第202—203页。

⑤ 《魏书》卷113《官氏志》，第2996—2997页。

⑥ 《魏书》卷8《世宗纪》，第204页。

⑦ 《南石窟寺碑》碑阴录文，参见甘肃省博物馆《甘肃泾川南石窟调查报告》，《考古》1983年第10期；张维《陇右金石录》录文作"□德令□部罗宗"，刊新文丰出版公司编辑部编《石刻史料新编》第1辑，第15970页；秦明智《北魏泾州二碑考》，《西北史地》1984年第3期。

年。在这期间，罗宗很有可能因战败降职而远赴泾州。值得留意的是，罗宗妻的兄弟陆希道也有相似的经历，同样因陆琇事免官，再随元英南征，以功赐爵淮阳男，后转平西将军，泾州刺史，① 今存墓志盖铭有"魏故泾州刺史淮阳男陆使君墓志之铭"。② 鉴于碑铭和墓志所载的年代和事迹惊人地相符，《南石窟寺碑》题名之罗宗与墓志罗宗极有可能就是同一人。直到永平四年十二月，宣武帝下诏实施三载考绩，③ 罗宗才以功进拜宁朔将军、员外散骑常侍。从墓志记载来看，这次考绩似乎在五月就已经进行了。志文称罗宗遘疾薨于官，隐晦其去世的地点，或许与罗宗仍在边州莅职有关。

四　其他

罗宗墓志记其曾祖斤有"羽真"一职，而《魏书》本传省去。"羽真"何指？至今未有定谳。④ 值得注意的是，墓志所载之羽真，《魏书》往往省略。按诸碑刻墓志，羽真一般与汉官色彩的内朝官同列；而《魏书》省略了羽真，却往往对北魏前期勋贵加有"侍中""散骑常侍""某尚书"等，羽真职掌似与这些内朝官有联系。墓志称罗宗钦尚坟典，爱好武术，专襟书剑，世事摈情，结心缙绅君子，交好任侠豪流。这反映了在北魏孝文帝改革前后，在很多鲜卑人身上既继承了彪悍的胡风，同时向慕汉化，学习中原先进文化。

陆蒺藜墓志称其卒于洛阳修民里，修民里还见于北魏和邃墓志，⑤ 修民里是赵郡公宅第之所在。罗宗墓志载其窆于芒山，陆蒺藜墓志载启赵

---

① 《魏书》卷40《陆希道传》，第914页。

② 赵万里：《汉魏南北朝墓志集释》，刊新文丰出版公司编辑部编《石刻史料新编》第3辑，新丰文出版公司1986年版，第136页，图版238；赵超：《汉魏南北朝墓志汇编》，第506页。

③ 《魏书》卷8《世宗纪》，第211页。

④ 周一良：《领民酋长与六州都督》，《魏晋南北朝史论集》，中华书局1963年版，第177—198页；严耀中：《北魏前期政治制度》，吉林教育出版社1990年版，第50—76页；饶宗颐：《北魏冯熙与敦煌写经——魏太和写〈杂阿毗昙县心经〉跋》，《饶宗颐史学论著选》，上海古籍出版社1993年版，第481—490页；〔日〕松下宪一：『北魏胡族体制论』，北海道大学大学院文学研究科研究丛书刊行2007年版，第66—72页。

⑤ 赵超：《汉魏南北朝墓志汇编》，第210页。

郡公之墓而合葬，可知罗陆合冢于洛阳之北邙山。此外，墓志较为常见的突出女性信佛的事迹，对儒佛道经典典故的引用，以及墓志书写的体例等，在这两方墓志中也都得到了鲜明的体现，这些都值得作进一步综合研究。

（原刊《出土文献研究》第 9 辑，中华书局 2010 年版）

吐鲁番文书《秀才对策文》
与西凉立国之策

西凉建初四年（408）《秀才对策文》，于 1975 年在新疆吐鲁番哈拉和卓 91 号墓出土。这是研究西凉李暠统治时期策试制度、政治思想的珍贵材料，受到学界的关注。陆庆夫、李步嘉、大西康裕和关尾史郎先生对其内容进行了全面的考释，并结合策试、察举制度和"官吏登用法"等进行了深入探讨。① 学界普遍认为，西凉《秀才对策文》以经义为中心，"不甚关涉时事方略"，② "很像是那种刻板正规的经史知识考试"。③ 诚然，从其答题内容来看，这似乎是一次"务虚"的策试，但是，正如大西康裕和关尾史郎先生所指出的，我们仍有必要联系西凉当时的状况，探讨策题背后李暠的意图。④ 联系李暠的治国思想、建初四年西凉政局以及西凉覆亡的教训来看，这次策试与西凉立国之策存在若隐若现的关系，今尝试对此加以申论。

① 陆庆夫：《吐鲁番出土西凉〈秀才对策文〉考略——兼论汉晋隋唐时期策试制度的传承》，《敦煌学辑刊》1989 年第 1 期；李步嘉：《一份研究西凉文化的珍贵资料——建初四年秀才对策文书考释》，《武汉大学学报》（社会科学版）1990 年第 6 期；［日］大西康裕、关尾史郎：「「西凉建初四年秀才对策文」に关する一考察」，载新潟大学东アジア学会编『东アジア——历史と文化』第 4 号，1995 年，第 1—20 页。

② 陆庆夫：《吐鲁番出土西凉〈秀才对策文〉考略——兼论汉晋隋唐时期策试制度的传承》，《敦煌学辑刊》1989 年第 1 期。

③ 阎步克：《南齐秀才策题中之法家论调考析》，《北京大学学报》（哲学社会科学版）1997 年第 2 期。

④ ［日］大西康裕、关尾史郎：「「西凉建初四年秀才对策文」に关する一考察」，第 14 页。

一 儒、玄并立的对策

为了方便讨论，兹将"西凉建初四年秀才对策文"的释文移录如下。①

1. 北为称日之所□□

2. 又问：昔智伯围□□

3. 不没者三板，然后□□

4. □□丈，水深□□ （75TKM91：11/1）

5. □□几日，计三板六□□

6. □□本文辩析正义□□

7. □□二月卅日 （一）

8. □□稽首言：臣器非□□

9. □□终、贾而登荣显，□□

10. □□顿首顿□□

11. □□伏惟殿下，□□□

12. □□□退方□□ （75TKM91：11/2）

注释

（一）以上是策问，以下是□谘、马骘、张弘三人的对策。"二月"上缺字，据下对策在建初四年正月一日，策问当是三年十二月卅日。

13. □□之运□级更□□

14 ．□□矜，莫不向化。今治道□□

15.□臣常愚所能仰答。臣谘诚惶诚□□，

---

① 释文及图版见国家文物局古文献研究室、新疆维吾尔自治区博物馆、武汉大学历史系编《吐鲁番出土文书》第1册，文物出版社1981年版，图3、第113—119页；唐长孺主编《吐鲁番出土文书〔壹〕》，文物出版社1992年版，第56—60页。

16. 死罪死罪。

17. 建初四年正月戊申（二）朔一日戊申□

18. 臣谘言：臣闻往古敦璞（朴），民无企尚，内足而已。内

19. 足则有余，有余则安，所谓不严而治。后世华

20. 丽，矫情外饰，外饰则悕慕，悕慕则生不足，生不

21. 足则奸兴，奸兴则以法治之，犹有不理，远真性故

22. 也。臣谘言。

23. 臣谘言：臣闻三后之兴，实由内主，三帝之亡，

24. 祸生妃妇。故曰："刑于寡妻，以御乎家邦。"诸

25. 侯曰《风》，天子曰《雅》，以后妃之美，贯乎《风》首，王者

26. 成功，列于《雅》《颂》。臣谘言。

27. 臣谘言：臣闻岁首廿八宿，各□居止。日有四道，

28. 四时异行。星▭所。冬夏南北，理（75TKM91：11/3）

注释

（二）戊申：据《二十史朔闰表》载，建初四年正月朔为丙申，与此不符，有待进一步研究。

29. ▭时运转□▭

30. ▭臣谘言。

31. □谘言：臣闻仓颉为黄帝大夫，观鸟▭

32. □字。后圣推类增广，为左右形声。犹文王□□

33. 八卦，孔子之著《系辞》，秦始之作草书，此其□

34. 也。臣谘言。

35. 臣谘言：臣闻智伯之围晋阳，城不没者三

36. 板。臣以为〇下之三板，不谓上之三板也。岂以一时

37. 之〇水逮上之三板而可居其中，未其然矣。

38. 《春秋》之所以书此者，美襄子之恩可感，讥

39. 智伯之无德。臣愚谓：为水深九尺，城高五丈，（75TKM91：11/4）

40. 臣谘言。

41. 凉州秀才粪土臣马骘〇稽首言：臣以疏陋，才非

42. 翘颖，洪泽涛奖，谬忝过分，用非腾跃，超登

43. ▢窃贾（价）瑚琏，仰祇灵命，俯以愧

44. ▢首顿首，死罪死罪。伏惟殿下应期

45. 命世，绍踪前圣，玄韵遐茏，采错他山，岂臣

46. 管窥所宜对扬。仰缘神策，冒陈所闻。臣

47. 骘诚惶诚恐，顿首，死罪死罪。

48. 　　建初四年正月戊申朔一日戊申上

49. 臣骘言：臣闻上古之时，人性纯璞（朴），未生争心，天

50. 下大和，故结绳而治。神农种谷，轩辕造制，示民德

51. 礼，遂生华薄。□至三代，质文损益，时移世变，淳

52. 风乃弊，故《老□》□："□ 圣 弃 □，□利百倍。"隆平之

53. 基，以道 为 本。臣骘言。

54. □□言：夫关雎之鸟，挚（鸷）而有别。故喻▢ （75TKM91：
11/5）

55. □有巢，维鸠居之，以喻夫人配德行化。外□□

56. 体，妇人阴道，化之所难。故云夫妇正则王化□。

57. 文王之教，自近及远，是以为化之首。臣骘言。

58. 臣骘言：臣以为仓颉观鸟迹以立文字，圣人通

59. 玄，示有所因。后世变易，故有鸟篆、草隶六体

60. 之形。诸如此比，触类而异，其源难究。臣骘言。

61. 臣骘言：夫日行经廿八宿，冬处虚、危，故称北陆，夏

62. 处井、鬼，故称南陆。当以七宿为位，不以所见为正。

63. 日随天旋，行有常则。臣诚肤浅，窃谓为然。臣骘言。

64. 臣骘言：晋阳、赵武之封邑，武为政（正）卿，厚而牢之，

65. 是以水灌不下，亦由智伯氏贪愎，士无死志。而言

66. 不没三板者，盖美襄子，称过其实也。臣骘言。

67. 护羌校尉秀才粪土臣张弘〇 稽 ▢

68. 鄙，才非时求，错影华林，欢惧相半。臣 ▢

69. 死罪死罪。伏惟殿下，诞钟符运，拯济 ▢

70. 询及刍 荛 ▢ （75TKM91：11/6）

　　西凉建初四年的策题（行1—7）残损严重，不过，从臣谘、马骘的对策来看，这次策试秀才共有五道试题，分别涉及：古今异治、夫妇之道、文字演化、天文历法、历史成败。臣谘、马骘从不同的角度进行答策，其引据及论调分别具有儒、玄学思想色彩。

　　首先来看臣谘具有儒家论调的对策。在"古今异治"的策试中，臣谘认为，往古敦朴而有余，后世华丽而不足。他推崇《孝经》主张的"其政不严而治"，① 认识到"以法治之，犹有不理"。这实际上是主张以儒治国，指出法治有所欠缺。关于"夫妇之道"的策试，臣谘引《诗经》"刑于寡妻，至于兄弟，以御于家邦"为说，② 指出"诸侯曰《风》，天子曰《雅》，以后妃之美，贯乎《风》首，王者成功，列于《雅》《颂》"。在回答"文字演化"时，臣谘引《周易》及《系辞》为证，认为文字的演化"犹文王□□八卦，孔子之著《系辞》"。至于智伯引水灌城却反为赵襄子所败的历史故事，臣谘的意见是"《春秋》之所以书此者，美襄子之恩可感，讥智伯之无德"，根据《春秋》的历史书写，从德治的角度加以论说。

　　与臣谘的儒家论调不同，马骘主要站在玄学思想的立场进行策论。马骘首先赞颂李暠"玄韵遐笼"。对于"古今异治"，马骘认为儒家的"德礼"治民，"遂生华薄"，败坏了敦厚古朴的风俗。他引老子《道德经》"绝圣弃智，民利百倍"为说，③ 认为"隆平之基，以道为本"，主张无

　　① （东汉）郑玄注：《孝经》卷3《三才章》、卷5《圣治章》，（东汉）郑玄等注《十三经古注》第9册，中华书局2014年版，第1931、1935页。

　　② （东汉）郑玄笺：《毛诗》卷16《大雅·文王之什·旱麓》，（东汉）郑玄等注《十三经古注》第2册，第287页。

　　③ 朱谦之撰：《老子校释·道经十九章》，中华书局1984年版，第74页。

为而治。关于"夫妇之道",马骘虽然也引述《诗经》,如"□□(维鹊)有巢。维鸠居之",① 但是,马骘推崇的是"文王之教",即所谓"夫妇正则王化□(行)","自近及远,是以为化之首"。玄学以《老子》《庄子》《周易》为"三玄",故"(周)文王之教"备受重视。至于"文字演化",马骘认为文字的创立的原因是"圣人通玄",无疑也是持玄学论调。再来看"历史成败"的对策,马骘并不认可儒家的历史书写,而是指出史籍所记的"不没三板",不过是对赵襄子的溢美,"称过其实"。正如《庄子·人间世》所载:

> (孔)丘请复以所闻:凡交近则必相靡以信,远则必忠之以言,言必或传之。夫传两喜两怒之言,天下之难者也。夫两喜必多溢美之言,两怒必多溢恶之言。凡溢之类妄,妄则其信之也莫,莫则传言者殃。故《法言》曰:"传其常情,无传其溢言,则几乎全。"②

庄子认为儒家"言过其实"是其常见的现象。马骘称"(《春秋》)言不没三板者,盖美襄子,称过其实也",与庄子的论调何其相似!

总的看来,臣谘对策多引《孝经》《诗经》《周易·系辞》《春秋》类儒家经典,阐述儒家的治国、齐家及对待历史的理念。马骘策论则多引《老子》《周易》等道家典籍为说,弥漫着玄学的论调。西凉策试过程中儒、玄思想并立,不仅是魏晋以来官方坚持以儒学思想为主导、而玄学受到普遍崇尚的反映,也是建初四年前后西凉统治者并综儒学、玄学思想的结果。

二 李暠儒、玄并综的治国理念

臣谘、马骘的对策,首先皆恭维地提到"伏惟殿下""伏惟殿下应期命世,绍踪前圣,玄韵遐笼,采错他山,岂臣管窥所宜对扬"。"殿下"乃对国主李暠的尊称,这表明李暠亲自参与了策试。凉州秀才马骘在李暠

---

① (东汉)郑玄笺:《毛诗》卷1《国风·召南·鹊巢》,(东汉)郑玄等注《十三经古注》第2册,第171页。

② (清)郭庆藩撰:《庄子集释》卷2中《内篇·人间世》,中华书局1961年版,第157页。

亲策时宣扬玄学思想，说明该思想在西凉治国理政中应发挥着作用。从史籍的相关记载来看，西凉儒、玄学思想并存，受到统治者的重视，与李暠出儒入玄的思想历程有着直接的关系。

李暠"少而好学……通涉经史，尤善文义"，① 从小就受到了良好的经学教育。西凉建国后，李暠以儒治国，大兴儒学教育：

> 仍于南门外临水起堂，名曰靖恭之堂，以议朝政，阅武事。图赞自古圣帝明王、忠臣孝子、烈士贞女，玄盛亲为序颂，以明鉴戒之义，当时文武群僚亦皆图焉。有白雀翔于靖恭堂，玄盛观之大悦。
>
> 又立泮宫，增高门学生五百人。起嘉纳堂于后园，以图赞所志。②

李暠不仅起"靖恭之堂"，图赞"自古圣帝明王、忠臣孝子、烈士贞女，玄盛亲为序颂，以明鉴戒之义"，鼓励臣民忠孝贞烈，而且设立大学机构"泮宫，增高门学生五百人"，培养儒学人才。《十六国春秋辑补》将两事分别系于壬寅三年（402）正月和甲辰五年（404）正月，③ 可见李暠在立国之初对儒学的重视程度。

李暠建国最重要的谋臣、同母弟宋繇也博通经史，雅好儒学，"虽在兵难之间，讲诵不废，每闻儒士在门，常倒屣出迎，停寝政事，引谈经籍。尤明断决，时事亦无滞也"。④ 李暠临终前，将军国事宜托付于宋繇，称"世子犹卿子也，善相辅导"，"军国之宜，委之于卿"。⑤ 由此可见李暠对股肱儒臣宋繇的重视。

西凉是汉人建立的政权，李暠又重视儒学，这对于汉人有很大的号召力。北凉重臣梁中庸转投李暠，担任西凉主簿。⑥ 李暠也曾说："自张掖

---

① 《晋书》卷87《凉武昭王李玄盛传》，中华书局1974年版，第2257页。

② 《晋书》卷87《凉武昭王李玄盛传》，第2259页。

③ 西凉史事系年参见（清）汤球辑《十六国春秋辑补》，刊刘晓东等点校《二十五别史》，齐鲁书社2000年版，第630页。下同，不另出注。

④ 《魏书》卷52《宋繇传》，中华书局1974年版，第1152—1153页。

⑤ 《晋书》卷87《凉武昭王李玄盛传》，第2267页。

⑥ 《晋书》卷129《沮渠蒙逊载记》载："（段）业僭称凉王，以蒙逊为尚书左丞，梁中庸为右丞"，第3190页；《晋书》卷87《凉武昭王李玄盛传》，第2267页。

已东，晋之遗黎虽为戎虏所制，至于向义思风，过于殷人之望西伯。"①
李暠以儒立国对于东方少数民族治下的汉人颇具吸引力。

李暠治国思想前期以儒学为主，后来逐渐重视玄学思想。建初元年
（405），李暠遣使东晋上表云：

> 今天台邈远，正朔未加，发号施令，无以纪数，辄年冠建初，以
> 崇国宪。冀杖宠灵，全制一方，使义诚著于所天，玄风扇于九壤，殉
> 命灰身，陨越慷慨。②

"玄风"，即天子清静无为的教化。《文选·庾亮〈让中书令表〉》："遂阶
亲宠，累忝非服，弱冠濯缨，沐浴玄风。"吕延济注："玄风，道教言……
沐浴天子道教。"③ 所谓"使义诚著于所天，玄风扇于九壤"，即西凉对东
晋忠义款诚，使东晋皇帝清静无为的教化传达到西凉乃至九州。

建初九年（413），李暠还训励诸子博采儒、玄，以维城卫国。他告
诫诸子：

> 览诸葛亮训励，应璩奏谏，寻其终始，周、孔之教尽在中矣。为
> 国足以致安，立身足以成名，质略易通，寓目则了，虽言发往人，道
> 师于此。且经史道德如采菽中原，勤之者则功多，汝等可不勉哉！④

即为国、立身应遵循"周（公）、孔（子）之教"，以儒学为本；同时也
应博采"经史（儒）道德（玄）"，洞达儒玄。

改元建初后，李暠治国理政并综儒、玄，与西凉的政局的变化有着紧
密的关系。李暠本是一介儒生，在西凉立国之初，他起明堂，立泮宫，招
揽儒士，德抚境内，称藩于晋，朝贡于北魏，推行以儒治国，期待能够

① 《晋书》卷 87《凉武昭王李玄盛传》，第 2261 页。

② 《晋书》卷 87《凉武昭王李玄盛传》，第 2261 页。

③ （南朝梁）萧统编，（唐）李善等注：《六臣注文选》卷 38《庾亮〈让中书令表〉》，中
华书局 1987 年版，第 706 页。

④ 《晋书》卷 87《凉武昭王李玄盛传》，第 2264—2265 页。

"招怀东夏"，"东殄不庭"。① 无奈东晋内乱频发，国势日衰，东晋、北魏又相隔遥远，难以提供实质的援助。同时，强邻北凉在东，阻隔了西凉东进之途。沮渠蒙逊率军频繁侵袭，西凉国力单微，外无势援，前有强敌，只得清虚自守，卑弱自持，例如：

> （建初三年）既而蒙逊每年侵寇不止，玄盛志在以德抚其境内，但与通和立盟，弗之校也。②
>
> （建初六年秋七月）沮渠蒙逊伐西凉，败西凉世子歆于马庙，禽其将朱元虎而还。凉公暠以银二千斤、金二千两赎元虎；蒙逊归之，遂与暠结盟而还。③

李暠看到强邻崛起，自己又无力改变西凉弱小的局面，在沮渠蒙逊的侵掠打击下，李暠转而在玄学中寻找安慰，慨然著《述志赋》曰：

> 涉至虚以诞驾，乘有舆于本无，禀玄元而陶衍，承景灵之冥符。荫朝云之庵蔼，仰朗日之照昫。既敷既载，以育以成。幼希颜子曲肱之荣，游心上典，玩礼敦经。蔑玄冕于朱门，羡漆园之傲生；尚渔父于沧浪，善沮、溺之耦耕。秽鹪鸢之笼吓，钦飞凤于太清；杜世竞于方寸，绝时誉之嘉声。超霄吟于崇领，奇秀木之陵霜；挺修干之青葱，经岁寒而弥芳。情遥遥以远寄，想四老之晖光；将戢繁荣于常衢，控云辔而高骧；攀琼枝于玄圃，漱华泉之渌浆；和吟凤之逸响，应鸣鸾于南冈。④

李暠讲述自己年幼时仰慕颜回清贫而闲适的生活，赞同"饭疏食饮水，曲肱而枕之，乐亦在其中矣"，⑤ 于是潜心学习上古以来的典籍，反复钻研礼

---

① 《晋书》卷 87《凉武昭王李玄盛传》，第 2259、2261 页。

② 《晋书》卷 87《凉武昭王李玄盛传》，第 2264 页。

③ 《资治通鉴》卷 115《晋纪》义熙六年，第 3636 页。

④ 《晋书》卷 87《凉武昭王李玄盛传》，第 2265 页。

⑤ （三国魏）何晏集解：《论语》卷 7《述而》，（东汉）郑玄等注《十三经古注》第 9 册，第 1978 页。

书，崇尚儒家经典；为官后，却羡慕庄子的旷达，不为礼法所屈；尊崇渔
父的持守其真，而不"苦心劳形以危其真"；① 赞同隐者长沮、桀溺与其从
政不如避世的选择。② 到李暠晚年，发出了"涉至虚以诞驾，乘有舆于本
无，禀玄元而陶衍，承景灵之冥符"的感叹，在历经艰险之后，终归
"虚无玄元"的道家情怀。

李暠出于儒而入于玄的思想历程，对臣下的思想倾向也产生了影响，
例如刘昞：

> 玄盛既迁酒泉，乃敦劝稼穑。群僚以年谷频登，百姓乐业，请勒
> 铭酒泉，玄盛许之。于是使儒林祭酒刘彦明为文，刻石颂德。③

> 刘昞，字延明，敦煌人也。父宝，字子玉，以儒学称。昞年十四，
> 就博士郭瑀学……昞后隐居酒泉，不应州郡之命，弟子受业者五百余人。

> 李暠私署，征为儒林祭酒、从事中郎。暠好尚文典，书史穿落者
> 亲自补治，昞时待侧，前请代暠。暠曰："躬自执者，欲人重此典
> 籍。吾与卿相值，何异孔明之会玄德。"迁抚夷护军，虽有政务，手
> 不释卷。暠曰："卿注记篇籍，以烛继昼。白日且然，夜可休息。"
> 昞曰："朝闻道，夕死可矣，不知老之将至，孔圣称焉。昞何人斯，
> 敢不如此。"昞以三史文繁，著《略记》百三十篇、八十四卷，《凉
> 书》十卷，《敦煌实录》二十卷，《方言》三卷，《靖恭堂铭》一卷，
> 注《周易》《韩子》《人物志》《黄石公三略》，并行于世。

> 蒙逊平酒泉，拜秘书郎，专管注记。筑陆沉观于西苑，躬往礼
> 焉，号"玄处先生"。④

> 且渠蒙逊令曰："秘书郎中燉煌刘彦明学冠当时，道先区内，可
> 授玄虚先生，拜以三老之礼，起陆沉观于东苑以处之。"⑤

---

① （清）郭庆藩撰：《庄子集释》卷10上《杂篇·渔父》，第1023—1035页。

② （三国魏）何晏集解：《论语》卷18《微子》，郑玄等注《十三经古注》第9册，第2027—
2028页。

③ 《晋书》卷87《凉武昭王李玄盛传》，第2264页。

④ 《魏书》卷52《刘昞传》，第1160页。

⑤ 《太平御览》卷474引（北魏）崔鸿《北凉录》，中华书局1960年版，第2176页。

刘昞颇有家学渊源，其父刘宝"以儒学称"。刘昞后从博士郭瑀学习。郭瑀是一代儒学宗师，不仅精通经义，雅辩谈论，博文约礼，而且著有《春秋墨说》《孝经错纬》，传授弟子千余人。[①] 刘昞学成之后，一开始继承了郭瑀的事业，隐居教授，弟子受业者五百余人。刘昞凭借杰出的儒学素养，被李暠征辟为儒林祭酒、从事中郎，成为李暠身边重要的侍从。李暠、刘昞习性相近，李暠将两人相遇比诸"孔明之会玄德"。刘昞受业儒家，言谈举止颇有儒风。李暠修建"靖恭堂"，刘昞作《靖恭堂铭》，申明帝王、臣子、士女之鉴戒；当李暠劝说刘昞勤于著述的同时也要多休息时，刘昞引孔子《论语·里仁》"朝闻道，夕死可矣"与《论语·述而》"不知老之将至"作答。李暠后来治国兼综儒玄，刘昞也学综儒玄，注记《周易》《人物志》《黄石公三略》等书。《周易》为"三玄"之一，《文物志》为品鉴人物才行的玄学著作，《黄石公三略》为道家兵书。刘昞在玄学方面亦有修述，这也是沮渠蒙逊后来称他为"玄虚先生"的原因。

西凉改元建初后，李暠重视儒学思想的同时，也兼综玄学思想。李暠治国儒、玄并综，是建初四年秀才对策中分别出现儒、玄思想倾向的首要原因。

三 "李、尹王敦煌"与夫妇之道

李暠的出儒入玄，可能还与其继室尹氏有关。据《晋书·列女传·凉武昭王李玄盛后尹氏》载：

> 凉武昭王李玄盛后尹氏，天水冀人也。幼好学，清辩有志节。初适扶风马元正，元正卒，为玄盛继室。以再醮之故，三年不言。抚前妻子逾于己生。玄盛之创业也，谟谋经略多所毗赞，故西州谚曰："李、尹王敦煌。"[②]

在李暠创业的过程中，其继室尹氏"谟谋经略多所毗赞"，为李暠建国发挥了重要的作用。因此西州流传谚语"李、尹王敦煌"。

---

① 《晋书》卷94《隐逸传·郭瑀》，第2454页。
② 《晋书》卷96《列女传·凉武昭王李玄盛后尹氏》，第2526页。

尹氏深度参与了西凉的统治决策,不仅李暠时期如此,李歆继位后,尹氏仍然参与朝政。《晋书·列女传·凉武昭王李玄盛后尹氏》载:

> 及玄盛薨,子士业嗣位,尊为太后。士业将攻沮渠蒙逊,尹氏谓士业曰:"汝新造之国,地狭人稀,靖以守之犹惧其失,云何轻举,窥冀非望!蒙逊骁武,善用兵,汝非其敌。吾观其数年已来有并兼之志,且天时人事似欲归之。今国虽小,足以为政。知足不辱,道家明诫也。① 且先王临薨,遗令殷勤,志令汝曹深慎兵战,俟时而动。言犹在耳,奈何忘之!不如勉修德政,蓄力以观之。彼若淫暴,人将归汝;汝苟德之不建,事之无日矣。汝此行也,非唯师败,国亦将亡。"士业不从,果为蒙逊所灭。②

李歆东伐沮渠蒙逊之前,尹氏坚决反对。尹氏自己的看法是:"今国虽小,足以为政,知足不辱,道家明诫也。"老子《道德经》云:"知足不辱,知止不殆,可以长久",③尹氏秉持道家的理念,要求李歆清静修养,固守境内。这与李暠晚年治国理念相一致。不仅如此,尹氏还以李暠的遗令"深慎兵战,俟时而动"来告诫李歆,建议他"勉修德政,蓄力以观之"。尹氏的"道家明诫"与李暠的"勉修德政",分别体现了玄、儒学思想色彩。尹氏有意识地将夫妇二人的治国之策有所区分,表明在"李尹王敦煌"之初,两人的思想倾向可能就存在着玄、儒之别。

---

① 值得注意的是,《魏书》的记载与《晋书》不同,《魏书》卷 99《私署凉王李暠传》载:"汝新造之国,地狭民希,蒙逊骁武,汝非其敌。吾观其数年以来,经谋规略,有兼并之志,且天时人事,似欲归之。度德量力,《春秋》之义"。第 2202 页。尹氏从儒家"度德量力,《春秋》之义"的角度对李歆进行告诫。按《资治通鉴》卷 119《宋纪》永初元年(中华书局 1956 年版,第 3736—3737 页)云:"太后尹氏谓歆曰:'汝新造之国。地狭民希,自守犹惧不足,何暇伐人!……汝国虽小,足为善政,修德养民,静以待之。'"既有"自守犹惧不足""静以待之",又有"修德养民",文义糅合了《魏书》《晋书》的不同记载。结合《晋书》《通鉴》的记载来看,尹氏应从道家思想的角度进行了规劝。

② 《晋书》卷 96《列女传·凉武昭王李玄盛后尹氏》,第 2526—2527 页。

③ 朱谦之撰:《老子校释·德经四十四章》,第 180 页。

西凉实际上由李暠、尹氏夫妇共治，这是建初四年的策试中出现
"夫妇之道"策题的原因。① 李暠、尹氏治国思想各有偏重，李暠重儒，
而尹氏重玄，上有所好，秀才答策时儒、玄并立，当然就是比较正常的现
象了。只是，李暠、尹氏共治为何会曲折地出现在策题中呢？

李暠"前妻同郡辛纳女，贞顺有妇仪，先卒，玄盛亲为之诔"，② 表
明李暠与前妻的关系应比较融洽。而继室尹氏虽然对李暠的创业多有襄助，
但是，从尹氏初适扶风马元正，再嫁李暠，以及"李尹王敦煌"来看，李
暠与尹氏的结合，更多的是政治婚姻。尹氏的父亲尹文，曾为后凉权臣吕
弘的谋主。③ 李暠立国之初的重要将领"（左）司马尹建兴"可能也是尹
氏宗族成员。④ 尹氏势力强大到能与李暠共治西凉，自幼以儒家人伦纲常
为准则的李暠对此会有怎样的想法，其臣子又会怎么看待这一问题呢？

臣谘指出，夏禹、商汤、周文王的兴起，离不开其妻涂山氏、有莘
氏、太姒的襄助，而夏桀、商纣、周幽王的败亡，与其妻妹喜、妲己、褒
姒不无关系。臣谘引《诗经·大雅·旱麓》"刑于寡妻，至于兄弟，以御
于家邦"为说，按毛传："寡妻，适（嫡）妻也"。郑笺："文王以礼法
接待其妻，至于宗族，以此又能为政治于家邦也。"⑤ 臣谘还认为："以后
妃之美，贯乎《风》首，王者成功，列于《雅》《颂》。"按毛诗："《关
雎》，后妃之德也，风之始也，所以风天下而正夫妇也。"⑥ 在臣谘看来，
王者成功，首先是要以礼法正夫妇，只有齐家，才能治国平天下。

---

① 大西康裕、关尾史郎先生曾指出，该策题涉及后妃、李暠夫妇家庭问题，与西凉的现实
问题有关，但未作具体分析，参见［日］大西康裕、关尾史郎「「西凉建初四年秀才对策文」に
关する一考察」，第14页。

② 《晋书》卷87《凉武昭王李玄盛传》，第2268页。

③ 《晋书》卷122《吕纂载记》，第3065—3066页。

④ 关尾史郎先生据丁家闸6号墓《西凉嘉兴二年（418）十二月陇西狄道李超夫人尹氏墓
表》，推测李超为西凉宗室，其夫人尹氏、尹建兴当与李暠尹后同出于天水尹氏家族。参见
［日］关尾史郎「「西凉嘉兴二年十二月李超夫人尹氏墓表」について—「五胡」时代石刻ノー
ト（2）—」，『环日本海研究年报』第12号，2005年，第55—57页。

⑤ （东汉）郑玄笺：《毛诗》卷16《大雅·文王之什·旱麓》，（东汉）郑玄等注《十三经
古注》第2册，第287页。

⑥ （东汉）郑玄笺：《毛诗》卷1《国风·周南·关雎》，（东汉）郑玄等注《十三经古注》
第2册，第167页。

马骘与臣谘的看法有所不同。马骘首先指出"关雎之鸟（鸠）"与"挚（鸷）"不同，鸷是凶猛的鸟，如《孙子·势篇》："鸷鸟之疾，至于毁折者，节也"。① 他引《诗经·召南·鹊巢》"维鹊有巢，维鸠居之"为说，"鹊巢，夫人之德也。国君积行累功，以致爵位。夫人起家而居有之，德如鸤鸠，乃可以配焉"。毛传："夫人有均壹之德，如鸤鸠然，而后可配国君。"② 据此，马骘提出的对策是"夫人配德行化"，从"文王之教"，"夫妇正则王化□（行）"。其重点在于夫人以德配国君，如此则夫妇正，王化行。

臣谘主张王者以礼法正夫妇，反映了儒家的纲常思想，接近李暠当时的施政理念；马骘则强调夫人以均壹之德配国君，从"文王之教"（玄学），显然更符合尹氏的政治意图。由此看来，李暠提出"夫妇之道"的策题，很可能与西凉"李、尹王敦煌"的政治格局有关。即使李暠亲自主持这次策试，马骘仍然站在"夫人有均壹之德"的立场作答，偏向尹氏，既说明尹氏在西凉治国中有着特殊地位，又表明马骘与尹氏应当有着非同寻常的关系。尹氏"初适扶风马元正"，扶风马氏是东汉以来的名门望族。马骘很有可能是尹氏前夫扶风马元正的家族成员，③ 因此，才不顾李暠的忌惮，全面偏向尹氏。

四　其他策题的政治隐示

其他几道策题，也与李暠的立国之策有关。例如"古今异治"，建初元年（405），李暠手令诫其诸子曰：

> 古今成败，不可不知，退朝之暇，念观典籍，面墙而立，不成人也。④

---

① 杨丙安校理：《十一家注孙子校理》卷中《势篇》，中华书局1999年版，第90页。

② （东汉）郑玄笺：《毛诗》卷1《国风·召南·鹊巢》，（东汉）郑玄等注《十三经古注》第2册，第171页。

③ 朱艳桐先生认为，马骘为酒泉马氏。参见朱艳桐《酒泉马氏与五凉王国——以〈西凉建初四年（408）秀才对策文〉与辛氏墓志中"马骘"为中心》，《敦煌研究》2017年第5期。

④ 《晋书》卷87《凉武昭王李玄盛传》，第2262页。

建初九年，又写诸葛亮训励以勖诸子曰：

> 古今之事不可以不知，苟近而可师，何必远也。览诸葛亮训励，应璩奏谏，寻其终始，周、孔之教尽在中矣。为国足以致安，立身足以成名。质略易通，寓目则了，虽言发往人，道师于此。且经史道德如采菽中原，勤之者则功多，汝等可不勉哉！①

李暠常以"古今成败""古今之事"训诫诸子，可见他对历史认知的重视程度。建初四年李暠亲策时提出"古今异治"的课题，同样是希望臣下能够从古今之事中吸取历史经验教训，以便励精图治，实现西凉的长治久安。

又如"文字演变"。虽然在史籍中未见西凉文字改革的记载，但是，在十六国北朝，文字乖别是不少君主、士大夫关心的重要问题。例如，北魏延昌三年（514）江式专门就文字问题上书宣武帝。江式首先论述了自先秦、秦汉、魏晋以来文字演变、字书编纂及校正文字的过程。然后指出北魏文字的现状：

> 皇魏承百王之季，绍五运之绪，世易风移，文字改变，篆形谬错，隶体失真。俗学鄙习，复加虚巧，谈辩之士，又以意说，炫惑于时，难以厘改。故传曰，以众非，非行正。信哉得之于斯情矣。乃曰追来为归，巧言为辩，小兔为羲，神虫为蚕，如斯甚众，皆不合孔氏古书、史籀大篆、许氏《说文》、《石经》三字也。凡所关古，莫不惆怅焉。嗟夫！文字者六艺之宗，王教之始，前人所以垂今，今人所以识古，故曰"本立而道生"。孔子曰："必也正名乎。"又曰："述而不作。"《书》曰："予欲观古人之象。"皆言遵修旧史而不敢穿凿也。②

---

① 《晋书》卷87《凉武昭王李玄盛传》，第2264—2265页。
② 《魏书》卷91《术艺传·江式》，第1961—1965页。

针对文字谬错、失真的问题，江式提出撰集古来文字的愿望。宣武帝许可其请求，江式最终得以完成《古今文字》的编撰。

十六国北朝时期，由于长期社会动荡、民族纷争，文字混乱的现象一直比较严重，如颜之推云：

> 北朝丧乱之余，书迹鄙陋，加以专辄造字，猥拙甚于江南。乃以百念为忧，言反为变，不用为罢，追来为归，更生为苏，先人为老，如此非一，遍满经传。①

因此，不少北朝君主尝试着对文字加以改造和规范。例如，北魏太武帝始光二年（425）就对文字进行了整理：

> 初造新字千余，诏曰："在昔帝轩，创制造物，乃命仓颉因鸟兽之迹以立文字。自兹以降，随时改作，故篆隶草楷，并行于世。然经历久远，传习多失其真，故令文体错谬，会义不惬，非所以示轨则于来世也。孔子曰，名不正则事不成，此之谓矣。今制定文字，世所用者，颁下远近，永为楷式。"②

由此看来，李暠提出文字演变的策题，应与河西地区因民族交流、社会变动频繁带来的文字问题和李暠试图推行文字改革有关。

再如"天文历法"，建初元年，李暠遣使上表东晋云：

> 臣闻历数相推，归余于终，帝王之兴，必有闰位。是以共工乱象于黄、农之间，秦、项篡窃于周、汉之际，皆机不转踵，覆悚成凶。自戎狄陵华，已涉百龄，五胡僭袭，期运将秒，四海颙颙，悬心象魏。故师次东关，赵、魏莫不企踵；淮南大捷，三方欣然引领。③

---

① 王利器撰：《颜氏家训集解（增补本）》卷7《杂艺》，中华书局1993年版，第575页。
② 《魏书》卷4上《世祖纪》，第70页。
③ 《晋书》卷87《凉武昭王李玄盛传》，第2260页。

李暠虽然声称东晋皇帝"继天统位"，但是也指出了"五胡僭袭"的事实。西凉虽然称藩于东晋，却不奉行东晋正朔，推行自己的历法。不仅如此，李暠在改年庚子（400）、改元建初（405）时，皆遣使朝贡于北魏。① 西凉既恭谨地事奉东晋、北魏，又保持着自己割据政权的独立性。

从策题"北为称日之所"，以及对策"冬夏南北""南陆""北陆"来看，该题的主旨是要分析日行南北的问题。正如氾称劝谏李歆时称：

日者太阳之精，中国之象，赤而无光，中国将为胡夷之所陵灭。②

日者是中国之象，是正朔之所在。臣谘认为"理……时（天纲）运转□"；马骋的看法是"日随天旋，行有常则"，具体而言，判断太阳在南还是在北，不是以所见为正，而是以太阳所在的宿次为准，太阳在虚、危等七宿即言在北，在井、鬼等七宿则言在南。两人皆认为日行南北是常理，有其规律所在。十六国北朝与东晋南朝呈现南北对峙的局面，正朔在南还是在北，是当时争议的重要问题。李暠提出"日行南北"的问题，关系到西凉与东晋、北魏的关系。臣谘、马骋指出日行南北是一般性的规律，实际上是认为东晋、北魏皆有可能是正朔之所在。这也与当时西凉既称藩于东晋又朝贡于北魏的外交关系相一致。

至于"历史成败"，李暠以"智伯水灌晋阳反为赵襄子所败"为题，这是有所考虑的。③ 李暠最强劲的敌人沮渠蒙逊，曾"引水灌城（西郡），城溃，执太守吕纯以归"，夺取后凉的军事重镇西郡。④ 此役为沮渠蒙逊的成名之战，为李暠亲耳所闻。西凉首都酒泉附近有讨赖河（呼蚕水）、洪水河、红山河、观山河、丰乐河、马营河，冰川水源充足。自汉代以

---

① 《魏书》卷99《私署凉王李暠传》，第2202页。

② 《晋书》卷87《凉武昭王李玄盛传》，第2269页。

③ 大西康裕、关尾史郎先生认为，该题与西凉和其他政权的关系密切相关。李暠以赵襄子自况，将沮渠蒙逊比作智伯，鲜卑族少数民族政权、南凉则相当于韩、魏。参见［日］大西康裕、关尾史郎「「西凉建初四年秀才对策文」に关する一考察」，第14页。

④ 《晋书》卷129《沮渠蒙逊载记》，第3190页。

来，酒泉就"引河及川谷以溉田"。① 酒泉河渠纵横的面貌，极易遭受水攻。面对善于水攻的强敌沮渠蒙逊，李暠自然需要未雨绸缪，谋划对应之策。该策题正是在此背景下提出的。

然而，即使西凉上下意识到了可能遭到北凉水攻的危险，沮渠蒙逊仍然娴熟地运用水攻战术，率军水灌敦煌，导致西凉覆灭。据史记载：

> 郡人宋承、张弘以（李）恂在郡有惠政，密信招恂。恂率数十骑入于敦煌，元绪东奔凉兴，宋承等推恂为冠军将军、凉州刺史。蒙逊遣世子德政率众攻恂，恂闭门不战，蒙逊自率众二万攻之，三面起堤，以水灌城。恂遣壮士一千，连版为桥，潜欲决堤，蒙逊勒兵逆战，屠其城。②

敦煌是西凉建国之基。即使建初元年（405）西凉迁都酒泉，李暠仍然重视敦煌的城防建设。建初二年，西凉"筑城于敦煌南子亭，以威南虏"；③建初九年，"修敦煌旧塞东西二围，以防北虏之患，筑敦煌旧塞西南二围，以威南虏"。④ 建初三年，李暠上表东晋称：

> 又敦煌郡大众殷，制御西域，管辖万里，为军国之本，辄以次子让为宁朔将军、西夷校尉、敦煌太守，统摄昆裔，辑宁殊方。⑤

李暠以酒泉为东进之基的同时，仍以敦煌为"军国之本"。敦煌城周边水草丰茂，河渠纵横，据 P. 2005《沙州都督府图经》记载：

> 其水（甘泉水）又东北流卅里，至沙州城，分派溉灌，北流者名北府，东流者名东河。水东南流者二道，一名神农渠，一名阳开渠。

---

① 《史记》卷29《河渠书》，中华书局1982年第2版，第1414页。
② 《晋书》卷87《凉武昭王李玄盛传》，第2271页。
③ 《晋书》卷87《凉武昭王李玄盛传》，第2263页。
④ 《晋书》卷87《凉武昭王李玄盛传》，第2265页。
⑤ 《晋书》卷87《凉武昭王李玄盛传》，第2264页。

孟授渠，长廿里。右据《西凉录》："燉煌太守赵郡孟敏，于州西南十八里，于甘泉都乡斗门上开渠溉田，百姓蒙赖。"因以为号。

阳开渠，长一十五里。右源在州南十里，引甘泉水，旧名中渠。据《西〔前〕凉录》："刺史杨宣移向上流，造五石斗门，堰水溉田，人赖其利。"因以为号。

北府渠，长卅五里。右源在州东三里甘泉上，中河斗门为其渠。北地下每年破坏，前凉时刺史杨宣以家粟万斛，买石修理，于今不坏。其斗门垒石作，长卅步，阔三丈，高三丈。昔燉煌置南府、北府，因府以为渠名。

阴安渠，长七里。右在州西南六里甘泉水上。据《西凉录》："燉煌太守阴澹于都乡斗门上开渠溉田，百姓蒙利而安。"因以为号。①

敦煌有河渠绕城而过，前凉、西凉时期开筑了不少渠道灌溉农田。敦煌河渠纵横的地理环境，容易遭受水攻。李暠以水灌晋阳的故事为题，策试秀才，与敦煌、酒泉的地理环境不无关系。P. 2005《沙州都督府图经》对于沮渠蒙逊水攻敦煌有着更为翔实的记载：

一所故堤，高三丈，阔三丈五尺。右在州东北一百廿步。按《十六国春秋》："嘉兴四年，西凉王李歆为且渠蒙逊战败于酒泉东怀城，歆死国灭，其弟恂为燉煌太守，与诸子弃燉煌，奔于北山。蒙逊以索元绪行燉煌太守。绪行险恶，失于人心，郡人宋承义、张弘以恂在郡有惠政，密遣招恂。九月，（恂）率数十骑入于燉煌，索绪东奔。宋承义等推恂冠军将军，凉州刺史。蒙逊遣子德政率众一万功〔攻〕恂，恂闭门不战。至五年春，蒙逊率众二万功〔攻〕燉煌，遗恂书，论以兴亡之运，恂不答。二月，三面起堤，以水灌城，恂使壮士千人，连板为桥，潜欲决堤，恚为蒙逊所擒，将佐等劝恂曰：'今水弥盛，东军来者相继，虽有熊武之士，决战无所，宜遣使降，因以

---

①　上海古籍出版社、法国国家图书馆编：《法国国家图书馆藏敦煌西域文献》第 1 册，上海古籍出版社 1995 年版，第 44—46 页。

击之。'恂遣使请降，逊不许。左长史宋承义、武卫将军张弘等开门降逊，恂自杀。其堤多毁灭，唯东面北面，其趾步〔址少〕存。"①

即使李暠修复敦煌旧塞，意识到水攻对于西凉的危险，且其子李恂在敦煌有惠政，但在失去酒泉之后，西凉仅靠敦煌孤城，缺乏战略纵深，终究抵挡不住北凉的围攻，最终亡国。

五 余论

李暠治国，儒、玄并宗。对内推行德政，务农养士，广田积谷。对外卑弱自守，息兵按甲，不主动出击。李暠儒、玄并重的立国之策基本上实现了西凉的保境安民。

李歆继位后，改变了李暠的立国之策，用刑颇严，又缮筑不止，从事中郎张显上疏谏曰：

> 今区域三分，势不久并，并兼之本，实在农战；怀远之略，事归宽简。而更繁刑峻法，宫室是务，人力凋残，百姓愁悴。致灾之咎，实此之由。②

主簿汜称也上疏谏曰：

> 愿殿下亲仁善邻，养威观衅，罢宫室之务，止游畋之娱。后宫嫔妃、诸夷子女，躬受分田，身劝蚕绩。以清俭素德为荣，息兹奢靡之费，百姓租税，专拟军国。虚衿下士，广招英隽，修秦氏之术，以强国富俗。③

张显提出的农战为并兼之本，宽简为怀远之略，汜称提出的"亲仁善邻，养威观衅""以清俭素德为荣""广招英俊"，是李暠儒、玄并用统治之术

---

① 上海古籍出版社、法国国家图书馆编：《法藏敦煌西域文献》第1册，第47—48页。
② 《晋书》卷87《凉武昭王李玄盛传》，第2268页。
③ 《晋书》卷87《凉武昭王李玄盛传》，第2269—2270页。

的延续。太后尹氏更是以"道家明诫"和李暠遗令"勉修德政"要求李歆回归西凉儒、玄并宗的立国之策。然而，李歆并未采纳这些谏诫，他改变了李暠"慎刑重农，勤恤民隐"的治术，对内严刑峻法，宫室是务，奢靡相尚，以致民力凋敝，国势衰微；对外放弃卑弱自持之策，将"深慎兵战"抛之脑后，主动进攻军事实力更强大的北凉，反为沮渠蒙逊所败，以致身死国亡。或许，对于外无势援、前有强敌且地狭民稀的西凉而言，并综儒玄、德抚境内、卑弱自守是其成功的立国之策。

（原刊《西域研究》2017 年第 1 期）

普林斯顿大学葛斯德图书馆藏
唐天山县鹳鹆仓牒考释

　　美国普林斯顿大学葛斯德图书馆藏罗寄梅所赠的吐鲁番文书中，有 4 件唐天山县鹳鹆仓牒。据《吐鲁番文书总目（欧美收藏卷）》记载，编号 Frame 2a 文书，标题《唐天宝八载（749）二月交河郡天山县仓史令狐奉琼牒为兵健粮料事》，尺寸 28.8×22 厘米，存 7 行；编号 1a1 文书，标题《唐天宝八载（749）牒为驼马驴料事》，尺寸 29.3×18.4 厘米，存 10 行。从内容来看，这两件文书同为鹳鹆仓牒。此外，误与 1a1 号文书同裱的编号 1a2 文书，标题《唐天宝八载（749）三月牒》，尺寸 27×21.5 厘米，存 6 行，与以上两件文书或为同组文书；编号 5d 文书，标题《唐天宝某载交河都督府牒》，为两块残片粘贴，28.8×30 厘米，存 8 行，2—3 行上有钤朱印一方，文曰："交河郡都督府之印"，当为牒案之尾，与上述文书相关，故也附录如下。① 上述四件文书，编号 1a1、1a2 文书图版在 1989 年最先由布里特（Judith Ogden Bullitt）先生刊布介绍，其中 1a1 文书只刊 6—9 行（图版 10a）。② 国内学者最早对其关注的是陈国灿先生，他在《美国普林斯顿所藏几件吐鲁番出土文书跋》的第三节《唐天宝八

---

① 荣新江:《吐鲁番文书总目（欧美收藏卷）》，武汉大学出版社 2007 年版，第 952、949、950 页。

② ［美］Judith Ogdem Bullitt, "Princeton's Manuscript Fragments from Tun-Huang", *The Gest Library Journal*, 3: 1-2 (1989), 7-29;《普林斯顿收藏的敦煌写本残卷》，杨富学、李吉和译，《敦煌学辑刊》1994 年第 1 期，但略去了原刊图片;荣新江:《海外敦煌吐鲁番文献知见录》，江西人民出版社 1996 年版，第 225—226 页。

载西州仓曹检勘诸仓仓粮案卷》中对这两件文书已公布的部分内容作了研究。[①] 荣新江老师从海外搜集并带回了这4件文书的完整照片，这为我们更深入、系统地探讨相关问题提供了可能。本文在对上述文书进行考释的基础上，结合阿拉沟古堡的发掘情况和出土文书等相关材料，尝试以"鹳鹆仓"为个案展开研究，以期窥探唐代西北边州镇戍粮仓的大致情形。据荣新江先生提供的照片和教导，移录文字，[②] 试加标点，并略作考释于后。

文书一：唐天宝八载（749）二月交河郡天山县仓史令狐奉琼牒为兵健粮料事

（前缺）

1. 答，情意具吐者。但上件麦，仓典 侯 亲 通 忄□ □

2. 给伊吾、天山等军及本县界兵健粮料，昨至郡勾

3. 会。据行军赤牒，侯亲牒外妄加人畜破料，郡司所已剥

4. 征，其麦收入见在。今侯亲不伏剥征，请追赴郡勘问。被问依 实

5. 谨牒。庭

6. 　　　天宝八载二月　日天山县仓史令狐奉琼牒

7. 　　　检 庭白

8. 　　　　　　　　　　　　　　廿七日

文书二：唐天宝八载（749）牒为驼马驴料事

（前缺）

1. □□□ □

2. □仓内解□ □□□□□ 驼 马驴料，当时诸

3. □使亲监给付，岂敢要索，文书所给不足，

4. 妄支剥征，实将抑屈，请别论理，不免限

---

① 陈国灿：《美国普林斯顿所藏几件吐鲁番出土文书跋》，载武汉大学历史系魏晋南北朝隋唐史研究室编《魏晋南北朝隋唐史资料》第15辑，武汉大学出版社1997年版，第113—114页。

② 录文参见荣新江、史睿主编《吐鲁番出土文献散录》下册，中华书局2021年版，第522—525、520页。

5. 日填陪者。准 状 ，□郡仓曹者。依问，仓史令狐

6. 琼得款，替鹡鸰仓应勾当。于仓典侯亲

7. 处，领得破用帐及文牒至郡，依状通历，青

8. 麦贰拾叁硕伍斗，称奉中丞处分，给诸官马

9. 料□[_____]是实者。又款三

10. [_____]□□□□

（后缺）

文书三：唐天宝八载（749）三月交河郡下蒲昌县符

（前缺）

1. 蒲昌县主[_____]符到奉行

2. 　　　　　　　　　天 宝八载三月廿四日

3. 　　　　　　　　府罗及

4. 仓曹参军庭兰

5. 　　　　　　　　史

6. 　　　□受其日□[__]

（后缺）

文书四：唐天宝某载交河都督府牒

（前缺）

1. 　　　　　　　史 兴 思

2. 　　　　二月一日　录 事　阇

3. 　　　　　功曹摄录事参军事 广文

4. 　　　　　　检　案。庭白，五日。

5. 牒检案连如前，谨牒。

6. 　　　　二月　　　日□

7. 　　　　检 庭白　　　□[__]

8. 　　　　佐 曹 处。静让　一日

文书一和文书二都载有"令狐（奉）琼"和"侯亲"，按吐鲁番文书有双名单称的习惯，"令狐奉琼"与"令狐琼"当系同一人。据文书二，令狐（奉）琼为鹡鸰仓仓史，侯亲为鹡鸰仓仓典，因而，这两件文

书应都是与鸲鹆仓相关的文牒，文书一是鸲鹆仓仓史令狐奉琼的上行牒，文书二则涉及对鸲鹆仓之勾征。下面试对这两件文书略作考释分析，以期探讨鸲鹆仓的大致情形。

一　鸲鹆仓之地点

陈国灿先生认为，鸲鹆仓应是鸲鹆镇镇仓，鸲鹆镇在天山县境内，而鸲鹆仓或许就在镇城或其附近。① 此推论今已得到更多材料和考古发掘的证明。"鸲鹆仓"还出现在斯坦因所获阿斯塔那Ⅶ区2号墓案卷中，《唐鸲鹆仓残片》残存"鸲鹆仓"三字。② 同出于该墓的文书也载有"▢护仓库"和"▢卸镇仓"，③ 当即罗护镇设置的"罗护仓"，镇仓名与所在的镇名一致。还有几件大谷文书和阿拉沟一号文书中有"鸲鹆镇"的记载，④ 这几件大谷文书的发生年代，池田温先生考定在开元十九年（731）和天宝年间（742—756），⑤ 而阿拉沟一号文书的发生年代，王炳华先生考定在开元二十六年至大历十一年（776）间。⑥ 再由文书一牒尾所记"天宝八载（749）二月"来看，鸲鹆仓与鸲鹆镇同时存在于开元、天宝年间的一个名叫"鸲鹆"的地方。由文书一"天山县仓史令狐奉琼"得知，"鸲鹆"就在天山县境内。

---

① 陈国灿：《美国普林斯顿所藏几件吐鲁番出土文书跋》，第114页。

② 陈国灿：《斯坦因所获吐鲁番文书研究》，武汉大学出版社1995年版，第316页。

③ 《唐天宝八载（749）罗通牒为检见在仓粮事》载："▢护仓库申称覆了检寻"，《唐天宝八载（749）罗通牒尾判》载："▢卸镇仓检覆讫记"，陈国灿：《斯坦因所获吐鲁番文书研究》，第312、313页。

④ 阿拉沟一号文书《唐西州鸲鹆镇游弈所状为申当界见在人事》记有"鸲鹆镇""鸲鹆烽"，参见王炳华《阿拉沟古堡及其出土唐文书残纸》，文书图版4，载荣新江主编《唐研究》第8卷，北京大学出版社2002年版，第329页。大谷3354号《唐天宝年间天山军兵员支粮计会簿之一》，大谷3471、3473号《唐开元十九年（731）正月至三月西州天山县到来符帖目之一》都记有鸲鹆镇，参见［日］小田义久主编『大谷文书集成』贰，龙谷大学善本丛书10，法藏馆1990年版，第80、104、105页。大谷文书名参见陈国灿、刘安志《吐鲁番文书总目（日本收藏卷）》，武汉大学出版社2005年版。

⑤ ［日］池田温：《中国古代籍帐研究》，龚泽铣译，中华书局2007年版，第215—218、340—341页。

⑥ 王炳华：《阿拉沟古堡及其出土唐文书残纸》，第339页。

　　王炳华先生对天山阿拉沟峡谷东口之石砌古堡的调查、发掘，为我们确定䂵鸽镇和䂵鸽仓的具体位置提供了考古依据。他指出，由古堡出土的"䂵鸽镇游弈所状为申当界见在人事"和"镇将孙玖仙牒"文书，可以肯定阿拉沟古堡为䂵鸽镇镇城故址，位于东经87°42′、北纬42°50′处。根据发掘情况的简要记录，对古堡内房址F1进行试掘，第二层为灰土、杂炭粒、陶片，距地表深20—100厘米。在深45厘米处，见石磨一块。① 出土的阿拉沟一号文书中记有"一十三人在 麦 场"，可知在䂵鸽镇周边当存在营田。镇戍营田是唐中期存在的普遍现象，② 营田就在镇戍烽铺侧近，所产粮供当地防人食，一般不需转输，就地贮藏。③ 阿拉沟六号文书"配粮料"载"□□自用□升与□处三升休自□"，④ 当为䂵鸽仓粮秣之分配。阿拉沟七号文书"给使"载"□□给使首领康□六品官　一人□"，⑤ 负责康姓使节的接待，属于馆驿职能，这一职能与文书二载䂵鸽仓"给诸官马料"相合。由以上杂炭粒、石磨、营田、粮秣之分配和馆驿职能来看，䂵鸽镇当设置有粮仓，而䂵鸽仓的管理机构很可能就在阿拉沟古堡中，职掌䂵鸽镇下属游弈所、烽、铺的营田和兵健粮料供给以及过往使职和使节的接待等。

二　䂵鸽仓之规格

　　䂵鸽仓之规格由䂵鸽镇之大小和所具备的功能决定。王炳华先生认

---

　　① 王炳华：《阿拉沟古堡及其出土唐文书残纸》，第323—328页。

　　② 《唐律疏议》卷16《擅兴律》遣番代违限条疏议，"（开元二十五年）依军防令：防人在防……各量防人多少，于当处侧近给空闲地，逐水陆所宜，斟酌营种，并杂蔬菜，以充粮贮，及充防人等食"。参见刘俊文《唐律疏议笺解》，中华书局1996年版，第1206—1207页；［日］仁井田陞先生认为此为开元二十五年令。［日］仁井田陞《唐令拾遗》，栗劲等编译，长春出版社1989年版，第303页。《新唐书》卷53《食货三》载："开元二十五年，诏屯官叙功以岁丰凶为上下。镇戍地可耕者，人给十亩以供粮。方春，屯官巡行，谪作不时者。"中华书局1975年版，第1372页；《全唐文》卷31《定屯官叙功诏》，中华书局1983年影印本，第347页。

　　③ 参见程喜霖《从吐鲁番出土文书中所见的唐代烽堠制度之三——唐代的烽铺斯田》，《武汉大学学报》1985年第6期；张弓《唐朝仓廪制度初探》，中华书局1986年版，第80页。

　　④ 王炳华：《阿拉沟古堡及其出土唐文书残纸》图版8，第332页。

　　⑤ 王炳华：《阿拉沟古堡及其出土唐文书残纸》图版9，第333页。

为，"阿拉沟一号文书涉及鸜鹆镇游弈所下现有在编兵员为'卅八人'，据此类推，全镇下属两个游弈所，则鸜鹆镇全镇兵员可能在 100 人左右"。① 笔者以为，鸜鹆镇兵当只有"卅八人"。阿拉沟一号文书仅载有"鸜鹆镇游弈所"，四号文书分别记有"鸜鹆游弈"和"名岸游弈"，② 如果"鸜鹆游弈"对应"鸜鹆镇游弈所"，那么，"名岸游弈"则对应"名岸镇游弈所"，于理不合。按一号文书有"鸜鹆烽"，四号文书有"名岸烽"，"鸜鹆游弈"和"名岸游弈"就应当是"鸜鹆镇游弈所"分置在"鸜鹆"和"名岸"两地的游弈，所有游弈、烽、铺兵员都包含在"卅八人"之内，"鸜鹆"和"名岸"是鸜鹆镇管辖之下的两处地名。唐西州 40 人左右的镇较为常见，《唐西州都督府上支度营田使牒为具报当州诸镇戍营田顷亩数事》载："赤亭镇兵肆拾贰人，柳谷镇兵肆拾人，白水镇兵叁拾□□□"；③ 大谷 3354 号文书《唐天宝年间天山军兵员支粮计会簿之一》载："会□□□罗护加破卅五人，覆加八人，覆同。及（通）。廿□人蒲昌县界，一十九人罗护镇界"，④ 此记罗护镇兵员为 43 人。据《新唐书》记载，"唐初，兵之戍边者，大曰军，小曰守捉，曰城，曰镇，而总之者曰道"，⑤ "唐废戍子，每防人五百人为上镇，三百人为中镇，不及者为下镇""下镇，仓督一人、史一人"，⑥ 在编兵员"卅八人"的鸜鹆镇是下镇，鸜鹆仓为下镇仓，因而只有仓典侯亲和仓史令狐奉琼。"仓典"一职，两唐书中没有记载，疑"仓典"是与"仓督"相近之职役，是极小镇戍粮仓的负责人，主管文书二所载的"破用帐及文牒"，负责出纳和文书的保管。

鸜鹆仓的粮料当主要依靠交河郡郡仓的调拨。从唐前期在西州军防形势看，边防体制逐渐由行军向军、镇、城、守捉等镇防系统转化，边镇贮粮不再像行军一味依靠转输，而主要通过转运、和籴和营田三种方式实现，以减运输烦费。文书一载："给伊吾、天山等军及本县界兵健粮料"，

---

① 王炳华：《阿拉沟古堡及其出土唐文书残纸》，第 338 页。

② 王炳华：《阿拉沟古堡及其出土唐文书残纸》图版 6，第 331 页。

③ 唐长孺主编：《吐鲁番出土文书》肆，文物出版社 1996 年版，第 101 页。

④ ［日］小田義久主编：『大谷文书集成』貳，第 79 页。

⑤ 《新唐书》卷 50《兵志》，第 1328 页。

⑥ 《新唐书》卷 49 下《百官志四下》，第 1320 页。

这部分粮料当由交河郡仓曹通过转输或和籴等方式统一收支，鸜鹆镇主要任务是边防巡视侦察，故鸜鹆仓可能不必参与这些粮料的征集，而是由郡仓调拨，再进行配给。大谷3354号文书"一十二人鸜鹆镇界，郡仓支十五日"正可说明这一点。① 这里记载天宝年间鸜鹆镇界兵员为12人，似与阿拉沟出土文书所载之"卅八人"不合。其实不然，该文书还记载了罗护镇给粮情况，"会□□罗护加破卅五人，覆加八人，覆同。及（通）。廿□人蒲昌县界，一十九人罗护镇界"，罗护镇兵分别镇戍县界和镇界，鸜鹆镇应也如此，仍有其他防人驻守天山县界。交河郡仓对鸜鹆仓的粮料供应可能是半月一支。文书二所载"依状通历有麦贰拾叁硕伍斗"，这可能是鸜鹆仓受郡仓调拨的日常贮粮量。按《太白阴经·人粮马料篇》："一人日支粟三升三合三勺三抄三圭三粒，一月一石"；② 《唐苏海愿等家口给粮三月帐》，"一人丁男，一日粟三升三合三勺"，③ 月给粟约为一硕。由于鸜鹆镇产麦，得考虑粟麦比，按《九章算术·粟米》，"粟率五十""麦四十五"，④ 粟麦比为10：9；《天圣令·仓库令》附录唐令第四条："麦饭、小麦、青稞麦一斗，各当粟一斗给"，⑤ 鸜鹆镇防人月给麦也应当在1硕左右。这些粮食正好可以维持"卅八人"半月支用，与大谷3354号文书"郡仓支十五日"相同。

　　鸜鹆仓当还有营田收入。防人有营田的职责，营田的面积和收成直接关系到鸜鹆仓之规模。由于史料的局限，我们只能对鸜鹆镇营田的情况大致了解一二。阿拉沟一号文书记载："一十三人在 麦 场"，鸜鹆镇营田可能主要种植麦。唐代"镇戍地可耕者，人给十亩以供粮"，⑥ 鸜鹆镇镇城位于阿拉沟与鱼儿沟水汇合的河谷北岸，⑦ 附近山谷内水草俱丰，人均

---

① ［日］小田義久主编：『大谷文書集成』貳，第80页。

② （唐）李筌：《神机制敌太白阴经》卷5《人粮马料篇》，《丛书集成初编》，中华书局1985年版，第120—121页。

③ 唐长孺主编：《吐鲁番出土文书》叁，第9页。

④ 郭书春：《九章筭术译注》，上海古籍出版社2009年版，第73页。

⑤ 天一阁博物馆等：《天一阁藏明钞本天圣令校证》，中华书局2006年版，第283页。

⑥ 《新唐书》卷53《食货三》，第1372页；《全唐文》卷31《定屯官叙功诏》，第347页。

⑦ 王炳华：《阿拉沟古堡及其出土唐文书残纸》，第334页。

营田 10 亩当不成问题。但从已出土的文书来看，镇戍烽铺的人均营田数差别较大，《唐西州都督府上支度营田使牒为具报当州诸镇戍营田顷亩数事》载："白水镇兵叁拾□□□营田陆顷"，①人均营田近 20 亩；《唐开元某年伊吾军典王元琼牒为申报当军诸烽铺刓田亩数事》载："速独烽种豆陆亩，故亭烽种床陆亩，青山烽种豆伍亩，柽塠烽捌亩，花泉烽陆亩"，②按每烽编制 2—3 人，③人均刓田才 2—3 亩。《唐伊吾军诸烽铺收贮粮食斛斗数文书一》载："叁硕玖䰍贰勝伍合豆，波色多烽。壹硕贰䰍陆勝肆合床，故亭烽"，④每人收贮为 1 硕左右。《唐伊吾军上西庭支度使牒为申报应纳北庭粮米事》载："敕伊吾军，牒上西庭支度使。合军州应纳北庭粮米肆阡硕，叁阡捌伯伍拾叁硕捌䰍叁勝伍合，军州前后检纳得，肆拾叁硕壹䰍陆勝伍合，前后欠不纳。壹伯玖拾柒硕纳伊州仓讫；叁阡陆伯肆拾陆硕捌䰍叁勝伍合纳军仓讫"，⑤伊吾军当纳粮米 4000 硕，但没有完成。按《旧唐书·地理志》，伊吾军，管镇兵 3000 人，⑥人均纳粮米约为 4/3 硕。由于镇戍防人的职责主要在于巡边侦察，营田只是为了弥补转输和和籴的不足。⑦受地理环境的影响，镇戍营田的多少，收成的好坏，官府无法统一掌握，在掌握军队员数的前提下，最便于执行的是规定人均营田纳粮的最低限额，这一限额可能与人均纳

---

① 唐长孺主编：《吐鲁番出土文书》肆，第 101 页。

② 唐长孺主编：《吐鲁番出土文书》肆，第 94 页。

③ 每烽人员编制，史无定论，据《唐六典》卷 5 "职方郎中员外郎条"载开元二十五年敕，"量停近甸烽二百六十所，计烽帅等一千三百八十八人"，每烽平均人数约为 5.3 人，《通典》卷 152 则明确记载 "一烽六人，五人为烽子"，这当是内地烽燧的编制。对于边境烽燧的编制，据阿斯塔那 226 号墓所出《唐开元十年（722）伊吾军上支度营田使留后司牒为烽铺营田不济事》，"每烽烽子，只有三人、两人"；阿拉沟文书记载鸜鹆镇有兵员 "卌八人"，鸜鹆镇至少有六铺十一烽，则每烽、铺平均人数不足 3 人。据阿拉沟文书，两人的烽铺最为常见，赤山烽烽子最多，有 5 人，由于识读的原因，其中有两人不确定。因此，笔者认为唐边境每烽烽子可能只有三人、两人。

④ 唐长孺主编：《吐鲁番出土文书》肆，第 98 页。

⑤ 唐长孺主编：《吐鲁番出土文书》肆，第 98 页。

⑥ 《旧唐书》卷 40《地理志三》，中华书局 1975 年版，第 1646 页。

⑦ 中国历史博物馆 8086 号文书《唐西州都督府下诸军府主帅牒》载："调度有阙者，速即状上，仍便令烽人收贮使足"。

粮米 4/3 硕差不多。倘若按此比例，鸲鹆镇"卅八人"账面纳粮数为64 硕。按士兵月给麦在 1 硕左右，鸲鹆镇营田帐面入仓麦数还不够两个月的供给。

此外，鸲鹆镇的馆驿功能对鸲鹆仓的规格也有影响。鸲鹆镇是否有馆驿设置，目前史料没有明确记载。阿拉沟七号文书载"□□给使首领康□六品官一人□"，为接待康姓使节；文书二载"称奉中丞处分，给诸官马料"，为驿站马料供给，这都属于馆驿职能。鉴于阿拉沟是西入伊犁河流域的孔道，驿站、官道一般与镇戍烽燧相伴，如伊西北道上的罗护镇就设置有罗护馆、马坊和仓库，[①] 同理，鸲鹆镇也应具有馆驿功能。阿拉沟口古堡所处位置，与《西州图经残卷》所载的"银山道"相近，[②] 但其重要性似乎远不及银山道，鸲鹆镇馆驿功能可能并不突出，而馆驿供应或许只是鸲鹆仓附带的职能。

三 鸲鹆仓之运作

由于鸲鹆镇在编兵员数不多，营田收入较少，加上所处的交通位置不太突出，因而镇仓贮粮不多。即使是这样一个小镇仓，也要严格遵循唐代仓系统运作程序。鸲鹆仓应由仓曹直接管辖。从文书一、二来看，对鸲鹆仓的勾征，直接由"郡司"负责，勾检也是在交河郡完成。大谷 3474 号文书记载："仓曹符，为春季镇仓、供客诸馆马料帐，所由仓督，并案印纸并□"，[③] 这应与仓曹对镇仓的勾征有关。鸲鹆仓粮料当直接由交河郡仓调拨，大谷 3354 号载"一十二人鸲鹆镇界，郡仓支十五日"也可以说明这一点。鸲鹆仓掌管鸲鹆镇下辖游弈所、烽、铺的粮料供应，而这也是县仓的职能，如吐鲁番阿斯塔那 78 号墓出土的《唐西州蒲昌县下赤亭烽帖》帖尾为"佐杜汜""尉杨瓒""令柳大质"，[④] 由蒲昌县负责辖烽的

---

① 参见陈国灿《唐西州蒲昌防区内的镇戍与馆驿》，载殷晴主编《吐鲁番学新论》，新疆人民出版社 2006 年版，第 489—509 页。

② 银山道。右道出天山县界，西南向焉耆国七百里，多沙碛卤，唯近烽足水草，通车马行。参见唐耕耦、陆宏基编《敦煌社会经济文献真迹释录》，书目文献出版社 1986 年版，第 55 页。

③ ［日］池田温：《中国古代籍帐研究》，第 217 页。

④ 唐长孺主编：《吐鲁番出土文书》贰，文物出版社 1994 年版，第 55—59 页。

粮料供应。可见，镇仓当是与县仓平行的机构，都负责下辖烽铺等粮料供给，同时受郡仓曹的管理。正因为鸜鹆仓与天山县仓平齐，故文书一牒尾会称"天山县仓史令狐奉琼"。

鸜鹆仓兼具军仓和民仓的职能。据《唐伊吾军上西庭支度使牒为申报应纳北庭粮米事》记载，伊吾军所纳粮米"壹伯玖拾柒硕纳伊州仓讫；叁阡陆伯肆拾陆硕捌斗叁升伍合纳军仓讫"，绝大部分粮米纳军仓，只有少部分属于民事度支。由此看来，似乎伊州仓军、民分置，但笔者认为，此类州郡仓可能是一仓二用，主要用于军粮之调拨、配给，同时也负责来往使客之接待等。西州是唐朝经营西域进攻和退守的前线基地，由此形成了西州都督府与州政府合署办公，地方行政首脑与当地军事组织首脑一元化的现象。地方与军镇在首长合一的情况下，所属官僚组织也存在一定程度的合一，[①] 仓系统大概也是如此，如鸜鹆仓就主要围绕着军事和馆驿职能运作。据文书一，"据行军赤牒，侯亲牒外妄加人畜破料"，负责行军的粮料配给；阿拉沟六号文书载"□□自用□升与□处三升休自□"，当为鸜鹆镇士兵粮秣之分配，这都属于军仓的职能。文书二，"称奉中丞处分，给诸官马料"，相当于驿站粮料供给；阿拉沟七号文书载"□□给使首领康□六品官一人□"，负责康姓使节的接待，这都属于民仓的职能。但鸜鹆仓主要是以军仓的形式存在，民仓的职能仅附丽其上。值得注意的是，从文书一记载来看，"本县界兵健"与"伊吾、天山等军"对举，又阿拉沟一号文书有"当界"，四号文书有"当界兵健"和"土健儿"，这可能是指镇戍天山县边界的士兵。据《旧唐书·地理志》记载："天山军，开元中，置西州城内，管镇兵五千人，马五百匹"，[②] 天山军很可能大部分屯集在西州城（交河郡城）内，主要负责行军作战及交河郡城周边的屯田，而边界镇戍侦察则可能主要由县界兵负责，属于地方军系统，但天山屯驻军和地方军都直接由都督府统辖。从这一角度而言，鸜鹆仓更可能的是都督府管辖的地方军仓，主要负责镇戍兵的粮料配给，兼具行军和馆驿粮料供给的职能。

---

① 李方：《试论唐西州都督府与西州政府的关系》，《中国边疆史地研究》2002 年第 6 期；孟宪实：《唐前期军镇研究》，博士学位论文，北京大学，2001 年。

② 《旧唐书》卷 40《地理志三》，第 1646 页。

　　鸜鹆仓必须接受严格的勾征。① 这两件文书涉及对"鸜鹆仓"的收支勾检，从文书一牒尾看，判官为"庭"。文书四牒尾（2—3 行钤"交河郡都督府之印"）也载有"检案庭白"和"检庭白"，与文书一书体相同，当为同一人。而文书三牒尾载："天宝八载三月廿四，府罗通，仓曹参军庭兰"，文书一和文书三同属一年，又都涉及仓帐，且书体相同，文书一、四牒尾所记之"庭"，当即文书三所载之"仓曹参军庭兰"。与这几件文书年代相同且人物相关的文书，又见斯坦因所获在阿斯塔那Ⅶ区 2 号墓中出土的一批仓帐勘检案卷，② 如《唐天宝八载罗通牒为检见在仓粮事》载"又检天八正月一日见在仓粮……府罗通牒"；《唐天宝八载罗通牒尾判》载"府罗通牒……咨庭兰白"；特别是该墓出土的《唐鸜鹆仓残片》残存"鸜鹆仓"三字；③ 此外还有上海图书馆藏 019（812396）《天宝八载文书》牒尾载"天宝八载二月廿七日，府罗及（通），□□□（参）军庭兰"。④ 这些应都是有关交河郡都督府之仓曹勘检下辖镇戍粮仓事务的文书，可能原属同一案卷。由文书二"者"⑤ "款"和"又款"来看，这似是对多个事情的检覆。文书四载有"牒检案连如前谨牒"，为案尾。由于文书二上方稍残，余 29.3 厘米，文书四下方残缺稍甚，余 28.8 厘米，且书体相同，疑文书四是与文书二相关的一系列文牒连牒为案的案

---

　　① 对勾征的研究成果很多，参见［日］日野开三郎「关于唐代租庸调制度下的勾征に就いて」，『东洋学报』第 45 卷第 2 号，1962 年；薄小莹、马小红《唐开元廿四年岐州郿县县尉判集（敦煌文书伯二九七九号）研究——兼论唐代勾征制》，载北京大学中国中古史研究中心编《敦煌吐鲁番文献研究论集》，中华书局 1982 年版，第 615—649 页；王永兴《唐勾检制研究》，上海古籍出版社 1991 年版；李锦绣《唐代财政史稿》上卷，北京大学出版社 1995 年版，第 225—289 页；丁俊《从新出吐鲁番文书看唐前期的勾征》，载沈卫荣主编《西域历史语言研究集刊》第 2 辑，科学出版社 2009 年版，第 125—158 页，丁俊此文结合新获吐鲁番文献和相关文书对唐代前期的勾征进行了探讨，并对文书一和文书二涉及鸜鹆仓的勾征的内容进行了探讨，本节论述多有参考。

　　② 陈国灿：《美国普林斯顿所藏几件吐鲁番出土文书跋》，第 114 页。

　　③ 陈国灿：《斯坦因所获吐鲁番文书研究》，第 312、313、316 页。

　　④ 上海图书馆、上海古籍出版社编：《上海图书馆藏敦煌吐鲁番文献》第 1 册，上海古籍出版社 1999 年版，第 133 页。此条材料蒙荣新江老师提示。

　　⑤ 参见王永兴《论敦煌吐鲁番出土唐代官府文书中"者"字的性质和作用》，《九州学刊》第 5 卷第 4 期，1993 年。

尾。从文书四案尾来看，参与对鸜鹆仓进行勾征的"郡司"当是"录事阙""功曹摄录事参军事广久"和"仓曹参军庭兰"。前两人是录事司，负责勾；庭兰是仓曹司，主要负责征。

文书一是对鸜鹆仓典侯亲对勾征进行申诉的报牒。郡司在勾检鸜鹆仓粮料帐过程中，根据行军赤牒，发现鸜鹆仓典侯亲给行军途经鸜鹆镇的伊吾、天山军，以及天山县界兵多支了人畜粮料。仓曹判官可能下符责成侯亲征纳亏空。但侯亲"不伏（服）剥征"，请求赴郡申诉勘问。于是"天山县仓史令狐奉琼"上牒给郡仓曹以请。牒尾所署日期是"天宝八载二月"，没有具体到日，由"庭"所署检覆日期"廿七日"及勾检的效率来看，这件报牒的时间当在二月下旬。但该文书并未记录核查判决的结果。

文书二 1—5 行云："诸□使"因文书所给马驴料不足，要求鸜鹆仓多支。郡仓曹对此妄支部分进行了剥征。但鸜鹆仓负责人认为这应是"诸□使"的责任，于是请求郡仓曹收回限日填陪（赔）的处分。5—9行记载了令狐奉琼上牒对此事进行申诉的同时，还从仓典侯亲处领得破用帐及文牒至郡勾当，并依"状"对"通历"中"麦贰拾参硕伍斗"由"中丞"处分给诸官马料作了说明。"状"是下通于上文书中的一种，状有时可以代替牒请、报，① 此处"状"相当于报牒。"历"当即鸜鹆仓的"支历"，又称"付历"，随年月日随事记载了鸜鹆仓马驴料的支出情况，② 所谓"通历"当是记载时间较长的支付历。中丞指御史中丞，此处御史中丞或为使职巡按监察，或为加官另担任有处分镇仓粮料的本职。唐前期御史有监察仓库、馆驿之能，③ 但并无执掌之职，然而，经开元到建中间一系列变化，馆驿反成为御史台的常务，御史充馆驿职，成为定制，④ 如果此处御史中丞是使职，则从文书二"奉中丞处分：给诸官马料"可见此后御史充馆驿职之端倪。9—10 由于残甚，内容不明。

由于过去涉及唐代镇仓情况的史料很少，致使我们对镇仓的大致情形

① 李锦绣：《唐代财政史稿》上卷，北京大学出版社 1995 年版，第 185 页。

② 李锦绣：《唐代财政史稿》上卷，第 190—194 页。

③ 参见胡沧泽《唐代御史制度的特色》，《福建师范大学学报》1989 年第 3 期；胡沧泽《唐代御史台对财政经济工作的监督》，《中国社会经济史研究》1989 年第 4 期。

④ 李锦绣：《唐代财政史稿》上卷，第 317 页。

不甚明了。通过对鸜鹆仓的分析，结合鸜鹆仓所具有的特征，笔者尝试对镇仓下一个大概的定义。镇仓是在边防州郡仓曹的统辖下，附设于镇戍，负责兵健粮料配给，并兼具馆驿供应等职能的军仓。贮粮主要依靠州郡仓调拨，小部分来自镇戍营田。镇仓必须接受严格的勾征。期待相关史料进一步的积累，能够完善和推进我们对镇仓的认识和理解。

（原刊《吐鲁番学研究》2009 年第 2 期）

何以"海角山头已遍耕"

——读《惟王受年:从农业起源到秦帝国的中国政治生态学》

　　清代学者赵翼写过多首咏叹《米贵》的诗歌,其中一首这样写道:"海角山头已遍耕,别无余地可资生。只应钩盾田犹旷,可惜高空种不成。"①据这首诗的描绘,在我们生活的家园,适宜农作的土地,除了供人游玩的园林苑囿(诗中提到的钩盾一职,汉代就已设置,主要负责园林苑囿的游观与管理,诗人以此借指园林苑囿),几乎都被农业生态系统取代,可垦之处无不遍耕。宋曾几在《苏秀道中》也说道:"千里稻花应秀色,五更桐叶最佳音。无田似我犹欣舞,何况田间望岁心。"②诗人看到"千里稻花"无比欣慰,即使"无田",也仍是如此地强烈地感受到耕种者企盼丰收的心情。在漫长的历史时期,我们对田野垦辟和粮食丰收充满着无尽的热情和企盼,这种农业景观不仅给诗人们带来启发和灵感,也让我们普通人获得了视觉和心理的愉悦。那么这种独特的"四海无闲地"的农田景观、农耕文明是如何形成的呢?美国布朗大学历史、社会与环境学系兰德助理教授的新著《惟王受年:从农业起源到秦帝国的中国政治生态学》(以下简称《惟王受年》)对此进行了系统的考察与深入的研究。③

---

　　① (清)赵翼著,李学颖、曹光甫校点:《瓯北集》卷46《米贵》,上海古籍出版社1997年版,第1196页。

　　② (南宋)曾几:《茶山集》卷5《七言律诗》,江西高校出版社2021年版,第133页。

　　③ 参见〔加拿大〕兰德《惟王受年:从农业起源到秦帝国的中国政治生态学》,王泽、杨姚瑶译,东方出版中心2023年版。

该书原名 The King's Harvest: A Political Ecology of China from the First Farmers to the First Empire, 收入耶鲁农业研究丛书, 于 2021 年在耶鲁大学出版社出版。[①] 作为西方学界第一部研究早期中国环境史的英文专著, 甫一出版, 备受好评, 获得 2022 年度美国历史学会詹姆斯·亨利·布雷斯特著作奖。作者兰德先生长期关注中国古代环境史研究, 对上古三代秦汉黄河流域的环境变迁与农业开发充满兴趣。为此, 他"读万卷书, 行万里路", 不仅辗转中国多所高校学习, 而且经常往返中国进行系统性实地考察。这为他完成这部早期中国环境史研究力作提供了坚实基础和可靠保障。《惟王受年》基于考古发现, 结合出土文献与传世文献, 主要考察关中地区从农业起源到秦王朝生态环境、农业开发、政治组织及体制三者联动变化的历程。

一 中华农业文明的兴起

为了探索中国农业发展的渊源, 作者对史前中国考古进行了系统梳理, 利用丰富的考古资料, 系统考察了新石器时代关中地区农业的起源, 以及人们不断改造自然, 建立农业生态系统、社会系统乃至政治系统的历程。

仰韶文化时期(距今约 7000—5000 年)的人们虽然仅仅驯化狗、猪以及粟—黍类作物, 但是, 他们在原始生态环境中通过渔猎和采集能够获得多种多样的食物。考古证据表明, 丰富的食谱使得他们的身体普遍较为强健。然而, 至龙山文化时期(距今约 5000—4000 年), 随着农业新物种的驯化和引入, 农牧业出现了种类更多、产量更高的粟—黍类粮食作物, 以及杏、桃等水果, 牛、羊等动物, 火耕、灌溉等技术出现, 农业系统得到较大改进, 人类适应和改造环境的能力随之增强, 人口也不断增多, 甚至有的聚落因人口稠密导致自然环境退化而不得不废弃。

整体上看来, 新石器时代自然生态系统逐渐被人类的农田、果园和牧场取代, 野生动植物的产出日益减少, 人们的食物来源日益依赖农业系统, 以致普通民众的食谱日趋单一。过于依赖谷物以及食物匮乏的情况时

---

① Brian Lander, *The King's Harvest: A Political Ecology of China from the First Farmers to the First Empire*, Yale Agrarian Studies Series, Yale University, 2021.

而发生甚至影响到人们的身高以及穷人的健康，如营养不良、龋齿，相比过去人口稀少的采集社会，人口日益稠密的农业社会流行性疾病也更多。不过，农业生产不断发展，粮食盈余逐渐增多，收成超过渔猎采集所得，人类逐渐拥有了稳定的食物供应与储备，能够养活更多的人口。这使得人们生活的聚邑日益密集，人类社会逐渐出现阶级分化，社会组织与结构日益复杂化，早期国家随之形成。国家的出现和政治权力的加强，便于统治者更好地控制和促使民众扩大农业生产，进而汲取更多的劳役和物质资源。

至于三代农业发展与环境变迁的具体情况，作者一方面受限于历史时期考古过于关注大型城址、墓葬，对村庄聚落一类小型社会生活遗存重视不够，难以对三代普通民众的生产和生计作具体而微的探讨，另一方面又受益于《诗经》等文献的记载，能够对周代关中农业发展进程加以具体分析。三代国家的发展和长期延续，为农业文明的扩展提供了必要的稳定、和平的社会环境。这一时期农作物的品种日益增多，五谷、各种菜蔬、水果、鸡和鸡蛋进入人们的食谱，这在考古发掘和《诗经》等文献中都有大量的证明。中国的许多果蔬都有一部漫长的驯化种植史，但我们现在知之不多，还有待进一步研究。随着耕地的日益开发，低地上的鹿群等野生动物越来越少。至周代，得益于农作物种类的多样化、作物品种的改良以及农业技术的进步，农田单位面积的收获不断增加。粮食盈余能力的提高促进了商周文明的进一步发展。统治者深知农业乃国运之所系，故经常想方设法扩大耕地面积。从整体上看来，商和西周成功地维持了长时期的稳定，使得农业文明在黄河流域及其他地区蓬勃发展起来。

二　秦制农业开发模式的形成及其影响

春秋战国时期，旷日持久的争霸和兼并战争，迫使各诸侯国为了调集更多的兵源、劳役和物资而对行政制度和组织进行大幅度改革。改革的目标往往是国家能够直接控制土地和人口，提高调动资源的能力，统治者的权力随之日益增强。为了更好地汲取资源，统治者启用没有强势家族背景、甚至没有其他收入但有政治才干的"士"来管理国家。官吏领取俸禄，直接对上负责，方便国君管控和使用。对才能的重视，则极大地提高了政府的稳定性、专业性和延续性。官僚制很快推广开来，国家权力随之逐步由分散走向集中，汲取赋役资源的能力也不断增强。

其中，最成功、最彻底、影响最深远的是秦商鞅变法。依靠强有力的秦君权力，商鞅变法以农战为中心，创设了一套高效的行政制度，主导土地分配和乡里户口编控，进而重组农业环境和社会结构。新政通过分家析户等措施促使户口增殖，鼓励百姓喜农、乐战，并依据功劳进行奖赏，使民众能够凭借功劳大小获得并晋升爵位，取得相应的田宅和权益。计功取能的做法造就了一个庞大的社会受益阶层，秦制也因此获得广大民众的支持而增强了合法性和有效性。秦制度化地推动农战，持续促进农田垦辟和社会控制，国家随之日益富强。秦还击败和融合戎人，修建郑国渠等水利工程，使境内民族和生态环境趋于一致，社会经济逐渐由农牧并重转变为高度依赖农业，从而加速了草原文明与农耕文明的二元分化。通过这些举措，秦的实力逐渐跃居战国七雄之首，为统一天下奠定了坚实基础。

秦王朝最终实现了全国统一，进而凭借强大的中央集权官僚体制，创设统一的制度和律令，力图消除各地的差异，并且继续将农业置于制度中心，推行至全国，促使低地生态系统日益被开垦为农田，还大规模修筑长城边塞，保护农耕文明，为东亚两千多年的农业国家奠定了基础。只是，秦王朝仍然保持了小农经济的主导地位，农业的规模效益和劳动分工受到限制，粮食盈余的增长也因此较为有限。小农经济能够提供的劳动力和粮食盈余都比较少，维持庞大的官僚机构尚且困难，自然无法满足秦王朝好大喜功的要求。在这种情况下，秦统治者利用官僚机制不断加大赋役征发，去实现一项接着一项耗费巨大的国家工程。秦行急政突出表现为轻用民力、赋敛过度。秦王朝二世而亡与此有莫大的关系，也留给后世沉痛的教训。唐代诗人李绅《悯农》云："春种一粒粟，秋收万颗子。四海无闲田，农夫犹饿死。"不仅是小农耕作提供粮食盈余有限的真实写照，也是对赋敛过度容易导致农民破产乃至死亡的无情批判。

秦的制度设计和经验教训通过《史记》《汉书》等史书记载广为流传。东亚各地学者都能从中学到实用的行政管理方法和普遍的政治智慧，进而在行政管理中创造一些连续性。中央集权官僚体制赋予国家极大的行政权力，汉承秦制且长期推行也使其具有稳定性和延续性。这些都是中国历代王朝经历周期性崩溃之后，每每仍能在旧的基础之上进行重建的重要原因。秦制也因此成为古代王朝的经典模式。秦王朝的官僚制度和重农主义被后代王朝继承，而大一统王朝一次次地在广袤的疆域内维持长期的和平，人口得以繁衍增殖，土地被尽力垦辟为农田，就这样深度影响了东亚的生态环境和农业景观，以致出现赵翼所说的"海角山头已遍耕"的景象。

《惟王受年》的作者兰德先生重点指出秦王朝通过奉行中央集权和重农主义不断扩大农业生产，极大地推动了农业生态系统取代自然生态系统的进程，对东亚两千年持久地改造自然景观产生了深远影响。兰德先生将东亚农业景观形成的原因追溯至秦王朝的农业开发模式，与此相仿，赵翼在另一首《米贵》诗中也提到："更从何处辟遐陬，只有中郎解发丘。或仿秦开阡陌例，尽犁坟墓作田畴"。[①] 面对人多地少、人地矛盾突出的状况，如何进一步开辟农田，赵翼比附秦开阡陌的先例，竟然想到了生者与逝者争地！毫无疑问，在很多人看来，秦王朝就是尽力垦殖的典范。

三 东亚农耕文明的历史启示

中国是东亚农业起源的关键地区，孕育了世界上唯一连续演化发展的中华农耕文明。在中华农耕文明的发展过程中，兰德先生认为，秦的变法图强是人类社会与自然环境关系的一场深刻而持久的变革。"百代都行秦政法"，正是秦制提供一套稳定、持久的制度结构，促进了农业扩张和人口增殖，并在用农田取代低地自然生态系统的历程中发挥了巨大作用。从兰德先生的分析不难看出，东亚环境变迁和农业发展不仅是经济问题，更是政治问题，特别是国家在塑造生态环境方面起着决定性作用，而这正是"政治生态学"关注的核心议题。

《惟王受年》的研究也为思考人与环境的关系，以及如何解决当前面临的环境问题提供了历史启示。在进入"人类世（Anthropocene）"之前，东亚农耕时代的人们在国家的主导下就有组织地持续改变地球面貌，形成独特的农耕文化。在很长的历史时期，人们对田野的垦辟和粮食的丰收充满喜悦，却很少意识到在农田取代自然的过程中破坏了生态环境。东亚本来拥有北半球最多样化的温带生态系统，然而农耕文明极大地减少了这种

① （清）赵翼著，李学颖、曹光甫校点：《瓯北集》卷46《米贵》，第1196页。

多样性。

随着人类世的到来，地球生态系统受到人类活动的深度影响，甚至引发生态危机。根据该书的研究，既然国家是环境变化的主要推动者之一，那么，促使生态环境的回归，实现人类与环境的和谐共存，就离不开国家的努力以及国家之间的合作，设计出可持续利用自然资源的发展模式是当务之急。不仅如此，社会的发展也不能只是为了人类利益而最大化，毕竟地球的资源和承载能力终究是有限的。该书作者指出，到了资源告急的某一时刻，人类就必须减少。赵翼也有类似的看法，他在其他《米贵》诗中反复提到："勾践当年急生聚，令民早嫁早成婚。如今直欲禁婚嫁，始减年年孕育蕃""景德祥符脱乱离，小儿鼓腹老含饴。始知斗米三钱价，总在人稀地广时"。① 数十年来，中国为此作出了诸多努力，例如，长期推行计划生育政策；进入新时代后，高度重视生态文明体制改革，大力推进生态文明建设，形成中华民族生态文明发展模式，并且倡导"人类命运共同体"意识。这些努力不仅为构筑人与自然生命共同体作出了重大贡献，也为全球可持续发展提供了中国方案。

过去历史学研究强调人类、社会结构以及政治组织演变的探讨，却对人类赖以生存的环境多少有些忽视。然而，人终究是环境中的人，与动植物、病毒共存，要全面研究人类史，就必须熟悉环境史。尤其是，随着人类世的到来，人类极大地改造着地球气候和生态系统，同时又面临着各种环境危机、病毒肆虐等生态问题。这些问题促使着人们重新思考人与自然环境的关系，不仅日益重视环境史的研究，而且努力追溯环境问题背后的政治经济因素，并且在国家和世界组织处理环境问题上寄予厚望。兰德先生所著《惟王受年》是这方面研究的代表作。该书对上古三代秦王朝政治组织与农业开发的关系进行了系统而深入的研究，用浅显晓畅的语言呈现出来，不仅让西方人关注中国古代环境史的重要性，增进对中国历史的了解，也为我们进一步探讨中华农业文明及其与自然环境的关系提供了他山之石。

（原刊《中华读书报》2024 年 1 月 24 日第 13 版）

---

① （清）赵翼著，李学颖、曹光甫校点：《瓯北集》卷 46《米贵》，第 1196 页。

《初并天下——秦君主集权研究》读后

　　孙闻博著《初并天下——秦君主集权研究》是王子今主编"十三五"国家重点图书出版规划项目"秦史与秦文化研究丛书"中的一种，[①] 也是国家社科基金重大项目"秦统一及其历史意义再研究"（14ADB028）的重要成果之一。

　　该书共分为四章，分别从"农战"政策、"初并天下"、"皇帝"名号、符玺信物四个方面，深入探讨秦统一历史进程中君权的发展和"集权君主制"的形成，在秦构建"大一统"政治秩序及帝业兴衰等方面提出了新的研究思路和历史认知。其学术价值和重要贡献主要体现在三个方面。

　　第一，作者以秦"农战"政策、"君—臣—民"结构演变为线索，系统梳理秦崛起至王朝兴衰的历程，为理解秦代政治演变提供了两把钥匙。作者指出，商鞅变法推行的"农战"政策，是"周秦变革"的突出体现。通过"农战"政策，秦君以"赏罚"为手段，抟民于"农战"，变革"士农工商，四民有业"的传统秩序，强力压制民众的需求，着力塑造"农战之士"，从而构建起秦国"君—民"联结的新秩序。"农战"政策有利于秦君全面加强对民众的管控，最大限度地攫取赋役资源，是成就秦帝业的基础。

　　但是，秦"农战"体制并非直线发展，而是随着秦政的发展不断调整，并影响秦帝业的兴衰。作者围绕这一论题展开了一系列新论述。在作

---

　　① 孙闻博：《初并天下——秦君主集权研究》，西北大学出版社 2021 年版。

者看来，为了强化"君—民"联结，秦君需要对宗室、官僚加以制约，抑制其"自利取向"，鼓励其"服务取向"。然而，从惠文王到庄襄王，从商鞅到吕不韦，秦国权臣辈出，逐渐出现"富强也资人臣而已矣"，"战胜则大臣尊，益地则私封立"的局面。"君—官"关系失衡，不利于"君—民"联结，"农战"政策因此出现较大幅度的波动，导致秦帝业被一再推迟。

秦王政亲政，粉碎嫪毐政变，褫夺吕不韦相权，改变大臣专权的局面，在强化君权的同时，推动"农战"政策向前发展。尤其是完成统一帝业后，"农战"体制向"帝国模式"转型，主要表现在"农""工"并称，倡言和平，尊重大臣，安抚黔首，从而形成新的维护君主集权的"君—臣—民"政治结构。但是，秦始皇三十二年（前215）后，外攘四夷，严酷役使民众，"农战"政策效能不再，"君—民"关系严峻。秦二世即位后，并未改弦更张，不仅"用法益刻深"，而且推行"督责之术"，政治严重失措，导致"君—臣—民"联结崩溃，秦朝也随之覆亡。作者将"农战"政策的波动与秦帝业兴衰联系起来展开论述，令人耳目一新。只是，在秦王朝建立后，"农战"政策在六国故地及边疆地区推行的效果，限于史料不足，仍然不是很清楚。

第二，丰富了"大一统"政治理念的内涵。作者认为，"大一统"既属于经学叙述，又属于史学叙述。在构建上古帝王世系过程中，西周"大一统"即"天子—诸侯"联结而成的"天下"模式，被视作上古帝王所共有的政治特征。

秦王朝的"大一统"，不仅接续五帝、三王（尤其是周室的政治成就），而且通过"初并天下"再造统一，开创了"皇帝—郡县"这一新的"天下"模式。在此基础上，作者强调，"大一统"政治理念具有包容性：不但对应上古三代"天子—诸侯"政治模式，而且涵盖秦以降的"皇帝—郡县"政治模式。这一论断颇具启发性。

第三，对"皇帝"名号作出新阐释。学界以往多认为"皇帝"之号是并取德兼三皇、功盖五帝。作者则认为，"皇帝"仍属"'帝'位号"序列。群臣建议的"泰皇"并未被采纳，其原因在于时人侧重"五帝三王"而非"三皇五帝"的政治叙述。"皇帝"之"皇"（大）是"帝"的修饰词，既反映秦并天下的空前功业，又便于与一般"帝"号相区分。

　　作者提出，秦"皇帝"与"帝"名号的本质区别主要在于："皇帝"名号旨在强调"尽并兼天下诸侯"的成就和确立"皇帝—郡县"历史新秩序，"帝"号则是"帝—郡县/诸侯"政治秩序的反映。因此，王绾等群臣与李斯廷议，并非简单的封建、郡县之争，而是"帝—郡县/诸侯"与"帝—郡县"之争。这一系列论断有助于加深对秦皇帝制初创的理解。

　　此外，作者还通过兵符、帝玺等政治信物研究，具体而微地探讨皇帝军事、行政权力的行使，对于认识"秦君主集权"的实现颇有助益。这一部分涉及诸多史料的辨析，值得研究者参考。

　　读完这本书，我们仍有意犹未尽之感，不禁掩卷遐思。近年来，大多数的研究将秦政制视作二千年"封建制"的新起点。然而，无论是秦政制的定型，还是秦政制对后世的影响，都经历了颇多的曲折和反复。以往学界常以"周秦变革""汉承秦制"来概括周秦汉历史的演进，对"周秦之变"与"秦汉之承"的研究颇为重视，对周秦政制的延续、秦汉政制的变革却有所忽视。该书对于后一问题进行了尝试性探讨，为今后的研究提供了宝贵的线索。

　　基于作者的研究，我们或许可以进一步提出，周秦汉之际历史发展的道路，从"分天下"到"并天下"再到"安天下"，从"天子—诸侯"到"帝—诸侯/郡县""皇帝—郡县"再到"皇帝（天子）—郡县/诸侯"，每一个历史关节点无不是为了更好地实现天下一统和完善在此基础上建立的集权制度。从这一角度而言，秦"大一统"不过是周"大一统"的升级，秦"君主集权"实际上是周"君主集权"的进级，秦、周政制仍然具有很大的延续性，前者是在后者基础上的更新换代。同样，汉初为了"安天下"，在事实上推行皇帝与军吏"共天下"，依然是周秦"大一统"发展的延续和新探索。汉"安天下""共天下"不是周"分天下"与秦"并天下"的简单折中，而是在实践中总结周道、秦政经验和教训的基础上提出的适应中国历史发展道路并影响此后两千年天下格局的"大一统"典型模式。"安天下"是相对于"分天下""并天下"的第三次飞跃。

　　汉代"皇帝（天子）—郡县/诸侯"政治模式所反映的"大一统"理念，为此后历代王朝所继承。他们在规划统一格局的过程中，所面临的可能不是"郡县"与"封建"孰是孰非的问题，而是孰多孰少的问题，本质上是集权与分权的平衡问题，衡量其效果的试金石就是实现王朝治理、政通人和，进而巩固统一的"安天下"。因此，历代王朝不仅在历史叙述方面整体上继承了汉王朝对秦政的批判，而且在政治实践中不再完全复制秦绝对"君主集权"下的"皇帝—郡县"格局及其统治方式，而是同时或多或少保留了"天子—诸侯"的存在空间或形式。历史的发展反映了秦政制的历史地位——"秦承周末，为汉驱除"。①

　　近年来，关于中国封建社会开端的周秦汉之际政制演变的研究，相比"唐宋变革论"热烈的讨论，略显不足。实际上，周秦汉政制和政道的与时推移，还有相当多的问题值得探究。《初并天下——秦君主集权研究》一书注重从最基本的史料和问题出发，深入研讨秦初并天下与确立君主集权制等重要议题，灼见迭出，胜义纷纭，为今后进一步探索"周秦变革"及汉道的发展提供了新参照和新线索。

（原刊《中国史研究动态》2022 年第 6 期）

---

①　（东汉）蔡邕：《独断》卷上，《四部丛刊三编》，上海商务印书馆 1936 年影印。《史记》卷 8《高祖本纪》集解引蔡邕曰作"秦承三王之末，为汉驱除"。中华书局 1982 年第 2 版，第 379 页。

『后汉政治制度の研究』评介

秦汉史研究发展不平衡，东汉史研究相对薄弱，是长期以来存在的问题。近年来，学界越来越重视这一问题，并有意识地加强这方面的研究。随着东汉史研究成果逐渐增多，在不少领域取得了较大的进展，尤其是政治制度、政治文化、史料批判等方面的研究不乏佳作。日本学者渡边将智先生在其论著『后汉の皇帝支配体制と政治制度の构造』的基础上增订而成的『后汉政治制度の研究』是一部研究东汉政治史的力作。① 该书以东汉政治制度为中心，着重探讨了东汉皇权体制。

在日本学界以往的汉代史研究中，多认为从西汉到东汉皇帝一直实行以内朝官和尚书台为中心的亲信政治。东汉皇权政制是西汉的延续，对于这类观点和研究模式，渡边先生并不认同。他主张汉代皇帝统治体制的研究，有必要以东汉为中心，注重其独特性，并在分析"政治空间"（具体而言，即皇帝的办公场所、生活空间、诸官的办公场所及其空间位置关系）的基础上进行讨论。全书即围绕这两个基本点展开论证。兹将其主要内容和创见简要评介如下。

第一章「后汉における宦官の制度的基盘と尚书台」指出，宦官中的权势者凭借中常侍之衔，能向皇帝口头进言，从而将自己的意见提供给皇帝裁决参考。

第二章「后汉における外戚の制度的基盘と尚书台——梁冀政权を事例として」通过对梁冀政权权力构造的分析，揭示了外戚的领袖凭借

---

① ［日］渡边将智：『后汉政治制度の研究』，早稻田大学出版部 2014 年版。

大将军一职参与了政策的起草。这两章通过对东汉宦官、外戚与皇权关系的研究，提出了东汉政治制度的结构不以尚书台为中心的可能性。

第三章「"三公形骸化说"の再检讨——〈昌言〉法诫篇の解释をめぐって」以仲长统《昌言·法诫篇》为中心，对"三公形骸化说"即东汉三公实权被尚书台夺走的说法，进行了再探讨。作者认为，东汉三公与将军一样负责政策的起草，对朝政仍有重大影响。

第四章「后汉における公府·将军府と府主」论证了东汉公府（太傅、三公府）和将军府（将军的幕府）专门参加政策方案的制定和审议。通过这两章的分析，进一步明确了东汉三公、将军亦与尚书台一起参与国家重大政事的谋议、决策。

第五章「政策形成と文书传达——后汉尚书台の机能をめぐって」，分别复原了东汉政策形成（政策方案的制定、审议、批准和政策的实施）和文书传达（奏折以及诏书的传递）的过程。作者认为，东汉太傅、三公、将军、九卿是政策形成的重要担当者，而尚书台主要掌管文书传达。诸官分掌政策形成和文书传达，辅佐皇帝进行统治。

第六章「后汉洛阳城における皇帝·诸官の政治空间」在详细绘制西汉长安城未央宫和东汉洛阳城图表的基础上，讨论了从西汉到东汉中枢政治制度的变迁，突出了东汉中央政制的特点。具体可概括为三点：第一，东汉皇帝为克服汉武帝以来的亲信政治，强化自己的统治体制，在和帝前后，缩减、改组了宿卫禁中（皇帝的生活空间）的亲信官（内朝官）；第二，东汉时期，以禁中之外为主要办公场所的官员（三公、尚书台等）为中枢，由他们分掌政策形成和文书传达，辅佐皇帝的统治；第三，东汉时期，大幅改革了汉武帝以来的中央政制，确立了新的皇帝统治体制。

第七章「政治空间よりみた后汉の外戚辅政——后汉皇帝支配体制の限界をめぐって」指出，尽管在东汉前期对政制进行了改革，但在和帝以后仍未能充分克服亲信政治。亲信官（侍中、中常侍）仍被允许出入禁中、宿卫，向皇帝口头进言。因此，外戚、宦官通过就任亲信官，可以对皇帝的决策产生影响。正是因为政治制度的改革不彻底，东汉皇权统治在和帝以后弱化。

　　终章「汉王朝の皇帝支配体制の特色とその展开」，作者的结论是，武帝以后西汉施行了"专掌型支配"政制，即皇帝让特定官员共同掌管政策形成和文书传达的统治体制；而东汉施行了"分掌型支配"政制，即皇帝让诸官分掌政策形成和文书传达的统治体制。作者进而提出，东汉"分掌型支配"政制既是"汉代皇帝统治体制的最终形式"，又是"曹魏皇帝统治体制的原型"。

　　补论「后汉における"内朝官"の解体と九卿の再编——少府・光禄勋を中心として」具体探讨了东汉光武帝坚决推行九卿（特别是少府、光禄勋）重组与分解内朝官的关系。作者指出，东汉在分解内朝官背后，有抑制外戚、强化皇帝统治体制的目的，九卿重组则明确并强化了九卿等诸官的职能。

　　以往的汉代史研究中，主要以西汉作为研究对象，东汉政制多视为西汉政制之延续，以致东汉政制的独特性并不十分明了。对此，该书详细解析了东汉中枢体制，探讨了当时皇帝统治体制的基本特征，突出了东汉政制的特点。该书最大的特色是，在讨论东汉政治制度的结构时，既重视政策形成和文书传递，又特别重视政治空间的分析，并贯穿于全书始终，这都是过去不太重视，而近年来"新政治史"十分强调的研究方法。相比先行研究，该书更深入细致、鲜活、立体地展现了东汉皇权政制。还值得一提的是，日本学界近年来日益注重都城史的研究，该书在分析东汉政治空间时，利用传世文献和考古资料，绘制了西汉长安城未央宫、东汉洛阳城详细的概念图和东汉洛阳城相关史料集成一览表，这些都是中国都城史和中枢政制研究的基本资料，方便学界利用。

（原刊《中国史研究动态》2014 年第 5 期）

踵事增华　导夫先路

——读《五一广场东汉简牍册书复原研究》

2010 年 6—8 月，五一广场东汉简牍（以下简称"五一简"）在湖南长沙五一广场 1 号窖出土，总数近七千枚，是迄今为止数量最多的一批东汉简。很长时期以来，相比数量众多的秦、西汉以及三国简，东汉简的数量明显偏少，有的夹杂在居延、敦煌简中难以区分，有的是零星的墓葬简，整体上看来比较散碎。不仅如此，相比简牍与秦、西汉、孙吴史日趋活跃的研究，东汉简与东汉史研究也显得比较冷清。不过，当湖南张家界古人堤，长沙九如斋、东牌楼、五一广场、尚德街和益阳兔子山东汉简牍等陆续出土和刊布，东汉简逐渐引起学界的重视，并且被寄予推动东汉史研究的厚望，其中尤以五一简备受瞩目。这主要是因为五一简不仅数量众多，其中一些简牍保存较好，而且很多可以编联为内容大致完整的简册文书，为探讨东汉内地郡县乡里（丘）的文书行政，特别是刑事诉讼提供了绝佳的第一手材料。

五一简出土后十二年中，先后出版了《长沙五一广场东汉简牍选释》及《长沙五一广场东汉简牍》第壹至陆卷，[①] 刊布简牍 2600 多枚，接近总数的 2/5，吸引了越来越多的学者关注和研讨，发表专题论文将近 200 篇。古语云："蓄力一纪，可以远矣。"[②] 作为五一简整理组的核心骨干，

---

　　① 长沙市文物考古研究所等编：《长沙五一广场东汉简牍选释》，中西书局 2015 年版；长沙市文物考古研究所、清华大学出土文献研究与保护中心等编：《长沙五一广场东汉简牍》（壹）（贰），（叁）（肆），（伍）（陆），中西书局 2018、2019、2020 年版。

　　② 《国语》卷 10《晋语四·重耳自狄适齐》，上海古籍出版社 1998 年版，第 337 页。

杨小亮先生长年投身于这批简牍的整理与研究工作，做出了突出贡献。其博士学位论文《五一广场东汉简牍册书复原研究》修订出版，① 作为首部系统整理研究五一简的专著，该书不仅具体介绍了五一简的整理过程和简册文书的基本类型、大概样貌，为学界要言不烦地介绍了五一简的整体概况；而且细致复原了 11 份具有代表性的简册文书，为学界开展相关研究提供了可以信赖的文本；还从理论层面对册书复原的方法进行了归纳总结，为学界进一步开展五一简文书学研究奠定了基础，提供了示范。

一　五一广场简复原的里程碑

五一简是湖南长沙首批出土于窖坑的简牍，其埋藏环境与走马楼、东牌楼、尚德街等古井简相近，内容皆为县政文书，因而被合称为"井窖简"。② 但是，五一简的埋藏地点是"窖"而不是"井"，窖坑简与古井简存在一些差异。例如，与废弃后的水井短期内被用于堆积垃圾进行填充（防止坠落事故）不同，这类窖坑应当一直被用来堆放日常废弃物，那些被长期利用的窖坑，遗存简牍的时限往往比古井简要长一些。据迄今所见五一简记录的年号，这批文书的时间大抵从永元二年（90）延续到永初七年（113），涉及东汉和帝、殇帝、安帝统治时期，时间跨度长达 23 年以上，是目前井窖简中涉及皇帝最多、时段最长的一批简（东牌楼东汉简、走马楼吴简仅涉及灵帝时期和吴大帝前期约十多年）。这对于考察皇权更迭背景下的国家、社会治理的沿革具有重要意义，其学术价值不容低估。

作为窖坑简，五一简为日常废弃物，但是，其遗存形态显得比较特殊。既有焚毁之余（如 2010CWJ1②：31），又有集中堆积（如第①层西侧临坑壁处）③，应当是前后多批次将废弃文书焚毁或直接扔弃到垃圾坑。

---

① 杨小亮：《五一广场东汉简牍册书复原研究》，中西书局 2022 年版。

② 关于"井窖简"的埋藏原因及其性质，近年来学界多有探讨，相关研究成果如：郭伟涛：《论古井简的弃置与性质》，《文史》2021 年第 2 辑；凌文超：《简牍何以"井"喷》，《中国社会科学报》2022 年 5 月 6 日第 5 版；张忠炜：《浅议井窖出土简牍的二重属性》，《中国史研究》2022 年第 2 期。

③ 长沙市文物考古研究所：《湖南长沙五一广场东汉简牍发掘简报》，《文物》2013 年第 6 期。

这种遗存状态既与集中填埋的走马楼吴简不同，也与日常遗弃的且多为残损零碎的东牌楼东汉简相异。在这种情况下，想要将五一简聚集出现且保存较好、但又因各种原因呈现散乱状态的残篇落简整理为可资利用的"册书"（简册文书），并无直接经验可资借鉴，这也是摆在诸多五一简研究者面前的一大难题。

杨小亮先生长年从事简牍整理研究，重视"册书复原"工作。他曾综合利用简牍文书学方法对肩水金关汉简、走马楼吴简等中的簿籍、文书进行复原，[①] 积累了丰富的实践经验。近年来，他根据五一简的特点，通过扬弃先行简牍文书学研究方法，在五一简册书复原研究方面夙夜勤励，成绩斐然，探索出一套行之有效且具有推广意义的复原操作方式。

一批简牍是否能够又是否有必要进行复原工作，首先需要进行系统的调查，得出一些整体性认识。作为整理者，杨小亮先生在这方面具有得天独厚的优势。他在开展复原工作之前，对五一简进行了全面考察，对其包含的册书结构进行系统分类，[②] 参见图一。

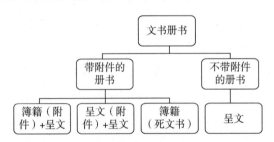

图一　五一简册书结构

从而为五一简册书的复原提供了指引和参照。当我们将若干文书简编连起来，其复原结果究竟是呈文，还是作为附件的呈文，抑或是簿籍，编连的结果又是否完整状态，这时，都可以与上述册书结构进行对照，从而提示

----

① 杨小亮：《西汉〈居摄元年历日〉缀合复原研究》，《文物》2015 年第 3 期；杨小亮：《"表坐割匿用米行军法"案勾稽考校》，载长沙简牍博物馆编《长沙简帛研究国际学术研讨会论文集》，中西书局 2017 年版，第 173—189 页。

② 关于簿书内容的排列，侯旭东先生利用西北汉简有过系统分析，参见其作《西北所出汉代簿籍册书简的排列与复原——从东汉永元兵物簿说起》，《史学集刊》2014 年第 1 期。

下一步的复原、整理工作如何进行。

册书结构的分类与其首简、尾简、标题简的特征密切相关。杨小亮先生认为，文书的首简（开头）、尾简（结尾）和标题简是册书构成的标志要素，无论在书写格式上还是语言风格上都极具特色，是册书结构分类和册书复原的重要依据。书中对五一简中所见的首简、尾简、标题简进行了详细调查和统计。

关于首简的不同特征，杨小亮先生指出："不带附件的呈文的首简"A面常出现"文书中套用文书"的现象，引用"府书""廷书"等，B面则一定会对文书的主要责任人的用印情况加以说明，并预留出收文时间及收件人等待补充信息的位置；而"带附件的呈文部分的首简"，如"写移书"类呈文，一般都记有"谨写移""谨移""右……如牒"，其篇幅相对短小；至于"附件部分的首简"，单面书写，缺少背面的责任人以及待填补的文书到达日期等信息。以此为据，书中逐一列举出"只有呈文的册书首简"68枚、"带附件的呈文部分的首简"40枚、"附件部分的首简"（区分出1枚）。

尾简主要分为两类：一类是"不带附件的呈文尾简"，一般以"文书主要责任人＋（职事无状）＋惶恐叩头死罪死罪敢言之"结尾。另外，"唯"＋平出也是确定文书尾简的标志。另一类是"带附件的呈文部分的尾简"，还可细分为两种：一种是"写移书"类呈文的尾简，一般比较短小，有时首简即尾简，其下行、平行文书以"如府书律令""如诏书律令"等套语结尾，其上行文书以"惶恐叩头死罪死罪敢言之"结尾，或仅以"敢言之"结尾，结尾处经常也会署有启封日期或相关责任人等信息；另一种虽然也以"惶恐叩头死罪死罪敢言之"结尾，但简文中有"谨右别人名如牒""傅（附）议解左"一类的词句提示该呈文带有附件。按册书种类，书中具体列举出"不带附件的呈文尾简"106枚、"带附件的呈文部分的尾简"32枚。

标题简的鲜明特征是往往以"某书"结尾，如各种"解书""傅前解书""除前解书""匿衣物书""服书"等；也常标注文书的发送方向，如"诣左贼""诣狱""属曹""诣尉曹"；而且大多标注启封记录，如"某月某日开"等。有的简面上还有对所呈报内容的"批注"。据作者调查，五一简中所见的"标题简"共计 101 枚，其中带附件的册书的标题简 7 枚。

此外，签牌（木楬）虽然与册书密切相关，但是，杨小亮先生认为，它产生于册书的存档环节，应是档案卷宗全部或部分内容的标识，以方便检索，并不属于运行中册书的组成部分，其作用也不能等同于册书的标题。杨小亮先生统计五一简签牌（木楬）共计 166 枚。结合调查统计的册书首简（108 枚）、尾简（138 枚）、标题简（101）枚，五一简中存在复原可能性的册书应当在百件以上。然而，五一简本是日常废弃的文书档案，并非集中填埋简，在 1 号窖中的分布比较散乱，而且不少是残损简，因此，大多数的册书都是残缺的，能够完整或大致复原的只有少数。

通过对册书首简、尾简、标题简的详尽调查和对册书结构进行分类，建立起五一简册书复原的基本框架，在此基础上，杨小亮先生一方面对学界已复原的 4 件册书加以检讨和反思，或指出其册书命名上存在的问题，或修订其排序及内容考证方面的疏误；另一方面依靠简文内在逻辑及书体、形制等成功编连复原 3 件册书和 2 份案卷：

1. 广亭长晖言傅任将杀人贼由并、盗由肉等妻归部考实解书
2. 从掾位悝言考实仓曹史朱宏、刘官臧罪竟解书
3. 连道写移奇乡受占临湘南乡民逄定书
4. 守史勤言调署伍长人名数书
5. 右部劝农贼捕掾悝言盗陈任麤不知何人未能得假期书
6. 直符右仓曹史豫言考实女子雷旦自言书佐张董取旦夫良钱假期书
7. 北部贼捕掾绥言考实伤由追者由仓竟解书
8. 女子王绥不当复还王刘衣案卷（两件册书）
9. 楮溪例亭长黄详杀不知何一男子案卷（两件册书）

杨小亮先生在已有研究的基础上，细致解析与考订册书内容，例如，对残断简牍进行系统缀合和统计，方便学界利用；对不少存在问题的释文

进行订补，基本可以信从；对一些疑难字词进行详细考证，提出很多具有启发性意见；对晦涩艰深的文本进行系统通解，深入浅出地呈现简文含义。从而为学界提供了极其难得的比较完整的东汉诉讼文书，为今后的相关研究提供了可以凭信的依据。可以说，《五一广场东汉简牍册书复原研究》既是当今五一简册书整理与研究的集大成之作，也是系统复原五一简册书的开创者，无论对于五一简研究，还是册书复原都具有里程碑式的意义。

二　简牍学理论探讨的新进展

简牍学理论探讨是本书的一大特色。简牍学目前仍是一门形成中的学科，相关理论体系、学科术语存在不少争议，且有很大的探讨空间。① 杨小亮先生在书中娴熟运用简牍学理论、术语、方法并提出诸多独到见解，颇具启发性，对于推动简牍学学科的形成与发展具有重要意义。兹选取若干创见或疑点加以评介。

首先，关于"册书"术语的使用。杨小亮先生根据长期以来学界的使用情况对"册书"作了言简意赅的总结："简牍文献中广义的'册书'应当包括'典籍'册书和'文书'册书，前者如先后发现的可分别归入《汉书·艺文志》'六略'的数十种可称之为'书'的典籍文献，后者如数量更多的各种可编连成册的官文书等。从学界对'册书'一词的使用情况来看，一般则多指'官文书'类册书。"② "册书"是当今简牍学研究中习用的术语，诚如作者所言，一般指成册的官文书。然而，当我们细究"册书"的含义，《汉语大辞典》给出了四个义项：史册，史籍；册命之书，古代帝王用于册立、封赠等事的诏书；亦指一般诏书；明清时向官府承包若干户钱粮的税吏。③ 可见自古以来以来"册书"并未用来指普通的官文书册籍。大庭脩较早开展的"册书复原"研究也以诏书为主，不过，

① 近年来关于简帛学理论探讨的新进展，可参见蔡万进、邬文玲主编《简帛学理论与实践》第 1 辑，广西师范大学出版社 2021 年版。

② 杨小亮：《五一广场东汉简牍册书复原研究》，第 4 页。

③ 汉语大辞典编辑委员会、汉语大词典编纂处编纂：《汉语大词典》，上海辞书出版社 2011 年版，第 1030 页。

他同时也将骑士简册、迁补牒、功劳墨将名籍等簿籍纳入进来，拓展了"册书"的外延。① 大庭脩"册书复原"研究在学界产生了广泛的影响，以"册书"指代官文书简册的用法随之推广开来。

笔者虽然并不反对"册书"的这类用法，特别是在典籍、诏令复原过程中使用"册书"应当是比较准确的，但是，对于一般的官文书簿籍，笔者历来主张以"簿书"称之。② "簿书"不仅指簿籍，也指行文连贯的官文书简册，如《汉书·王吉传》云："（公卿）务在于期会簿书，断狱听讼而已"。③《论衡·程材篇》曰："文吏笔札之能，而治定簿书，考理烦事。""文吏晓簿书，自谓文无害。"④ 公卿、文吏办公时的往来"簿书"，当然包括了各种类型的官文书。五一简、走马楼吴简等中的文书、簿籍应当可以统称为"簿书"（广义），具体的官文书简册则可以用反映其性质的自题名如"爰书""解书""檄书""簿书"（狭义，特指簿籍）称之。原来惯用的"册书复原"似乎也可以用"簿书复原"来替代。

其次，关于官文书的分类。以往简牍学界按文书内容将官文书分为"簿籍"与"文书"两类。但是，通过五一简簿书复原等的结果，常见"簿籍"与"文书"一起编联的简册。有鉴于此，杨小亮先生从文书构成的角度将册书分为"不带附件的册书"和"带附件的册书"两类。前者是纯粹的"叙事性文书"（呈文），后者有三种形式：簿籍＋呈文、呈文＋呈文、簿籍。其中，"呈文＋呈文"形式的簿书，以往学界关注较少；对于缺乏"呈文"无需运行的"簿籍"，杨小亮先生称之为"死文书"。这些都是富有建设性和启发性的意见。

当然，对于"死文书"一类提法，可能还需要更多的解释，以免引起误解。因为文书的功能在于信息的传递，信息不仅有空间的传递，也有时间的传递，前者是流转中的文书，后者是存档的文书。只要是使用中的文书（没有废弃）就是"活文书"，即使静置存档长期无人问津，似乎也

---

① ［日］大庭脩：《汉简研究》，徐世虹译，广西师范大学出版社 2001 年版。

② 凌文超：《走马楼吴简采集簿书整理与研究》，广西师范大学出版社 2015 年版，第 1 页。

③ 《汉书》卷 72《王吉传》，中华书局 1962 年版，第 3063 页。

④ 黄晖：《论衡校释》卷 12《量知》《谢短》，中华书局 1990 年版，第 548、554 页。

只是处于休眠状态，一旦需要查找相关信息，信息传递的功能马上就被激活了，甚至也可以进行空间的传递。

再次，该书总结出一套行之有效且可以复制、推广的册书复原方法。该书作者提出的册书结构分类以及对册书构成要素（首简、尾简、标题简、签牌）进行的全面调查，为五一简册书复原奠定了基本框架，在具体的册书复原工作中能起到纲举目张之效。

至于册书复原的基本步骤，杨小亮先生提出一开始就要重视图版处理、释文、缀合工作，这是以往册书复原过程中很少注意的地方。例如，"异形"简牍的多个角度扫描和拍照；释文借鉴吐鲁番文书释读过程中使用的符号□表示缺失文字的长短；文字隶定上使用统一的标准，新造字后用"固定"的文字方式加以说明，以方便检索；依据材质、形制、正反面茬口与纹理、字体、出土号、文字内容和格式对残简进行缀合，这些都是册书编联的前期工作，处置得当对于册书复原能起到很好的促进作用。

册书编连是册书复原的关键。杨小亮先生认为册书的编联主要依据文书的结构进行。特定的文书有特定的结构，在格式上也有固定的套语。具体而言，即依据首简、尾简、标题简为册书搭建起基本的框架。杨小亮先生特别指出，目前五一简册书复原对标题简不够重视，没有充分利用标题简提供的信息。五一简册书标题简一般编排在册书之后，常常有启封记录、签署和批文等内容，对册书复原和研究具有重要意义。册书中间部分内容，主要通过行文逻辑，以及一些关键字、词的检索来逐步补充和完善。人名、地名、套语、习惯用语、简牍形制、书写风格、文字内容、编绳痕迹都是确定散简是否属于同一册书的依据，相互结合着共同促进册书的编联、复原。

然而，对于以往簿书复原尤为重视的"揭剥号"（简号），杨小亮先生认为只是册书复原之后作为补充和验证成果的旁证，简号相连或相近，只是结果的反映，而不能进行反推。这也是一个很重要的提示。不过，考古发掘者曾提示："第①层西侧临坑壁处，为数十枚较集中的木牍"。① 我

---

① 长沙市文物考古研究所：《湖南长沙五一广场东汉简牍发掘简报》，《文物》2013 年第 6 期。

们不知道这部分聚集出现的木牍是否单独进行处理，又是否制作了专门的揭剥位置示意图。如果有相关的信息，我怀疑或许也可用来作为册书复原比较客观的前提依据。

此外，根据系列册书复原的结果，杨小亮先生有了不少新发现和总结性概论，提出一些高明的见解。如五一简"写移"类册书有竹简与木两行一起编联的例子，可见材质、形制不同的简牍也存在编连的可能性。又如，一个签牌可能对应同一事项的多份册书，多个签牌也可能同时对应一个册书（后一点期待更多的明确证据）。再如，册书的收卷可能存在"卷轴型"和"折页型"两种方式。杨小亮先生还主张将册书复原的目标分为文书流转、档案留存两种状态，反对将不同流转阶段的所有相关材料都"集成"在一起，在册书复原过程中应根据材料的多寡和复原目的的不同，选择性地将册书复原到某一个层级，这当然是非常可取的意见。

该书在简牍学理论方面的总结与探讨，尤其是从文书构成的角度对册书结构进行新分类、五一简册书复原框架和方法步骤的总结以及册书复原目标的判定，丰富了简牍文书学理论与方法，提供了经验示范，对于促进五一简乃至井窖简簿书复原具有重要的引领作用。

三　简牍文书学研究的新收获

自 20 世纪早期汉晋简牍出土以来，中国简牍搜集、发掘、整理、刊布、研究已走过百年余历程。一百多年来，学界在简牍辑佚考证、分类整理、文书学研究等方面取得了丰硕成果，不仅刊布了许多简牍整理本，也发表了大量简牍学研究论著，一门以简牍为研究对象、具有专门理论体系和鲜明特征的简牍学学科日趋成熟。简牍学研究经过百年积淀，因机缘与机遇的不同，中外学界形成了各具特色的传统和范式，特别是在文书类简牍方面。审视中外简牍文书学的研究历程，庶几可以更好地凸显本书的学术价值和在学术史上所处的位置。

中国简牍学研究素来注重"二重证据法"，文辞考释精审，史实考证扎实，是为其长。但长期以来对简牍材料的考古学信息利用不够，将简册视作独立的材料，结合考古学整理信息和简牍遗存信息开展复原的研究成果也不多见，相关的整理一般是根据内容和格式进行分类，相比简文涉及的历史问题研究，简册复原整理的研究相对滞后。倘若以"理解之同情"回顾中国简牍学先行研究，这种研究传统的形成，有着诸多客观原因。

中国学者开展简牍学研究之初就面临着极大的困境，并深刻地影响了简牍学研究的发展。20世纪初新发现的简牍是伴随斯坦因、斯文·赫定、橘瑞超等人在中国西北地区进行所谓的"探险"而出土的，这些汉晋简牍并不在国人手中。罗振玉、王国维《流沙坠简》揭开了中国简牍文书整理研究的序幕。① 他们根据沙畹的手校本依据简牍内容和性质进行分类，运用传统金石学和清代乾嘉学派的研究方法对其中的语言文字、历史地理等内容结合相关传世文献进行考释。不仅如此，王国维重视结合斯坦因考古报告进行研究，并深入解析简牍文书制度。虽然因无法利用原简，对近代考古实践参与不够，限制了罗、王的研究，但是，他们在简牍分类、引入近代考古学和发展"二重证据法"方面的功绩，影响深远。因此，可以说，罗振玉、王国维《流沙坠简》奠定了中国近代简牍学研究的基础。

20世纪30年代中国和瑞典联合组成的西北科学考察团，在额济纳河流域古居延地区发掘汉简约1.1万枚。居延汉简的出土，再次推动了中国简牍学研究的发展。然而，整理工作因日本侵华战争而中断，此时，瑞典考古学家贝格曼（Folke Bergman）的发掘报告尚未完成，② 劳榦仅利用手中的反体照片，克服重重困难，对居延汉简进行了释文和考证。③ 他在简牍分类和利用居延汉简考察汉代史实方面，继承和发展了王国维运用的简牍学研究方法。同时，他也感叹"现在居延汉简的原发现人贝格曼的报

---

① 罗振玉、王国维：《流沙坠简》，东山书社1914年版。

② 居延汉简考古报告迟至1950年代后期才正式出版。Bo Sommarström, Folke Bergman, *Archaeological Researches in the Edsen-Gol Region*, *Inner Mongolia* (*Reports from the scientific expedition to the north-western provinces of China under the leadership of Dr. Sven Hedin. The Sino-Swedish Expedition. Publication 39*, *41. VII. Archaeology 8 – 9*), Stockholm, StatensEtnografiska Museum, 1956, 1958. 中译本为：[瑞典]弗克·贝格曼、博·索马斯特勒姆整理：《内蒙古额济纳河流域考古报告：[瑞典]斯文·赫定博士率领的中瑞联合科学考察团中国西北诸省科学考察报告考古类第8和第9》，黄晓宏、张德芳等译，学苑出版社2014年版。

③ 劳榦：《居延汉简考释·释文之部》，石印手写本，四川南溪，1943年；《居延汉简考释·考证之部》，石印手写本，四川南溪，1944年。

告尚未出来，我们无法知道详细出土的情形，以及随着出土的器物，对现在的考释有很大的不便"，① 劳榦显然认识到考古学对简牍学研究的重要性。以王国维和劳榦为代表的中国早期简牍学研究者较少结合考古学信息开展研究，是他们所处的时代所致，不应苛责。

中华人民共和国成立后，社会逐渐安定下来，随着学科和研究范式的近代化以及学术成果的积累，简牍学研究获得突破性进展，如陈梦家《汉简缀述》在利用居延简发掘报告和西北科学考察团旧档的基础上，将近代考古学引入居延汉简研究，重视文字学、年代学、简册制度等在简牍研究中的作用，不仅继承了简史互证的传统，也强调居延汉简简册作为史料的独立性。② 20 世纪 60 年代，中国学界已开始以出土地点为依据，根据简牍形制、简文格式（书写款式）、字迹、内容、性质对居延汉简簿籍进行集成或复原研究，尽可能地恢复简册的原来面貌，如沈元《居延汉简牛籍校释》、陈公柔、徐苹芳《大湾出土的西汉田卒簿籍》是这方面的代表作。③ 这类简牍文书学研究与同一时期国外学者森鹿三、永田英正、大庭脩、鲁惟一等的研究在方法论层面并无多少差异。因此，可以说，这一时期中国简牍学界自觉运用考古学信息，结合简牍遗存信息对简册进行整理与研究，简牍材料逐步摆脱传统文献的附庸地位，简牍文书学研究在中国开始确立。

1978 年以来，中国在简牍文书学研究方面取得了长足的进步，主要体现在以下三个方面。其一，册书复原日益受到重视，如谢桂华对新旧居延汉简册书复原的系列研究，相关论文后收入其著《汉晋简牍论丛》。④ 其二，简牍分类的研究不断改进，如李天虹《居延汉简簿籍分类研究》在永田英正集成研究的基础上，借鉴居延新简，对居延汉简所见簿籍作分

① 劳榦：《居延汉简考释自序》，《居延汉简考释·释文之部》，上海商务印书馆1949 年版，第 2 页。

② 陈梦家先生在整理武威汉简之后，从 1962 年到 1966 年短短三四年间，对居延汉简、敦煌和酒泉汉简进行了系统整理与研究，共完成 14 篇论文，当时发表的只有 5 篇，后来皆收入《汉简缀述》。陈梦家：《汉简缀述》，中华书局 1980 年版。

③ 沈元：《居延汉简牛籍校释》，《考古》1962 年第 8 期；陈公柔、徐苹芳《大湾出土的西汉田卒簿籍》，《考古》1963 年第 3 期。

④ 谢桂华：《汉晋简牍论丛》，广西师范大学出版社 2014 年版。

类研究。① 该书虽以"分类"为名，但实质上就是简牍文书学研究；李均明《秦汉简牍文书分类辑解》根据简牍文书自身存在的规律，并尽可能应用其原有的称谓，对秦汉简牍文书进行分类辑解。② 其三，在简牍学研究的基础上，日渐重视简牍文书学理论的归纳、总结和专门研究，如李均明、刘军《简牍文书学》和汪桂海《汉代官文书制度》。③

以上对中国简牍学研究进行了简要回顾，接下来我们把目光投向国外的相关研究。二战后，日本学界开始关注居延汉简研究，受西方学界的影响，强调用"古文书学"方法来进行系统研究。日本学者研究居延汉简"古文书学方法"可以分为两类。一类以森鹿三、永田英正为代表的简牍集成研究，即按一定的标准，如出土地点、年代、样式、人名等为依据，将零散的简牍集成起来加以研究利用。永田英正后来将简牍的记载样式和出土地点确定为简牍集成最重要的基准。④ 另一类是以大庭脩为代表的册书复原，即按出土地点和原简编号顺序，以笔迹同一、材料同一、内容关联为原则对册书进行复原。⑤

值得指出的是，"集成"与"复原"并无截然两分的界限，正如大庭脩所云："最先对汉简展开册书复原研究的，是麦克·鲁惟一博士。他的大作《汉代行政记录》，集成了基本属于同一笔迹、同一出土地的同类简牍，而且探究了它们的含义。这种操作实际就是在复原册书"。⑥ 在大庭脩看来，严格意义上的简牍集成实际上就是册书复原，因此，他将骑士简册、功劳墨将名籍等簿籍集成纳入了"册书研究"篇。虽然"册书复原"可以整理出诸多语意连贯的文书文本，但因简牍残缺或文句晦涩，也存在诸多不确定性；"簿书集成"虽然很多不能连读，但是，随着集成框架的准确判定，很多时候各类简牍先后顺序并不妨碍簿籍的理解，无论是簿书

---

① 李天虹：《居延汉简簿籍分类研究》，科学出版社 2003 年版。

② 李均明：《秦汉简牍文书分类辑解》，文物出版社 2009 年版。

③ 李均明、刘军：《简牍文书学》，广西教育出版社 1999 年版；汪桂海：《汉代官文书制度》，广西教育出版社 1999 年版。

④ ［日］永田英正：《居延汉简研究》，张学锋译，广西师范大学出版社 2007 年版，第 25—39 页。

⑤ ［日］大庭脩：《汉简研究》，第 10—13 页。

⑥ ［日］大庭脩：《汉简研究》，第 10 页。

编制之初，还是我们今天的整理，簿籍之内数量众多的同类简的前后次序并不是那么的重要，一般也不会因此造成误解。因此，可以说，"集成"与"复原"殊途同归，两者的区别主要是方法运用上的差异，追求的目标则是一致的，都是整理出可以准确通读的简册文书。

日本学界在居延汉简集成研究方面取得进展的同时，也有学者对中国简牍学研究方法提出严厉批评。他们认为王国维、劳榦对居延汉简按简牍内容进行分类，"在方法论上有很大的欠缺"，"没有意识到如何运用新的研究方法对这么多新出土的资料加以研究这一问题"，没有考虑到简牍的形状，未充分注意到各简牍的出土地。桥川时雄甚至称"中国虽有古文书，然无古文书学"。藤枝晃也认为"事实却正如桥川先生所指出的那样。如果把这句话稍作演绎的话，大概可以用这样一个例子来作比喻，这就是：挥着剑乱舞乱砍，即使真的能把敌人杀死，也很难称得上是正规的剑法，只有从基础开始按剑谱进行训练，才能掌握真正的剑法"。①

相比之下，受日本学界居延汉简研究影响，同样对居延汉简开展集成研究的英国学者鲁惟一，对中国简牍学研究的评价要客观得多："1943年，劳榦的简牍释文第一版石印本出版了，他曾幸运地将一套简牍照片从香港运到了四川，他的释文就是利用这套照片完成的。尽管战争使劳榦和他的同事们遇到了诸多困难和挫折，但是他们仍然坚持工作，成功地完成了这一使命，对此，无论给予多高的评价都不过分。"② 随着简牍不断出土和研究的推进，上述简牍古文书学研究有些地方在今天看来有着明显的欠缺，比如集成研究将同类簿书汇集在一起，未对单个简册进行区分；笔迹同一和材料同一似非册书复原的充分条件。但是，20 世纪"文化大革命"以后一段时期国外简牍文书学研究在方法论上超越了中国却是毋庸争辩的事实。

过去中外学界对中国出土简牍进行文书学研究主要集中在西北边塞简，这主要是因为：一方面，以居延汉简、敦煌汉简为代表的边塞简数量

---

① ［日］藤枝晃：《居延汉简研究·序文》，［日］永田英正：《居延汉简研究》上册，第1—2 页；［日］大庭脩：《汉简研究》，第8—9 页。

② ［英］迈克尔·鲁惟一：《汉代行政记录》（上），于振波、车今花译，广西师范大学出版社 2005 年版，第7—8 页。

众多，信息丰富，内含众多簿书，其出土地点广泛散布于各烽燧遗址，利用考古学信息进行分类、集成和复原是全面而深入研究边塞简的基础；另一方面，边塞简以外主要是墓葬简，墓葬作为一个相对较小的遗存单位，简牍数量一般不大，内容多为遣策和典籍，堆积状况比较单纯，遗迹现象比较清楚，发掘清理相对容易，同时，墓葬竹书等内容关联紧密，且大多都有传统文献作参照，相比边塞官文书简册，墓葬简的文献学整理研究相对方便。

出土于井窖的简牍，其埋藏环境和遗存状况与边塞简、墓葬简有很大的不同，埋藏环境不佳，保存质量较差，埋藏目的不甚清楚，且处于散乱状态。幸运的是，随着近年来中国简牍考古长足发展，新出简牍尤其是井窖简往往都有比较具体而详细的考古报告，这就为简册的整理研究提供了诸多客观依据。如何从井窖简的独特性出发，综合利用考古学整理信息和简牍遗存信息，对井窖简文书学研究方法做出相应的调适和创新，是近年来中外简牍学研究重要的发展方向，也是重要的学术增长点。毫无疑问，杨小亮《五一广场简牍册书复原研究》是这方面的新收获，代表了当今井窖简册书复原研究的最新进展和最高水平，丰富了简牍文书学理论和方法，也应是经得起时间检验的代表性作品，必将引领五一简册书复原并推动简牍文书学向前发展。随着五一简的进一步刊布，可以预见，越来越多的五一简册书将会被整理出来，那些内容连贯的文书必将更好地呈现东汉基层行政的细致图景。

我们期待有更多的学者关注井窖简研究，并且愿意投身于事倍功半的复原事业。一旦有了更多的整理准确、内容考订精详的"簿书复原"研究成果来"背书"，那么，可以信从、由博返约、便于大众阅读的只有册书复原结果和译文的高级"整理本"将会很快到来，既方便其他领域学者的直接利用，也将促使简牍学在文化发展过程中发挥越来越大的作用。

（原刊《出土文献》2023 年第 3 期）

参考文献

一 传世文献

（东汉）郑玄等注：《十三经古注》，中华书局 2014 年版。

（清）阮元校刻：《十三经注疏》，中华书局 1980 年版。

闻人军译注：《考工记译注》，上海古籍出版社 2008 年版。

（西汉）韩婴撰，许维遹校释：《韩诗外传集释》，中华书局 1980 年版。

（东汉）许慎撰，（北宋）徐铉校定：《说文解字》，中华书局 1963 年版。

（清）王念孙：《广雅疏证》，中华书局 2004 年第 2 版。

《史记》，中华书局 1982 年第 2 版。

《汉书》，中华书局 1962 年版。

《后汉书》，中华书局 1965 年版。

《三国志》，中华书局 1982 年第 2 版。

《晋书》，中华书局 1974 年版。

《宋书》，中华书局 1974 年版。

《南齐书》，中华书局 1972 年版。

《梁书》，中华书局 1973 年版。

《魏书》，中华书局 1974 年版。

《北史》，中华书局 1974 年版。

《隋书》，中华书局 1973 年版。

《旧唐书》，中华书局 1975 年版。

《新唐书》，中华书局 1975 年版。

《辽史》，中华书局 1974 年版。

《资治通鉴》，中华书局 1956 年版。

《国语》，上海古籍出版社 1998 年版。

《通典》，中华书局 1988 年版。

《太平御览》，中华书局 1960 年版。

（清）沈钦韩：《后汉书疏证》，上海古籍出版社 2006 年版。

（东晋）袁宏撰，周天游校注：《后汉纪校注》，天津古籍出版社 1987 年版。

（清）汤球辑：《十六国春秋辑补》，刘晓东等点校：《二十五别史》，齐鲁书社 2000 年版。

（清）赵一清：《水经注释》，光绪六年会稽章氏重刊本。

（北魏）郦道元著，陈桥驿校证：《水经注校证》，中华书局 2007 年版。

刘俊文撰：《唐律疏议笺解》，中华书局 1996 年版。

（唐）林宝撰，岑仲勉校记：《元和姓纂》，中华书局 1994 年版。

（宋）郑樵著，王树民点校：《通志二十略》，中华书局 1995 年版。

（南宋）范成大撰，陆振岳校点：《吴郡志》，江苏古籍出版社 1986 年版。

（清）顾祖禹：《读史方舆纪要》，中华书局 2005 年版。

（清）李慎儒：《辽史地理志考》，《二十五史补编》第 6 册，开明书店 1936 年版。

（清）陈汉章：《辽史索隐》，《二十五史三编》第 8 册，岳麓书社 2004 年版。

（清）王鸣盛：《十七史商榷》，上海书店出版社 2005 年版。

（清）卞宝第、李瀚章等修，（清）曾国荃、郭嵩焘等纂：《湖南通志》，上海古籍出版社 1990 年影印本。

朱谦之撰：《老子校释》，中华书局 1984 年版。

杨丙安校理：《十一家注孙子校理》，中华书局 1999 年版。

（清）郭庆藩撰：《庄子集释》，中华书局 1961 年版。

（清）王先谦撰：《庄子集解》，中华书局 1987 年版。

郭书春：《九章筹术译注》，上海古籍出版社 2009 年版。

何宁撰：《淮南子集释》，中华书局 1998 年版。

王利器校注：《盐铁论校注（定本）》，中华书局 1992 年版。

黄晖撰:《论衡校释》,中华书局 1990 年版。

(东汉)应劭撰,王利器校注:《风俗通义校注》,中华书局 2010 年第 2 版。

(东汉)王符著,(清)汪继培笺,彭铎校正:《潜夫论校正》,中华书局
　　1985 年版。

(东汉)蔡邕:《独断》,《四部丛刊三编》,上海商务印书馆 1936 年影
　　印本。

余嘉锡笺疏:《世说新语笺疏》,中华书局 2007 年第 2 版。

(南朝宋)刘义庆撰,(南朝梁)刘孝标注:《世说新语》,中华书局 1999
　　年影印宋本。

(南朝梁)萧绎撰,许逸民校笺:《金楼子校笺》,中华书局 2011 年版。

王利器撰:《颜氏家训集解(增补本)》,中华书局 1993 年版。

(唐)李筌:《神机制敌太白阴经》,《丛书集成初编》,中华书局 1985
　　年版。

(清)桂馥:《札朴》,商务印书馆 1958 年版。

(南朝梁)萧统编,(唐)李善等注:《六臣注文选》,中华书局 1987 年版。

(南朝宋)宝唱:《名僧传抄》,载藏经书院编《新编卍续藏》第 134 册,
　　新文丰出版股份有限公司 1983 年版。

(南朝梁)僧祐撰,苏晋仁、萧炼子点校:《出三藏记集》,中华书局 1995
　　年版。

(南朝梁)慧皎撰,汤用彤校注,汤一玄整理:《高僧传》,中华书局 1992
　　年版。

(唐)道宣撰,郭绍林点校:《续高僧传》,中华书局 2014 年版。

《全唐文》,中华书局 1983 年影印本。

(南宋)志磐撰,释道法校注:《佛祖统纪校注》,上海古籍出版社 2012
　　年版。

(南宋)曾几:《茶山集》,江西高校出版社 2021 年版。

(清)赵翼著,李学颖、曹光甫校点:《瓯北集》,上海古籍出版社 1997
　　年版。

大正一切经刊行会编:《大正新修大藏经》,新文丰出版股份有限公司 1994—
　　1996 年影印本。

二　出土文献

本书编写组：《云梦睡虎地秦墓》，文物出版社 1981 年版。

睡虎地秦墓竹简整理小组：《睡虎地秦墓竹简》，文物出版社 1990 年版。

湖南省文物考古研究所编：《里耶发掘报告》，岳麓书社 2007 年版。

湖南省文物考古研究所编：《里耶秦简》（壹）（贰），文物出版社 2012、
　　2017 年版。

陈伟主编：《里耶秦简牍校释》第 1、2 卷，武汉大学出版社 2012、2018
　　年版。

朱汉民、陈松长主编：《岳麓书院藏秦简（叁）》，上海辞书出版社 2013
　　年版。

陈松长主编：《岳麓书院藏秦简》（肆）（伍）（陆），上海辞书出版社 2015、
　　2017、2020 年版。

张家山二四七号汉墓竹简整理小组：《张家山汉墓竹简〔二四七号墓〕（释
　　文修订本)》，文物出版社 2006 年版。

裘锡圭主编：《长沙马王堆汉墓简帛集成》，中华书局 2014 年版。

彭浩主编：《凤凰山汉墓简牍》，湖北美术出版社 2002 年版。

［日］西林昭一编：『简牍名迹选 5・湖北篇三・凤凰山前汉简』，二玄社
　　2009 年版。

湖北省文物考古研究所编：《江陵凤凰山西汉简牍》，中华书局 2012 年版。

荆州博物馆编著：《荆州重要考古发现》，文物出版社 2009 年版。

连云港市博物馆等编：《尹湾汉墓简牍》，中华书局 1997 年版。

甘肃省文物考古研究所编：《敦煌汉简》，中华书局 1991 年版。

中国社会科学院考古研究所编：《居延汉简甲乙编》，中华书局 1980 年版。

谢桂华、李均明、朱国炤：《居延汉简释文合校》，文物出版社 1987 年版。

薛英群、何双全、李永良注：《居延新简释粹》，兰州大学出版社 1988 年版。

甘肃省文物考古研究所等编：《居延新简》，文物出版社 1990 年版。

甘肃简牍博物馆等编：《肩水金关汉简》（壹）（贰）（叁）（肆）（伍），
　　中西书局 2011、2012、2013、2015、2016 年版。

孙家洲主编：《额济纳汉简释文校本》，文物出版社 2007 年版。

胡平生、张德芳编撰：《敦煌悬泉汉简释粹》，上海古籍出版社 2001 年版。

李均明、何双全：《散见简牍合辑》，文物出版社 1990 年版。

李均明：《秦汉简牍文书分类辑解》，文物出版社 2009 年版。

李天虹：《居延汉简簿籍分类研究》，科学出版社 2003 年版。

长沙市文物考古研究所编：《长沙尚德街东汉简牍》，岳麓书社 2016 年版。

长沙市文物考古研究所等编：《长沙五一广场东汉简牍选释》，中西书局
　　2015 年版。

长沙市文物考古研究所等编：《长沙五一广场东汉简牍》（壹、贰），（叁、
　　肆），（伍、陆），中西书局 2018、1019、2020 年版。

走马楼吴简整理组编著：《长沙走马楼三国吴简·嘉禾吏民田家莂》和《竹
　　简〔壹〕》《竹简〔贰〕》《竹简〔叁〕》《竹简〔肆〕》《竹简〔伍〕》
　　《竹简〔陆〕》《竹简〔柒〕》《竹简〔捌〕》《竹简〔玖〕》，文物出版
　　社 1999、2003、2007、2008、2011、2018、2017、2013、2015、2019
　　年版。

宋少华主编：《湖南长沙三国吴简（五）》，重庆出版社 2010 年版。

（宋）赵明诚撰，金文明校证：《金石录校证》，上海书画出版社 1985 年版。

（清）王昶：《金石萃编》，新文丰出版公司编辑部编《石刻史料新编》第 1
　　辑，新文丰出版公司 1977 年版。

（清）陆增祥：《八琼室金石补正》，北京图书馆出版社 2003 年版。

国家图书馆善本金石组编：《先秦秦汉魏晋南北朝石刻文献全编》，北京
　　图书馆出版社 2003 年版。

张维：《陇右金石录》，新文丰出版公司编辑部编《石刻史料新编》第 1
　　辑，新文丰出版公司 1977 年版。

徐玉立：《汉碑全集》，河南美术出版社 2006 年版。

毛远明校注：《汉魏六朝碑刻校注》，线装书局 2008 年版。

刘景龙、李玉昆主编：《龙门石窟碑刻题记汇录》，中国大百科全书出版
　　社 1998 年版。

张进忠编著：《澄城碑石》，三秦出版社 2001 年版。

曾晓梅、吴明冉集释：《羌族石刻文献集成》，巴蜀书社 2017 年版。

赵万里：《汉魏南北朝墓志集释》，新文丰出版公司编辑部编《石刻史料

新编》第 3 辑，新丰文出版公司 1986 年版。

赵超：《汉魏南北朝墓志汇编》，天津古籍出版社 1992 年版。

赵君平、赵文成编：《河洛墓刻拾零》，北京图书馆出版社 2007 年版。

齐运通、杨建锋编：《洛阳新获墓志（二〇一五)》，中华书局 2017 年版。

孙慰祖主编：《古封泥集成》，上海书店出版社 1994 年版。

唐耕耦、陆宏基编：《敦煌社会经济文献真迹释录》，书目文献出版社 1986
年版。

上海古籍出版社、法国国家图书馆编：《法藏敦煌西域文献》第 1 册，上
海古籍出版社 1995 年版。

上海图书馆、上海古籍出版社编：《上海图书馆藏敦煌吐鲁番文献》第 1
册，上海古籍出版社 1999 年版。

国家文物局古文献研究室、新疆维吾尔自治区博物馆、武汉大学历史系
编：《吐鲁番出土文书》，文物出版社 1981 年版。

唐长孺主编：《吐鲁番出土文书》（壹）（贰）（肆），文物出版社 1992、
1994、1996 年版。

荣新江：《海外敦煌吐鲁番文献知见录》，江西人民出版社 1996 年版。

荣新江：《吐鲁番文书总目（欧美收藏卷)》，武汉大学出版社 2007 年版。

荣新江、史睿主编：《吐鲁番出土文献散录》，中华书局 2021 年版。

天一阁博物馆等：《天一阁藏明钞本天圣令校证》，中华书局 2006 年版。

尹弘兵：《纪南城与楚郢都》，《考古》2010 年第 9 期。

张万高：《江陵高台 18 号墓发掘简报》，《文物》1993 年第 8 期。

长江流域第二期文物考古工作人员训练班：《湖北江陵凤凰山西汉墓发掘
简报》，《文物》1974 年第 6 期。

黄盛璋：《江陵凤凰山汉墓简牍及其在历史地理研究上的价值》，《文物》
1974 年第 6 期。

荆州博物馆：《湖北荆州纪南松柏汉墓发掘简报》，《文物》2008 年第 4 期。

天长市文物管理所、天长市博物馆：《安徽天长西汉墓发掘简报》，《文
物》2006 年第 11 期。

长沙市文物考古研究所：《湖南长沙五一广场东汉简牍发掘简报》，《文

物》2013 年第 6 期。

黄士斌:《河南偃师县发现汉代买田约束石券》,《文物》1982 年第 12 期。

甘肃省博物馆:《甘肃泾川南石窟调查报告》,《考古》1983 年第 10 期。

陕西省文物普查队:《耀县新发现的一批造像碑》,《考古与文物》1994 年
　　第 2 期。

吴荭、张陇宁、尚海啸:《新发现的北魏〈大代持节幽州刺史山公寺碑〉》,
　　《文物》2007 年第 7 期。

《北魏宕昌公晖福寺碑清拓》,《中国书法》2014 年第 4 期。

郝维彬:《辽代龙化州调查记》,《内蒙古文物考古》1991 年第 1 期。

内蒙古文物考古研究所:《辽上京城址勘查报告》,载内蒙古文物考古研
　　究所编《内蒙古文物考古文集》第 1 辑,中国大百科全书出版社 1994
　　年版。

三　专著

蔡万进、邬文玲主编:《简帛学理论与实践》第 1 辑,广西师范大学出版
　　社 2021 年版。

陈国灿:《斯坦因所获吐鲁番文书研究》,武汉大学出版社 1995 年版。

陈国灿:《吐鲁番学新论》,新疆人民出版社 2006 年版。

陈国灿、刘安志:《吐鲁番文书总目（日本收藏卷）》,武汉大学出版社 2005
　　年版。

陈絜:《商周姓氏制度研究》,商务印书馆 2007 年版。

陈连庆:《中国古代少数民族姓氏研究——秦汉魏晋南北朝少数民族姓氏
　　研究》,吉林文史出版社 1993 年版。

陈梦家:《汉简缀述》,中华书局 1980 年版。

陈爽:《世家大族与北朝政治》,中国社会科学出版社 1998 年版。

陈寅恪:《金明馆丛稿初编》,生活·读书·新知三联书店 2001 年版。

陈寅恪:《隋唐制度渊源略论稿》,生活·读书·新知三联书店 2001 年版。

陈直:《居延汉简研究》,天津古籍出版社 1986 年版。

陈直:《两汉经济史料论丛》,陕西人民出版社 1980 年版。

杜正胜:《编户齐民——传统政治社会结构之形成》,联经出版事业股份

有限公司 1990 年版。

杜正胜：《古代社会与国家》，允晨文化实业股份有限公司 1992 年版。

冯尔康：《古代宗族与社会结构史》，天津人民出版社 2019 年版。

高敏：《长沙走马楼简牍研究》，广西师范大学出版社 2008 年版。

高敏：《简牍研究入门》，广西人民出版社 1989 年版。

高文：《汉碑集释》，河南大学出版社 1985 年版。

侯旭东：《北朝村民的生活世界——朝廷、州县与村里》，商务印书馆 2005
　　年版。

劳榦：《居延汉简考释·释文之部》，石印手写本，四川南溪 1943 年版；
　　上海商务印书馆 1949 年版。

劳榦：《居延汉简考释·考证之部》，石印手写本，四川南溪 1944 年版。

黎明钊：《辐辏与秩序：汉帝国地方社会研究》，香港中文大学出版社 2013
　　年版。

李锦绣：《唐代财政史稿》，北京大学出版社 1995 年版。

李均明：《秦汉简牍文书分类辑解》，文物出版社 2009 年版。

李均明、刘军：《简牍文书学》，广西教育出版社 1999 年版。

李凭：《北魏平城时代》，社会科学文献出版社 2000 年版。

李天虹：《居延汉简簿籍分类研究》，科学出版社 2003 年版。

凌文超：《吴简与吴制》，北京大学出版社 2019 年版。

凌文超：《走马楼吴简采集簿书整理与研究》，广西师范大学出版社 2015
　　年版。

鲁西奇：《中国古代乡里制度研究》，北京大学出版社 2021 年版。

罗新：《王化与山险：中古边裔论集》，北京大学出版社 2019 年版。

罗新：《中古北族名号研究》，北京大学出版社 2009 年版。

罗振玉、王国维：《流沙坠简》，东山书社 1914 年版。

马衡：《马衡文存》，江苏人民出版社 2020 年版。

马长寿：《碑铭所见前秦至隋初的关中部族》，中华书局 1985 年版。

丘光明编著：《中国历代度量衡考》，科学出版社 1992 年版。

裘锡圭：《裘锡圭学术文集》，复旦大学出版社 2012 年版。

阮荣春：《佛教南传之路》，湖南美术出版社 2000 年版。

沈刚编著：《〈长沙走马楼三国吴简〉语词汇释》，中国社会科学出版社
　　2017 年版。

孙闻博：《初并天下——秦君主集权研究》，西北大学出版社 2021 年版。

唐长孺：《魏晋南北朝史论拾遗》，中华书局 1983 年版。

唐长孺：《唐长孺文集》，中华书局 2011 年版。

田余庆：《拓跋史探》，生活·读书·新知三联书店 2003 年版。

汪桂海：《汉代官文书制度》，广西教育出版社 1999 年版。

汪征鲁：《魏晋南北朝选官体制研究》，福建人民出版社 1995 年版。

王国维：《观堂集林》，中华书局 1961 年版。

王银田等：《北魏平城考古研究：公元五世纪中国都城的演变》，科学出
　　版社 2017 年版。

王永兴：《唐勾检制研究》，上海古籍出版社 1991 年版。

谢桂华：《汉晋简牍论丛》，广西师范大学出版社 2014 年版。

邢义田：《天下一家：皇帝、官僚与社会》，中华书局 2011 年版。

邢义田：《治国安邦：法制、行政与军事》，中华书局 2011 年版。

徐复观：《两汉思想史（一）》，九州出版社 2014 年版。

姚薇元：《北朝胡姓考》，中华书局 2007 年第 2 版。

严耕望：《魏晋南北朝地方行政制度史》，上海古籍出版社 2007 年版。

严耀中：《北魏前期政治制度》，吉林教育出版社 1990 年版。

杨小亮：《五一广场东汉简牍册书复原研究》，中西书局 2022 年版。

俞伟超：《中国古代公社组织的考察——论先秦两汉的单—僤—弹》，文物
　　出版社 1988 年版。

张弓：《唐朝仓廪制度初探》，中华书局 1986 年版。

张继海：《汉代城市社会》，社会科学文献出版社 2006 年版。

张金光：《秦制研究》，上海古籍出版社 2004 年版。

张旭华：《九品中正制略论稿》，中州古籍出版社 2004 年版。

张政烺：《张政烺文集》，中华书局 2012 年版。

赵沛：《两汉宗族研究》，山东大学出版社 2002 年版。

周一良：《魏晋南北朝史论集》，北京大学出版社 1997 年版。

周一良：《魏晋南北朝史札记》，中华书局 1985 年版。

周振鹤：《西汉政区地理》，人民出版社 1987 年版。

朱凤瀚：《商周家族形态研究（增订本）》，天津古籍出版社 2004 年版。

朱桂昌编：《颛顼日历表》，中华书局 2012 年版。

四　中文论文

薄小莹、马小红：《唐开元廿四年岐州郿县县尉判集（敦煌文书伯二九七
　　九号）研究——兼论唐代勾征制》，载北京大学中国中古史研究中心
　　编《敦煌吐鲁番文献研究论集》，中华书局 1982 年版。

卜宪群：《秦汉之际乡里吏员杂考——以里耶秦简为中心的探讨》，《南都
　　学坛》2006 年第 1 期。

曹学群：《关于马王堆古地图及其相关的几个问题》，《考古》1994 年第
　　4 期。

曹汛：《礛河尖古城和汉安平瓦当》，《考古》1980 年第 6 期。

陈国灿：《美国普林斯顿所藏几件吐鲁番出土文书跋》，载武汉大学历史
　　系魏晋南北朝隋唐史研究室编《魏晋南北朝隋唐史资料》第 15 辑，
　　武汉大学出版社 1997 年版。

陈公柔、徐苹芳：《大湾出土的西汉田卒簿籍》，《考古》1963 年第 3 期。

陈絜：《里耶"户籍简"与战国末期的基层社会》，《历史研究》2009 年
　　第 5 期。

陈侃理：《秦汉里吏与基层统治》，《历史研究》2022 年第 1 期。

陈治国：《里耶秦简"守"和"守丞"释义及其他》，《中国历史文物》
　　2006 年第 3 期。

程喜霖：《从吐鲁番出土文书中所见的唐代烽燧制度之三——唐代的烽铺
　　屬田》，《武汉大学学报》1985 年第 6 期。

崔启龙：《走马楼吴简所见"黄簿民"与"新占民"再探——以嘉禾五年
　　春平里相关簿籍的整理为中心》，载中国文化遗产研究院编《出土文
　　献研究》第 18 辑，中西书局 2019 年版。

邓玮光：《书评：凌文超〈走马楼吴简采集簿书整理与研究〉》，载张达志
　　主编《中国中古史集刊》第 2 辑，商务印书馆 2016 年版。

丁俊：《从新出吐鲁番文书看唐前期的勾征》，载沈卫荣主编《西域历史

语言研究》第 2 辑，科学出版社 2009 年版。

杜正胜：《传统家族试论》，载黄宽重、刘增贵主编《台湾学者中国史论丛 8·家族与社会》，中国大百科全书出版社 2005 年版。

范毓周：《关于湖南龙山里耶出土秦代简牍邮书检的几个问题》，简帛研究网，2002 年 8 月 15 日。

冯永谦：《辽代部分州县今地考》，《北方文物》1994 年第 4 期。

冯永谦：《辽志十六头下州地理考》，载孙进己等主编《中国考古集成东北卷（辽）》，北京出版社 1997 年版。

符奎：《秦汉闾里户数初探》，《中国农史》2016 年第 1 期。

符奎：《秦简所见里的拆并、吏员设置及相关问题——以〈岳麓书院藏秦简（肆）〉为中心》，《安徽史学》2017 年第 2 期。

郭浩：《从汉"里"谈长沙走马楼吴简中的"里"和"丘"》，《史学月刊》2008 年第 6 期。

郭伟涛：《论古井简的弃置与性质》，《文史》2021 年第 2 辑。

何德章：《北朝鲜卑族人名的汉化——读北朝碑札记之一》，载武汉大学历史系魏晋南北朝隋唐史研究室编《魏晋南北朝隋唐史资料》第 14 辑，武汉大学出版社 1996 年版。

何德章：《北魏初年的汉化制度与天赐二年的倒退》，《中国史研究》2001 年第 2 期。

何德章：《伪托望族与冒袭先祖——以北族人墓志为中心——读北朝碑志札记之二》，载武汉大学中国三至九世纪研究所编《魏晋南北朝隋唐史资料》第 17 辑，武汉大学出版社 2000 年版。

何兹全：《崔浩之死》，《文史哲》1993 年第 3 期。

侯旭东：《西北所出汉代簿籍册书简的排列与复原——从东汉永元兵物簿说起》，《史学集刊》2014 年第 1 期。

侯宗辉：《肩水金关汉简所见"从者"探析》，《敦煌研究》2014 年第 2 期。

胡沧泽：《唐代御史台对财政经济工作的监督》，《中国社会经济史研究》1989 年第 4 期。

胡沧泽：《唐代御史制度的特色》，《福建师范大学学报》1989 年第 3 期。

华林甫：《中国历代更改重复地名及其现实意义》，《历史研究》2000 年第 4 期。

黄浩波：《〈肩水金关汉简（伍）〉释地五则》，载陈伟主编《简帛》第 15 辑，上海古籍出版社 2017 年版。

贾丽英：《西北汉简"葆"及其身份释论》，《鲁东大学学报》（哲学社会科学版）2014 年第 5 期。

黎明钊、马增荣：《汉简簿籍再探：以"卒佣作名籍"为例》，《中国文化研究所学报》第 53 卷，中国文化研究所 2011 年版。

李步嘉：《一份研究西凉文化的珍贵资料——建初四年秀才对策文书考释》，《武汉大学学报》（社会科学版）1990 年第 6 期。

李殿福：《西汉辽西郡水道、郡县治所初探——兼论奈曼沙巴营子古城为西汉文成县》，《辽宁大学学报》（哲学社会科学版）1982 年第 2 期。

李方：《试论唐西州都督府与西州政府的关系》，《中国边疆史地研究》2002 年第 6 期。

李均明：《"车父"简考辨》，载西北师范大学文学院历史系、甘肃省文物考古研究所编《简牍学研究》第 2 辑，甘肃人民出版社 1998 年版。

李均明：《汉代屯戍遗简"葆"解》，载中华书局编辑部编《文史》第 38 辑，中华书局 1994 年版。

李力：《"汉侍廷里父老僤买田约束石券"及其文本之再研究（上、下）》，载周东平、朱腾主编《法律史译评》第 8、9 卷，中西书局 2020、2021 年版。

李欣：《汉简所见"葆"宫考释》，载梁安和、徐卫民主编《秦汉研究》第 4 辑，陕西人民出版社 2010 年版。

李学勤：《初读里耶秦简》，《文物》2003 年第 1 期。

连先用：《试论吴简所见的"黄簿民"与"新占民"》，《文史》2017 年第 4 期。

连先用：《吴简所见里的规模与吴初临湘侯国的户籍整顿》，《中国农史》2019 年第 1 期。

连先用：《吴简所见临湘"都乡吏民簿"里计简的初步复原与研究——兼论孙吴初期县辖民户的徭役负担与身份类型》，载邬文玲主编《简帛研究二〇一七（秋冬卷）》，广西师范大学出版社 2018 年版。

林甘泉：《"侍廷里父老僤"与古代公社组织残余问题》，《文物》1991 年第 7 期。

林鹄：《宗法、丧服与庙制——儒家早期经典与宋儒的宗族理论》，《社会》2015 年第 1 期。

林兴龙：《东汉〈侍廷里父老僤约束石券〉相关问题研究》，《云南师范大学学报》（哲学社会科学版）2007 年第 4 期。

林永强：《"葆塞蛮夷"相关问题考论——以"葆为行政机构说"等问题的探讨为中心》，《西北民族大学学报》（哲学社会科学版）2009 年第 1 期。

林永强：《汉代"葆部"的社会治安功能考论》，《青海民族研究》2009 年第 1 期。

凌文超：《黄盖治县：从吴简看〈吴书〉中的县政》，《"中央研究院"历史语言研究所集刊》第 91 本第 3 分，2020 年。

凌文超：《简牍何以"井"喷》，《中国社会科学报》2022 年 5 月 6 日第 5 版。

凌文超：《秦汉时期两类"小""大"身份说》，《社会科学战线》2019 年第 12 期。

凌文超：《孙吴临湘侯国乡里的族居形态》，载凌文超主编《中国中古史研究（吴简专号）》第 9 卷，中西书局 2021 年版。

凌文超：《新见"劝农掾料核军吏父兄子弟簿木牍文书"补释》，载中国中古史集刊编委会编《中国中古史集刊》第 3 辑，商务印书馆 2017 年版。

凌文超：《走马楼吴简中的签署、省校和勾画符号举隅》，《中华文史论丛》2017 年第 1 期。

刘国友：《西安平考》，《辽宁工程技术大学学报》（社会科学版）2006 年第 2 期。

刘莲香、蔡运章：《北魏元苌墓志考略》，《中国历史文物》2006 年第 2 期。

刘鸣：《论秦汉时期婚姻成立的要件——从〈岳麓书院藏秦简（叁）〉"识劫婉案"说起》，《咸阳师范学院学报》2020 年第 1 期。

刘浦江：《辽朝的头下制度与头下军州》，《中国史研究》2000 年第 3 期。

刘欣宁：《秦汉律令中的婚姻与奸》，《"中央研究院"历史语言研究所集刊》第 90 本第 2 分，2019 年。

刘增贵：《汉代妇女的名字》，载李贞德、梁其姿主编《台湾学者中国史研究论丛 9·妇女与社会》，中国大百科全书出版社 2005 年版。

刘增贵：《汉魏士人同乡关系考论》，载邢义田、林丽月主编《台湾学者中国史研究论丛 5·社会变迁》，中国大百科全书出版社 2005 年版。

鲁西奇：《汉宋间长江中游地区的乡村聚落形态及其演变》，载邹逸麟、周振鹤主编《历史地理》第 23 辑，上海人民出版社 2008 年版。

陆庆夫：《吐鲁番出土西凉〈秀才对策文〉考略——兼论汉晋隋唐时期策试制度的传承》，《敦煌学辑刊》1989 年第 1 期。

罗丰、李星宇：《药王山北朝荔非氏造像碑铭考释》，《文物季刊》2022年第 2 期。

马新：《汉唐间乡村宗族存在形态考论——兼论中古乡村社会的非宗族化问题》，《山东大学学报》（哲学社会科学版）2013 年第 1 期。

马新：《论两汉乡村社会中的宗族》，《文史哲》2000 年第 4 期。

马智全：《肩水金关汉简中的"葆"探论》，《西北师大学报》（社会科学版）2013 年第 1 期。

牟发松：《王融〈上疏请给虏书〉考析》，《武汉大学学报》（哲学社会科学版）1995 年第 5 期。

南玉泉：《从岳麓秦简识劫婹案看秦国的匿訾罪及其乡里状况》，载徐世虹主编《中国古代法律文献研究》第 12 辑，社会科学文献出版社2018 年版。

南玉泉：《东汉侍廷里僤约束石券的发现与研究》，载李雪梅主编《法律文化研究·古代法律碑刻专题》第 10 辑，社会科学文献出版社 2017年版。

宁可：《关于〈汉侍廷里父老僤买田约束石券〉》，《文物》1982 年第 12 期。

彭浩：《读松柏出土的四枚西汉木牍》，载陈伟主编《简帛》第 4 辑，上海古籍出版社 2009 年版。

彭作飙：《汉〈侍廷里父老僤买田约束石券〉赏读》，《东方艺术》2011年第 20 期。

秦明智：《北魏泾州二碑考》，《西北史地》1984 年第 3 期。

裴锡圭：《湖北江陵凤凰山十号汉墓出土简牍考释》，《文物》1974 年第
　　7 期。

饶宗颐：《北魏冯熙与敦煌写经——魏太和写〈杂阿毗心经〉》，《饶宗颐
　　史学论著选》，上海古籍出版社 1993 年版。

沈刚：《西北汉简中的"葆"》，载卜宪群、杨振红主编《简帛研究二〇一
　　一》，广西师范大学出版社 2013 年版。

沈国光：《再论走马楼吴简"隐核波田簿"所见东吴的波池兴修与管理》，
　　载邬文玲、戴卫红主编《简帛研究二〇一九（秋冬卷）》，广西师范
　　大学出版社 2020 年版。

石洋：《两汉三国时期"佣"群体的历史演变——以民间雇佣为中心》，
　　《中国史研究》2014 年第 3 期。

沈元：《居延汉简牛籍校释》，《考古》1962 年第 8 期。

宿白：《"大金西京武州山重修大石窟寺碑"校注——新发现的大同云岗
　　石窟寺历史材料的初步整理》，《北京大学学报》（人文科学）1956
　　年第 1 期。

孙闻博：《里耶秦简"守"、"守丞"新考》，载卜宪群、杨振红主编《简
　　帛研究二〇一〇》，广西师范大学出版社 2012 年版。

孙兆华、王子今：《里耶秦简牍户籍文书妻从夫姓蠡测》，《中国人民大学
　　学报》2018 年第 3 期。

陶新华：《北魏后期的中正制新论》，《历史教学》2004 年第 1 期。

汪桂海：《谈汉代碑刻、简牍中的赙赗名籍》，载卜宪群、杨振红主编《简
　　帛研究二〇〇五》，广西师范大学出版社 2008 年版。

汪荣宝：《歌戈鱼虞模古读考》，《国学季刊》1923 年第 1 卷第 2 期。

王爱清：《关于秦汉里与里吏的几个问题》，《社会科学辑刊》2006 年第 4 期。

王爱清：《汉代"葆"身份补正》，《南都学坛》2007 年第 6 期。

王炳华：《阿拉沟古堡及其出土唐文书残纸》，载荣新江主编《唐研究》第
　　8 卷，北京大学出版社 2002 年版。

王海、姜晓杰：《上尖村汉代古城址就是西安平县旧地》，《鸭绿江晚报》
　　2012 年 8 月 22 日第 6 版。

王彦辉：《从秦汉"单"的性质看国家与社会权力结构的失衡》，《中国史

　　研究》2015 年第 1 期。

王彦辉：《秦简"识劫婉案"发微》，《古代文明》2015 年第 1 期。

王永兴：《论敦煌吐鲁番出土唐代官府文书中"者"字的性质和作用》，
　　《九州学刊》第 5 卷第 4 期，1993 年。

王毓铨：《汉代"亭"与"乡""里"不同性质不同行政系统说——"十
　　里一亭……十里一乡"辨正》，《历史研究》1954 年第 2 期。

辛长青：《羌族建筑家王遇考略》，《文史哲》1993 年第 3 期。

辛德勇：《重谈中国古代以年号纪年的启用时间》，《文史》2009 年第 1 辑。

邢义田：《汉代简牍公文书的正本、副本、草稿和签署问题》，《"中央研
　　究院"历史语言研究所集刊》第 82 本第 4 分，2011 年。

邢义田：《湖南龙山里耶 J1（8）157 和 J1（9）1—12 号秦牍的文书构
　　成、笔迹和原档存放形式》，载陈伟主编《简帛》第 1 辑，上海古籍
　　出版社 2006 年版。

徐冲：《从"异刻"现象看北魏后期墓志的"生产过程"》，《复旦学报》
　　（社会科学版）2011 年第 2 期。

严耀中：《论隋以前〈法华经〉的流传》，《上海师范大学学报》（哲学社
　　会科学版）1997 年第 1 期。

阎步克：《南齐秀才策题中之法家论调考析》，《北京大学学报》（哲学社
　　会科学版）1997 年第 2 期。

晏昌贵、郭涛：《里耶简牍所见秦迁陵县乡里考》，载陈伟主编《简帛》
　　第 10 辑，上海古籍出版社 2015 年版。

杨华：《战国秦汉时期的里社与私社》，《天津师范大学学报》（社会科学
　　版）2006 年第 1 期。

杨联陞：《中国制度史研究》，彭刚、程钢译，江苏人民出版社 1998 年版。

杨小亮：《"表坐割匿用米行军法"案勾稽考校》，载长沙简牍博物馆编
　　《长沙简帛研究国际学术研讨会论文集》，中西书局 2017 年版。

杨小亮：《长沙尚德街 084 号东汉"诏书"木牍补徵》，《文物》2021 年
　　第 3 期。

杨小亮：《西汉〈居摄元年历日〉缀合复原研究》，《文物》2015 年第 3 期。

杨振红：《长沙吴简所见临湘侯国属乡的数量与名称》，载卜宪群、杨振

红主编《简帛研究二〇一〇》，广西师范大学出版社 2012 年版。

杨振红：《秦汉简中的"冗"、"更"与供役方式——从〈二年律令·史律〉谈起》，载卜宪群、杨振红主编《简帛研究二〇〇六》，广西师范大学出版社 2008 年版。

杨振红、尹在硕：《韩半岛出土简牍与韩国庆州、扶余木简释文补正》，载卜宪群、杨振红主编《简帛研究二〇〇七》，广西师范大学出版社 2010 年版。

杨宗兵：《里耶秦简县"守"、"丞"、"守丞"同义说》，《北方论丛》2004 年第 6 期。

于晓丹：《是汉代的安平城还是西安平县——九连城叆河尖古城遗址探究》，《鸭绿江晚报》2012 年 8 月 6 日第 7 版。

于振波：《走马楼吴简所见乡级行政》，载长沙简牍博物馆编《长沙简帛研究国际学术研讨会论文集》，中西书局 2017 年版。

张方：《试论隋唐以前歧视羌人之现象》，《西北师大学报》（社会科学版）2006 年第 4 期。

张固也：《走马楼吴简"枯兼波簿"新探》，《吉林师范大学学报》（人文社会科学版）2013 年第 1 期。

张建国：《汉代的罚作、复作与弛刑》，《中外法学》2006 年第 5 期。

张金光：《有关东汉侍廷里父老僤的几个问题》，《史学月刊》2003 年第 10 期。

张俊民：《新、旧居延汉简校读二例》，《考古与文物》2009 年第 2 期。

张乃翥：《从龙门石窟造像遗迹看北魏民族关系中的几个问题》，《民族研究》1989 年第 2 期。

张培瑜：《根据新出历日简牍试论秦和汉初的历法》，《中原文物》2007 年第 5 期。

张韶光：《秦汉时期户籍中婚姻信息登记研究——以出土简牍为中心》，载邓章应主编《学行堂语言文字论丛》第 6 辑，科学出版社 2018 年版。

张世超：《北京大学藏西汉竹书的文字学启示》，《古代文明》2014 年第 4 期。

张松辉：《竺法崇初建麓山寺新考》，《船山学刊》2002 年第 2 期。

张忠炜：《浅议井窖出土简牍的二重属性》，《中国史研究》2022 年第 2 期。

赵宠亮：《居延汉简所见"罢卒"》，《石家庄学院学报》2010 年第 5 期。

赵君平：《北魏〈王遇墓志〉释略》，《书法丛刊》2013 年第 5 期。

赵耀辉：《北魏〈王遇墓志〉考略》，《青少年书法》2016 年第 6 期。

郑威：《汉帝国空间边缘的伸缩：以乐浪郡的变迁为例》，《社会科学》2016 年第 11 期。

周伟洲：《北魏〈王遇墓志〉补考》，载周伟洲主编《西北民族论丛》第 18 辑，社会科学文献出版社 2018 年版。

朱桂昌：《关于帛书〈驻军图〉的几个问题》，《考古》1979 年第 6 期。

朱绍侯：《对居延敦煌汉简中庸的性质浅议》，《中国史研究》1990 年第 2 期。

朱艳桐：《北魏至唐沮渠氏踪迹钩沉——以墓志碑刻、西域文书为中心》，《中国边疆史地研究》2019 年第 4 期。

朱艳桐：《酒泉马氏与五凉王国——以〈西凉建初四年（408）秀才对策文〉与辛氏墓志中"马骘"为中心》，《敦煌研究》2017 年第 5 期。

五　外文专著（含译著）

Bo Sommarström, Folke Bergman, *Archaeological Researches in the Edsen-Gol Region, Inner Mongolia* (*Reports from the scientific expedition to the north-western provinces of China under the leadership of Dr. Sven Hedin. The Sino-Swedish Expedition. Publication* 39, 41. *VII. Archaeology* 8 – 9), Stockholm, Statens Etnografiska Museum, 1956, 1958.

［瑞典］弗克·贝格曼、博·索马斯特勒姆整理：《内蒙古额济纳河流域考古报告：［瑞典］斯文·赫定博士率领的中瑞联合科学考察团中国西北诸省科学考察报告考古类第 8 和第 9》，黄晓宏、张德芳等译，学苑出版社 2014 年版。

Brian Lander, *The King's Harvest*: *A Political Ecology of China from the First Farmers to the First Empire*, Yale Agrarian Studies Series, Yale University, 2021.

［加拿大］兰德：《惟王受年：从农业起源到秦帝国的中国政治生态学》，
　　王泽、杨姚瑶译，东方出版中心 2023 年版。

［日］池田温：《中国古代籍帐研究》，龚泽铣译，中华书局 2007 年版。

［日］池田雄一：《中国古代的聚落与地方行政》，郑威译，复旦大学出版
　　社 2017 年版。

［日］大庭脩：《汉简研究》，徐世虹译，广西师范大学出版社 2001 年版。

［日］渡边将智：『后汉政治制度の研究』，早稻田大学出版部 2014 年版。

［日］渡边信一郎：『中国古代の财政と国家』，汲古书院 2010 年版。

［日］宫川尚志：『六朝史研究・政治社会篇』，平乐寺书店 1977 年版。

［日］宫崎市定：『九品官人法の研究』，京都大学东洋史研究会 1956 年版。

［英］迈克尔・鲁惟一：《汉代行政记录》，于振波、车今花译，广西师范
　　大学出版社 2005 年版。

Michael Loewe, *Records of Han Administration*, Cambridge University Press,
　　1967.

［日］仁井田陞：《唐令拾遗》，栗劲等编译，长春出版社 1989 年版。

［日］森鹿三：『东洋学研究：居延汉简篇』，同朋舍 1975 年版。

［日］守屋美都雄：《中国古代的家族与国家》，钱杭、杨晓芬译，上海古
　　籍出版社 2010 年版。

［日］松下宪一：『北魏胡族体制论』，北海道大学大学院文学研究科研究
　　丛书刊行 2007 年版。

［日］尾形勇：《中国古代的"家"与国家》，张鹤泉译，中华书局 2010
　　年版。

［日］小田義久主编：『大谷文书集成』贰，龙谷大学善本丛书 10，法藏
　　馆 1990 年版。

［日］永田英正：《居延汉简研究》，张学锋译，广西师范大学出版社 2007
　　年版。

［日］永田英正编：『汉代石刻集成［图版・释文篇］』，同朋舍 1994 年版。

六　外文论文（含译文）

［美］Judith Ogdem Bullitt, "Princeton's Manuscript Fragments from Tun-

Huang", *Gest Library Journal*, 3: 1-2 (1989). 《普林斯顿收藏的敦煌写本残卷》, 杨富学、李吉和译, 《敦煌学辑刊》1994 年第 1 期。

［日］长部悦弘：「陆氏研究」, 载中国中世史研究会编『中国中世史研究续编』, 京都大学学术出版会 1995 年版。

［日］大西康裕、关尾史郎：「「西凉建初四年秀才对策文」に关する一考察」, 载新潟大学东アジア学会编『东アジア——歴史と文化』第 4 号, 1995 年。

［日］关尾史郎：「「西凉嘉兴二年十二月李超夫人尹氏墓表」について—「五胡」时代石刻ノート (2) —」, 『环日本海研究年报』第 12 号, 2005 年。

［日］鹫尾祐子：《长沙走马楼吴简连记式名籍简的探讨——关于家族的记录》, 载罗新、宋少华主编《吴简研究》第 3 辑, 中华书局 2011 年版。

［日］鹫尾祐子：《长沙走马楼吴简中的"限佃"名籍》, 刘峰译, 载邬文玲主编《简帛研究二〇一七（秋冬卷)》, 广西师范大学出版社 2018 年版。

［日］籾山明：《汉代结僤习俗考》, 载李雪梅主编《法律文化研究·古代法律碑刻专题》第 10 辑, 赵晶译, 社会科学文献出版社 2017 年版。

［日］日野开三郎：「关于唐代租庸调制度下の勾征に就いて」, 『东洋学报』第 45 卷第 2 号, 1962 年。

［日］水间大辅：《秦汉时期里之编制与里正、里典、父老——以岳麓书院藏秦简〈秦律令〉为线索》, 载周东平、朱腾主编《法律史译评》第 7 卷, 中西书局 2019 年版。

［日］下仓涉：《一位女性的告发：岳麓书院藏秦简"识劫婉案"所见奴隶及"舍人""里单"》, 载周东平、朱腾主编《法律史译评》第 5 卷, 陈鸣译, 中西书局 2017 年版。

［日］伊藤敏雄：「邸阁·谷物移送关系と水利关系简について」, 『长沙吴简研究报告 2008 年度特刊』, 2010 年。

［日］重近启树：「秦汉の国家と农民」, 『历史学研究别册特集 世界史における地域と民众』, 绩文堂 1979 年版。

七　学位论文

陈永志：《契丹史若干问题研究》，博士学位论文，内蒙古大学，2004 年。

连先用：《走马楼吴简所见吏民簿的复原、整理与研究——以发掘简为中心》，博士学位论文，吉林大学，2018 年。

孟宪实：《唐前期军镇研究》，博士学位论文，北京大学，2001 年。

后　记

　　本书收录我历年来学术文章 21 篇，主要依据简帛、石刻、纸文书等出土文献考察从秦到唐的某些历史面相，大致反映了这些年来我的学习、研究经历，也蕴含了很多师友的教导、督促和刊物的支持、厚爱。兹敝帚自珍，结为一集，谨诚惶诚恐、战战兢兢地将之呈现给大家。

　　回顾我的求学之路，说坎坷也顺利，每次都有惊无险地步入了新阶段，没有因为升学等问题而蹉跎岁月，这当然要感谢社会良好的流动性，也要感谢众多师长真挚的关怀与帮助。湖南文理学院政史系陈致远、朱清如等教授引领我初窥史学门径，湖南师范大学历史文化学院张灿辉、冷鹏飞、柳春新等老师指引我进入秦汉魏晋南北朝史研究领域，北京大学历史学系岳庆平、罗新、阎步克、陈苏镇、荣新江、蒋非非等先生鞭策我为学当尽力取法乎上，还得益于同学先进的激励、帮扶，使我如入芝兰之室，这些都让我深怀感恩之心。

　　走上工作岗位后，中国社会科学院历史研究所秦汉魏晋南北朝史研究室、北京师范大学历史学院中国古代史教研室都是积极进取的学术团队，专业负责人卜宪群、杨振红、邬文玲，晁福林、宁欣、罗新慧等先生给予了我相当多的关心、支持和包容。同事们的向学之心和专业追求，使我丝毫不敢懈怠。

　　在此期间，我曾频繁地参加北京吴简研讨班、中古史青年学者联谊会、出土文献青年学者论坛、中日韩出土简牍论坛等学术交流活动，从王素、侯旭东、孟彦弘、陈爽、韩树峰、徐冲、孙正军、陈文龙、胡鸿，陈侃理、孙闻博、杨小亮、马楠、鲁家亮、郭伟涛、熊长云，李均明、胡平生、吴振武、张涌泉、刘乐贤、蔡万进、戴卫红、苏俊林，以及彭卫、贾益、张瀚墨、汤志彪、姚磊等师友那里得到相当多的支持和帮助。陈致、Dimitri Drettas（贺旦思）先生，邢义田、刘欣宁、游逸飞、高震寰等先生，先后提供了不少与港台学界进行学术交流的信息和机会，让我获益良多。

日本长沙吴简研究会关尾史郎、阿部幸信、安部聪一郎等先生，韩国木简学会尹在硕、金秉骏、金庆浩等先生，以及李峰、Brian Lander（兰德）、Maxim Korolkov（马硕）、Paul Carmichael 等先生邀请我前往国外与日韩、欧美学界同仁交流或访学，使我对全球出土文献及其研究状况有了进一步的了解。

本书为"中央高校基本科研业务费专项资金资助"项目阶段性成果，得到北京师范大学历史学院学术出版资助。责任编辑张湉女士给予了诸多帮助。友生蒋宇晨、桑异凡、张正宇、甄睿康帮我通看了初校。谨致谢忱！

人到中年，愈发感觉时光匆匆。近年来，虽然我将相当多的精力集中于吴简研究，但仍有不少其他尝试，也逐渐形成了若干研究志趣。为此，我想对以往的一些研究做一个总结，并以此作为新起点，朝着二三目标继续砥砺前行。这次结集，重读很早以前的一些文章，虽然比较稚嫩，甚至令人赧颜，但我并未觉得今是而昨非，毕竟这些都是来时路的见证，故仅作少量校订和删节，整体框架和研究结论基本上一仍其旧。来者犹可追，希望未来有更多更好的作品呈现给大家。

凌文超

2024 年 3 月于北太平庄